U0601495

· 中华书局 ·
上海聚珍出品

孟子讲析

周志文 著

中华书局

图书在版编目(CIP)数据

孟子讲析/周志文著. —北京:中华书局,2025.5. —ISBN 978-7-101-16751-1

Ⅰ.B222.5-49

中国国家版本馆 CIP 数据核字第 20240AA109 号

孟子讲析

著　　者　周志文
策划编辑　张彦武
责任编辑　胡正娟
装帧设计　刘　丽
责任印制　管　斌
出版发行　中华书局
　　　　　(北京市丰台区太平桥西里38号　100073)
　　　　　http://www.zhbc.com.cn
　　　　　E-mail:zhbc@zhbc.com.cn
印　　刷　北京新华印刷有限公司
版　　次　2025年5月第1版
　　　　　2025年5月第1次印刷
规　　格　开本/920×1250毫米　1/32
　　　　　印张17¾　插页2　字数380千字
印　　数　1-5000册
国际书号　ISBN 978-7-101-16751-1
定　　价　88.00元

周志文　原籍浙江天台，1942 年生于湖南辰溪。台湾大学文学博士，淡江大学、台湾大学中文系教授，捷克查理大学汉学讲座教授，荷兰莱顿大学、北京师范大学访问学者，现已退休。学术著作有《晚明学术与知识分子论丛》《汲泉室论学集》《论语讲析》《阳明学十讲》《一本与万殊》等。

居天下之广居，
立天下之正位，
行天下之大道。

· 目　录 ·

一、孟子其人

在谈《孟子》这本书之前，先谈孟子这个人。

《史记·孟子荀卿列传》中说：

> 孟轲，驺人也。受业子思之门人。道既通，游事
> 齐宣王，宣王不能用。适梁，梁惠王不果所言，则见以
> 为迂远而阔于事情。当是之时，秦用商君，富国强兵；
> 楚、魏用吴起，战胜弱敌；齐威王、宣王用孙子、田
> 忌之徒，而诸侯东面朝齐。天下方务于合从连衡，以攻

伐为贤，而孟轲乃述唐、虞、三代之德，是以所如者不合。退而与万章之徒序《诗》《书》，述仲尼之意，作《孟子》七篇。

孟子名轲，一说字子舆，《史记》未载，东汉赵岐（约108—201）《孟子题辞》说"字则未闻也"，可见"字子舆"之说不见得正确。《史记》未记孟子生卒之年，据元代程复心所编《孟子年谱》，孟子生于周烈王四年（前372），卒于周赧王二十六年（前289），因无其他确说，这个说法，大多为后世采用。看《史记》所记孟子文字寥寥，甚至不如荀子之详细，可见孟子在西汉，地位还很一般。我们先依据《史记》所记，讨论孟子其人。

"驺"是孟子出生地，《史记》所写的"驺"，今作"邹"，山东有邹城市（现在与曲阜一样同属济宁市），在孔子诞生地曲阜之南。《孟子·尽心下》中"近圣人之居若此其甚也"（14.38），即指此而言。《史记》说孟子"受业子思之门人"；在汉代，很多人认为他直接受教于孔子的孙子子思（孔伋），譬如赵岐就说孟子"师孔子之孙子思"（《孟子题辞》），但据清儒崔述在《孟子事实录》中考证，子思死后三十余年孟子才出生，子思当然不可能教过他，因此《史记》说孟子受教于子思之门人较为可信。另崔述又说"孟子之学深远"，殆如韩愈所说孔子之"无常师"者然，其学恐不仅得之于子思一人。

在汉朝，《列女传》就传有"孟母三迁"，《韩诗外传》又有孟母"裂织"与"买豚"的故事，都是有关孟子少年时的事，"三迁"与"裂织"的故事流传至今，"买豚"的故事流传少些。《韩诗外传》言："孟子问其母曰：'东家杀豚何为？'母曰：'欲啖汝。'其母自悔失言……乃买东家豚肉以食之，明不欺也。"原来孟母起先跟孟子开玩笑，说东家杀猪是要给你吃的，后来发现不妥，就真自己出钱向东家买了肉来给他吃，以示诚信。这等于之前骗了一次，后来再骗了一次。这些故事，有点荒唐，有人相信，有人怀疑，大约都是后人附会，不见得是事实。

孟子求学与成长经过，因缺乏记载，不得而知。子思与门人，生活范围大约还在现在的曲阜一带，而孟子在学成前也可能只在邹鲁近处活动，大约没有走过太远。他后来曾到几个国家去游历，《史记》说他先到齐再到梁，但《孟子》书中叙述却是先梁后齐，造成了困惑。孟子游齐时曾发生齐伐燕的事。齐之伐燕，齐王曾事先询问过孟子，不料齐战胜燕之后，引起燕人叛乱与诸侯的惊慌，孟子建议"王速出令：反其旄倪，止其重器；谋于燕众，置君而后去之，则犹可及止也"(2.11)。据司马光《资治通鉴》考证，齐伐燕与燕人叛齐是在齐宣王十九年（前301）的事，距梁惠王卒、襄王立（前319）已过了十余年之久，而孟子是见过梁惠王与梁襄王的，可见《孟子》书中记梁惠王在先，记齐宣王在后应是正确的。

孟子到齐之前或在齐的时候可能到过小国滕国，而与滕文公有了交情，滕文公人品很好，之后滕文公卒，齐王曾派孟子出使吊丧（4.6）就有道理了。孟子到齐之前，也到过宋国，书中有些他与宋人交往的记录。他到滕与宋是不是想找一份好工作，一方面安身，另一方面发挥所长以福国利民，就不得而知了，而他在梁与在齐是有这样的心愿的，却不幸都没得到好结果。最后他跟孔子一样，老年回家乡从事教学的活动。《史记》说他"退而与万章之徒序《诗》《书》,述仲尼之意,作《孟子》七篇"。此处的"序《诗》《书》"不见得是指整理《诗》《书》,因为这些书在孔子时已被整理妥当了,而是以《诗》《书》为典范要籍,广泛地从事教育活动,孔门弟子对这两本书都很熟的,《孟子》书中引用这两部书的地方确实不少。

孟子一生其他的事迹在史籍中所见不多,而仅存的也多无法细考了。《孟子》书中所记录的大约只有从梁到齐之间最多二十年间的事,如从梁惠王初见他称他为"叟"看来 (1.1),孟子刚出现大约已是五十岁的人了。孟子在见到梁惠王之前,都做了什么?他从齐国回归邹国之后,也还有一长段时期,这时候又做了什么?关于这些,史料上都一片空白,说起来确实很可惜。《孟子》书中也有居邹的记录,如《告子下》有"孟子居邹,季任为任处守,以币交,受之而不报"(12.5),又有"孟子自齐葬于鲁"(4.7) 的记录,葬是母丧,该是葬于邹,不过可能是世人往往将"邹鲁"合称,便写成葬于鲁了,就算孟子将母亲埋葬在鲁,而回邹是很方便的,因为两地非常接近。书中所记大约是孟子在外国时回邹偶居,并非离齐后归乡所发生的事。

比较起来,《孟子》其书的时间纵深是不如《论语》的,而孟子所处的时代,比孔子所处的时代要更为动荡不安,值得记的事更是不少。《史记·孟子荀卿列传》说:"天下方务于合从连衡,以攻伐为贤,而孟轲乃述唐、虞、三代之德,是以所如者不合。"后面几个字,把孟子的孤独与时代的格格不入都写出来了。严格说起来,孟子跟孔子一样,在事业上都是不算成功的人。而他与孔子相比,他的"不成功"好像更甚一些。孔子在鲁国曾做过大司寇，虽时间不长，但毕竟算是个大官，后来在卫国也做过官，至于官多大，史籍缺乏记载。孔子还是受到过礼遇的，这点孟子比不上。

孟子在魏国时虽受到梁惠王的肯定，梁惠王却并未给他任何职务，后来梁惠王死了，即位的梁襄王是个"望之不似人君"(1.6) 的人，孟子当然不屑与之为伍，一定很快就离开了。在齐国，齐宣王对他一度相当重视，重点是想要请孟子帮自己达成齐桓、晋文的称霸事业 (1.7 齐宣王问曰："齐桓、晋文之事，可得闻乎？")，这与孟子的理想相去太远，因为孟子是反霸道、反强权的。而《公孙丑下》有"孟子之平陆"章，记孟子到齐的都邑平陆考察，对该地的大夫有所训示，回来跟齐宣王说："王之为都者，臣知五人焉。知其罪者，惟孔距心。"(4.4) 孔距心是管平陆的大夫，可知孟子考察的都邑共有五个，还不止平陆一地，证明宣王原本有意让孟子在齐国到处看看，使他之后在齐有所发展，而孟子本人也或有此意。后来齐宣王曾以卿的官位派孟子出使滕国，算是相当崇隆他了，但这次出使目的只是吊滕文公的丧，纯属礼节形式，并无实权，齐宣王还派了一个佞幸的宠臣王驩为副使，王驩是"特使团"的实际掌权人，他对孟子表面上还算恭敬，孟子仍然一肚子不高兴 (4.6)。孟子知道齐宣王对他表面礼敬，而真正的意图与自己相去太远，更何况齐宣王偶尔会要无赖，一次竟公然承认自己是个"好货"又"好色"的人 (2.5)，孟子知道真要扶他也是扶不起的，在踟蹰了一阵之后，终于还是选择离开。《孟子》书中有连续几章写孟子离齐时的心理状态 (4.10至4.14)，都写得很好，局势使他不得不走，但内心还是有些留恋的，文字都十分鲜活，可以作研究孟子行事与心理的参考。

　　除此之外，孟子似无其他仕进的事了，孟子回乡从事教学的事一定很值得谈，可惜《孟子》书中未有任何记录。

二、《孟子》其书

　　自古很多人把《孟子》放在《论语》之后，视两者为儒学的"双璧"，相当重视，南宋的朱子将两书再加上《大学》《中庸》而成为"四书"，元以后成为仕进必读之书，《孟子》的地位就提到极高了。但在宋之前，《孟子》虽有一定的地位，却不算太特殊。西汉文帝时《孟子》一度跟《论语》列为博士，算是"官学"（一种官方认可的学术），不过汉人重经，《论语》与《孟子》因不是圣人的"著"或"述"，算不上是"经"，虽列博士，只能算是"传记博士"，与"五经博士"的地位还是相差一截的，而且不久之后"传记博士"也取消了。从汉到宋，讨论《孟子》书的人并不是很多，在朱子之前，曾提倡过《孟子》学说的学者，重要的在唐代只有韩愈，在北宋只有程颐。

　　《孟子》书得以流传，最应感谢的是东汉时期的大学者赵岐，他为《孟子》做了章句（注解），将他所见的错误与芜杂都清理了一次，使《孟子》更为可读。赵岐在《孟子题辞》上说："著书七篇，二百六十一章，三万四千六百八十五字，包罗天地，揆叙万类，仁义、道德、性命、祸福粲然，靡所不载。"在赵岐的时代，《孟子》一书除了我们后世见到的七篇之外，不知怎么又多了《性善辩》《文说》《孝经》《为正》四篇，当时号称"外篇"，赵岐认为"其文不能宏深，不与'内篇'相似，似非《孟子》本真，后世依放而托之者也"，因而删掉了，今已不传。今本《孟子》七篇各分上、下，共十四卷。

《史记》说："退而……述仲尼之意，作《孟子》七篇。"照《史记》说的，《孟子》一书是孟子本人所作。其实不可能，先秦的著作就算标举某人所作也往往不是亲著，多是门人学生记录整理出来的，跟《论语》是一样的，《孟子》如是孟子亲著，绝不会称自己为孟子（孟老师）。虽同是学生记录下来的，《孟子》跟《论语》还是有些不同，孔子在世时的影响力比孟子要大，门下的学生可能也比孟子的要多，因为人多手杂，《论语》出现了不少很有问题的篇章，有些事实不可信，有些是不该放进书中却放进了的，如《季氏》"邦君之妻"章、《微子》"周有八士"章等。相形之下，《孟子》这类问题几乎没有。整体而言，《孟子》前后所记义理都很一贯，很少有矛盾之处，篇章之间，文笔也很一致，王应麟《困学纪闻》卷八说："熟读七篇，观其笔势，如镕铸而成，非缀缉所就也。"推想当时就算弟子各有所记，但出书之前可能经一高人整理校阅过，韩愈《答张籍书》说："孟轲之书，非轲自著，轲既殁，其徒万章、公孙丑相与记轲所言焉耳。"晁公武《郡斋读书志》言："孟子所见诸侯皆称谥，如齐宣王、梁惠王、梁襄王、滕定公、滕文公、鲁平公是也。夫死然后有谥，轲著书时所见诸侯不应皆死……故予以愈言为然。"

《孟子》一书不论文字还是思想都浩瀚盛大，但记录的时间却相对短促，只从见梁惠王开始，后来游齐，书中具体的事，只记到孟子去齐便停了，之后孟子应还活了近二十年，学生编好书，他是有机会从容看过的，孟子如看过，自然会加以指点，所以《孟子》这本书得以义理条贯而文笔通畅。纵观《孟子》全书，记孟子离齐事多在《公孙丑下》，记尧、舜事多在《万章上》，辩性善则多在《告子上》，记事虽有些杂乱，而其实也是有秩序在的，可看出全书编辑整理的痕迹。尤其最后《尽心上》两章，一章引孔子"恶似而非者：恶莠，恐其乱苗也；恶佞，恐其乱义也；恶利口，恐其乱信也；恶郑声，恐其乱乐也；恶紫，恐其乱朱也；恶乡原，恐其乱德也"(14.37)，以图与自己一生力辟杨墨之说交相呼应。另一章也就是全书最后一章，历叙历史上五百年总有圣人起的事，他说圣人有见而知之者，有闻而知之者，虽相隔辽远，而终传承不断，最后说："由孔子而来至于今，百有余岁，去圣人之世若此其未远也，近圣人之居若此其甚也，然而无有乎尔，则亦无有乎尔。"(14.38) 孟子对他之前的儒学发展做了个总结，也对自己与后学提出了很高的期望，似是有意之安排。细察《孟子》此章，他以继承孔子为义不容辞的责任，面对他所处的时代虽有些无奈，但从不放弃理想。他饱含着生命浩荡的元气，积极入世。《孟子》全书到此嗒然作结，神完又气足，这样成书，显然是经高人刻意校阅一过。

三、孟子的思想

孟子的思想，可分两端来讨论：一是主张道德起源于"性善"；二是政治上主张"王道"。

"性善"是孟子思想的本体，有此本体，才能扩及其他；

"王道"是他将本体扩展起来的工夫，是将个人的道德推广到生命的极致，以达服务人类的全体大用，也就是《论语》说"推己及人"的境界。"性善"是谈个人的，"王道"则谈的是处理政治上的事。

首先谈"性善"。《公孙丑上》有：

> 孟子曰："人皆有不忍人之心。先王有不忍人之心，斯有不忍人之政矣。以不忍人之心，行不忍人之政，治天下可运之掌上。所以谓人皆有不忍人之心者，今人乍见孺子将入于井，皆有怵惕恻隐之心，非所以内交于孺子之父母也，非所以要誉于乡党朋友也，非恶其声而然也。由是观之，无恻隐之心，非人也；无羞恶之心，非人也；无辞让之心，非人也；无是非之心，非人也。恻隐之心，仁之端也；羞恶之心，义之端也；辞让之心，礼之端也；是非之心，智之端也。人之有是四端也，犹其有四体也。有是四端而自谓不能者，自贼者也；谓其君不能者，贼其君者也。凡有四端于我者，知皆扩而充之矣，若火之始然，泉之始达。苟能充之，足以保四海；苟不充之，不足以事父母。"(3.6)

所谓"不忍人之心"是指不忍心见人受到伤害，就是"仁心"的具体呈现。孟子举"今人乍见孺子将入于井"为例，说明人皆有"怵惕恻隐之心"，而这"怵惕恻隐之心"是自然产生的，没有任何勉强的成分。当人动了"怵惕恻隐之心"的时候，是不会想到"内交于孺子之父母"，也不会"要誉于乡党朋友"，所以这个心是最原始的，也是最纯粹的。孟子认为，这是一切道德的真正起源，他名之为"端"。世上有仁、义、礼、智四种道德，各以恻隐之心、羞恶之心、辞让之心、是非之心为发端，所以说有"四端"。其他三端与恻隐之心一样，是人生而即有的，不是后天受闻见习染才具有的，孟子在《告子上》又把这主张说了一次：

> 乃若其情，则可以为善矣，乃所谓善也。若夫为不善，非才之罪也。恻隐之心，人皆有之；羞恶之心，人皆有之；恭敬之心，人皆有之；是非之心，人皆有之。恻隐之心，仁也；羞恶之心，义也；恭敬之心，礼也；是非之心，智也。仁、义、礼、智，非由外铄我也，我固有之也，弗思耳矣。故曰：求则得之，舍则失之。(11.6)

"若夫为不善，非才之罪也"中的"才"是指本性而言，《说文》："才，草木之初也。"人之初性，亦可谓"才"。意指人之不为善，不是本性的缘故，因为人的本性是善的，仁、义、礼、智都是由我本身的善而开其端，而"仁、义、礼、智，非由外铄我也，我固有之也"，人之不为善，并不影响性善这件事。孟子认为，人要将仁、义、礼、智做到尽善，只要恢复其"本性"即可，人之于善，真如他说的"求则得之，舍则失之"，这就是他的性善说。

这个说法，与比孟子稍晚的另一儒学巨擘荀子 (约前313—前238) 所提出的性恶论完全相反，荀子说："人之性恶，其善者伪也。"(《荀子·性恶》) 这里的"伪"不是指一般的"作伪"，而是指"人为"。荀子以为人天生就有欲望、情绪等 (此即人之性)，如果顺其发展而不加节制，就会导致恶。人间当然有善，而善不是天生具有，是靠人的力量努力"做"出来的，荀子称"人为"为"伪"，因此又说："不可学、不可事而在人者，谓之性；可学而能、可事而成之在人者，谓之伪。是性、伪之分也。"荀子强调以刻意的"人为"来矫正人原本的恶，他反对回归内心的思考、重视客观的为学，其基础也在此。在荀子看来，圣人尧、舜是最大的"伪者"，同时也是最伟大的克己者。

因为性恶，人要行善必须先"制恶"，所以善人要有极大的自制力。而一般人的自制力不足，就要靠法律制定许多规章刑责，让他不得不"去恶为善"，所以荀子这一派的学说最后影响到法家思想的建立，却与儒家走得越来越远了。早先人对付人的恶，除了法律，也可借助于神明，因为神明也具有审判与惩罚的功能，这是为什么法律都强调制裁，而宗教也大多相信人是性恶的原因。

与荀子、法家或宗教家不同，孟子主张人所有的禀赋都是善的，人之不善，只是被世上不善的事给蒙蔽了，如同浮云蔽白日一样。所谓修养，就是要把这层不善之乌云去除，复其初性，则人人可以做到如尧、舜那样好的程度。解释孟、荀的差异，清儒戴震说得最好，他在《孟子字义疏证》卷中《性》说："荀子知礼义为圣人之教，而不知礼义亦出于性；知礼义为明于其必然，而不知必然乃自然之极则，适以完其自然也。……荀子之重学也，无于内而取于外，孟子之重学也，有于内而资于外。"孟子既"有于内"，认为每个人都有善性在心中，而一般人跟圣贤是一样的，所以他说："尧舜之道，孝弟而已矣。子服尧之服，诵尧之言，行尧之行，是尧而已矣。"（12.2）当然尧舜之道，不仅孝悌而已，举孝悌是说行善之途普遍又简易，因而当曹交问："人皆可以为尧、舜，有诸？"孟子肯定地回答："然。"(12.2)

孔子从未说过性善恶的问题，"性善"是孟子的首创。性善论开启了中国有关道德起源的讨论，对后世影响很大，之后的宋明理学或心学所讨论的"心性之学"，大约都不出孟子性善论的范畴，尤其明代的王阳明标举"良知"，其实是直承孟子而来的。

其次，谈谈孟子的王道思想。王道思想是孟子的"用世"观点。所谓"用世"就是指当人有一定的学养后，要把所学贡献出来以为世用，后人也称之为"经世之学"。儒家自孔子以来就讲求学以致用，要学以致用，比较简捷的方式便是参与政治。孔、孟都认为，参与政治并不是只图做高官，而是为自己的道德理想谋求实现推广的机会。

孔、孟的政治理想是王道，王道就是以德治为核心所发展出来的一种政治手段，以王道为核心的思想是跟当时的流行政治哲学大异其趣的。孔、孟的时代，流行的是以武力来夺取或巩固政权，目标是先富国强兵，最后能够称霸天下，所以叫作"霸道"。霸道的手段是合纵连横，只讲谋略，不忌尔虞我诈，以图击败他人，让自己得到最大的利益，正如《史记·孟子荀卿列传》上说的："秦用商君，富国强兵；楚、魏用吴起，战胜弱敌；齐威王、宣王用孙子、田忌之徒，而诸侯东面朝齐。天下方务于合从连衡，以攻伐为贤。"诸侯在行霸道时，是完全不会以仁为居心的。孟子主王道，当然反对那些霸道的思想，齐宣王要他谈谈齐桓、晋文的事迹，孟子答道："仲尼之徒，无道桓、文之事者，是以后世无传焉。"(1.7) 孟子这里说的分明是假话,《孟子》书中曾说过:"王者之迹熄而《诗》亡,《诗》亡然后《春秋》作。晋之《乘》,楚之《梼杌》,鲁之《春秋》,一也。其事则齐桓、晋文,其文则史。"(8.21) 此可证他知道齐桓、晋文。孟子也曾亲口称赞过齐桓公:"五霸,桓公为盛。"(12.7) 孟子怎会不知道此两人呢!但他个性倔强,在齐宣公面前偏要这么说。

所谓"王道",主张的是领导国家不以征伐为务,施政先要为人民生活幸福设想,处处为人民谋福利。孟子认为,当人民生活好了,人的天性会自然发挥,就得以讲礼义廉耻,社会也会变得健全,国家走上正道,因而也变得繁荣强大,想要"王天下"(以行王道的方式统一天下)便也不是难事,这是王道思想的极致。

但不能光是说空话,要行王道,是要有实践基础的,基础是什么?孟子认为基础在振兴农业。中国在夏商之前,已逐渐从渔猎时期过渡到农耕时期,到孟子时代农耕更为普遍。孟子的社会构想,是以农业社会为榜样的。一次他在答梁惠王问时,说出了自己的政治理想。他在《梁惠王上》说:

> 不违农时,谷不可胜食也;数罟不入洿池,鱼鳖不可胜食也;斧斤以时入山林,材木不可胜用也。谷与鱼鳖不可胜食,材木不可胜用,是使民养生丧死无憾也;养生丧死无憾,王道之始也。五亩之宅,树之以桑,五十者可以衣帛矣;鸡豚狗彘之畜,无失其时,七十者可以食肉矣;百亩之田,勿夺其时,数口之家可以无饥矣;谨庠序之教,申之以孝悌之义,颁白者不负戴于道

路矣。七十者衣帛食肉，黎民不饥不寒，然而不王者，未之有也！(1.3)

孟子的主张很简单，他认为政治就是要让人民先有饭吃，再图其他。要都有饭吃，就得兴农，政治上没有比喂饱人民肚子更重要的问题，这是现实。所以上面所说的，主题都在增产与利民上面，人民的生活有保障了，政治的基础就稳固了，孟子叫它"王道之始"。之后他见齐宣王，又把这话重新说了一次(1.7)，可见这个想法对孟子而言是何其重要。

因为先想到要靠农业喂饱人民的肚子，孟子想到"井田"这种制度。这个制度也许在孟子之前有人讨论过，但之前的说法很混乱，而考其实，似也从未实施过，到孟子时才形成这一种有关于农业与税务具体的政治主张。这个说法很重要，孟子说：

> 请野，九一而助；国中，什一使自赋。卿以下必有圭田，圭田五十亩。余夫二十五亩。死徙无出乡，乡田同井，出入相友，守望相助，疾病相扶持，则百姓亲睦。方里而井，井九百亩，其中为公田，八家皆私百亩，同养公田。公事毕，然后敢治私事，所以别野人也。(5.3)

孟子提出井田这种农业经济制度的构想，是既考虑到农业生产与国家赋税的平衡，也考虑到解决农业社会最根本的供需问题。井田制是主张把一般农田划分成九等份，分给八家，八家各有其田，收入为私人所有，公田由八家共耕，公田生产所得作为上缴的赋税。这种赋税方式与周朝实行的"彻"制（十分之一的税制）是很接近的，井田稍高（九分之一），但要农人去共耕公田比较简便，因为公田就在私田旁边。公田收成直接缴库，无须每年忙过农事又忙"完粮纳税"的琐事，其实是在造福人民。这是一套设想周到的生产与赋税制度，以应农业社会实际之所需。孟子认为，当把人民喂饱了之后，再教他们明廉耻、知荣辱，才会有效果，这便是后来的"谨庠序之教，申之以孝悌之义"了，他说：

> 设为庠序学校以教之，庠者养也，校者教也，序者射也。夏曰校，殷曰序，周曰庠，学则三代共之，皆所以明人伦也。人伦明于上，小民亲于下。有王者起，必来取法，是为王者师也。(5.3)

孟子认为等人民都明人伦、知荣辱了，再加上有一定的知识，国君推行政令，人民自然就会配合，这就是"得道者多助，失道者寡助。寡助之至，亲戚畔之；多助之至，天下顺之"，得民心是重要的，所以他又说："天时不如地利，地利不如人和。"(4.1)

孟子又强调尧舜之治，因为尧舜之治就是王道。

尧、舜的事迹在上古就有传说，而他们是否真的存在过，或他们的成就是否真实，都是无法确然证实的事。但我们如视其为儒家道德政治的典范，是儒家政治理想的最高投射，也就无须管它是否为历史真实了。孔子曾说过："修己以安百姓。修己以安百姓，尧、舜其犹病诸。"（《论语·宪问》）又说："巍巍乎！舜、禹之有天下也，而不与焉。"（《论语·泰伯》）可见孔子也常称道尧、舜（也包括禹），到孟子时，所引述尧、舜的史迹更为频繁，说得也更为详尽了，最后在中国传统文化中形成自尧、舜到文、武、周公、孔子这一系列的以道德为核心的"道统"观念，在后来思想史或政治史上发挥了相当大的作用，作用有正面的，也有负面的，而正面的还是多些。

孟子大约承袭了当时有关尧、舜的许多传说，而加以发扬光大。尧、舜传说的重点在"禅让"，这也是孟子之前就有的说法，但孟子的禅让说与一般的禅让说是很不相同的。一般尧、舜禅让说的重点是"让贤"，认定谁是贤者，就将位置让给他，禅让的权力基本上是操持在在位天子手上的。孟子认为禅让固然是让贤，但被让的贤才必须经过天意与民意的检验，证明他值得被禅让，这是他跟之前的禅让说不同的地方。孟子曾说"天子能荐人于天，不能使天与之天下"(9.5)，认为天子不能把天下让给他认可的人，只有上天才有此权力。又说：

> 使之主祭，而百神享之，是天受之；使之主事而事治，百姓安之，是民受之也。天与之，人与之，故曰："天子不能以天下与人。"舜相尧二十有八载，非人之所能为也，天也。尧崩，三年之丧毕，舜避尧之子于南河之南。天子诸侯朝觐者，不之尧之子而之舜；讼狱者，不之尧之子而之舜；讴歌者，不讴歌尧之子而讴歌舜，故曰天也。夫然后之中国，践天子位焉。(9.5)

这是一段很重要的文字。照孟子的说法是，舜相尧共二十八年，贤名已显，尧死，舜本是要让尧之子即位的，因而自己远避"南河之南"，然而"天子诸侯朝觐者，不之尧之子而之舜；讼狱者，不之尧之子而之舜；讴歌者，不讴歌尧之子而讴歌舜，故曰天也"。尧生前已有意让位给舜，但孟子认为，这个决定权不在尧的手上，尧的上面还有"天"在掌控着。有趣的是孟子所谓的"天"，大部分所指的其实是民意，因为文中所说舜虽避位他地，而来中央朝觐的诸侯、"讼狱者""讴歌者"都过来找他，要知道这三者都是"人"，而不是"天"；其中除了诸侯之外，"讼狱者""讴歌者"更都是普罗大众，都是货真价实的百姓。百姓以脚来"投票"，选择舜为他们的领导者，孟子说这话是极含深意的。

这跟《尚书·泰誓》中所说的"天视自我民视，天听自我民听"是相通的，而孟子说得更为具体又确实。在孟子看来，尧要是有意把天子让给舜，但如没得到"天"（即百姓）的信任支持，这种禅让便也不能成立。孟子对百姓这一阶层不但特别重视，拿来与君权相比，百姓比国家或君主的地位更为崇高，也更为重要，最要紧的是这一段：

　　孟子曰："民为贵，社稷次之，君为轻。是故得乎丘民而为天子，得乎天子为诸侯，得乎诸侯为大夫。诸侯危社稷，则变置。牺牲既成，粢盛既洁，祭祀以时，然而旱干水溢，则变置社稷。"(14.14)

"民为贵，社稷次之，君为轻"这句话已经够有力了，而后面说了几次的"变置"更具有强烈的颠覆性。他认为诸侯的职位得自天子，大夫的职位得自诸侯，而天子的职位则是得自丘民的拥护。诸侯要是危及社稷之存在，就要更换诸侯，而社稷之神如不能福佑人民，便是辜负了其职责，在这种情况下，是可以撤掉他，另立他神以司其职的。孟子虽没明说，但隐含的意思是天子如不能抚爱、造福百姓，便也只有将其推翻之一途，因为他也曾说过："贼仁者谓之贼，贼义者谓之残；残贼之人，谓之一夫。闻诛一夫纣矣，未闻弑君也。"(2.8)古时平行人之间的杀戮叫"诛"，叫"杀"，杀上位的人叫"弑"，商纣是天子，任何人杀他都得叫作弑君的，但孟子说，商纣因为是"残贼"，只能叫他为"一夫"（一般的男人），杀了他只算杀了一般人，便不算是弑君了。这是多么浩荡且革命性的语言！在此之前，这种话从没听人说过，而孟子说时却斩钉截铁，没有任何顾盼犹疑。

另一点是孟子不主独裁，强调合作，天下、国家有好的领导是重要的，但社会复杂，也不能单靠一人或少数人，治天下或治国须要上下一体，全民联合起来工作。他主张合作，重视分工，认为任何工作都有价值也有贡献，并驳斥当时农家许行之流的"君臣并耕"之说：

> 然则治天下独可耕且为与？有大人之事，有小人之事。且一人之身，而百工之所为备。如必自为而后用之，是率天下而路也！故曰：或劳心，或劳力；劳心者治人，劳力者治于人；治于人者食人，治人者食于人。天下之通义也。(5.4)

他主张分工，像"劳心者治人，劳力者治于人；治于人者食人，治人者食于人"(5.4)、"无君子莫治野人，无野人莫养君子"(5.3)，是说不论劳心或劳力、君子或野人，地位是平等的，对社会的贡献是一致的。尧、舜有尧、舜的事业，一般人有一般人的事业，所事虽不同，但皆为社会所需要，人之德行最好要如尧、舜，却不必都做尧、舜的工作，上下分工，各司其职，就可形成好的社会。从这个认识看社会，社会就变得多元也公平了，在当时这是十分进步的看法。

另外，他主张振兴农业以提升百姓的生活，提出"不违农时""数罟不入洿池"与"斧斤以时入山林"的许多说法，与现代的环保、生态的观念是紧密结合的。鱼鳖、材木这些自然资源，我们都可取用，但取用时要节制，要珍惜，不可浪费。两千多年之后再看他所说的，仍觉高明。

以上是孟子思想的几个重点。

四、孟学的特色及对中国文化的贡献

孟子以继承孔子自任，所以孟学的基本精神就是孔子之学。在孔子的时代，可以跟孔子之学相提并论的大约只有崇尚自然的原始道家思想了，当时道家是一种思想倾向，还不能称之为"道家"。道家是否为老子首创，一直有争议，就算是，而写《道德经》的老子是否跟孔子同时，在学术上也有争议。现在不讨论这些事，而是要说这种思想跟孔子的主张有什么差别。

孔子对人类社会抱着肯定与同情的态度，讲的是"入世"哲学，跟道家思想讲的"出世"哲学是相反的。孔子这一派哲学，特别喜欢家庭，也喜欢由父母兄弟再加姻亲家族所形成的一派和乐雍熙的景象，这种现象，就是孔子眼中的"伦理"。而孔子认可的伦理道德，是可以扩大的，可以从比较小的父母与子女的关系，推展到与整个国家、整个天下的关系，让我之外的世界都因我而和乐雍熙起来，这就是《大学》里讲由格物、致知到修、齐、治、平的一整套哲学的动机与含义。在孔子看来，伦理道德是一个不可分割的整体，这种道德既是个人的，也是可以通行全天下的，形势好时，可以用来"兼善天下"，形势不好时，可以用来"独善其身"，这也就是孟子说的"得志，与民由之；不得志，独行其道"(6.2) 的意思。不论兼善或独善，所守与所行的道德，其形式或内容是一样的，所以孔子所讲的道德是统一的，而且是发自于人情自然。

孟子把孔子的这种道德理想发挥到极致，尤其是道德的统一性方面。将个人的道德不论形式或内容，发展到施政上，便叫作"德治"，孔、孟都努力地推广德治，因为他们认为个人的道德是可以兼善到众人身上的。

但推广德治是会遭受到阻力的。孟子所处的时代比孔子晚，当时的中国不论政治或社会的情况，比孔子时更为混乱，思想也更为纷杂，孟子要实现他的德治理想，必须花费很多力气在与人争辩上面，他说：

> 圣王不作，诸侯放恣，处士横议，杨朱、墨翟之言盈天下。天下之言不归杨，则归墨。杨氏为我，是无君也；墨氏兼爱，是无父也。无父无君，是禽兽也。公明仪曰："庖有肥肉，厩有肥马，民有饥色，野有饿莩，此率兽而食人也。"杨、墨之道不息，孔子之道不著，是

邪说诬民，充塞仁义也。仁义充塞，则率兽食人，人将相食。吾为此惧，闲先圣之道，距杨、墨，放淫辞，邪说者不得作。作于其心，害于其事；作于其事，害于其政。圣人复起，不易吾言矣。(6.9)

因为要辩论，必须立场鲜明、言语锐利，所以从张力而言，《孟子》的语言比起《论语》来更为开阔宏肆，孟子说理比孔子更有攻击性。

下面要谈谈孟子跟其他学术流派的争议。

回到基本，道德一方面是律己，律己就是《中庸》说的"慎独"，而当我与别人接触，便应想到我的道德是要帮助世上其他的人都能跟我同达至善，所以讲道德绝对不能有自私的念头，甚至不能有"自利"的成分，因此孟子反功利。孟子大张旗鼓地辟杨、墨之说，就是因为杨朱讲"拔一毛而利天下，不为"的极端自私，而墨子"摩顶放踵"(13.26)，表面看起来是无私，但出发点却是彻底的功利主义，因为墨子说过"兼相爱，交相利"。在孟子看来，这说法是错的，他认为道德有更高的理想的成分，是不能从实际的利害的"交相利"来估量的。

这是孟子反对杨、墨的理由，而孟子跟道家思想更不相同，道家思想家总能看出人类社会的弊病所在，也看到人类感情脆弱之处，所以主张"绝圣弃智""绝仁弃义"(《道德经》十九章)，而《庄子·大宗师》举颜渊与孔子讨论"坐忘"的问题，却有这样的问答：

颜回曰："回益矣。"仲尼曰："何谓也？"曰："回忘仁义矣。"曰："可矣，犹未也。"他日复见，曰："回益矣。"曰："何谓也?"曰："回忘礼乐矣。"曰："可矣，犹未也。"他日复见，曰："回益矣。"曰："何谓也?"曰："回坐忘矣。"仲尼蹴然曰："何谓坐忘?"颜回曰："堕肢体，黜聪明，离形去知，同于大通，此谓坐忘。"仲尼曰："同则无好也，化则无常也。而果其贤乎! 丘也请从而后也。"

在庄子看来，人生最高的境界是把坐着的自己都给忘了。当忘了自己存在的同时，自然也把儒家一贯主张的仁义与礼乐也都给一起忘了，要知道"忘"与"亡"是同音，意义也相通，说"忘了"就等于都"亡了"。我既消亡了，因我而产生的道德也自然跟着荡然无存，这说法在儒家是匪夷所思，而在庄子来说这才是"至道"。庄子的哲学，是主张要逸出人类主观思考之外，老子也有类似的观点。这种哲学主张破除"我执"，从某一角度来看，当然也有迷人之处，但像这样的一种主张超越或消除一切与人类有关的价值，在孔、孟看来，就算能变成事实，也过于冷静到近乎可怕了。墨子也主张凡是出于感情的"喜、怒、乐、悲、爱、恶"都要去除（《墨子·贵义》），这种说法有一个共同的观点，就是否定善良所形成的道德，打破所有由善所形成的人的价值，当然都不合于孟子思想，更要力拒其"淫辞"、力辟其"邪说"了。

另外，同是儒门的荀子，对孟子也是批判的，《荀子·非十二子》曰：

略法先王而不知其统，犹然而材剧志大，闻见杂博。案往旧造说，谓之五行，甚僻违而无类，幽隐而无说，闭约而无解。案饰其辞，而祇敬之，曰：此真先君子之言也。子思唱之，孟轲和之。世俗之沟犹瞀儒，嚾嚾然不知其所非也，遂受而传之，以为仲尼、子游为兹厚于后世，是则子思、孟轲之罪也。

荀子批评孟子的重点在"法先王"上面，荀子是主张"法后王"的，所谓"法后王"就是取式于"周制"，《荀子·王制》说："王者之制，道不过三代，法不贰后王。"为何要复三代最后的周制，因他认为周制最为完美，而孟子"言必称尧、舜"，尧、舜比周要早，所以被认为是"法先王"的。其实他们对先王、后王的主张没太大差异，只是历史举例或早或晚罢了。荀、孟的最大不同在于荀子不赞成孟子的性善说，他主"性恶"，以为人心的原始皆有恶的成分，必须靠人的为学努力加以克制或改善。在荀子的眼中，孔子是"仁知且不蔽"_{《荀子·解蔽》}的人，在孟子眼中，孔子为"圣之时"者同时也是"集大成也者"(10.1)，两者差别也不大，但荀子所注重的是孔子的"学"，孟子注重的是孔子之道德整体。

前面说老、庄都太"冷"了，墨、荀的哲学也同样偏冷，比较起来，孔、孟更温情一些，也更"人性"一些。很多人比较孟、荀，说孟子"唯心"，荀子"唯物"，其实唯心、唯物不能涵盖两种学说，倒是孟子看世事与人性有比较软的心肠，其他人比起孟子来，持的都是比较硬的心肠，冯友兰在《中国哲学史》中曾以希腊哲学家苏格拉底比孔子，以柏拉图比孟子，以亚里士多德比荀子，就是以心肠的冷热为出发点的，算是很特殊的观点。孟子确实比其他人看人性多了份温情，他肯定人所有的价值，觉得不管遭遇多坏，人类如能不忘"初心"（"赤子之心"），一步一步往前走下去，终究是有希望的。孟子确实如写《理想国》的柏拉图一样，对人类的未来总是多了一点理想与浪漫的成分。

孔、孟对自己与对别人始终是有信心的，这是孔、孟之学的特色。孔子说："仁远乎哉？我欲仁，斯仁至矣。"（《论语·述而》）他主张只要努力，便可使自己成为仁人。孟子也说过类似的话，他说："万物皆备于我矣。反身而诚，乐莫大焉。强恕而行，求仁莫近焉。"（13.4）有人认为"万物皆备于我矣"有点神秘主义倾向，但从另一方面说，这也是他个人自信满满的表现。

孔子与孟子的遭遇都不太好，但他们的生命态度一直很正面、很积极，也把这种正面与积极带给别人，因此他们都是最好的教育家。他们都注重对自己的教育，不断思考与学习。孔、孟从不放弃自己，也不放弃任何人，在这一点上，孟子比孔子显得更为热切，孟子曾说："君子有三乐，而王天下不与存焉。"而在他胜过帝王的"三乐"之中有"得天下英才而教育之"。（13.20）同时，他认为好的教育甚至比好的政治更为重要，他说："善政，不如善教之得民也。"这是因为"善政民畏之，善教民爱之；善政得民财，善教得民心"。（13.14）

此外，孟子有一种顶天立地的气势，面对命运，他显得倔强；面对强暴，他从不屈服。他瞧不起扭曲自己以配合他人的人。孟子之学将这精神充分表现出来了。他曾批评那些软弱的人，说："以顺为正者，妾妇之道也。"他说：

居天下之广居，立天下之正位，行天下之大道。得志，与民由之；不得志，独行其道。富贵不能淫，贫贱不能移，威武不能屈，此之谓大丈夫。(6.2)

请注意文中的"广居""正位""大道"等字眼，因为光明又盛大，一看就让人精神一振。孟子主张一个人要做伟大的人物，就算不能真正做到，也要立志做到。伟大的人物要有宏大的格局与气象，也要有高岸的理想，就像站在高处，才不会被世上的虚假所蒙蔽。在孟子看来，富贵、贫贱与威武都是人间的假相，当我知道真相所在之后，那些假相就不能影响到我，"富贵不能淫，贫贱不能移，威武不能屈"便是当然，"大丈夫"就是个有独见的人。

独见就是不同世俗的创见，再加上奋斗不懈，哪怕你出身低，也可以有所作为。孟子认为这伟大的世界无私地提供给了我们一个宏阔的舞台，让想表演的人能在上面尽情表演，所以他又说：

舜发于畎亩之中，傅说举于版筑之间，胶鬲举于鱼盐之中，管夷吾举于士，孙叔敖举于海，百里奚举于市。故天将降大任于是人也，必先苦其心志，劳其筋骨，饿其体肤，空乏其身，行拂乱其所为，所以动心忍性，曾益其所不能。(12.15)

不论你出身在畎亩之中、版筑之间，或曾混于迹鱼盐牛市，出身是如何的低微，只要你努力，就会有杰出的表现。注意孟子强调磨炼，所以连续说了"苦其心志，劳其筋骨，饿其体肤，空乏其身，行拂乱其所为"，等等。他说那些考验是上天为了造就你而赋予你的，当你通过了诸多的考验，你的成就才不是幸得。天生烝民，并没规定你成为什么，你要成为什么，完全把握在自己的手上，所以人要有高朗的意志，也要有奋战的毅力。

这种高贵的意志力孟子称之为"气"，常说"持其志，无暴其气"，而气是从何处来的呢？孟子说是靠自己从道德力行中锻炼出来的，他曾说：

> 其为气也，至大至刚，以直养而无害，则塞于天地之间。其为气也，配义与道，无是，馁也。是集义所生者，非义袭而取之也。行有不慊于心，则馁矣。(3.2)

原来是饱满的道德，让自己的意志昂扬。孟子此处说"配义与道"，让我们想起孔子曾说过"知者不惑，仁者不忧，勇者不惧"（《论语·子罕》），两者的意思是高度相通的，一个真正达到不惑、不忧、不惧境界的人，自然志气高朗而一无所畏了。

这是多么蓬勃的生命力！这种鼓励人要刚毅，要先立其大的话题，在孟子时是不多见的，所以算是孟子的独创，而孟子之后，这种思想好像又消沉了。什么是先立其大？我想举杨简在《象山先生行状》中描写南宋大儒陆九渊说的一段话，也许有启发的作用，他说：

> 他日读古书至"宇宙"二字，解者曰："四方上下曰宇，往古来今曰宙。"忽大省曰："宇宙内事乃己分内事，

己分内事乃宇宙内事。"

不论你赞不赞成陆九渊的哲学思想，你还是会被他说的"宇宙内事乃己分内事，己分内事乃宇宙内事"所感动，把自己的意志扩充到整个世界乃至宇宙，有这个格局，才能叫作"大"。我们如再做解释，立其大就是主张一个人要对自己负责，也要对世界、对宇宙负责任，而不是逃避。北宋张载在《张子语录》中说"为天地立心，为生民立道，为去圣继绝学，为万世开太平"，精神庶乎近之。不论张载的说法或是陆九渊的说法，其实跟孟子所说的一脉相承。

梁启超在戊戌变法失败后东逃日本，感于当时的中国人缺乏"底气"，写了一本《中国之武士道》，他在中国古籍中找到一些跟当时日本的武士行径相类似的人物，说中国原来的精神也是大气浩荡、尚武又不惧死的，他写此书目的在于唤醒中国人的大无畏精神，以振兴国威。他所提倡的武士道，其中一部分含义，就是孟子此章说的"大丈夫"，但任公著此书，并未举孟子为例，也未谈到《孟子》书中此章，对梁氏的书而言，少了些更积极的佐证，有点可惜了。

立其大不是志得意满，更不是自大，而是要让自己站在高处，对自己与世界负起继绝存亡的责任；有此责任在，所以必须比别人更勤恳不懈，也须更为谦卑。

尽管孟子不畏强权，挑战权威，但他对位置低下的人，却一向持着关怀与保护的立场，也为他们的权益力争不懈。他重视个人，注重个人自由，认为人生在世当然要守礼，譬如君臣，当然有一定的礼在，但礼要合理近情，不合理近情的礼，是可以否定、修正的。最有名的例子是这一段：

孟子告齐宣王曰："君之视臣如手足，则臣视君如腹心；君之视臣如犬马，则臣视君如国人；君之视臣如土芥，则臣视君如寇雠。"（8.3）

此章之特殊是在《孟子》书中，其他都是齐宣王问，孟子回答，而此处是孟子直接说，采取主动发言，自然更有力量。《论语·八佾》中有"君使臣以礼，臣事君以忠"的话，表明臣之效忠国君不是绝对的，而是相对的，而孟子在此处却强调，君如以土芥视臣，臣便也可以寇雠视君，以寇雠视对方，必去之而后快。这种说法在两千多年前的中国，可以说惊悚极了，也强盛极了，证明孟子具有奇崛的革命精神。

说了这么多《孟子》的好处，现在来谈谈这本书的一些不尽如人意的地方。像这么一本理想高崇、理论强大的书，毕竟完成在两千多年之前，又是孟子弟子所记，后来才编辑成书，要说它毫无遗漏或缺点，也是不可能的。

《孟子》当然也有些理论薄弱、记事含糊的部分。譬如《尽心上》有段弟子桃应问孟子"舜为天子，皋陶为士，瞽瞍杀人，则如之何"（13.35）的问题，这问题确实不好回答，连王夫之都认为事情不可能发生，说："舜为天子，皋陶为士，所以感格而防闲之，自有道存焉，瞽瞍何至杀人，而劳桃应之过计哉！"（《四书训义》）孟子如像现在政客一般回应说"不对假设性的议题表示意见"，也许就应付过去了，但孟子却回答说："执之而已矣。"意思是皋陶既是司法官，就依其权责，将瞽瞍逮捕便可。有趣的是桃应继续问下去，说逮捕是皋陶的事，但舜贵为天子，该如何面对此事实呢，想不到孟子说："舜视弃天下，犹弃敝蹝也。窃负而逃，遵海滨而处，终身䜣然，乐而忘天下。"这个回答非常荒唐，说舜可"窃负而逃"，意即舜可偷偷地背着父亲逃到杳无人烟的海滨，"终身䜣然"（一辈子快乐）地度过余生，孟子的理由是"舜视弃天下，犹弃敝蹝也"，说舜本来就不想做天子呀。

老实说，这里是孟子错了。孟子在回答这问题时，只顾父子之亲情，却没想到舜已贵为天子，对天下苍生已有不可脱卸的更大的责任了。孝道固然高贵，但有时会与其他道德发生冲突，万一发生了，就应选择实践更大更高的道德才对。"忠孝两全"自然最好，但有时会有冲突，此章暴露了儒家在面对忠孝的矛盾时容易动情绪，往往有因不平衡而处置失当之虞，这显示出孟子的困窘。孟子在君民问题上，往往有极鲜明的见解，他说"闻诛一夫纣矣，未闻弑君也"（2.8），当时确实是极为革命性的语言，但孟子对家庭的看法却十分保守，以致瞽瞍不慈、象不悌，舜对他们仍要孝悌如恒，并说出"大孝终身慕父母"（9.1）的话来。舜未为天子时这么做已有争议，但真这么做了，影响也还不算大，因为这只是遂其"私情"的部分；但当其贵为天子之后，一切都可能为天下法，就该考虑更大的是非了。

另《滕文公下》有段写孔子"三月无君……出疆必载质"（6.3）的记录，意思是说孔子三个月没官做，就急于在车上载着礼物，打算致送见到的国君来谋一官职。此章所记因无其他佐证，很难令人相信。孟子是有心维护孔子的，在这儿却把孔子写小写浅了，让孔子成了个只图做官的细人。孔子当然想实践自己的政治理想，行济世利民的志业，做官是达此目标的最好方法，但孔子也绝非汲汲营营的人，更不是为了私利而低声下气、干谒权威的人，我认为此处记录应该有误，或者有遗漏。书并不是孟子本人所写，有些错误或遗漏是难免的，再加上孟子所处的时代与我们的时代不同，孟子也必有一些受时代局限的地方，或者当时不觉有错，但现在看来确实是有问题的。

又譬如《尽心上》谈到"霸者之民，骧虞如也"(13.13)，骧虞就是欢娱，孟子一向反对霸权，甚至说齐桓、晋文之事自己未闻 (1.7)，现在竟然说霸者治下的百姓很欢乐，当然有悖于《孟子》一书的常理，此章后来又说"君子所过者化，所存者神，上下与天地同流"，把君子的性格与行事说得神秘兮兮，也都不像是《孟子》一贯的风格。幸亏书中类似的书写并不很多，偶尔出现，只能算大醇小疵。

总体而言，孟子对中国哲学与学术贡献极大而且影响深远，孟子主性善，主张任何人都有达到至善的可能，而他主张的性善，又有泯除人我界限的含义，除了博爱之外，还兼有平等的概念。他提倡王道思想，参与政治的目的是福国利民，而不是有利于政权、有利于国君。这一点，他与同时代的人是不同的。在他眼中，天子或国君的地位与百姓同样重要，而百姓是多数，所以在比重上更为重要。他使《尚书》以来的民本观念更为落实，对后来的民主思想有建设性与理论性的贡献。而他娴于辞令，强调创造，重视个人的尊严，举止之间充满自信，对弱小又充满同情，则是他独有的风格，所以孟子其人或《孟子》其书，都极有特色，在中国文化或世界文化上都有不可取代的地位与价值。

·卷一　梁惠王上·

凡七章。

此卷是《孟子》首篇首卷。古人著书多以首章前二三字为篇名，如《诗》之《关雎》、《论语》之《学而》《卫灵公》等，此处也是，篇内所记，不仅是孟子见梁惠王时所言，也有孟子见梁襄王、齐宣王时所言。

1.1　　孟子见梁惠王[1]。王曰："叟[2]，不远千里而来，亦将有以利吾国[3]乎？"

孟子对曰："王何必曰利？亦有仁义[4]而已矣。王曰：'何以利吾国？'大夫曰：'何以利吾家？'士庶人曰：'何以利吾身？'上下交征利[5]而国危[6]矣！万乘之国[7]，弑[8]其君者，必千乘之家；千乘之国，弑其君者，必百乘之家。万取千焉，千取百焉[9]，不为不多矣；苟为后义而先利，不夺不餍[10]。未有仁而遗其亲者也，未有义而后其君者也。王亦曰仁义而已矣，何必曰利？"

孟子往见梁惠王。王说："老先生，您不远千里前来，是想要让我们魏国得些利益吧？"

孟子恭敬回答："大王，何必要说利呢？也有些仁义的事更应该谈吧。假如大王说了'何以利我国'，那国中的大夫也跟着说：'何以利我家。'士与百姓说：'何以利我个人。'一国上下谈的都是自私自利的事，那整个国家就危险了。一个拥有万乘兵车的大国，其国君被杀，多是国中千乘之家干的；一个拥有千乘兵车的小国，其国君被杀，也多是他们国中百乘之家干的。国君有万乘兵车，你有千乘；国君有千乘兵车，你有百乘，算起来已不少了。一个人如把道义放在后头，只讲利益的话，要他不去抢夺更多他是不会满足的。没有一个讲仁德的人会遗弃父母，没有一个讲道义的人会把他的国君抛在脑后。大王还是只谈仁义的事吧，何必要谈利呢？"

1 **梁惠王**：即魏侯罃，谥惠，僭称王。魏国都大梁，也称梁国。《史记·魏世家》记："（惠王）三十五年（应为'三十四年'，即周显王三十三年，前336年），与齐宣王会平阿南（《史记集解》引《地理志》：沛郡有平阿县也）。惠王数被于军旅，卑礼厚币以招贤者。邹衍、淳于髡、孟轲皆至梁。"

2 **叟**：老先生。如依《孟子世家谱》上所记载孟子生于周烈王四年

（前372年），惠王三十五年时，孟子仅三十七岁，似不应被称为叟。也有一说，梁惠王在位三十五年，又有后元十六年，孟子见惠王时应在襄王即位之前，也就是梁惠王后元十五、十六年之时（前320—前319年），当时孟子已年过五十，到了"五十者可以衣帛矣"（1.7）的年纪，在古代便可以称为叟了。

3　**利吾国**：对我国有利，指的是让魏国富国强兵。

4　**仁义**：朱熹注（以下简称"朱注"）曰："仁者，心之德、爱之理。义者，心之制、事之宜也。此二句乃一章之大指。""仁义"二字，在《论语》中就经常出现，用来代表不同的道德含义，大约仁指对人与世界的大爱，故《说文》曰："仁，亲也。"仁，也是道德的极致。义指适当又正直的行为，故有"义者宜也"的说法。孟子往往将二字并在一起使用，言仁必带力行之成分，成为孟子之学的特殊标志。

5　**交征利**：交相求利。朱注："上取乎下，下取乎上，故曰交征。"征，求、取。

6　**国危**：朱注："谓将有弑夺之祸。"

7　**万乘之国**：指大国。大国有兵车万乘，故称。

8　**弑**：专指下位的人杀了上位的人。

9　**万取千焉，千取百焉**：一万之中占了一千，一千之中占了一百，即指前面的"千乘之家"与"百乘之家"而言。

10　**餍**（yàn）：饱足。

　　讲此章之前，要先弄清楚一件事。

　　就是要分辨天下、国、家的名称。在秦统一天下之前，中国实行的是封建制，当时天子所控制的地方叫天下，诸侯控制的地方叫国，大夫控制的地方叫家。国有大有小，依

《周礼·大司徒》所记："诸公之地，封疆方五百里"；"诸侯之地，封疆方四百里"；"诸伯之地，封疆方三百里"；"诸子之地，封疆方二百里"；"诸男之地，封疆方百里"。因国的大小不等，而在其下的家大小也有别。另国之大小，除了从拥有的土地面积的大小来判断外，往往也可从法定可拥有兵车数量的多少来判断。朱注："万乘之国者，天子畿内地方千里，出车万乘。千乘之家者，天子之公卿采地方百里，出车千乘也。千乘之国，诸侯之国。百乘之家，诸侯之大夫也。"但朱子认为《孟子》此处的"万乘之国"是指天子而言，恐怕不是确论，因为古时天下与国的观念非常清楚，不至于混淆。此处"万乘之国"与"千乘之国"应指诸侯国有大小。

《论语》与《孟子》的作者都很讲究礼节，礼即规矩、秩序，有内外之别、高下之分，如本章于王写"曰"，于孟子写"对曰"，都是守礼的表现。"曰"指说话，"对曰"指恭敬作答，一个态度一般，一个态度恭敬，因孟子所对是君王，要特别显示他的礼节之涵养，之后行文，皆遵此。

《孟子》首章，特别标举出"仁义"二字。此二字在《论语》中多见，都已有十分明确的道德含义，仁是道德的极致，故曰："苟志于仁矣，无恶也。"（《论语·里仁》）义指一切适宜的方式，尤指有力道的躬行实践，故曰："君子之于天下也，无适也，无莫也，义之与比。"（《论语·里仁》）孔子举此二字，多是分别举列，几乎从未并举过，然而《孟子》中屡屡并举之，可见孟子特别强调一切道德必须积极力行实践，否则即是空言，此二字几乎已成孟子学的标志或旗帜，读者须特别注意。

至于文首即曰"王何必曰利"，崔述《孟子事实录》卷上云：“《易》曰‘乾，元亨利贞’，曰‘坤，元亨，利牝马之贞’，曰‘利建侯’，曰‘利见大人’，曰‘利涉大川’者不一而足，圣人何尝不教人以趋利而避害乎！但圣人所言，义中之利非义外之利，共有之利非独得之利，永远之利非一时之利，此其所以异也。故曰‘见利思义’，曰‘因民之所利而利之’，曰‘小人乐其乐而利其利，此以没世而不忘也’。”崔述以长利短利、大利小利来作义利之辨，说得很允当。

义利之辨是孟子学说里极重要的一部分，学者若不在此着力，其学便茫然无标的。王阳明《与薛尚谦》书说：“数年切磋，只得立志辨义利。若于此未有得力处，却是平日所讲尽成虚语，平日所见皆非实得。”刘宗周说：“义利二字，是学问大关键，亦即儒释分途处。”（《阳明传信录》）学者于此，可多留意。

1.2 孟子见梁惠王。王立于沼[1]上，顾鸿雁麋鹿[2]，曰：“贤者亦乐此乎？”

孟子对曰：“贤者而后乐此，不贤者虽有此，不乐也。《诗》[3]云：‘经始灵台[4]，经之营之，庶民攻[5]之，不日成之。经始勿亟，庶民子来[6]。王在灵囿[7]，麀鹿攸伏[8]，麀鹿濯濯[9]，白鸟鹤鹤[10]。王在灵沼，於牣[11]鱼跃。’文王以民力为台为沼，而民欢乐之，谓其台曰灵台，谓其沼曰灵沼，乐其有麋鹿鱼鳖。古之人与民偕乐，故能乐也。《汤誓》[12]曰：‘时日害丧？予及女偕亡！'¹³民欲与之偕亡，虽有台池鸟兽，岂能独乐哉？"

　　孟子见梁惠王。王这时正站在一个池塘边，看着前面的鸿雁鹿群说："一个贤明的人，也会如此寻乐吧？"

　　孟子恭敬回答："先要贤，才能享此乐呀；要是不贤，就是有了这些，也乐不起来呀。《诗经》说：'文王当初想建灵台，叫人先来丈量、计划，百姓都跑过来帮着做，很快就造成了。丈量的时候，没有限定完工时间，但百姓像儿子帮父亲一样地跑过来呢。文王在台下园子里游玩，有群鹿在其中，群鹿长得肥壮，鸟的羽毛洁白光泽。王又到池塘边玩，看见满池的鱼都活泼地跳跃。'文王以百姓的劳力兴建了高台与深池，百姓都欢喜他这么做，叫那台为'灵台'，叫那池为'灵沼'，并且高兴有麋鹿鱼鳖可欣赏。古代的贤君都与民同乐，所以自己也就享乐了。《尚书·汤誓》记当时百姓怨恨夏桀的话说：'你这恶毒的酷日何时会消亡啊？我宁愿跟你一道死掉呀！'当百姓都要与他同归于尽时，虽有台池鸟兽，他还能独乐吗？"

1　沼：水池。

2　鸿雁麋鹿：大雁与大鹿。

3　《诗》：指《诗经·大雅·灵台》。

4　灵台：周文王所建的高台台名。

5　攻：治，做。

6　庶民子来：百姓犹如为父亲做事般地赶来。

7 **灵囿**：园名。灵台前有园名为灵囿。

8 **麀（yōu）鹿攸伏**：鹿群安居其所。麀，母鹿。攸伏，安其所。

9 **濯濯**：肥泽的样子。

10 **鹤鹤**：洁白的样子。

11 **於（wū）牣**：满。於，发语词。

12 **《汤誓》**：《尚书·商书》篇名。

13 **时日害丧？予及女偕亡**：此烈日何时消亡？若亡，我宁与之俱亡，喻指：我的国君不断祸害我，我盼望他早早死掉，就是要我与之俱死，我也甘愿。朱注："时，是也。日，指夏桀。害，何也。桀尝自言，吾有天下，如天之有日，日亡吾乃亡耳。民怨其虐，故因其自言而目之曰，此日何时亡乎？若亡则我宁与之俱亡，盖欲其亡之甚也。孟子引此，以明君独乐而不恤其民，则民怨之而不能保其乐也。"

　　此章很清楚明白，强调国君治国应以百姓为根基，必须与百姓同喜乐，则自己的喜乐可常保，若自己的喜乐是建筑在百姓的痛苦之上，那结局就会很悲惨了。朱子言，文末引《汤誓》，意在说明"君独乐而不恤其民，则民怨之而不能保其乐也"，是很正确的。

　　上章言义利之辨，此章言灵台、灵囿之乐，于文王而言，岂不也是利吗？孟子之义利之辨，绝不放空立言，有利生民、有利王道，便是义之所在。利有大利与小利、长利与短利之别，小利、短利为上章所指的"利"，而大利、长利则为"义"矣，今人有"计利当计天下利，求名应求万世名"的说法，读者须明白。

1.3　　　梁惠王曰:"寡人[1]之于国也,尽心焉耳[2]矣!河内凶,则移其民于河东,移其粟于河内。河东凶亦然。察邻国之政,无如寡人之用心者;邻国之民不加少,寡人之民不加多,何也?"

孟子对曰:"王好战,请以战喻。填然[3]鼓之,兵刃既接,弃甲曳兵而走[4]。或百步而后止,或五十步而后止;以五十步笑百步,则何如?"

曰:"不可。直[5]不百步耳,是亦走也!"

曰:"王如知此,则无望民之多于邻国也。不违农时,谷不可胜食[6]也;数罟[7]不入洿池[8],鱼鳖不可胜食也;斧斤以时入山林,材木不可胜用也。谷与鱼鳖不可胜食,材木不可胜用,是使民养生丧死无憾也。养生丧死无憾,王道之始也。五亩之宅,树之以桑,五十者可以衣帛[9]矣;鸡豚狗彘之畜,无失其时,七十者可以食肉矣;百亩之田,勿夺其时,数口之家可以无饥矣;谨庠序[10]之教,申之以孝悌之义,颁白者[11]不负戴[12]于道路矣。七十者衣帛食肉,黎民不饥不寒,然而不王者,未之有也!狗彘食人食而不知检[13],涂有饿莩[14]而不知发[15],人死则曰:'非我也,岁也。'是何异于刺人而杀之,曰:'非我也，兵也！'王无罪岁[16]，斯天下之民至焉。"

梁惠王说："我对我的国家，真是尽心尽力了呀！譬如河内这地方闹粮荒，我便把一些百姓迁移到河东，又将粮食转运到河内去赈济不能迁移的人。要是河东闹粮荒，也用同样的办法。我观察邻国施政，从没有像我一样用心的；但邻国百姓并未减少，而我国的百姓也没增多，这是什么原因呢？"

孟子恭敬回答："大王您好战，请允许我以作战来比喻吧。当擂起战鼓，两军刀枪才刚接触，一方的士兵便丢弃盔甲，拖着兵器跑了。有些跑了一百步便停下，有些跑了五十步便停下；逃了五十步的人笑逃了一百步的人，说他们不够勇敢，这样行吗？"

梁惠王说："不行呀，只是没跑一百步罢了，也算是逃啊！"

孟子说："大王您知如此，便不要盼望您的百姓会比别国多了。假如不耽误农时，让百姓按时耕种收成，那就五谷丰登，想要吃都吃不完呢；假如规定不能用细密的网到池塘网鱼，那鱼鳖也就食之不尽了；假如规定刀斧只有在一定的时间才可进入森林伐木，那材木也是用之不尽的。五谷鱼鳖吃也吃不完，材木也用之不尽，这样的话，百姓养生送死都无遗憾了。能使百姓养生送死都无遗憾，便是王道的开始了。本着这个道理，让农人在他五亩住宅的空地，种些桑树，那五十岁以上的人就能穿丝绸的衣服了；依时畜养鸡、狗与大猪、小猪，那七十岁以上的人便都有肉可吃了；所种的百亩之田，都能依时耕种，八口之家就不会饥饿了；再好好办教育，反复教导学生孝顺父母、敬爱兄长的道理，那么头发斑白的老人就不致再在路上背负着、头顶着重物了。七十岁的人可以衣帛食肉，一般民众不挨饿受冻，像这样的国家而不能称王天下的，是从来没有过的啊！假如五谷丰登时连狗猪都来吃人的食物，不晓得收拾余粮，等到路上有人饿死时，又不晓得开仓赈灾；人死了，则说：'这不是我的责任，是荒年啊！'这跟刺死了人，却说'不是我杀的，是这把刀杀的'有什么两样呢？大王啊，您只要别把罪过推给荒年，那普天下的百姓都会来归服您了。"

1 **寡人**：诸侯之自称，也是谦称，言自己是寡德之人。但此词一般人不得使用。

2 **尽心焉耳**：尽心于此。耳即尔，此。

3 **填然**：鼓音。

4 **弃甲曳兵而走**：丢弃盔甲，拖着兵器逃走。走，快步，即逃跑。

5 **直**：但，只。

6 **不可胜食**：食之不尽。胜，平声。

7 **数罟**（cù gǔ）：细密的网。

8 **洿**（wū）**池**：水池。

9 **衣帛**：穿丝帛所制的衣服。朱注："五十始衰，非帛不暖。"

10 **庠**（xiáng）**序**：古代地方各级学校的名称。

11 **颁白者**：头发斑白的人，指老人。颁，同"斑"。

12 **不负戴**：不再以背背东西、以头顶东西了。朱注解释"颁白者不负戴于道路"曰："夫民衣食不足，则不暇治礼义；而饱暖无教，则又近于禽兽。故既富而教以孝悌，则人知爱亲敬长而代其劳，不使之负戴于道路矣。"

13 **检**：朱子释为制。焦循《孟子正义》释为解敛，意思是说乐岁敛粟于官，以备荒年。

14 **涂有饿莩**（piǎo）：路上有饿死的人。莩，饿死的人。

15 **发**：发仓赈粮。

16 **罪岁**：归罪于岁凶。

　　战国时代，诸侯列国并起，是个对峙的时代。虽然天子所封依爵位高下，列国有大小的不同，但到了春秋末期，原本的封爵制度就有点松动了，原来所封的高低地位已不太能依仗，而每个国家都希望富国强兵，以使自己跻身大国强国之林。当时对封疆领域的大小还有些模糊，所以大国或强国的观念，往往指的是一个国生产足、人口多。要让自己国家生产足、人口多，可以用抢夺方式，把别人的富庶之地收为己有，把别国百姓驱赶过来做自己的百姓，用的是战争的方式，这叫作"霸道"。还有一种方式叫作"王道"，比较缓和。要想富国强兵，自己先有套好的政治制度，领导者实施比别人更仁爱的政策，让大量人口跑来归顺自己，这在当时是可行的。因为国与国的边界不很清楚，百姓是可以自由迁移的，无须凭借"护照"，所以一个国家如有好的制度，政府能体恤百姓，往往可号召其他地方的百姓迁移过来，这使得原本的小国可能变大，原本的弱国可能变强，这是孟子说"斯天下之民至焉"的理由。

　　程颐说："孔子之时，周室虽微，天下犹知尊周之为义，故《春秋》以尊周为本。至孟子时，七国争雄，天下不复知有周，而生民之涂炭已极。当是时，诸侯能行王道，则可以王矣。此孟子所以劝齐梁之君也。盖王者，天下之义主也。圣贤亦何心哉？视天命之改与未改耳。"（《四书章句集注》）孟子主张在政治上施仁政、行王道，施仁政、行王道比起霸道，所见的效果也许迟缓些，但他认为这才是政治的根本。孟子的主张为此后的政治思想中注入一种生命活水，成为一种极正面的理论与力量。

孟子极善况喻，此章"五十步笑百步"便是。要知道当时中国仍是农业社会，治国乃至治天下，都要以农业为基础，孟子往往举农事以说明事理，此章的"不违农时""数罟不入洿池"与"斧斤以时入山林"，到后面的"揠苗助长""牛山濯濯"等都是，读者应注意。

1.4 梁惠王曰："寡人愿安¹承教。"

孟子对曰："杀人以梃与刃²，有以异乎？"

曰："无以异也。"

"以刃与政，有以异乎？"

曰："无以异也。"

曰："庖有肥肉，厩有肥马，民有饥色，野有饿莩，此率兽而食人³也。兽相食，且人恶之。为民父母，行政不免于率兽而食人，恶在其为民父母也？仲尼曰：'始作俑⁴者，其无后乎⁵！'为其象人⁶而用之也。如之何其使斯民饥而死也？"

梁惠王说："我乐意向你求教。"

孟子恭敬回答："请教大王，杀人用木杖与刀有什么不同呢？"

梁惠王说："没差别。"

孟子又问："用刀杀人跟暴政杀人呢？"

梁惠王说："也没差别。"

孟子说："一个国君，厨房有肥肉，马厩里有肥马，但他治下的百姓脸上有饥色，野外有饿死的人，这等于是带领禽兽去吃人呀！看到禽兽互相吞食，人也会厌恶的。做百姓父母的国君，在施政时，却不免做出率兽食人的事，怎么还算是百姓的父母呢？孔子曾说：'那些开始做木头人偶以殉葬的人，应该会断子绝孙吧！'是因为把人偶做得太像真人了（圣人连这一点都不忍）。从这一点看，做国君的怎能使百姓活活饿死呢？"

1 安：乐意。

2 梃与刃：木杖与刀。刃，原指刀的开口部分，这是刀最锋利的部分，此处代指刀。

3 率兽而食人：领着禽兽来吃人。朱注："厚敛于民以养禽兽，而使民饥以死，则无异于驱兽以食人矣。"

4 俑：人偶。孔子时有以木制人偶殉葬之礼，朱注："古之葬者，束草为人以为从卫，谓之刍灵，略似人形而已。中古易之以俑，则有面目机发，而大似人矣。故孔子恶其不仁，而言其必无后也。"

5 其无后乎：他会断子绝孙吧！这是因生气而骂人的话。

6 象人：像人，指太像真人。

此章行文、含义都很清楚。朱注引李郁文曰："为人君者，固未尝有率兽食人之心。然殉一己之欲，而不恤其民，则其流必至于此。故以为民父母告之。夫父母之于子，为之就利避害，未尝顷刻而忘于怀，何至视之不如犬马乎？"说得很中肯。古代以活人为殉，在埃及金字塔与殷商墓穴中都迭有发现，可见是事实，后人认为残酷，多以束草或木偶替之，而孔子认为虽似人形，仍有残酷之意味在，故詈之为甚。文中"始作俑者"，不是指以木俑殉葬早于以活人殉葬，而是指即使以俑代之，犹残留古代野蛮的遗迹，也是不合人道的。

王夫之说："仲尼之讥之者，为俑有人形，既雕琢象之而又埋之，临穴而视，耳目手足方完好而遽毁焉，无不忍之心也。象人不可，而况人乎？王方欲保国传世，以贻令祚于子孙，而如之何封仓廪以豢兽，使此含灵受性之民饥而死也？下伤民心，而上干天和，此可为王危者又其一也。"又说："年凶则君不举，马不食粟，既以节五谷为生人之用，且当死亡在目之日，而令禽兽暴殄以充肥，则触目惊心，而有所不忍，此生民之所托命，即国脉之舒促，后嗣之绝续所由也。"（《四书训义》）大意是说孔子本其不忍之心，以仁视万物，正是所有道德之基础，孟子哲学中不论政治或心性学之所本，其实也都在此。

1.5　梁惠王曰："晋国[1]，天下莫强焉，叟之所知也。及寡人之身，东败于齐，长子死焉[2]；西丧地于秦七百里；南辱于楚[3]。寡人耻之，愿比死者一洒之[4]，如之何则可?"

孟子对曰:"地方百里而可以王。王如施仁政于民,省刑罚,薄税敛,深耕易耨[5]。壮者以暇日修其孝悌忠信,入以事其父兄,出以事其长上,可使制梃以挞[6]秦楚之坚甲利兵矣!彼[7]夺其民时,使不得耕耨以养其父母。父母冻饿,兄弟妻子离散。彼陷溺其民,王往而征之,夫谁与王敌? 故曰:'仁者无敌[8]。'王请勿疑。"

梁惠王说:"我们晋国(魏国),曾是天下最强的国家,这一点,老先生您是知道的。但到寡人时,东边败给齐国,连太子也不幸被俘而死;西边割了七百里土地给了秦;南边又受辱于楚人。寡人觉得很丢脸,想为死者一洗耻辱,您看看该如何才好?"

孟子恭敬回答:"一个纵横只有百里的小国,就可以变成行王道的大国。(何况魏国本就是个大国呢?)大王您如普施仁政,减轻刑罚,降低赋税,再好好地从事农业生产。让年轻人在空暇时间学习孝悌忠信的道理,在家可以用来侍奉父兄,出门可以用来侍奉长上,这样的话,他们只拿着木棍也能打得过秦楚的坚甲利兵。因为敌国的国君抢夺了民时,使百姓不能从事生产以奉养父母,以致父母挨冻受饿,兄弟妻子离散。他们在陷害自己的百姓,大王这时派兵去征讨,会有谁能与您为敌呢? 所以说:'仁者无敌。'大王您不要怀疑了吧！"

1　**晋国**：魏国前身即晋国，故魏王（梁惠王）以自称。朱注："魏本晋大夫魏斯，与韩氏、赵氏共分晋地，号曰三晋。故惠王犹自谓晋国。"《史记会注考证》引《战国策·魏策》云："齐大败魏，杀太子申，覆十万之师。"

2　**及寡人之身，东败于齐，长子死焉**：惠王三十年，齐击魏，虏太子申。

3　**西丧地于秦七百里；南辱于楚**：惠王十七年，秦取魏少梁，后魏又数献地于秦。又与楚将昭阳战，败于襄陵，亡其八邑。

4　**比死者一洒之**：替死去的人一洗耻辱。比，为，代。洒，洗。

5　**易耨**（nòu）：除草，农事的一种。易，治。

6　**挞**：打。

7　**彼**：指齐、秦、楚国君。

8　**仁者无敌**：行仁者向无敌人。古语有此，孟子引之以证百里之国亦可以行王道。

　　晋国在春秋时确实是强权，但到战国韩、赵、魏三家分晋，国力已大不如前，但此时梁惠王抚有两河，位居要津，地势显要，犹有霸国之余业。孟子勉以地方百里可以王，认为梁惠王如下决心改革，不走与强权争锋之一途，改弦易辙以行王道，得民心而国本固，才是真正的强国之道，但惠王识浅，当然看不到这层。是故王夫之感叹道："呜呼，庸主之陋也。闻邪说则信，闻正道则疑，疑而愤，愤而愈疑，乃以可王之资而终不足与有为。梁王之自弃，孟子亦无如之何也。"（《四书训义》）

关于此章"及寡人之身，东败于齐，长子死焉"之事，孟子在书中尚有论及，曾说："不仁哉，梁惠王也！仁者以其所爱及其所不爱，不仁者以其所不爱及其所爱。"弟子公孙丑问为什么这么说，孟子答曰："梁惠王以土地之故，糜烂其民而战之，大败，将复之，恐不能胜，故驱其所爱子弟以殉之，是之谓以其所不爱及其所爱也。"(14.1)可见孟子对梁惠王的行止非常不以为然。

1.6 　　孟子见梁襄王[1]，出，语人曰："望之不似人君，就之而不见所畏焉。卒然[2]问曰：'天下恶乎定？'吾对曰：'定于一[3]。''孰能一之？'对曰：'不嗜杀人者能一之。''孰能与[4]之？'对曰：'天下莫不与也。王知夫苗乎？七八月之间旱，则苗槁矣。天油然作云，沛然下雨，则苗浡然兴之矣。其如是，孰能御之？今夫天下之人牧[5]，未有不嗜杀人者也。如有不嗜杀人者，则天下之民皆引领而望之矣。诚如是也，民归之，由[6]水之就下，沛然谁能御之？'"

　　孟子往见梁襄王，出来时对人说："远看就不像个国君，走近了，毫无威仪，看不到令人敬畏的地方。他急忙问我：'天下要怎么样才得安定呀？'我回答：'天下归于一统就能安定。'他又问：'谁能统一呢？'我回答说：'不喜欢杀人的国君就能统一。'他又问：'谁会跟从他走向统一呢？'我回答说：'天下人没有不跟随他的。王您知道禾苗生长的道理吗？七八月之间遇到天旱，禾苗都干枯了，一旦天乌油油地兴起了云，滂沱地下起了雨，这时禾苗就生机勃然，全又活转过来了。果真如此的话，有谁能抵御呢？当下的各国国君，没有不喜欢杀人的。假使出了个不嗜杀人的国君，天下的百姓都会伸长了脖子来盼望他。果真能如此，百姓归顺他，犹如水往下流，那浩荡的气势谁能抵挡得住呢？'"

1 **梁襄王**：梁惠王子，名赫，在位十六年。

2 **卒**（cù）**然**：急遽之貌。

3 **定于一**：定于一统。

4 **与**：从之，归之。

5 **人牧**：指国君。

6 **由**：同"犹"。

孟子见了梁惠王后过了一年，惠王就死了，由他儿子赫继位，便是梁襄王。照《孟子》一书的描写，梁襄王是个没脑子也没有威仪的国君。孟子游魏，是抱着施仁政以兴王道的希望来的，梁惠王固然已老，不能有所作为，但至少还能与他畅谈治国之道，至于梁襄王，则轻佻险幸，恐怕是不可与言的人。孟子明知如此，还是委婉反复为之解释"不嗜杀人者能一之"的道理。此章开始语气有些忿忿，后来逐渐转为平和，可见孟子之心路历程，又可见到他的坚持与诚实。

1.7　　齐宣王[1]问曰："齐桓、晋文[2]之事，可得闻乎？"

孟子对曰："仲尼之徒无道桓、文之事者[3]，是以后世无传焉，臣未之闻也。无以，则王乎？"

曰："德何如则可以王矣？"

曰："保民而王，莫之能御也。"

曰："若寡人者，可以保民乎哉？"

曰："可。"

曰："何由知吾可也？"

曰："臣闻之胡龁[4]曰：王坐于堂上，有牵牛而过堂下者，王见之，曰：'牛何之？'对曰：'将以衅钟[5]。'王曰：'舍之！吾不忍其觳觫[6]，若无罪而就死地。'对曰：'然则废衅钟与？'曰：'何可废也？以羊易之！'不识有诸[7]？"

曰："有之。"

曰："是心足以王矣。百姓皆以王为爱[8]也，臣固知王之不忍也。"

王曰："然。诚有百姓者。齐国虽褊小，吾何爱一牛？即不忍其觳觫，若无罪而就死地，故以羊易之也。"

曰："王无异于百姓之以王为爱也，以小易大，彼恶知之？王若隐其无罪而就死地，则牛羊何择焉？"

王笑曰："是诚何心哉？我非爱其财而易之以羊也，宜乎百姓之谓我爱也。"

曰："无伤也，是乃仁术也。见牛未见羊也。君子之于禽兽也，见其生，不忍见其死；闻其声，不忍食其肉：是以君子远庖厨[9]也。"

王说曰："《诗》[10]云：'他人有心，予忖度之。'夫子之谓也。夫我乃行之，反而求之，不得吾心；夫子言之，于我心有戚戚[11]焉。此心之所以合于王者，何也？"

齐宣王问孟子："齐桓公、晋文公的事业，能听您说说吗？"

孟子恭敬回答："孔子的学生是不谈齐桓公、晋文公的事的，所以后来没传闻了，我都不曾听说过呢。大王真要我说，就跟您谈谈王道好吗？"

齐宣王说："德行如何，才可以行王道呢？"

孟子说："要是保民以行王道，就没人能阻止得了。"

齐宣王说："像寡人这样的人，可以保民吗？"

孟子说："可以。"

齐宣王说："您怎么知道我可以呢？"

孟子说："我曾听胡龁说，一天大王坐在堂上，有个人牵着牛从堂下走过，大王见到了，便问：'牛要牵到哪儿去呀?'牵牛的人回答:'要牵去衅钟。'您说:'放了它吧,我不忍看到它害怕得浑身发抖的样子,好像一个无罪的人却要去受死。'牵牛的人问:'那是要废除衅钟的仪式吧?'大王说:'那怎么可以废呢?就用羊代替吧!'是不是有这件事呢?"

齐宣王说:"是有的。"

孟子说:"您这种心就足以行王道了。百姓都以为大王是小气呢,我当然知道大王是出于不忍之心的。"

齐宣王说:"是这样的。真是有这样的百姓的。齐国虽然褊小,我何须小气一头牛呢?我就是不忍看那头牛发抖,像无罪的人被拖去宰的样子,就让他们用羊来替换它。"

孟子说:"大王也别怪百姓认为您小气,用小的换大的,别人怎知大王的用心呢?大王真同情牛因没犯死罪而死,那牛跟羊又有什么差别呢?"

齐宣王笑着说:"这算是存的什么心呀?我并非因吝啬钱财而用羊去换牛,百姓说我小气也是应该的吧。"

孟子说:"没关系的,这就是仁术啊。大王只见到牛未见到羊啊。一个君子对着禽兽,看见它活着,不忍看到它死去,听到它们的叫声,便不忍吃它们的肉,所以君子总是远离厨房啊。"

齐宣王很高兴地说:"《诗经》说:'他人的居心,我能揣摩出来。'说的就是夫子您啊。有些事我这样做了,回头却往往想不出什么道理来;现在经夫子您指出,发觉正是我原本的意思呢。您刚才说本着此心可以实行王道,又是什么道理呀?"

---

1 **齐宣王**:姓田,名辟疆,王是僭称。

2 **齐桓、晋文**：指齐桓公、晋文公，皆是春秋时代的霸主。

3 **仲尼之徒无道桓、文之事者**：孔子学生是不谈齐桓、晋文的事的。董仲舒言："仲尼之门，五尺之童羞称五霸，为其先诈力而后仁义也。"

4 **胡龁**（hé）：齐臣。

5 **衅钟**：古仪式名。朱注："衅钟，新铸钟成，而杀牲取血以涂其衅郄也。"衅郄即空隙，新铸之钟有间隙，涂牛血填补，可暂使钟声浑圆洪亮，最后演化成衅钟之仪式。

6 **觳觫**（hú sù）：颤抖恐惧之貌。

7 **不识有诸**：当时口语。不知有此事吗？

8 **爱**：惜，小气，吝啬。

9 **君子远庖厨**：君子不忍见杀生，故远离厨房。其中有矛盾，但也确是实情。重点是在说明君子不忍之心施于见闻所及之处。

10 **《诗》**：指《诗经·小雅·巧言》。

11 **戚戚**：心动的样子。

曰："有复于王者曰：'吾力足以举百钧[1]，而不足以举一羽；明足以察秋毫之末[2]，而不见舆薪。'则王许之乎？"

曰："否。"

"今恩足以及禽兽，而功不至于百姓者，独何与？然则一羽之不举，为不用力焉；舆薪之不见，为不用明焉；百姓之不见保，为不用恩焉。故王之不王，不为也，非不能也。"

曰："不为者与不能者之形[3]，何以异？"

曰："挟太山以超北海[4]，语人曰：'我不能。'是诚不能也。为长者折枝[5]，语人曰：'我不能。'是不为也，非不能也。故王之不王，非挟太山以超北海之类也；王之不王，是折枝之类也。老[6]吾老，以及人之老；幼[7]吾幼，以及人之幼。天下可运于掌。《诗》[8]云：'刑于寡妻，至于兄弟，以御于家邦[9]。'言举斯心加诸彼而已。故推恩足以保四海，不推恩无以保妻子。古之人所以大过人者，无他焉，善推其所为而已矣。今恩足以及禽兽，而功不至于百姓者，独何与？权[10]，然后知轻重；度[11]，然后知长短。物皆然，心为甚。王请度之。抑王兴甲兵，危士臣，构怨于诸侯，然后快于心与？"

王曰："否。吾何快于是！将以求吾所大欲也。"

曰："王之所大欲，可得闻与？"

王笑而不言。

曰："为肥甘不足于口与？轻暖不足于体与？抑为采色不足视于目与？声音不足听于耳与？便嬖[12]不足使令于前与？王之诸臣皆足以供之，而王岂为是哉？"

曰："否。吾不为是也。"

曰："然则王之所大欲可知已。欲辟土地，朝秦、楚[13]，莅中国[14]而抚四夷也。以若所为，求若所欲，犹缘木而求鱼也。"

王曰："若是其甚与?"

曰："殆有甚焉。缘木求鱼，虽不得鱼，无后灾。以若所为，求若所欲，尽心力而为之，后必有灾。"

孟子说："有人跟大王说：'我的力气可以举三千斤，但没力气举一根羽毛；眼睛看得见秋天鸟的细毛的末端，却看不见一车柴火。'大王会称许他吗?"

齐宣王说："不会。"

孟子说："如今大王的恩惠可及于禽兽，功德却不能及于百姓，这该如何解释呢？这样看来，一片羽毛都举不起的人，只是不肯用力气罢了；而看不见一车柴的人，只是他不肯用眼的缘故。这样便知道，百姓没有受到保护，是君王不肯施恩的结果吧。所以说大王没施行王道，是您不肯去做，而不是没能力去做。"

齐宣王说："不肯做与没能力做，有什么差别?"

孟子说："要他用手臂挟着泰山，把山搬到北海之滨去，他跟人说：'我不能。'这是真不能。要他为长辈弯腰鞠躬，他跟人说：'我不能。'这是不肯做，不是不能做。所以王之不行王道，不是挟泰山到北海那一类的，而是为长辈鞠躬之类的。我敬爱我家老人，后来推广到让别人家老人也得到敬爱；我抚爱自家孩子，后来推广到让别人的孩子也得到抚爱。这样做下去，便可把天下放在你掌心随你意来旋转了。《诗经》说：'文王先修身做妻子的模范，再推广到兄弟，及至整个家庭，最后治理国家。'说的就是把这颗仁爱之心推广到别人身上。所以推恩足以安定天下，不推恩，连妻儿都保护不了。古代圣人超越一般人，没其他原因，只是善于推广其所为罢了。现在王的恩惠已达于禽兽了，但功德却不及百姓，这又是什么缘故呢？称一称，才知轻重；量一量，才知长短。万物皆如此，心更是。请王称量一下吧。是不是您想兴起甲兵，让自己的士卒臣民陷入战争的危险，又与其他的诸侯结怨，这样您心里才痛快呢？"

齐宣王说："不是的。我怎么会快心于此呢！我是有更大的欲求的。"

孟子说："王的大欲求，可以说来听听吗？"

齐宣王笑而不言。

孟子说："是肥美的食物不足以供您嘴吗？是轻暖的衣服不足以供您身体吗？或者艳丽的颜色不足以供您眼睛看吗？声音不足以供您耳朵听吗？伺候的人不足以在身前让您使唤吗？王的诸臣，都可以足量供应的啊，难道王是为了这些吗？"

齐宣王说："不是。我不是为这些。"

孟子说："那么，王的大欲求就可以知道了。您是想要开疆辟土，让秦、楚诸强国都来朝拜您，进而统治天下而安抚四夷。但以您所为，想达到您的欲求，犹如到树上去抓鱼呀。"

齐宣王说："有这么严重吗？"

孟子说："恐怕比我说的更严重呢。到树上去抓鱼，鱼虽抓不到，是没有什么灾祸的。但以您所为，要想达到您的欲求，费尽心力做，之后一定会有灾祸。"

1 **百钧**：钧，三十斤。百钧，形容非常重。

2 **秋毫之末**：指鸟类秋天生出的细毛的末端。朱注："毛至秋而末锐，小而难见也。"

3 **形**：状。

4 **挟太山以超北海**：徒手将泰山搬运到北海之滨，喻不可能之事。泰山，古名大山或太山。朱注："挟，以腋持物也。超，跃而过也。"

5 **为长者折枝**：朱注："以长者之命，折草木之枝，言不难也。"亦有解折枝为鞠躬，指向长者行礼。

6 **老**：动词。指以事老之道服侍老人。

7 **幼**：动词。指以慈爱的方式对待晚辈。

8 **《诗》**：指《诗经·大雅·思齐》。

9 **刑于寡妻，至于兄弟，以御于家邦**：做妻子的模范，将此理推展到兄弟，以至用于治国。刑，指礼法。寡妻，指寡德之妻，既谦称妻，也谦称己。御，治。

10 **权**：原指秤锤，此指衡量。

11 **度**：原指丈量长度的尺，此指称量。

12 **便嬖**（pián bì）：嬖幸之人，指君王的贴身亲信。

13 **朝秦、楚**：使秦、楚等强国都来朝拜。

14 **莅**（lì）**中国**：统治中国。莅，以高临下。

曰："可得闻与？"

曰：“邹[1]人与楚人战，则王以为孰胜？”

曰：“楚人胜。”

曰：“然则小固不可以敌大，寡固不可以敌众，弱固不可以敌强。海内之地，方千里者九，齐集有其一；以一服八，何以异于邹敌楚哉？盖亦反其本[2]矣。今王发政施仁，使天下仕者皆欲立于王之朝，耕者皆欲耕于王之野，商贾皆欲藏于王之市，行旅皆欲出于王之涂，天下之欲疾其君者皆欲赴诉[3]于王。其若是，孰能御之？”

王曰：“吾惛，不能进于是矣。愿夫子辅吾志，明以教我。我虽不敏，请尝试之。”

曰：“无恒产[4]而有恒心[5]者，惟士为能。若民，则无恒产，因无恒心。苟无恒心，放辟邪侈[6]，无不为已。及陷于罪，然后从而刑之，是罔民[7]也。焉有仁人在位，罔民而可为也？是故明君制民之产，必使仰足以事父母，俯足以畜妻子；乐岁终身饱，凶年免于死亡；然后驱而之善，故民之从之也轻[8]。今也制民之产，仰不足以事父母，俯不足以畜妻子；乐岁终身苦，凶年不免于死亡。此惟救死而恐不赡[9]，奚暇治礼义哉？王欲行之，则盍反其本矣。五亩之宅，树之以桑，五十者可以衣帛矣；鸡豚狗彘之畜，无失其时，七十者可以食肉矣；百亩之田，勿夺其时，八口之家可以无饥矣；谨庠序之教，申之以孝悌之义，颁白者不负戴于道路矣。老者衣帛食肉，黎民不饥不寒，然而不王者，未之有也！"

齐宣王说："可否说清楚一些？"

孟子说："要是邹国人与楚国人作战，大王认为谁会胜？"

齐宣王说："楚人胜。"

孟子说："既然如此，便知小的敌不过大的，少的敌不过多的，弱的敌不过强的。四海之内的土地，纵横千里的地方共九处，齐国全部土地，也只占其一。要想凭这其一去平定其八，那跟邹人要战胜楚人有什么差别呢？为什么不从根本着手呢？今天大王发号施令以行仁政，让天下当官的都想在您的朝廷做官，让农人都想耕作您的田地，让商人都想把货物财富藏在您的市场，让行路之人都想行走在您的道路上，让天下怨恨本国国君的人都想到您面前控诉（请您帮他们主持公道）。果真能做到这地步，谁还能抵抗得住呢？"

齐宣王说："我头脑昏乱，不能做到这样。希望夫子能辅正我的心志，明白地教我。我虽不够聪敏，但会试着做的。"

孟子说："要一个没恒产的人有恒心，恐怕只有读过书的士人才能够做到。一般人，要是没有恒产，就不会有恒心。一个人假如没有恒心，那么种种放荡、邪僻的坏事，就没有做不出来的。等他犯了罪，就处罚他，等于是预设了陷阱在害人。哪有仁君在位，会做这种害人的事呢？所以明君规定百姓的财产，必定要让他们上足以事奉父母，下足以畜养妻子儿女；好收成的时候，他们都能吃得饱饱的，凶年至少可免于死亡；然后再去引导他们向善，百姓便会容易地跟从你了。但今天国君规定百姓的财产，让他们上不够事奉父母，下不足畜养妻子儿女；好收成的时候，自己也吃不饱，凶年免不了死亡。只顾救自己的性命都来不及，哪来工夫跟你来修治礼义呢？大王想行王道，何不回到王道的根本上来呢？让农人在他五亩住宅的空地，种些桑树，那五十岁以上的人就能穿丝绸的衣服了；依时畜养鸡、狗与大猪、小猪，那七十岁以上的人便有肉可吃了；所种的百亩之田，都能依时耕种，八口之家就不会饥饿了；再好好办教育，反复教导学生孝顺父母、敬爱兄长的道理，那么头发斑白的老人不致再在路上背负着、头顶着重物了。老年人可以衣帛食肉，一般民众不挨饿受冻，像这样的国家而不能称王于天下，是从来没有过的啊！"

1 邹：战国时小国。孟子即邹国人。

2 反其本：赵岐注（以下简称"赵注"）："盖当反王道之本。"

3 诉：诉愿。

4 恒产：恒，常。产，生业。恒产，可常生之业。

5 恒心：人恒常所有的善心。

6 放辟邪侈：放荡与不正。放、侈同义，邪、辟同义。

7　罔民：网罗人民，使人民落于我设的罗网之中。

8　轻：易。

9　赡：给，足。

　　这一章不论议论还是文字都开阔宏肆，是《孟子》中的名篇。

　　依据《史记》所载，孟子先游齐再游魏，所以此章发生的时间，应先于此篇前几章记与梁惠王、襄王对谈之前。但清儒崔述不以为如此，他在《孟子事实录》中说："《孟子·梁惠王》篇皆以时之先后为序，而至梁在篇首，见襄王后乃次之以齐宣，则是见梁惠在先，见齐宣在后也。即以《史记》之文论之，周显王三十三年乙酉，孟子至梁，后二十三年，齐始取燕，当是时梁惠王卒已久矣，然则孟子去齐之后必无复有适梁之事。"以《孟子》叙事顺序看，见齐宣王应后于见梁惠王。

　　文中"仲尼之徒，无道桓文之事者，是以后世无传焉，臣未之闻也"其实是托词，孟子不可能"未闻"齐桓公、晋文公的事。孟子以绍承孔子为己任，其实孔子对齐桓公相管仲是很推崇的，《论语·宪问》有："桓公九合诸侯，不以兵车，管仲之力也，如其仁，如其仁！"又有"晋文公谲而不正，齐桓公正而不谲"之喻，《孟子》此文中的"未闻"其实是羞于论述桓、文有关霸道之事的意思。

　　先从议论上言。此章主要在谈制民之产，赵岐说："八口之家，次上农夫也。此王政之本，常生之道，故孟子为齐、梁之君各陈之也。"（《四书章句集注》）说得很一般，主要是说明此章最后一段，与本篇第三章孟子与梁惠王所说的一模一样，赵岐解释，因为是"王政之本，常生之道"，孟子认为重要，所以反复提出，跟不同人说了又说。杨时说："为天下者，举斯心加诸彼而已。然虽有仁心仁闻，而民不被其泽者，不行先王之道故也。故以制民之产告之。"（《四书章句集注》）杨时认为"仁心仁闻"如没有制民之产，其实是空洞的。制民之产，主要在先填饱百姓的肚子，古时是以农立国，要百姓不饿肚子，就要先注意农事，既如此，"不违农时""数罟不入洿池""斧斤以时入山林"的理由都有了，等到这个社会"谷不可胜食""鱼鳖不可胜食""材木不可胜用"，先让民众"养生丧死无憾"，这时再加强教育，让人知孝悌礼节，就是"王道"之始了。孙中山先生二十世纪初提出民族、民权、民生的"三民主义"，而他也认为其中讲养民富民的民生主义最为重要，也就是说政治上任何改革必须先让百姓吃饱穿暖。

但此章不仅仅在强调制民之产的重要，孟子反复跟齐宣王申明自己是孔门一员，孔门是绝不谈齐桓、晋文式的霸道的，儒家所强调的是有和平倾向的"软"实力，也就是王道，认为王道基于对百姓的爱，看起来柔弱，但发挥起来，其实是坚强无比的。而人之可以爱人，是从人皆有不忍之心看出来的，所以朱子说："此章言人君当黜霸功，行王道。而王道之要，不过推其不忍之心，以行不忍之政而已。"

文字的开阔宏肆可从文章的长度看出，这是《孟子》中有名的长篇。孟子口才文笔均擅，最会开题，与人对话，常在一方无话可说的情况之下，提示另一题目，转开另一场新的滔滔不绝的讨论，又收放自如，听者以为离题，稍作放松，不知谈到最后，孟子又拉回主题，层层相扣，环环相连，终成巨制伟篇，而基本理念贯穿于中，始终不坠。

如此章开始是齐宣王问孟子齐桓、晋文的事，孟子拒答，眼看似不能谈下去了，但孟子设法转弯，说我们不如来谈王道吧，引起齐宣王好奇。后面的话由齐宣王的提问开始，先问什么是王道，后问自己可行王道吗？孟子举王见牛将衅钟，因不忍遂命以羊易之的故事，说明齐王有行王道的初心与本领，令齐宣王开心，引孟子为知己，说："《诗》云：'他人有心，予忖度之。'夫子之谓也。"这时孟子便举出大王"恩足以及禽兽而不至百姓"的一大堆言说与理论出来。每当对方不想听也不想说了，他又柳暗花明似地提出新的话题，终使得对方心悦诚服，这是辩论的极高境界。

此章"今也制民之产，仰不足以事父母，俯不足以畜妻子；乐岁终身苦，凶年不免于死亡。此惟救死而恐不赡，奚暇治礼义哉"数语，引起清儒戴震的说法，他在《孟子字义疏证》中说："孟子于'民之放辟邪侈无不为以陷于罪'，犹曰'是罔民也'；又曰'救死而恐不赡，奚暇治礼义'！古之言理也，就人之情欲求之，使之无疵之为理；今之言理也，离人之情欲求之，使之忍而不顾之为理。此理欲之辨，适以穷天下之人尽转移为欺伪之人，为祸何可胜言也哉！其所谓欲，乃帝王之所尽心于民；其所谓理，非古圣贤之所谓理；盖杂乎老、释之言以为言，是以弊必至此也。"戴震指出儒家所指之圣王之理，要从满足所治百姓生存之所欲出发，所以理、欲是一致的，并不冲突。此说又引起了另外一方面的议论与波澜，在讨论孟子哲学上十分重要。

孟子举证历历，苦苦劝说齐宣王，是否成功了呢？从历史来看，孟子谆谆劝谕，因齐宣王仍惑于对霸业的幻想，不能彻底改革，终至失败，王应麟《困学纪闻》言："好乐、好勇、好货色，齐宣王所以不能用孟子也。"说明两人个性修养迥异，孟子纵有再好的理想也不敌现实。所以朱子后来又说："齐王非无此心，而夺于功利之私，不能扩充以行仁政。虽以孟子反复晓告，精切如此，而蔽固已深，终不能悟，是可叹也。"理想与现实其实是有距离的，我们知道了结果，不得不为之叹息。

·卷二 梁惠王下·

凡十六章。

此卷续上卷记孟子在齐时与齐宣王等所言，后几章也有记与邹穆公、

2.1　　庄暴[1]见孟子，曰："暴见于王[2]，王语暴以好乐，暴未有以对也。"曰："好乐何如？"

孟子曰："王之好乐甚，则齐国其庶几[3]乎！"

他日，见于王，曰："王尝语庄子以好乐，有诸？"

王变乎色，曰："寡人非能好先王之乐也，直好世俗之乐耳。"

曰："王之好乐甚，则齐其庶几乎！今之乐，犹

古之乐也。"

曰：“可得闻与？”

曰：“独乐乐[4]，与人乐乐，孰乐？”

曰：“不若与人。”

曰：“与少乐乐，与众乐乐，孰乐？”

曰：“不若与众。”

"臣请为王言乐。今王鼓乐于此，百姓闻王钟鼓之声，管籥[5]之音，举疾首蹙頞[6]而相告曰：‘吾王之好鼓乐，夫何使我至于此极[7]也！父子不相见，兄弟妻子离散。’今王田猎于此，百姓闻王车马之音，见羽旄[8]之美，举疾首蹙頞而相告曰：‘吾王之好田猎，夫何使我至于此极也！父子不相见，兄弟妻子离散。’此无他，不与民同乐也。今王鼓乐于此，百姓闻王钟鼓之声，管籥之音，举欣欣然有喜色而相告曰：‘吾王庶几无疾病与？何以能鼓乐也？’今王田猎于此，百姓闻王车马之音，见羽旄之美，举欣欣然有喜色而相告曰：‘吾王庶几无疾病与？何以能田猎也？’此无他，与民同乐也。今王与百姓同乐，则王矣。"

庄暴来见孟子，说："我见到大王，大王告诉我，他喜欢音乐，我没有回答他。"庄暴说："喜欢音乐是好是坏呢？"

孟子说："大王如果十分喜欢音乐的话，那一定会把齐国治理得很好呀！"

一天，孟子见到齐宣王，说："大王曾告诉庄暴说您喜欢音乐，有这事吗？"

齐宣王一听脸色都变了，说："寡人喜欢的不是先王的音乐，只是一般通俗音乐罢了。"

孟子说："大王您很喜欢音乐，那齐国就差不多治理得很好了呀！现代的俗乐，犹如古代的音乐啊。"

齐宣王说："能听您说说这方面的事吗？"

孟子说："一个人独奏很快乐，跟别人一起合奏也很快乐，哪一种更快乐呢？"

齐宣王说："不如跟别人合奏吧。"

孟子说："跟少数人合奏很快乐，跟多数人合奏也很快乐，哪一种更快乐呢？"

齐宣王说："不如跟更多的人吧。"

孟子说："那我就跟大王谈谈音乐的道理吧。假如今天大王您在这儿奏乐，百姓听到您的钟鼓之声，听到您的管籥之音，全都感到头痛，蹙着额头相互议论说：'我们王喜欢奏乐，却怎么让我们沦落到这么穷困的地步呢！父子不相见，兄弟妻儿离散。'今天大王到这里打猎，百姓听到车马之音，看到旌旗之美，全都感到头痛，蹙着额头相互议论说：'我们大王喜欢田猎，怎么让我们沦落到这么穷困的地步呢！父子不相见，兄弟妻儿离散。'这没其他缘故，就是大王您不与百姓同乐啊。假如今天大王在这儿奏乐，百

姓听到大王的钟鼓之声、管籥之音，全都欣欣然满面喜色
地相告说：'我们大王应该没生病吧？不然怎能奏乐呢？'
今天大王到这里打猎，百姓听到大王的车马之音，看到旌
旗之美，全都欣欣然满面喜色地相告说：'我们大王应该没
生病吧？否则怎么会出来打猎呢？'这没其他缘故，就是
大王您与民同乐啊。今天大王真能与民同乐，就能称王天
下了。"

1 庄暴：齐臣。

2 王：齐宣王。

3 庶几：大概是，接近，差不多。朱注："庶几，近辞也，言近于治。"

4 独乐乐（yuè lè）：独奏音乐的快乐。

5 管籥（yuè）：古代可吹奏的管状乐器，如箫、笙等。

6 疾首蹙頞（cù è）：疾首，头痛。蹙頞，额头皱起来。頞，《说文》释
　作"鼻茎"，朱注释作"额头"。朱注："人忧戚则蹙其额。"

7 极：穷尽之极。

8 羽旄（máo）：旗上的羽毛饰品，指旌旗。

　　与民同乐的道理很简单，也无须多解释。

　　此章牵涉乐之古今或乐之雅俗问题，在古代竟引起一些
争论。譬如范祖禹说："战国之时，民穷财尽，人君独以南面
之乐自奉其身。孟子切于救民，故因齐王之好乐，开导其善
心，深劝其与民同乐，而谓今乐犹古乐。其实今乐古乐，何
可同也？但与民同乐之意，则无古今之异耳。若必欲以礼乐
治天下，当如孔子之言，必用《韶舞》，必放郑声。盖孔子
之言，为邦之正道；孟子之言，救时之急务，所以不同。"

《四书章句集注》范氏强调古今乐之不同，雅俗当然有所差异，所以他认为如讲礼乐之治的话，还是"必用《韶舞》，必放郑声"的。

其实范氏之言有点过于僵直了，因为孟子与齐宣王所说的，在强调不同音乐有其相同之处，古乐就算至美，某些境界，俗乐也并非绝不可达到，何况用于政治，过于高明，往往曲高而和寡，所以从俗也有必要的。不论古乐俗乐，都有其功用。杨时就比范祖禹通达了些，他说："乐以和为主，使人闻钟鼓管弦之音而疾首蹙頞，则虽奏以《咸》《英》《韶》《濩》，无补于治也。故孟子告齐王以此，姑正其本而已。"

《四书章句集注》杨时所说的"本"就是爱民，就是与民同乐。齐宣王喜好哪一种音乐其实并不重要，他如不爱民，喜爱的音乐就算是孔子欣赏的《韶》《武》，也一样会遭人民唾弃的；他如爱民，就是喜爱郑声，也可能成为雅乐了。

此章未记齐宣王后来的反应，也许他听了孟子之言后觉得无趣，一言不发地走开了。

2.2　　齐宣王问曰："文王之囿[1]，方七十里，有诸？"

孟子对曰："于传[2]有之。"

曰："若是其大乎？"

曰："民犹以为小也。"

曰："寡人之囿方四十里，民犹以为大，何也？"

曰："文王之囿方七十里，刍荛者[3]往焉，雉兔者[4]往焉，与民同之。民以为小，不亦宜乎？臣始至于境，问国之大禁⁵，然后敢入。臣闻郊关⁶之内有囿方四十里，杀其麋鹿者如杀人之罪，则是方四十里为阱⁷于国中。民以为大，不亦宜乎？"

　　齐宣王问说："文王养鸟兽的苑囿纵横七十里，有这事吗？"

　　孟子恭敬回答："古书是有记载的。"

　　齐宣王说："果真如此，不是太大了吗？"

　　孟子说："人民还认为小呢。"

　　齐宣王说："我的苑囿纵横各有四十里，人民还认为太大了，这是什么原因呢？"

　　孟子说："文王的苑囿纵横七十里，割草采薪的人可进去，抓野鸡野兔的人也可进去，根本是与人民同用的，人民觉得小了，不是很正常吗？我想起刚到齐国边境时，要问清楚了齐国的大禁，然后才敢入境。我听说在齐国郊关之内有个纵横四十里的苑囿，如杀了其中的麋鹿，如同杀人之罪。这么说来，您等于设了个纵横四十里的陷阱在国中。人民认为太大了，不是也很正常吗？"

1　囿：苑，蓄育鸟兽之所。朱注："古者四时之田，皆于农隙以讲武事，然不欲驰骛于稼穑场圃之中，故度闲旷之地以为囿。"

2　传：古书。

3　刍荛（chú ráo）者：割草采薪的人。刍，同"蒭"，草。荛，薪。

4　雉兔者：猎野鸡野兔的人。雉，野鸡。

5　大禁：一国严禁之事。

6 郊关：指国境外。国外百里为郊，郊外有关。

7 阱：设陷阱以捕兽，此言陷民于死。

上章说要与民同乐，此章讲国君之游赏，最好要能与民同享。

标准因人而异，也因地而异，不可一概而论。王夫之认为此章齐宣王之问，其实在文过饰非，援文王之故例以行己私。文王所在岐、丰，多硗确（多石又贫瘠）之地，不可耕种，所以大一点无妨，而齐国据沃壤，封殖以为君之私苑，则有厉民之实了。

2.3　　齐宣王问曰：“交邻国有道乎？”

孟子对曰：“有。惟仁者能以大事小，是故汤事葛[1]，文王事昆夷[2]。惟智者为能以小事大，故大王事獯鬻[3]，句践事吴[4]。以大事小者，乐天[5]者也；以小事大者，畏天[6]者也。乐天者保天下[7]，畏天者保其国[8]。《诗》[9]云：‘畏天之威，于时[10]保之。’”

王曰：“大哉言矣！寡人有疾，寡人好勇。”

对曰：“王请无好小勇。夫抚剑疾视曰：‘彼恶[11]敢当我哉！’此匹夫之勇，敌一人者也。王请大之。《诗》[12]云：‘王赫[13]斯怒，爰整其旅[14]，以遏徂莒[15]，以笃周祜[16]，以对于天下。’此文王之勇也。文王一怒而安天下之民。《书》¹⁷曰：'天降下民，作之君，作之师。惟曰其助上帝，宠之四方。有罪无罪，惟我在¹⁸，天下曷敢有越厥志¹⁹？'一人衡行²⁰于天下，武王耻之。此武王之勇也。而武王亦一怒而安天下之民。今王亦一怒而安天下之民，民惟恐王之不好勇也。"

齐宣王问："与邻国结交，有方法吗？"

孟子恭敬回答："有的。只有具有仁心的人，会以大的自己去事奉小的他人，当年汤事奉葛，文王事奉昆夷都是例子。只有智慧的人，会以小的自己去事奉大的他人，当年大王亶父事奉獯鬻，越王句践事奉吴王夫差都是例子。以大事小，是乐于尊奉天命的人；以小事大，是敬畏天命的人。乐天的人保有天下，畏天的人保有其国。《诗经》说：'一个敬畏天威的人，天是会保佑他的。'"

齐宣王说："你这话说得真了不起！寡人有个毛病，好勇。"

孟子恭敬回答："大王请别好小勇。一个人手按着剑，瞪着两眼说：'谁敢挡着我！'这是一般人的勇，只能对付一个人。请大王把它扩大吧！《诗经》说：'文王（听说密国无端侵略阮国，又出兵共国，）非常生气，因而整顿军队，去阻止敌人，以增厚周朝的福祉，以对得起天下的期望。'这是文王的勇。文王一怒，便安定了天下的人民。《尚书》说：'天降下众民，立一个人做他们君、做他们的师。这个人是要助上帝治理天下的，所以要让他受宠于四方。世上不论有罪无罪，只要有我在，天下岂敢有人超越本分而作乱呢？'一个人横行霸道于天下，武王耻之。这是武王的勇。武王也一怒（灭了商纣）而安定了天下之民。今天大王您如一怒而安定了天下之民，百姓便会惟恐大王不好勇了呀。"

1　**汤事葛**：商汤事奉葛国。葛，商时小国名。

2　**文王事昆夷**：周文王事奉过昆夷。昆夷，周初西部少数民族名。

3　**大王事獯鬻**（xūn yù）：文王祖古公亶父事奉过獯鬻，大王指古公亶父。大王读如太王。獯鬻，北方少数民族之一。

4　**句践事吴**：越王句践事奉吴王夫差。

5　**乐天**：快乐又自由地顺应天道。朱注："天者，理而已矣。大之字小，小之事大，皆理之当然也。自然合理，故曰乐天。"他认为以小事大是顺应天理之自然。

6　**畏天**：敬循天道。朱注："不敢违理，故曰畏天。"

7　**乐天者保天下**：乐天者因包容而保有天下。朱注："包含遍覆，无不周遍，保天下之气象也。"

8　**畏天者保其国**：畏天者因居身敬谨而保有其国。朱注："制节谨度，不敢纵逸，保一国之规模也。"

9　**《诗》**：指《诗经·周颂·我将》。

10　**于时**：于是。

11　**恶**（wū）：何。

12　**《诗》**：指《诗经·大雅·皇矣》。

13　**赫**：怒貌。

14　**爰整其旅**：因而整顿其军队。爰，因而，于是。旅，军。

15　**以遏徂莒**：以遏阻外来敌军。遏，止。徂，往。莒，《诗经》作旅，通军旅之旅，此指外来敌军。《诗经》所指是周初密国无端出兵攻打阮国，又进军共国，引起文王出兵之事。

16 **以笃周祜**：以增厚周朝的福祉。笃，厚。祜，福。

17 **《书》**：指《尚书·周书·泰誓》，然所引与今《尚书》文小异。《泰誓》所记为周武王伐商纣事。

18 **有罪无罪，惟我在**：有罪、无罪都会因我在而会得到一定的赏罚。朱注："有罪者我得而诛之，无罪者我得而安之。"

19 **天下曷敢有越厥志**：谁能违抗天的意志呢？朱注："我既在此，则天下何敢有过越其心志而作乱者乎？"

20 **衡行**：横行，指不依规矩法度的行为。

　　此章言与邻国或世上其他国家的相处之道，以现代语言来说，便是国与国的外交问题。

　　天下绝无同等大小的国家，土地、人口、物产不同，相形之下，必有大小之别。一般而言，大国总是欺负小国，而小国对大国常常难以应付周旋，这是因为大者缺乏仁厚之心，而小者又缺乏智慧，所以孟子说"惟仁者能以大事小"，又说"惟智者为能以小事大"，看似泛泛之言，其时有大道理存焉，衡之于今，此理依然存在。

　　张栻说："小勇者，血气之怒也。大勇者，理义之怒也。血气之怒不可有，理义之怒不可无。知此，则可以见性情之正，而识天理人欲之分矣。"（《四书章句集注》）说得很正确，但没提到事大国更要注意技巧。朱子说"此章言人君能惩小忿，则能恤小事大，以交邻国"，只说出了一部分，其实国与国之间，不仅只有"人君惩小忿"的问题，尚有许多事必须靠智慧解决。

2.4　　　齐宣王见孟子于雪宫[1]。王曰:"贤者亦有此乐乎?"

孟子对曰:"有。人不得,则非其上矣。不得而非其上者,非也;为民上而不与民同乐者,亦非也。乐民之乐者,民亦乐其乐;忧民之忧者,民亦忧其忧。乐以天下,忧以天下[2],然而不王者,未之有也。昔者齐景公问于晏子[3]曰:'吾欲观于转附、朝儛[4],遵[5]海而南,放于琅邪[6]。吾何修[7]而可以比于先王观[8]也?'晏子对曰:'善哉问也!天子适诸侯曰巡狩。巡狩者,巡所守也。诸侯朝于天子曰述职。述职者,述所职也。无非事者。春省耕[9]而补不足,秋省敛而助不给。夏谚曰:'吾王不游,吾何以休?吾王不豫[10],吾何以助?一游一豫,为诸侯度[11]。'今也不然:师行而粮食[12],饥者弗食,劳者弗息。睊睊胥谗[13],民乃作慝[14]。方命[15]虐民,饮食若流。流连荒亡[16],为诸侯忧。从流上而忘反谓之流,从流上而忘反谓之连,从兽无厌谓之荒,乐酒无厌谓之亡。先王无流连之乐,荒亡之行。惟君所行也。'景公说,大戒于国[17],出舍于郊,于是始兴发[18]补不足。召大师曰:'为我作君臣相说之乐!'盖《徵招》《角

　　　　　　　　　　　孟子讲析

招》[19]是也。其诗曰：'畜君何尤[20]！'畜君者，好君[21]也。"

齐宣王在雪宫接见孟子。齐宣王说："贤明的君主，也该有这种享乐吧？"

孟子恭敬回答："有的。假如百姓不能享受到这种快乐，就会非议他们的君上了。百姓不得共享这种快乐就非议其君上，这是不对的；做了百姓的君上却不让百姓共享其乐，也是不对的。君上以百姓的快乐为自己的快乐，百姓也会以君上的快乐为自己的快乐；君上以百姓的忧愁为自己的忧愁，百姓也会以君上的忧愁为自己的忧愁。国君之乐在天下，国君之忧也在天下，要是做到这样还不能称王于天下的，是没有的事啊。以前齐景公问晏子说：'我想到名山转附、朝儛去游览，沿着海岸而南，再到琅邪之地。我要怎样准备，才可做如古代先王一般的巡游呢？'晏子回答：'问得真好啊！天子到诸侯国来视察叫作巡狩。巡狩就是来巡察诸侯负责的守地啊。诸侯来朝见天子，叫作述职。述职就是报告自己所做的事啊。说的无非是该做的事。春天要去视察农田的耕作，看看农家有什么需要，补其不足；秋天看农家的收成，看看他们有什么需要，补其不给。夏代谚语说：'我们君王不游览，我们怎会得到休息？我们君王不游览，我们怎会得到帮助？他每次游览与享乐，其实都可以做诸侯的法度。'今天可不这样了：国君兴师远行，要为他们准备充足的粮食，弄得国内饥者无饭可吃，劳者也无处可休息。百姓怨声四起又怒目相向，犯罪就起来了。这些人违抗了先王的命令，以虐待百姓为务，供他们的吃喝要如流水般多。把国家弄得流、连、荒、亡的，成为诸侯的忧患了。放船往下游览忘了回来的叫作流，叫人拉着船往上游玩也忘了回来的叫作连，追逐野兽不知满足叫作荒，纵酒不知满足叫作亡。之前的王没有流连之乐、荒亡之行。只有大王您这样啊。'齐景公听了很高兴，戒备于国内，然后驻扎在郊外，于是把省下的经费用来兴农，补助百姓。他更召乐官长说：'为我创作描写君臣相悦的乐曲吧！'这就是流传至今的《徵招》《角招》呀。歌词说：'阻止了君王的私欲，有什么过错呢！'如此阻止国君私欲，是爱护国君的表现啊。"

1 **雪宫**：齐宣王的离宫名。焦循《孟子正义》曰："宫中有苑囿台池之饰，禽兽之饶，王自多有此乐。"

2 **乐以天下、忧以天下**：朱注："乐民之乐而民乐其乐，则乐以天下矣；忧民之忧而民忧其忧，则忧以天下矣。"

3 **晏子**：齐臣晏婴。

4 **转附、朝儛**：皆山名。

5 **遵**：循。

6 **放于琅邪**：到琅邪一游。放，至。琅邪，齐东南境上邑名。

7 **修**：准备。

8 **观**：游。

9 **春省耕**：春天要去视察农田的耕种。省，视。

10 **豫**：游。

11 **度**：法。

12 **师行而粮食**：军队出发而粮食随行。言行军要为之准备粮草。

13 **睊睊**（juàn juàn）**胥谗**：人相怒视而彼此谗毁。朱注："言民不胜其劳而起谤怨也。"睊睊，怒目侧视貌。胥，相。

14 **慝**（tè）：罪恶。

15 **方命**：违逆先王之命。赵注："方，犹放也。放弃不用先王之命。"

16 **流连荒亡**：指四个败相，下文即一一解释。

17 **大戒于国**：清代焦循释为大修戒备于其国。朱注："戒，告命也。"采焦说。

18 **兴发**：兴，举惠政。发，发仓廪。

19 **《徵**（zhǐ）**招》《角招》**：乐曲名。

20 **畜君何尤**：止君之过有何错呢？畜，止。尤，罪。

21 **好君**：爱好其君。好，爱好。

　　此章与前几章相同，都在劝齐宣王思与民同乐的重要。

　　古代尚无现代休假的观念，臣子望治心切，希望国君勤劳，时时以国事为念。其实人为肉身，定会疲乏或者生病，休假是种调息，对治国是有益的，所以应该鼓励国君与重臣有休假或休息的机会。

　　孟子借晏子故事，劝齐君效法古代天子巡狩，一方面游览，另一方面考察，地方官也可借述职远行，公私兼顾，也许是个两全之计。晏子的话说得很重，但景公不但不以为忤，甚至很高兴地采纳。孟子说："景公说，大戒于国，出舍于郊。"朱子说："戒，告命也。出舍，自责以省民也。"（《四书章句集注》）认为景公搬到郊外住宿，是自责又省民的举措。但在此处，王夫之的看法与朱子不同，他认为景公仍然有休闲生活，但决心不做规模太大的旅行，而是偶尔搬到乡下去，借以调节身心，这样就不至于浪费民脂民膏了。他在《四书训义》中说："出舍于郊，且勿务为远游，而先行之于近。"景公有固定政务，搬到乡下住不切实际，朝廷经费也省不下太多，正确的说法是以近游代替远行，不过整体而言，王夫之建议的旅行方式也有节省花费、体恤人民的含义，出发点很好，还是值得赞扬的。

2.5 　　齐宣王问曰："人皆谓我毁明堂[1]。毁诸？已乎？"

　　孟子对曰："夫明堂者，王者之堂也。王欲行王政，则勿毁之矣。"

　　王曰："王政可得闻与？"

　　对曰："昔者文王之治岐[2]也，耕者九一[3]，仕者世禄[4]，关市讥而不征[5]，泽梁无禁[6]，罪人不孥[7]。老而无妻曰鳏，老而无夫曰寡，老而无子曰独，幼而无父曰孤。此四者，天下之穷民而无告[8]者。文王发政施仁，必先斯四者。《诗》[9]云：'哿矣富人，哀此茕独[10]。'"

　　王曰："善哉言乎！"

　　曰："王如善之，则何为不行？"

　　王曰："寡人有疾，寡人好货[11]。"

　　对曰："昔者公刘[12]好货。《诗》[13]云：'乃积[14]乃仓，乃裹糇[15]粮。于橐于囊[16]，思戢用光[17]。弓矢斯张，干戈戚扬[18]，爰方启行[19]。'故居者有积仓，行者有裹粮也，然后可以爰方启行。王如好货，与百姓同之，于王何有？"

王曰："寡人有疾，寡人好色。"

对曰："昔者大王好色，爱厥妃。《诗》[20]云：'古公亶甫[21]，来朝走马[22]，率西水浒[23]，至于岐下。爰及姜女，聿来胥宇[24]。'当是时也，内无怨女，外无旷夫。王如好色，与百姓同之，于王何有？"

齐宣王问："有人建议我毁了明堂。您觉得该拆了呢？还是不拆呢？"

孟子恭敬回答："明堂，是行王道之政的殿堂，大王您想行王道，我认为还是不拆吧。"

齐宣王说："实行王道的事，可以听您说说吗？"

孟子恭敬回答："以前周文王治理岐山下的岐地时，对于耕田的农人，只收九分之一的税捐，做官的人世代享受俸禄，关市的官员只检验安全而不征税，不论潜水养鱼或设鱼梁捕鱼都不禁止，犯罪只追查个人，不会让妻子儿女受牵连。老年无妻叫作鳏，老年无夫叫作寡，老年无子叫作独，幼年无父叫作孤。这四类人，是天下最困难却无可依靠的人，周文王施行仁政，必以此四者为先。《诗经》说：'富人是可以过得去，可怜的是这些孤苦无依的人呀。'"

齐宣王说："说得真好呀！"

孟子说："大王如果觉得好，那么怎么不去做呢？"

齐宣王说："我有个毛病，我喜欢财货。"

孟子恭敬回答："从前公刘喜欢财货，迁都到豳，《诗经》说：'有些粮食露天堆着，有些粮食放到仓库里。把干粮裹到橐里囊里，想要安集其民又光大其业。大家搭上箭张开弓，举起种种兵器，朝我们的新都豳地前进吧！'因此留在家里的人有积谷，行军的人有干粮，有这样的准备，才能号召百姓朝新都迈进吧。大王您如好财货，就跟百姓相同，那行王道于天下有何困难呢？"

齐宣王说："我有个毛病，我好色。"

孟子恭敬回答："从前周太王也好色，宠爱妃子。《诗经》说：'古公亶父为避狄人之难，一大早就率众奔驰，沿着西边的河流，直到岐山下面。还带着太妃姜氏，一起来察看可居住的地方。'那个时候，家中没有嫁不出去的女子，外面没有娶不到妻子的男子。大王如果好色，能跟百姓一道，那行王道于天下，又有什么困难呢？"

1　**明堂**：周天子巡狩天下时在泰山所设之堂。赵注："明堂，太山明堂。周天子东巡守朝诸侯之处，汉时遗址尚在。人欲毁之者，盖以天子不复巡守，诸侯又不当居之也。"泰山，一作太山。

2　**岐**：指岐山一带，为周之发源地。岐山在今陕西岐山。

3　**耕者九一**：朱注："九一者，井田之制也。方一里为一井，其田九百亩。中画井字，界为九区。一区之中，为田百亩。中百亩为公田，外八百亩为私田。八家各受私田百亩，而同养公田，是九分而税其一也。"又见5.3。

4　**仕者世禄**：当官的人世代都给俸禄。朱注："先王之世，仕者之子孙皆教之，教之而成材则官之。如不足用，亦使之不失其禄。盖其先世尝有功德于民，故报之如此，忠厚之至也。"

5 **关市讥而不征**：关市的官员只检验安全而不征税。关，关口。市，都邑的市集。讥，察。

6 **泽梁无禁**：潴水养鱼或设梁捕鱼都不禁止。泽，谓潴（储）水以养鱼。梁，水上之横木，谓在河上设鱼梁以捕鱼。

7 **罪人不孥**：罪罚止于己身，不及妻子儿女。孥，妻子家人。

8 **无告**：无处可诉苦。

9 **《诗》**：指《诗经·小雅·正月》。

10 **哿（gě）矣富人，哀此茕（qióng）独**：富人是可以过得去的，这些穷困的人就可怜了。哿，可。茕，困悴貌。

11 **货**：财货。

12 **公刘**：周的始祖后稷的曾孙。《史记·周本纪》："鞠卒，子公刘立。公刘虽在戎狄之间，复修后稷之业，务耕种，行地宜，自漆、沮度渭，取材用，行者有资，居者有畜积，民赖其庆。百姓怀之，多徙而保归焉。周道之兴自此始，故诗人歌乐思其德。公刘卒，子庆节立，国于豳。"

13 **《诗》**：指《诗经·大雅·公刘》。

14 **积**：露天堆积。

15 **糇（hóu）**：干粮。

16 **于橐（tuó）于囊**：在橐囊之内。橐，无底的袋子。囊，有底的袋子。橐大囊小，皆可用以盛放粮食。

17 **思戢（jí）用光**：安集其民，光大其业。戢，安集。

18 **干戈戚扬**：指各式武器。干，盾。戈，平头戟。戚，斧。扬，钺，即大斧。

19 **爰方启行**：于此开行。此诗指公刘此时率众往豳地出发。

20 《诗》：指《诗经·大雅·绵》。

21 古公亶（dǎn）甫：指周之太祖，后尊称太王。太王本号古公，名亶甫，亦作"亶父"。

22 来朝走马：第二天一清早就策马疾走了。朝，晨。走马，谓走得迅速，以避狄人之难。

23 率西水浒（hǔ）：循西之水边。率，循。浒，水边。

24 胥宇：察看可居之处。胥，相。宇，居。

　　道理跟前几章是相同的，君王有种种欲望并不坏，只要想到自己的欲望别人也有，就会立心为百姓谋福利了，这便是孟子所言王道的基础。

　　但这次齐宣王的说话相当"露骨"，他把之前包裹的外衣全脱掉了，面对着孟子直接说自己"好货"又"好色"。在宣王而言，他有点肆无忌惮又恬不知耻的样子，明知自己不是行王道的材料，一直在耍赖，但孟子仍不改苦口婆心，确实有点为难他了。

　　杨时说："孟子与人君言，皆所以扩充其善心而格其非心，不止就事论事。若使为人臣者，论事每如此，岂不能尧、舜其君乎？"（《四书章句集注》）杨氏认为孟子用这方式，齐宣王可以变成尧、舜，但此章不见下文，《史记》说："（孟子）道既通，游事齐宣王，宣王不能用。"可见齐宣王根本没有听进去，证明杨氏之见有点过于乐观了。朱子解释道："盖钟鼓、苑囿、游观之乐，与夫好勇、好货、好色之心，皆天理之所有，而人情之所不能无者。然天理人欲，同行异情。循理而公于天下者，圣贤之所以尽其性也；纵欲而私于一己者，众人之所以灭其天也。二者之间，不能以发，而其是非得失之归，相去远矣。故孟子因时君之问，而剖析于几微之际，皆所以遏人欲而存天理。其法似疏而实密，其事似易而实难。学者以身体之，则有以识其非曲学阿世之言，而知所以克己复礼之端矣。"（《四书章句集注》）牵扯到天理与人欲的问题，好像也说得稍远了。

让没心的人变成有心，让不成才的人成才，本不是易事。在孟子时代，可信的记载中要找出"好货"又"好色"的人，后来变成了正面的人物是不容易的，看到孟子所举两段《诗经》的例证，理由都有点薄弱，孟子强作牵合，主要在说明君应与民同好恶。亶父好姜女事其实与好色无关，硬放在此有点勉强，但话说到此，确实有不得已处，因为再也找不出应对像齐宣王这样耍无赖的例子了，可见孟子之居心良苦。

但从另一方面看，此章也有积极奋发的特殊之处：我就算是个彻底庸俗的人，我就是好货贪财，好淫好色，只要我有志，也可改过而行仁，或不改好货好色而同时行仁。这是多么不同又勇敢的语气？王夫之说："呜呼！此孟子所以即人情合天理，无不可行仁之人，无不可行仁之心，而异于名法之苛严，异端之孤寂。非灼见天地之心者，何以与于斯！"（《四书训义》）说出了真相，孟子言好货好色亦可行仁，很像宋儒陆九渊的语气，陆曾说："若某则不识一个字，亦须还我堂堂地做个人。"（《宋元学案》）也就是说，我是个绝对通俗的人，但我也能做圣贤一般的事，这些话给一般人或低微、庸俗的人以高贵奋励的勇气，这也是孟子真精神之所在。

2.6　　　　**孟子谓齐宣王曰："王之臣有托其妻子于其友，**

而之¹楚游者。比²其反也，则冻馁³其妻子，则如之何？"

王曰："弃⁴之。"

曰："士师⁵不能治士⁶，则如之何？"

王曰："已⁷之。"

曰："四境之内不治，则如之何？"

王顾左右而言他。

　　孟子对齐宣王说："大王有个臣子将妻子儿女托付给朋友，而自己到楚国游玩去了，等他回来，妻子儿女在挨饿受冻，对这样的朋友那该怎么办？"

　　齐宣王说："不要这个朋友了。"

　　孟子说："一个人做士师这层的高阶狱官，却管不住他手下的乡士、遂士等小狱官，那该怎么办？"

　　齐宣王说："免他职位。"

　　孟子问："国家治理得不好，那该怎么办？"

　　齐宣王左顾右盼地说别的事情。

1 之：至。

2 比（bì）：及。

3 冻馁：挨饿受冻。

4 弃：绝弃。

5 士师：朱注："狱官也。其属有乡士、遂士之官，士师皆当治之。"

6 治士：治理属下的小狱官，如上注所言乡士、遂士之类。

7 已：免职。

此章是说不尽责就不该在其位，不论是无心或无力，朋友与官员都该如此。

赵岐说："言君臣上下各勤其任，无堕其职，乃安其身。"（《四书章句集注》）说得有理，但轮到讨论为王该尽何责时，齐宣王就顾左右而言他了。所有该有的惩罚，到了国君这里就变没了，臣子对此也无法可想，这是君权至上的最大困顿。

在孟子时代，这统治的观念还无法改过来，但看得出，孟子是并不承认君权高过一切的，他想在价值上、道德上不断给君王压力，希望君王能做些改变，但当时的他能做到的，大约也仅限于此了。

2.7 　孟子见齐宣王，曰："所谓故国者，非谓有乔木[1]之谓也，有世臣[2]之谓也。王无亲臣[3]矣，昔者所进，今日不知其亡也。"

王曰："吾何以识其不才而舍之？"

曰："国君进贤，如不得已，将使卑逾尊，疏逾戚，可不慎与？左右皆曰贤，未可也；诸大夫皆曰贤，未可也；国人皆曰贤，然后察之。见贤焉，然后用之。左右皆曰不可，勿听；诸大夫皆曰不可，勿听；国人皆曰不可，然后察之。见不可焉，然后去之。左右皆日可杀，勿听；诸大夫皆日可杀，勿听；国人皆日可杀，然后察之。见可杀焉，然后杀之。故日：'国人杀之也。' 如此，然后可以为民父母。"

孟子谒见齐宣王，说："所谓有历史的古国，不是说这个国家有高大的乔木，而是指有世代效忠的臣子。大王没有亲信臣子，之前进用的那些人，今天不知到哪儿去了。"

齐宣王说："我要如何知道一个人没才干而舍弃他呢？"

孟子说："国君进用贤能，如果不得已，才使地位低的超过高的、关系疏远的超过亲近的，怎能不谨慎呢？左右亲近之人都说他能干，不可轻信；满朝大夫都说他能干，不可轻信；全国人都说他能干，然后仔细观察。发现他真能干，然后录用他。左右亲近之人都说他不行，不要听从；满朝大夫都说他不行，不要听从；全国人都说他不行，然后仔细考察。发现他真不行，然后免了他的职。左右亲近之人都说他可杀，不要听从；满朝大夫都说他可杀，不要听从；全国人都说他可杀，然后仔细考察。发现他真该杀，然后杀了他。所以说：'国人杀了他。' 做到这样，才可算是做到百姓的父母。"

---

1 **乔木**：高大的树木。

2 **世臣**：指数代以来都为朝廷效力的大臣，朱注："累世勋旧之臣，与国同休戚者也。"

3 亲臣：指可亲近、可信赖的大臣。朱注："君所亲信之臣，与君同休戚者也。"

　　此章在言国君慎重任臣之事。道理也许是对的，但国家形势，有常态，有变局，孟子所说的这种四级审查方式太过烦琐，往往无法应付国家特殊或临时的需要，真要实施，恐怕是有困难的。诉诸大多数，也有危险，现代许多"网络"或"民调"，事后证明有误便是例子，原因是那些舆论也是可以操纵的，万一采信，结果往往难料。何况一人智慧、才干之高低，"国人"往往无从理解，误判大有可能，以之决定任免，甚至刑戮，不切实际外，也往往危险。

　　所以孟子也预留了伏笔，前面提到"国君进贤，如不得已，将使卑逾尊，疏逾戚"，肯定一般卑尊疏近的关系不可全废。杀人之事，当然更须谨慎，但古代昏君、暴君杀忠臣，往往也有各种罗织出来的理由，此章最后一句"见可杀焉，然后杀之。故曰：'国人杀之也。'"有为国君脱罪卸责的意味，严格说来，其实也是有问题的。

2.8　　齐宣王问曰："汤放桀[1]，武王伐纣[2]，有诸？"

　　孟子对曰："于传有之。"

　　曰："臣弑其君[3]，可乎？"

　　曰："贼仁者谓之贼[4]，贼义者谓之残[5]，残贼之人谓之一夫[6]。闻诛一夫纣矣，未闻弑君也。"

齐宣王问说："商汤放逐了夏桀，武王讨伐了商纣，有这事吗？"

　　孟子恭敬回答："古书上是这样写的。"

　　王说："臣子杀了君王，可以吗？"

　　孟子说："侵害仁德的人叫作贼，侵害义的人叫作残，害仁害义的人叫作独夫。我只听说武王诛杀独夫纣，没听说他是以臣弑君的呀。"

1　**汤放桀**：商汤放逐了夏桀。事见《尚书·汤誓》。

2　**武王伐纣**：周武王讨伐纣王，灭商。

3　**臣弑其君**：臣子杀了自己的君王。

4　**贼仁者谓之贼**：侵害仁德的人叫作贼。朱注："害仁者，凶暴淫虐，灭绝天理，故谓之贼。"

5　**贼义者谓之残**：侵害义的人叫作残。朱注："害义者，颠倒错乱，伤败彝伦，故谓之残。"

6　**一夫**：一个一般的人。夫，一般男人的通称。此处特别强调一夫有"独"的含义。朱注："一夫，言众叛亲离，不复以为君也。《书》曰：'独夫纣。'盖四海归之，则为天子；天下叛之，则为独夫。"

　　民主时代，领袖有任期限制，任期结束必须卸任。百姓不满，也可经合法的程序令其提前下台。但在古代君权独盛时，要想让政权换手，几无可能。商汤与武王所采的手段，是暴力革命的手段，以更强的力量推翻前朝，新的政权得人心便好，不得民心，自有人再来推翻它。

　　孟子解释，王朝更迭是以民心的向背为依据。得民心者是万民的共主，不得民心则等于是个"独夫"，对残民以逞的独夫而言，是不该有君臣相待的规矩的，而以下犯上，以小搏大，背景是幽暗的，行径是曲折的，结局往往是悲喜交集的（成者为王，败者为寇），在这种情况下，一种革命（暴力）美学应运而生，孟子是其中的支持者之一。

孟子当然不赞成臣弑君，但可把君降一级变成与我平行的一般人，他如果是对我残暴的独夫，我自拥有反抗的权利。孟子的革命论，在当时还是很超前的。

王勉说："斯言也，惟在下者有汤武之仁，而在上者有桀纣之暴则可。不然，是未免于篡弑之罪也。"（《四书章句集注》）王勉的说法是必须先确定一是汤武、一是桀纣才能成立，如不是，也就是"篡弑"，其实有点和稀泥的味道，证明王氏不太了解孟子精神之所在。孟子认为国君的统治权是来自人民（前几章之与民同乐、与民同游、与民同好都是一样的理由），人民如迫于生活，自有充分理由收回所赋予的统治权，将坏的国君推翻赶走。

2.9　　孟子见齐宣王曰："为巨室，则必使工师[1]求大木。工师得大木，则王喜，以为能胜其任也。匠人斫而小之，则王怒，以为不胜其任矣。夫人幼而学之，壮而欲行之，王曰：'姑舍女所学而从我。'则何如？今有璞玉[2]于此，虽万镒[3]，必使玉人雕琢之。至于治国家，则曰：'姑舍女所学而从我。'则何以异于教玉人雕琢玉哉？"

孟子谒见齐宣王，说："要建造一幢大房子，那一定要派大工匠去找大木头。大工匠得到大木头了，那么大王就很欢喜，认为他能够承担责任；大工匠把木头砍小了，大王就发怒，认为他不能承担责任。一个人自小就学习本领，到长大了后打算实践运行，大王说：'暂且丢了你所学的，来听我的。'那怎么行呢？现在有块没有经过雕琢的璞玉，虽已值万镒了，但一定要让专门治玉的人雕琢它。讲到治理国家，你则说：'暂且丢了你所学的，来听我的。'那跟教玉人如何去雕琢玉石有什么不一样的呢？"

1 工师：大工匠。

2 璞玉：未经雕琢之玉。

3 镒（yì）：黄金二十两为一镒。

此章说治国会碰上某些专业的问题，譬如经济、水利之类，外行是不能插嘴的。国君不能因为自己的地位高而干预一切，必须尊重专业、专家，所以此章孟子所举的例子在工师与玉人身上，因为他们代表专业。范祖禹说："古之贤者，常患人君不能行其所学；而世之庸君，亦常患贤者不能从其所好。是以君臣相遇，自古以为难。孔、孟终身而不遇，盖以此耳。"（《四书章句集注》）说的不能算错，但如以为说者只在自叹己身之不遇，也未免有点小看了孟子。

2.10　齐人伐燕，胜之[1]。

宣王问曰："或谓寡人勿取[2]，或谓寡人取之。以万乘之国伐万乘之国，五旬³而举之，人力不至于此。不取，必有天殃。取之，何如？”

孟子对曰：“取之而燕民悦，则取之。古之人有行之者，武王⁴是也。取之而燕民不悦，则勿取。古之人有行之者，文王⁵是也。以万乘之国伐万乘之国，箪食壶浆⁶以迎王师，岂有他哉？避水火也。如水益深，如火益热，亦运⁷而已矣。”

齐国攻打燕国，打胜了。

齐宣王问道：“有人说让我不要占领燕国，还有人说我该占领它。以拥有万乘兵车的大国去征伐同样拥有万乘兵车的大国，五十天攻下它，光靠人力是做不到的，一定是天意。假如不占领，一定会受到上天降下的灾祸。占领燕国，怎么样？”

孟子恭敬回答：“占领它而燕国百姓高兴，那就占领它。古代这样做的人，就是周武王。占领它而燕国百姓不高兴，那就不占领。古代这样做的人，就是周文王。以拥有万辆兵车的大国去征伐同样拥有万辆兵车的大国，对方百姓用竹筐盛放食物，用壶盛米浆来迎接大王的军队，难道有别的意思吗？是要避掉当前的水火之灾呀。假如水淹得更深，火烧得更热，他们只有再图别人来拯救了吧。”

1 齐人伐燕，胜之：齐人攻燕国，打胜了。朱注：“按《史记》，燕王哙让国于其相子之，而国大乱。齐因伐之。燕士卒不战，城门不闭，遂大胜燕。"

2　**取**：占领其国。

3　**旬**：十日。

4　**武王**：指周武王。朱注："至武王十三年，乃伐纣而有天下。"

5　**文王**：指周文王。朱注："商纣之世，文王三分天下有其二，以服事殷。"

6　**箪**（dān）**食壶浆**：以箪装食，以壶盛饮。箪，盛食物的竹器。

7　**运**：行。赵注："如其所换益深，则亦运行奔走而去矣。"朱注："运，转也。言齐若更为暴虐，则民将转而望救于他人矣。"采朱注。

据《史记·燕召公世家》所记，此次齐征燕之役由孟子所鼓动："孟轲谓齐王曰：'今伐燕，此文、武之时，不可失也。'王因令章子将五都之兵，以因北地之众以伐燕。士卒不战，城门不闭，燕君哙死，齐大胜。"时在燕王哙三年，齐宣王二年。

此事《史记》载，《孟子》不载，有点奇怪。再加上齐伐燕事，时间也有争议。但据赵翼《陔余丛考》考证，伐燕事还是应在齐宣王时，钱穆《先秦诸子系年考辨》也将此事定在齐宣王六年，可证《孟子》书记有此事无误。

《史记·燕召公世家》中孟子说的"今伐燕，此文、武之时，不可失也"，有点类似投机政客的语气，这也许是《孟子》书中不载的原因。不论《史记》所记孟子跟齐宣王所说的理由是否真实，而孟子对齐国是否要占领燕国一事，是抱持不变的态度的，那就是齐征伐燕，出发前应得到齐国民众的支持，战胜后应得到燕国百姓的支持，否则就是不义之师了。古人常说天意，齐宣王的"不取，必有天殃"便是本此。赵岐说："征伐之道，当顺民心。民心悦，则天意得矣。"（《四书章句集注》）所以天意就指民心之所归，这是《孟子》一书所反复强调的，读者须特别注意。

2.11　　　齐人伐燕，取之。诸侯将谋救燕。宣王曰："诸侯多谋伐寡人者，何以待[1]之？"

　　孟子对曰："臣闻七十里为政于天下者，汤是也。未闻以千里畏人者也。《书》[2]曰：'汤一征，自葛始。'天下信之，东面而征西夷怨，南面而征北狄怨，曰：'奚为后我？'民望之，若大旱之望云霓[3]也。归市者不止，耕者不变。诛其君而吊其民，若时雨降，民大悦。《书》[4]曰：'徯我后[5]，后来其苏[6]。'今燕虐其民，王往而征之，民以为将拯己于水火之中也，箪食壶浆以迎王师。若杀其父兄，系累[7]其子弟，毁其宗庙，迁其重器[8]，如之何其可也？天下固畏齐之强也，今又倍地[9]而不行仁政，是动天下之兵也。王速出令，反其旄倪[10]，止其重器，谋于燕众，置君[11]而后去之，则犹可及止也。"

　　　　齐人攻打燕国，拿下了它。各国诸侯谋划救燕。齐宣王说："很多诸侯谋划攻打我，要怎么应付？"

孟子恭敬回答："我听过纵横七十里地可为善政于天下，那就是商汤。没听说过有纵横千里的大国，害怕别人来攻打的。《尚书》说：'商汤初伐夏桀，从葛地开始。'天下的人都相信他，所以向东征讨，西方的夷人抱怨，向南征讨，北方的狄人抱怨，说：'为什么把我们放在后头呢？'百姓盼望他，就像大旱时盼望云霓一样。（他的军队来了。）市场做买卖的人不停止，田里种田的农夫不变动。杀其君主，抚慰其百姓，就像适时下雨，百姓非常喜悦。《尚书》说：'等待我王到来，我王来了，我们等于重新活过来了。'今天，燕王暴虐其百姓，大王派兵征讨，百姓以为您将要拯救他们于水火之中，用竹筐盛放食物、用壶盛放米浆迎接大王的军队。要是杀了他们父兄，捆绑他们的子弟，毁坏他们的宗庙，拿走他们的重器，怎么可以呢？天下人已担心齐国的强大了，今天齐国土地扩充了一倍，却不行仁政，这是鼓动天下的军队来攻打自己吧。大王快快发出命令，送回被您虏掠的燕国老小，停止搬走燕国的重器，与燕国百姓商议，为他们择立贤君后便撤军离开，这样做，还来得及阻止诸侯动武呢。"

1　待：应对。

2　《书》：指《尚书·仲虺之诰》，此处引用与原文小异。

3　云霓：云与虹，皆为大雨的征兆。

4　《书》：指《尚书·仲虺之诰》，此处引用与原文小异。

5　奚（xī）我后：奚，等待。后，王，君。

6　苏：复活。

7 **系累**：絷缚。

8 **迁其重器**：拿走该国的重宝。

9 **倍地**：新增一倍的土地。

10 **反其旄倪**：送回被扣押的燕国老小。朱注："反，还也。旄，老人也。倪，小儿也。谓所虏略之老小也。"

11 **置君**：择立贤君。

范祖禹曰："孟子事齐、梁之君，论道德则必称尧、舜，论征伐则必称汤、武。盖治民不法尧、舜，则是为暴；行师不法汤、武，则是为乱。岂可谓吾君不能，而舍所学以徇之哉？"（《四书章句集注》）说得不错，但解释此章只寻文字之立意，比较表面。

看来齐宣王打败燕国，对燕国的领土有野心，占领后便不想放弃了。诸侯国之间其实是亲戚关系，是有道义与制度存在的。齐国"伐不义"，大家可睁只眼闭只眼，因为燕国真有不义之事，但要吞并燕国，就犯了众怒，因为天下失燕，齐国独大，便会引起诸侯国之间失衡，对诸侯国而言，都有危机感，所以联合出兵要干预其事了。何况燕国原本强权，要实际统治其地并不容易，硬要占领，恐怕反弹力道过大，到时齐国亦无法忍受。孟子看出真正危机所在，力劝齐宣王既已胜就应撤军，表面说的是行王道，其实盱衡天下局势，不得不如此。"动天下之兵也"的形势十分严重，故"王速出令，反其旄倪，止其重器，谋于燕众，置君而后去之，则犹可及止也"。这既有仁道的含义，也是出于战略的考虑。这才是此章真正的重点。

2.12　邹与鲁哄¹。

穆公²问曰："吾有司死者三十三人，而民莫之死也。诛之，则不可胜诛；不诛，则疾视³其长上之死而不救。如之何则可也？"

孟子对曰："凶年饥岁，君之民，老弱转⁴乎沟壑，壮者散而之四方者，几千人矣；而君之仓廪实，府库充。有司莫以告，是上慢⁵而残下也。曾子曰：'戒之！戒之！出乎尔者，反乎尔者也。'夫民今而后得反之也，君无尤⁶焉！君行仁政，斯民亲其上，死其长矣。"

邹与鲁发生争斗。

邹穆公问道："(这次争斗)我的官员死了三十三人，但百姓没死一个。我想杀了这些见长官死都不救的人，但杀不胜杀；不杀，他们直瞪着眼看着长官被杀而不去救援。该怎么办才好？"

孟子恭敬回答："在凶年收成坏的年岁，君主的百姓，老弱因饥饿辗转而死，死人填满沟渠，年轻力壮的人四处逃亡，有几千人吧；而君王的仓廪饱满，府库充实。这些事，官员都没据实以报，这是在怠慢上级而残害百姓啊。曾子说：'警戒！警戒！你做出的事，会回报到你身上的。'看看这群百姓，现在不正在回报吗？君王就不要去责怪他们了吧！君王行仁政，他的百姓自会亲近其长上，必要时会为长上而死的。"

1　邹与鲁哄（hòng）：邹国与鲁国发生争斗。邹，鲁南的小国，孟子为邹人。

2　穆公：邹国国君。

3　疾视：怒目而视；用生气的眼光看。朱注："民怨其上，故疾视其死而不救也。"

4　转：辗转。朱注："转，饥饿辗转而死也。"

5　慢：怠慢。谓轻忽政事。

6　尤：指责别人的过错。

邹为孟子的父母之国，有事国君自然来问孟子了。

穆公说邹民"疾视其长上之死而不救"，形容得很传神。之所以如此，是因为穆公的官员不关心百姓，百姓自然冷漠对待他们。范祖禹说："《书》曰：'民惟邦本，本固邦宁。'有仓廪府库，所以为民也。丰年则敛之，凶年则散之，恤其饥寒，救其疾苦。是以民亲爱其上，有危难则赴救之，如子弟之卫父兄，手足之捍头目也。穆公不能反己，犹欲归罪于民，岂不误哉？"（《四书章句集注》）说得很正确。

2.13　滕文公[1]问曰："滕，小国也，间于齐楚，事齐乎？事楚乎？"

孟子对曰："是谋非吾所能及也[2]。无已，则有一焉。凿斯池也，筑斯城也，与民守之，效死[3]而民弗去，则是可为也。"

　　滕文公问道："滕国是个小国，介于齐、楚两国之间，是事奉齐国呢？还是事奉楚国呢？"

　　孟子恭敬回答："这个问题，不是我能力所能解决的。不得已，也有一说吧。把护城河挖深，把城墙筑高，与百姓坚守城池，就算战死了，百姓也不离开，有这决心，那也可以有为了吧。"

1 **滕文公**：战国时滕国的国君。

2 **是谋非吾所能及也**：这个问题，不是我能力所能解决的。换言之，我对事奉强国的软弱行为，毫无计谋可施。这句话有点在讥讽滕君。

3 **效死**：献死，致死。

　　小国的困局，自古就存在。孟子曾说"惟仁者能以大事小"，又说"惟智者为能以小事大"，但如大者不仁，老想加害于小者，小者穷尽智慧也无法躲避，此时只有武装自己，不惜与大者玉石俱焚，让对方付出惨烈的代价，大国恐怕也会心存畏惧，此章强调小国也有不可侮的理由。生存当然不仅靠意志，但缺乏意志更容易亡国，这点在小国身上更容易看出。

　　此章语言沉稳又坚定，文虽短却充满力道，让人感到孟子砥砺风雪的傲骨，以文学言，也是极有力的短篇。

2.14　　滕文公问曰："齐人将筑薛[1]，吾甚恐，如之何则可？"

孟子对曰："昔者大王居邠[2]，狄人侵之，去[3]之岐山之下居焉[4]。非择而取之，不得已也。苟为善，后世子孙必有王者矣。君子创业垂统[5]，为可继也。若夫成功，则天也。君如彼何哉！强[6]为善而已矣。"

　　　　滕文公问道："齐人将在薛地筑城，我很害怕，该如何是好呢？"

　　　　孟子恭敬回答："以前周太王住在邠，狄人入侵，就离开了，到岐山之下居住。并非自己选择去的，而是不得已的。假如为善，后代子孙必有称王天下的。君子创立功业，传之后世，希望一代代继承下去。至于是否成功，就靠天意来决定吧。您对齐国有什么办法呢！只能勉励自己多为善积德吧。"

1　齐人将筑薛：齐人将在薛地筑城。薛地近滕。

2　大王居邠（bīn）：周先祖太王曾居邠，邠即豳（bīn）。

3　去：离开。

4　之岐山之下居焉：至岐山之下定居。之，至。焉，于此。

5　创业垂统：开创功业，并将功业流传后世。朱注："创，造。统，绪也。言能为善，则如大王虽失其地，而其后世遂有天下，乃天理也。然君子造基业于前，而垂统绪于后，但能不失其正，令后世可继续而行耳。"

6　强：勉励，勉力。

跟上章比较，此章孟子这样回话，就有点力不从心的虚了，因为他知道，齐国就算无理霸道，滕国其实是没有回击的本钱的，要效仿周太王那样搬离是非之地，当然更是万无可能的，只有勉力行善，以求上天保佑。朱子说："此章言人君但当竭力于其所当为，不可徼幸于其所难必。"可见度德量力是小国不得不考虑的吧。

此章最后说"若夫成功，则天也"，与孟子一贯刚健的语气有别，但这种感叹他也有过的，如"吾之不遇鲁侯，天也"(2.16)、"莫之为而为者，天也；莫之致而至者，命也"(9.6)、"夫天未欲平治天下也"(4.13)等，把不少事委之于天或命，才知道精神一向浩盛的孟子，碰到某些无法突破的现实，也常有无奈的时候。

2.15　　滕文公问曰："滕，小国也，竭力以事大国则不得免焉，如之何则可？"

孟子对曰："昔者大王居邠，狄人侵之。事之以皮币[1]，不得免焉；事之以犬马，不得免焉；事之以珠玉，不得免焉。乃属[2]其耆老[3]而告之曰：'狄人之所欲者，吾土地也。吾闻之也：君子不以其所以养人者害人。二三子何患乎无君！我将去之。'去邠，逾梁山⁴，邑于岐山之下居焉。邠人曰：'仁人也，不可失也。'从之者如归市⁵。或曰：'世守也，非身之所能为也，效死⁶勿去。'君请择于斯二者。"

滕文公问道："滕国，是个小国，尽心竭力事奉大国，也没有免于危险，应该怎么办才行？"

孟子恭敬回答："从前周太王住在邠地，狄人来侵略他。太王奉献了皮革丝帛，没有免于危险；奉献了犬马，没有免于危险；奉献了珠玉，没有免于危险。于是召集族中长老并告诉他们说：'狄人所要的，是我们的土地。我听过这句话：君子不可以养人之物来害人。你们何须担心没有君主呢！我将要离开这里。'周太王离开了邠，越过梁山，在岐山下建城而居之。邠地的人说：'他是个有仁德的人，我们不能失去他。'跟随他的人多得如赶赴市集一样。也有说法是：'这是世代相守的基业，不是我自身所能做主放弃的。即使献出生命，也不离弃。'您请在这二者中选择其一。"

1 皮币：皮革与丝帛，都是值钱物，古人多当成礼品。

2 属：会集。

3 耆老：指族中长老。《曲礼》曰："六十曰耆。"《说文》："七十曰老。"

4 梁山：山名，位于今陕西乾县。

5 归市：走往市集的人。朱注："归市，人众而争先也。"

6 效死：尽力奉献，不惜牺牲生命。

说到最后，状况有点凄凉。

滕国不敌齐国，这是无须说的，齐国觊觎你，要不就把土地让给他，自己另觅土地生存，如觉得是先人所遗不忍放弃，就死守，为之战斗到最后一滴血，舍此无任何方法。

朱子言："或谓土地乃先人所受而世守之者，非己所能专。但当致死守之，不可舍去。此国君死社稷之常法。传所谓国灭君死之，正也，正谓此也。"孟子出选择题给滕文公做，朱子认为孟子的意见是该选择后者，因为他知道其实滕国无路可退。

2.16　鲁平公¹将出，嬖人²臧仓者请³曰："他日君出，则必命有司所之⁴。今乘舆已驾矣，有司未知所之，敢请。"

公曰："将见孟子。"

曰："何哉？君所为轻身以先于匹夫者，以为贤乎？礼义由贤者出，而孟子之后丧逾前丧⁵，君无见焉。"

公曰："诺。"

乐正子⁶入见，曰："君奚为不见孟轲也？"

曰："或告寡人曰'孟子之后丧逾前丧'，是以不往见也。"

曰："何哉，君所谓逾者？前以士，后以大夫⁷；

前以三鼎[8]，而后以五鼎与？"

曰："否。谓棺椁衣衾[9]之美也。"

曰："非所谓逾也，贫富不同也。"

乐正子见孟子，曰："克告于君，君为[10]来见也，嬖人有臧仓者沮[11]君，君是以不果来也。"

曰："行或使之，止或尼[12]之。行止，非人所能也。吾之不遇鲁侯，天也。臧氏之子，焉能使予不遇哉？"

　　鲁平公将出宫，所宠幸的近臣臧仓请示说："往日国君出宫，一定告诉执事的人要去的地方。现在车子已驾好了，执事的人还不知道要去哪儿，所以来请示。"

　　鲁平公说："要去见孟子。"

　　臧仓说："为什么呀？大王降低身份去拜访一个普通百姓，是认为他是贤德的人吗？礼义是从贤德之人身上产生的，但孟子治后面母亲的丧事超越了治前面父亲的丧事（显然是不懂礼的人），君王不要去见他吧！"

　　鲁平公说："好吧。"

　　乐正子去见鲁平公，问道："大王为什么不见孟轲呢？"

　　鲁平公说："有人告诉我说'孟子治后面母亲的丧事超越了治前面父亲的丧事'，所以不去见他了。"

　　乐正子说："大王所说的超越，是什么意思呢？指的是前面用士的三鼎礼，后面用大夫的五鼎礼这样的吗？"

鲁平公说："不是的。是指棺椁衣衾的华美。"

乐正子说："这不是超越，是前后贫富状况不同啊。"

乐正子见孟子，说："我和鲁君讲了，他要来见您的。宠臣臧仓阻挡了，鲁君因此便没来成。"

孟子说："想要来，或许有人促成；不来，必然有人在阻止（行或止，好像不是人力所能及的）。我见不到鲁君，应是天意吧！姓臧的小子，怎能使我遇不到鲁君呢？"

1 **鲁平公**：鲁国国君，名叔，一名旅，谥平。

2 **嬖**（bì）**人**：君主所宠幸的小臣。

3 **请**：问。

4 **之**：往，同"至"。

5 **孟子之后丧逾前丧**：传说孟子先丧父，后丧母，治母丧厚于父丧。

6 **乐正子**：孟子弟子，名克，仕于鲁。

7 **前以士，后以大夫**：前以士礼，后以大夫礼。

8 **三鼎、五鼎**：鼎，盛食物容器。古制：士祭礼享食三鼎，大夫祭礼享食五鼎。

9 **棺椁**（guǒ）**衣衾**（qīn）：丧事所用棺椁与衣被。椁，外棺。衾，单被。

10 **为**：将。

11 **沮**：同"阻"。

12 **尼**：同"止"。

此章十分有趣，孟子到孔子的家乡鲁国，国君鲁平公想来见他，却让人硬给挡了下来，这里面恐怕是政治的角力，但借口却是孟子不循礼。

孟子在家中为父母丧事行礼，因前后贫富状况不同，自有丰瘠之差，却成为被攻击的理由，是一般人甚至孟子本人也始料未及的，可见政治复杂，不论是非。孟子当然知道真相，对政治上的党同伐异一定十分生厌，因而有"吾之不遇鲁侯，天也"之叹，表面所言是不遇鲁侯，其实是叹天道隐晦，吾道不行。王夫之《四书训义》言："盖孟子之行无所缺陷于礼义，此人尽而可听之天。而其或行或止，关斯世之治乱，斯道之明行，则天实司其显晦，圣贤之言天者此也。"读者于此须辨明。

本章孟子"后丧逾前丧"之争，后文还有讨论，可参考4.7。

卷三 公孙丑上

凡九章。

公孙丑，孟子弟子。此卷前数章是孟子答公孙丑之问，当是公孙丑所记。之后其他者，就不见得皆为公孙丑所记了。

3.1 公孙丑[1]问曰："夫子当路于齐，管仲[2]、晏子之功可复许[3]乎？"

孟子曰："子诚齐人也，知管仲、晏子而已矣。或问乎曾西[4]曰：'吾子与子路孰贤？'曾西蹵然[5]曰：'吾先子[6]之所畏也。'曰：'然则吾子与管仲孰贤？'曾西艴然[7]不悦，曰：'尔何曾比予于管仲？管仲得君，如彼其专也；行乎国政，如彼其久也；功

孟子讲析

烈[8]，如彼其卑也。尔何曾比予于是？'"曰："管仲，曾西之所不为也，而子为我愿之乎？"

曰："管仲以其君霸，晏子以其君显。管仲、晏子犹不足为与？"

曰："以齐王由反手[9]也。"

曰："若是，则弟子之惑滋甚！且以文王之德，百年[10]而后崩，犹未洽[11]于天下。武王、周公继之，然后大行。今言王若易然，则文王不足法与？"

曰："文王何可当也！由汤至于武丁[12]，贤圣之君六七作，天下归殷久矣，久则难变也。武丁朝诸侯有天下，犹运之掌也。纣之去武丁未久也，其故家遗俗，流风[13]善政，犹有存者；又有微子、微仲、王子比干、箕子、胶鬲[14]，皆贤人也，相与辅相之，故久而后失之也。尺地莫非其有也，一民莫非其臣也。然而文王犹方百里起，是以难也。齐人有言曰：'虽有智慧，不如乘势；虽有镃基[15]，不如待时[16]。'今时则易然也。夏后、殷、周之盛，地未有过千里者也，而齐有其地矣。鸡鸣狗吠相闻，而达乎四境，而齐有其民矣。地不改[17]辟矣，民不改聚[18]矣，行仁政而王，莫之能御也！且王者之不作，未有疏于此时者也；民之憔悴于虐政，未有甚于此时者也。饥者易为食，渴者易为饮。孔子曰：'德之流行，速于置邮[19]而传命。'当今之时，万乘之国行仁政，民之悦之，犹解倒悬[20]也。故事半古之人，功必倍之，惟此时为然。"

公孙丑问道："假如您在齐国当权了，管仲、晏子的功业可以期望再度兴起吗？"

孟子说："你真是个齐国人呀，只知道管仲、晏子罢了。有人问曾西说：'您与子路相比，谁更贤能呢？'曾西不安地说：'子路是我先人所敬畏的人。'那人又问：'那么您跟管仲比，谁更贤能呢？'曾西脸上露出怒色，说：'你怎么拿我来跟管仲相比呢？管仲得到国君的信任，谁比他更专一；他在齐国推行国政，谁比他更长久；但谈起他的功业来，又何其低下呀。你怎能把我与他相比呢？'"孟子说："管仲这样的人，连曾西都不愿做，你以为我会想做吗？"

公孙丑说："因有管仲，齐君可以称霸诸侯；因有晏子，齐君可以名显天下。像管仲与晏子，您认为都不值得做吗？"

孟子说："像齐国这样的国家，要想实行王道于天下，就像翻转手掌一样容易。"

公孙丑说："照夫子这么说，弟子就更疑惑了。就算以周文王那么高尚的德行，活了快百岁，死后他的教化还是不能在天下普遍施展。武王、周公继续推行，这样后来才大大风行。现在您把王道说得这么简单，那就是说文王不必效法了吗？"

孟子说："怎么跟文王相比呢！商朝由商汤传到武丁，圣明的国君有六七个，天下人归顺殷朝很久了，久了就难以改变了。所以武丁让所有诸侯来朝而淹有天下，就跟把东西放在掌中转动一样容易。商纣离武丁并不久，之前的家风流俗及政治上好的声誉都还存在；又有微子、微仲、王子比干、箕子、胶鬲等贤人相辅助，所以商纣很久才失掉天下。当时天下，没一尺地不是商纣所有，没一人不是商纣的臣民。在这种情况之下，文王以方百里之地兴起，是很困难的啊。齐人有谚语说：'虽有好智慧，不如趁有利的形势；虽有好锄头，不如等待好的农时。'今天就时机而言，对齐国就容易多了。夏后与商、周极盛的时代，所拥有土地没有超过方千里的，而齐国就有这样广大的领土了。鸡鸣狗吠相互传闻，以至国之四境，说明齐国有众多百姓。国土不必再去开辟了，百姓也不必去聚集了，这时行仁政，没人抵抗得了的呀！何况王道之不作，没有更疏于此时的；百姓因虐政而憔悴，没有更甚于此时的。要知道饥饿、口渴的人不挑嘴，是比较容易喂饱、喝足的。孔子曾说：'好的德行传布开来，比驿马、传邮都快。'当今之时，拥有万乘兵车的大国行仁政，百姓的高兴就像解了他们倒悬的痛苦一样。所以就行仁而言，事只要做古人的一半，而功劳必倍于古人，惟此刻为最好的时机。"

1　公孙丑：孟子弟子，姓公孙，名丑，齐人。

2　管仲：齐大夫，名夷吾，曾相齐桓公，使齐称霸诸侯。

3　许：期许。

4　曾西：孔门弟子曾参的孙子。焦循《孟子正义》引毛奇龄《四书剩言》、江永《群经补义》、阎若璩《四书释地》等书认为曾西即曾申，为曾子之子，非孙。

5　蹴（cù）然：不安貌。

6　先子：先人。这里指曾子。

7　艴（fú，又音bó）然：怒貌。

8　功烈：功业。

9　反手：翻转手掌，比喻事情很容易。

10　百年：文王得百年高寿。朱注："文王九十七而崩，言百年，举成数也。文王三分天下，才有其二；武王克商，乃有天下。周公相成王，制礼作乐，然后教化大行。"

11　洽：周遍。

12　武丁：殷高宗。朱注："商自成汤至于武丁，中间大甲、大戊、祖乙、盘庚皆贤圣之君。"

13　流风：流俗风气。

14　微子、微仲、王子比干、箕子、胶鬲（gé）：皆殷时贤人。

15　镃（zī）基：锄类，耕种器具。

16　待时：等待时机。

17　改：更。

18　聚：增多。

19　置邮：驿站与邮递，古时负责传命的机构或设施。

20　倒悬：古之酷刑。捆绑人的脚，将他倒挂着。这里指苦楚。

　　孔子曾称誉管仲说："微管仲，吾其被发左衽矣。"（《论语·宪问》）这是放在更高的层次来看管仲"尊王攘夷"的政策。

从抵抗外敌入侵的角度来看，孔子认为管仲对整个周朝或中原文化是有积极贡献的，但如回到国内来说，管仲当时所为只是帮齐桓公形成霸业，并未实行仁德广被的王道，这点不论孔子或孔子的后学，都是不认可的，这也是孟子瞧不起管仲、晏婴的理由。朱子说："桓公独任管仲四十余年，是专且久也。管仲不知王道而行霸术，故言功烈之卑也。"（《四书章句集注》)

孟子认为齐国当时有地利、人和之便，正好可以王道为天下倡；行王道，可使中国远离战火终至太平。王夫之说："王霸之分，学术邪正之辨，即世运盛衰之别也。王之所以异于霸者无他，仁而已矣。王者以清心寡欲为本，而无欲之极，天下为公，推而行之，其教之养之之政，一本于恻怛之至诚。霸者异是：其心，利欲之心也；其政，富强之政也。时虽假仁以行，而不足泽及斯民。"（《四书训义》）此间之"无欲"，是指一心为天下念，毫无个人的私心。王氏对王霸之区分，可说是十分清楚了。居仁行仁，是孔子的主张，孟子崇王道、弃霸道的理想，显然是从孔子一脉而来的。

3.2　公孙丑问曰："夫子加齐之卿相[1]，得行道焉，虽由此霸王不异矣。如此，则动心[2]否乎？"

孟子曰："否。我四十不动心。"

曰："若是，则夫子过孟贲[3]远矣。"

曰："是不难，告子[4]先我不动心。"

曰："不动心有道乎？"

曰："有。北宫黝[5]之养勇也，不肤挠[6]，不目逃[7]，思以一豪[8]挫于人，若挞之于市朝。不受于褐宽博[9]，亦不受于万乘之君。视刺万乘之君，若刺褐夫。无严[10]诸侯，恶声至，必反之。孟施舍[11]之所养勇也，曰：'视不胜犹胜[12]也。量敌而后进，虑胜而后会，是畏三军[13]者也。舍岂能为必胜哉，能无惧而已矣！'孟施舍似曾子，北宫黝似子夏[14]。夫二子之勇，未知其孰贤，然而孟施舍守约也。昔者曾子谓子襄[15]曰：'子好勇乎？吾尝闻大勇于夫子矣：自反而不缩[16]，虽褐宽博，吾不惴焉；自反而缩，虽千万人吾往矣。'孟施舍之守气，又不如曾子之守约[17]也。"

公孙丑问道："假如夫子做了齐国的卿相，得以推行大道，这样跟帮助齐国称霸或称王于天下，也没什么差别了。如果这样，您会不安而动心吗？"

孟子说："不会的。我四十岁之后就不动心了。"

公孙丑说："真这样的话，那么夫子比孟贲要高明多了呀。"

孟子说："这不难的，告子不动心比我还早呢。"

公孙丑说："不动心有方法吗？"

孟子说："有的。北宫黝培养勇气，肌肤被刺不躲，眼睛被刺不眨。他把别人伤他一根毫毛，视作在市朝中当众打他一样。他不受辱于普通百姓，也不受辱于万乘之君。

在他看来，杀一个万乘之君，跟杀一个普通百姓没两样。他不怕诸侯，谁说他坏话，他一定反击。孟施舍培养勇气，说：'我把不胜当成胜。假如估量敌人的强弱才决定进攻，考虑了必胜才与敌人交锋，这是怕敌人的三军了。我哪能每战必胜呢，只是不去害怕罢了！'孟施舍像曾子，北宫黝像子夏。这两人养勇，不能判断谁更好，但看起来孟施舍好像能够把握要点些。之前曾子跟子襄说：'你好勇吗？我曾听我的老师孔子跟我说大勇的道理：要懂得反省，假如自己不够正直，就是面对贫贱百姓，我能够不怕他；如果反省自己是正直的，就是前面有千万人挡着我，我也会奋勇向前与之相抗。'孟施舍养勇虽把握住了勇气，却不如曾子把握住道理的原则了。"

1 **卿相**：一国最高的官吏。卿，次于君的高位，《孟子·万章下》曰："君一位，卿一位，大夫一位，上士一位，中士一位，下士一位，凡六等。"（10.2）相，原指君王的最高助理，因近君而掌权。一国之相多以上卿任之，故曰卿相。

2 **动心**：心有所动。

3 **孟贲**：古代勇士，卫人。

4 **告子**：与孟子同时代的人。朱注："告子，名不害。"

5 **北宫黝**（yǒu）：齐人。

6 **肤挠**（nào）：肌肤被刺而退却。

7 **目逃**：眼被刺而转睛逃避。

8 **豪**：即毫。

9 **褐宽博**：指一般贫贱百姓。褐，杂毛所织的布。宽博，宽大的衣服，古时贱者的衣服。

10 无严：无所畏惧。

11 孟施舍：人名。

12 视不胜犹胜：将不胜看成胜。朱注："舍（孟施舍）自言其战虽不胜，亦无所惧。"

13 三军：古制天子六军，诸侯大国三军。军，军队的最大编制。

14 孟施舍似曾子，北宫黝似子夏：朱注："子夏笃信圣人，曾子反求诸己。故二子之与曾子、子夏，虽非等伦，然论其气象，则各有所似。"

15 子襄：曾子弟子。

16 缩：直；正直。

17 曾子之守约：指曾子抓住理的要点。约，要。朱注："言孟施舍虽似曾子，然其所守乃一身之气，又不如曾子之反身循理，所守尤得其要也。"

曰："敢问夫子之不动心，与告子之不动心，可得闻与？"

"告子曰：'不得于言，勿求于心；不得于心，勿求于气。[1]' 不得于心，勿求于气，可；不得于言，勿求于心，不可。夫志，气之帅[2]也；气，体之充[3]也。夫志至焉，气次焉。故曰：'持其志，无暴其气[4]。'"

"既曰'志至焉，气次焉'，又曰'持其志，无暴其气'者，何也？"

曰："志壹则动气[5]，气壹则动志也。今夫蹶者趋者⁶，是气也，而反动其心。"

"敢问夫子恶乎长?"

曰："我知言⁷，我善养吾浩然之气⁸。"

"敢问何谓浩然之气?"

曰："难言也。其为气也，至大至刚，以直⁹养而无害，则塞于天地之间。其为气也，配义与道，无是，馁也。是集义所生¹⁰者，非义袭而取¹¹之也。行有不慊¹²于心，则馁矣。我故曰，告子未尝知义，以其外之¹³也。必有事焉而勿正¹⁴，心勿忘，勿助长也。无若宋人然。宋人有闵其苗之不长而揠¹⁵之者。芒芒然¹⁶归，谓其人曰：'今日病¹⁷矣，予助苗长矣。'其子趋而往视之，苗则槁矣。天下之不助苗长者寡矣。以为无益而舍之者，不耘苗¹⁸者也；助之长者，揠苗者也。非徒无益，而又害之。"

公孙丑问："请问夫子的不动心，与告子的不动心有何不同，可以讲来听听吗?"

孟子说："告子曾说：'听到不合理的话，就不要用心去想它；知道这与我心有违的理，就无须动气与人争议。'别人说的话，其理由与我心有违，我不动气与他争论，这是对的；但别人要说了不合理的话，我连想都不去想，这样就不对了。志是气的主宰，充满身体的叫气，志到了，气也跟着到了。所以说：'一个人要持有自己的志，不要暴乱了自己的气。'"

公孙丑问："老师既然说'志到了，气也跟着到了'，又说'要持有自己的志，不要暴乱了自己的气'，这是什么道理？"

孟子说："因为志专一，会影响到气；气专一，也会影响到志。跌倒或奔跑的人，是气在发生作用，但也在心志上发生波动的作用了。"

公孙丑问："请问夫子长于哪一方面呢？"

孟子说："我善于分析别人的言论，我善于培养我的浩然之气。"

公孙丑问："请问什么叫作浩然之气？"

孟子说："很难说啊。这种气，至大至刚，要是用正直的方式培养，不要去残害它，它就会扩充到天地之间。这种气，得搭配着道与义的，要是没有道与义，它就委顿下来了。是集合了许多道义而产生的，不是偶尔行义就能得到的。要是觉得自己行为稍不足于道义，那气也就立刻委顿下来了。所以我说告子不知道内在的道义，只有在外缘方面谈养气了。养气的事，就该让气自然存在我心中，我行道义久了，它自会增长的，不要预期它变成什么样子，不要忘记它，不要违背规律帮它成长，不要学宋国人样。宋国有个人担忧他的秧苗长不高，就把秧苗拔高了些，糊里糊涂地回到家，跟家人说：'今天累坏了，我帮秧苗长高了。'他儿子急忙跑去看，田里的秧苗全枯死了。天下像那个宋国人一样去助秧苗生长的还真不少呢。一个人要是认为养气无益，便舍弃了养气，就跟不再锄草耘苗的懒农一样；一个人心急，老盼望禾苗快快成长，就跟前面说的心急的揠苗人一样，这些行为不但无益，反而有害呀。"

1　**不得于言，勿求于心；不得于心，勿求于气**：于理不相合的语言，心里连想也别去想它；如果道理不全，会让我心中觉得不安，就不必动气与人争论。气有二义，孟子"集义"所养的气，是道德实践力量的来源，而告子所言之气，有逞忿动气的含义，所指是不同的。

2　**帅**：领导。

3　**气，体之充**：身体行动充满了气的作用。

4　**持其志，无暴其气**：把持志向，不要扰乱了气。

5　**志壹则动气**：意志专一，则勇气随之鼓动。朱注："壹，专一也。"赵岐释壹为噎，指闭塞之意。不采。

6　**蹶者趋者**：跌倒者、奔跑者。

7　**知言**：对于别人所言，能充分掌握了解其含义。朱注："知言者，尽心知性，于凡天下之言，无不有以究极其理，而识其是非得失之所以然也。"

8　**浩然之气**：盛大的精神力，指配合道义的正气。朱注："浩然，盛大流行之貌。气，即所谓体之充者。本自浩然，失养故馁，惟孟子为善养之以复其初也。盖惟知言，则有以明夫道义，而于天下之事无所疑；养气，则有以配夫道义，而于天下之事无所惧，此其所以当大任而不动心也。告子之学，与此正相反。其不动心，殆亦冥然无觉，悍然不顾而已尔。"

9　**直**：正道。

10　**集义所生**：集合了许多道义才得以产生的。

11　**义袭而取**：指偶尔行义便想取得此气。上下两注"此气"，均指浩然之气。此处"义袭"与前句"集义"有别，集义指集合了许多正义，义袭则指偶尔行义，两者的差别是集义可生浩然正气，而义袭不能。

12 慊：快，足。

13 外之：视之从外而入。朱注："告子不知此理，乃曰仁内义外，而不复以义为事，则必不能集义以生浩然之气矣。上文不得于言勿求于心，即外义之意。"

14 勿正：不作预期。朱注："必有事焉而勿正，赵氏、程子以七字为句。近世或并下文心字读之者亦通。必有事焉，有所事也，如有事于颛臾之有事。正，预期也。《春秋传》曰'战不正胜'，是也。"又言："此言养气者，必以集义为事，而勿预期其效。"

15 揠（yà）：拔。

16 芒芒然：糊里糊涂的。朱注："芒芒，无知之貌。"

17 病：疲倦。

18 耘苗：给苗除草。

"何谓知言？"

曰："诐辞知其所蔽[1]，淫辞[2]知其所陷，邪辞[3]知其所离，遁辞[4]知其所穷。生于其心，害于其政；发于其政，害于其事。圣人复起，必从吾言矣。"

"宰我、子贡善为说辞，冉牛、闵子、颜渊善言德行，孔子兼之，曰：'我于辞命[5]则不能也。'然则夫子既圣矣乎[6]？"

曰："恶，是何言也！昔者子贡问于孔子曰：'夫子圣矣乎?'孔子曰:'圣则吾不能。我学不厌而教不倦也⁷。'子贡曰:'学不厌,智也;教不倦,仁也。仁且智,夫子既圣矣。'夫圣,孔子不居,是何言也?"

"昔者窃闻之:子夏、子游、子张皆有圣人之一体⁸,冉牛、闵子、颜渊,则具体而微。敢问所安?"

曰:"姑舍是。"

曰:"伯夷、伊尹⁹何如?"

曰:"不同道。非其君不事,非其民不使,治则进,乱则退,伯夷也。何事非君,何使非民,治亦进,乱亦进,伊尹也。可以仕则仕,可以止则止,可以久则久,可以速则速,孔子也。皆古圣人也。吾未能有行焉,乃¹⁰所愿,则学孔子也。"

"伯夷、伊尹于孔子,若是班¹¹乎?"

曰:"否。自有生民以来,未有孔子也。"

曰:"然则有同与?"

曰:"有。得百里之地而君之,皆能以朝诸侯有天下。行一不义,杀一不辜而得天下,皆不为也。是则同。"

曰:"敢问其所以异?"

曰:"宰我、子贡、有若智足以知圣人,污¹²不至阿¹³其所好。宰我曰:'以子观于夫子,贤于尧、舜远矣。'子贡曰:'见其礼而知其政,闻其乐而知其德,由百世之后,等百世之王,莫之能违也。自生民以来,未有夫子也。'有若曰:'岂惟民哉!麒麟之于走兽,凤凰之于飞鸟,泰山之于丘垤¹⁴,河海之于行潦,类也。圣人之于民,亦类也。出于其类¹⁵,拔乎其萃¹⁶。自生民以来,未有盛于孔子也。'"

公孙丑问:"什么是知言呢?"

孟子说:"偏颇的话,知道它被遮蔽的部分;放荡的话,知道它被陷溺的部分;不正直的话,知道它偏离正道的部分;逃避的话,知道它困窘的部分。假如从政的人让这四种话生于心中,必定有害于他施政;如体现在施政中,一定会坏事。我想圣人复生,也会赞同我所说的。"

公孙丑说:"宰我、子贡善于说辞,冉伯牛、闵子迁、颜渊善于德行,孔子两者兼长,但孔子说:'我在辞令上是不擅长的。'这么说来,夫子既善养气又善知言,不就算是已到达圣人境界了吗?"

孟子说:"哎,这是什么话呢!从前子贡问孔子说:'夫子算圣人了吧?'孔子说:'要说圣人,我不能算的。我只不过是学习不知满足、教人不知疲倦罢了。'子贡说:'学习不知满足,就是智;教人不知疲倦,就是仁。既仁且智,夫子当然已是圣人了!'圣人,孔子不敢当的,你却以圣人比我,这是什么话呢?"

公孙丑又问说："之前我听说过：子夏、子游、子张都有圣人的一部分，冉伯牛、闵子迁、颜渊则是各部分大体具备，但比起真正圣人还是小了一些。请问夫子，想做哪一个？"

孟子说："暂时不说这些。"

公孙丑问："伯夷、伊尹怎么样？"

孟子说："我跟他两人不同道。不是该事的国君不事奉，不是自己的百姓不驱使；天下太平，就出来做官，天下大乱，就退隐，这是伯夷。哪有不可事的君主，哪有不可使的百姓，天下太平出来做官，天下大乱也出来做官，这是伊尹。可以出来做官便出来做官，看着不该做官便不做了，可以久留则久留，可以速去就速去，这是孔子。他们都是古时的圣人。他们的一举一动，我不得行之于一端的，如要说心愿的话，我想学孔子。"

公孙丑又问："伯夷、伊尹跟孔子相比，应该是一样的吧？"

孟子说："不。自有人类以来，没有人比得上孔子。"

公孙丑又问："那么三人有相同的地方吗？"

孟子说："有的。给他们纵横百里的土地做国君，都可以让诸侯来朝觐而统合天下。要他们做一件不合道义的事、杀一个没有犯罪的人而得天下，他们都不会去做的。这是他们相同的地方。"

公孙丑又问："请问他们有什么不同？"

孟子说："像宰我、子贡、有若智慧都足以知道圣人是什么样子的人，即使说话夸张一点，也不至于阿谀所好。宰我说：'以我看夫子，比尧、舜都高明多了呀。'子贡说：

'见到行礼，就知道他如当政会有什么景象；听到奏乐，就知道他的德化会有什么效果。孔子建立的典范，就是到百代之后也不可能违背的。自有人类以来，没有比得上孔子的人。'有若说：'这种高下之别，只是在人类身上才看出来吗？像麒麟之于走兽，凤凰之于飞鸟，泰山之于蚁丘，大河大海之于小沟，都是一样的。圣人之于百姓，也都是同类。但圣人超出同类，高出同类。自有人类以来，恐怕没人能超过孔子的啊。'"

1 **诐**（bì）**辞知其所蔽**：在偏颇的言论中，知其所遮蔽的部分。诐，朱注："偏陂也。"

2 **淫辞**：放荡的言辞。

3 **邪辞**：邪僻的言辞。

4 **遁辞**：逃避的言辞。

5 **辞命**：即辞令。

6 **夫子既圣矣乎**：夫子已达圣人之境了吗？前文孔子说："我于辞命则不能也。"孟子自谓知言，便应已达圣人之境。这是公孙丑的话。夫子指孟子。

7 **我学不厌而教不倦也**：此为孔子的谦辞。《论语·述而》："子曰：'默而识之，学而不厌，诲人不倦，何有于我哉？'"

8 **一体**：四肢中的一肢。不算全部，只可算部分。

9 **伊尹**：夏商时人，襄助汤伐桀。朱注："伊尹，有莘之处士。汤聘而用之，使之就桀。桀不能用，复归于汤。如是者五，乃相汤而伐桀也。"

10 **乃**：犹。

11 **班**：等齐之貌。

12 **污**：夸大。

13 **阿**：私。

14 **丘垤**（dié）：小山曰丘，蚁丘曰垤。

15 **出于其类**：超出同类。

16 **拔乎其萃**：与"出于其类"同义。萃，聚。

　　此章开阔宏肆，更胜《梁惠王上》篇"答齐桓、晋文之事"章。

　　此章承上章，孟子答弟子公孙丑问。公孙丑，齐人。此章从熟悉的管仲、晏子问起，但动机是公孙丑认为当时齐王十分重视孟子，以为孟子在齐，可能即将有卿相之任，如此的话，管、晏复起就大有可能，便作此问。不料孟子很瞧不起管、晏，认为他们本有机会做大事，却舍正道而弗由，只带着齐国走向霸业。管仲尊王攘夷，使中国不披发左衽，孔子对管仲是有敬意的，但在孟子眼中，连这点敬意也没了，可见王霸之别，在孟子心中有多重要。

　　此章首论不动心，举出自古以来著名"勇士"来说明勇的本质，也说明自己在"不动心"方面与告子的主张不同，孟子说志是体之帅，而气次之，强调要"持其志，无暴其气"，才能达到"不动心"的最高境界。朱子说："若论其极，则志固心之所之，而为气之将帅；然气亦人之所以充满于身，而为志之卒徒者也。故志固为至极，而气即次之。人固当敬守其志，然亦不可不致养其气。盖其内外本末，交相培养。"（《四书章句集注》）气虽次之，但并非全不重要，因为气的状况是好是坏，也会影响到志，所以说"志壹则动气，气壹则动志也"。朱子解释道："孟子言志之所向专一，则气固从之；然气之所在专一，则志亦反为之动。如人颠蹶趋走，则气专在是而反动其心焉。所以既持其志，而又必无暴其气也。"（《四书章句集注》）都说得很对。

又王阳明在《传习录》中说："孟子不动心，与告子不动心，所异只在毫厘间。告子只在不动心上着功，孟子便直从此心原不动处分晓。心之本体原是不动的，只为所行有不合义，便动了。孟子不论心之动与不动，只是集义，所行无不是义，此心自然无可动处。若告子只要此心不动，便是把捉此心，将他生生不息之根反阻挠了。"王阳明之说也确然有见。

之后谈起"浩然之气"，又连谈到"知言"，既谈"知言"，当然也谈到"说辞"与"德行"上的问题，孔子曾说"我于辞命，则不能也"，自认自己不善于语言，因而谈起圣人应具有哪些条件的事。此章在比较伊尹、伯夷与孔子三人的同异之后，以有若之言"自生民以来，未有盛于孔子也"作总结。程颐说："语圣则不异，事功则有异。夫子贤于尧、舜，语事功也。盖尧、舜治天下，夫子又推其道以垂教万世。尧舜之道，非得孔子，则后世亦何所据哉？"（《四书章句集注》）大致在呼应此论。

此章的重点在讨论养气与知言，养气时得注意要以志为本，而志就是道义，否则气就"馁"了。知言要"诐辞知其所蔽，淫辞知其所陷，邪辞知其所离，遁辞知其所穷"。但这些都是消极层面，知言的积极层面在"言之有物"，而其中的"物"所指就是道义或仁义，否则再美再盛的语气都没有意义。

孟子的道德理想是志与气紧密结合，志在心，气是指将道德发挥在一切行为上，所以他所说的道德有强烈力行的意味，这便是他跟随孔子言仁之外，特别强调"仁义"二字的道理。义，宜也，指一切适当的举措。孟子并标仁义，表示他特别强调仁的实践，这是他跟之前的学者不同之处。

另一点是此章特别标出"浩然之气"。气指的是人身上所有的一股正直的力量，而浩然所指是此气的盛大，《朱子语类》说："气，只是一个气，但从义理中出来者，即浩然之气；从血肉身中出来者，为血气之气。"浩然之气指一种盛大的精神力量，孟子大力提倡，强调它的正面作用，所以后世有将他归之于"心学"的首创者，对后来中国哲学有非常重要的影响。

说起浩然之气，不由得想起孟子后来标举的"大丈夫"来，孟子说："得志，与民由之；不得志，独行其道。富贵不能淫，贫贱不能移，威武不能屈。此之谓大丈夫。"(6.2)而所谓的"不能淫""不能移""不能屈"其实就是前面说过的"不动心"，孟子说他四十岁就不动心了。所谓不动心便指那些对别人能淫、能移、能屈的事，在孟子而言是不值一看的。《朱子语类》说："浩然之气，清明不足以言之。才说浩然，便有个广大刚果意思，如长江大河，浩浩而来也。富贵、贫贱、威武不能移屈之类，皆低，不可以语此。"要做到顶天立地，要高尚其志而立其"大"，必须先有此涵养。

最后以孔门几个弟子对孔子极盛大的赞语作结，立意高朗且有见地。此章所言，可说是孟子学说的根本所在，因此程颐说："《孟子》此章，扩前圣所未发，学者所宜潜心而玩索也。"

除此之外，此章理论绵密，机锋侧出，而行文也如长河般浩荡无涯，唐宋古文家如韩愈、苏洵均推崇依傍之，以为文章之典范，所以在文学上，此章也极为重要，值得特别注意。

3.3　　　孟子曰："以力假仁[1]者霸，霸必有大国。以德行仁[2]者王，王不待大。汤以七十里，文王以百里。以力服人者，非心服也，力不赡[3]也。以德服人者，中心悦而诚服也，如七十子之服孔子也。《诗》[4]云：'自西自东，自南自北，无思[5]不服。'此之谓也。"

　　孟子说："以武力做后盾，却假借行仁的名义，是可以创造霸业的，称霸一定要凭借国力的强大。以善德行王道，国就不必大了。汤以七十里兴，文王以百里兴。以暴力驯服别人，那些被压制的人心里并不是真服气，只是力量不足反抗。以德行服人，别人才会心悦诚服，就如同孔门弟子敬服孔子一样。《诗经》说：'从东西南北来的人，无不心服。'说的就是这个意思。"

1 **以力假仁**：以力量征服他人，却假借行仁的名义。朱注："力，谓土地甲兵之力。假仁者，本无是心，而借其事以为功者也。"

2 **以德行仁**：以自得之性而自然行仁。德，一说得也。朱注："以德行仁，则自吾之得于心者推之，无适而非仁也。"

3 **赡**：足。

4 **《诗》**：指《诗经·大雅·文王有声》。

5 思：语助词，无义。

北宋学者邹浩说："以力服人者，有意于服人，而人不敢不服；以德服人者，无意于服人，而人不能不服。从古以来，论王霸者多矣，未有若此章之深切而著明也。"（《四书章句集注》）孟子其实也看出来了，明明以力服人，却以行仁为借口，最后也"霸"了。当然汤与文王以行仁得天下也都是事实。不过历史上，汤与文王的例子总是少些，这是美中不足且比较悲哀的事。汤与文王是理想可行的实证，孔门是另一种美好事实的实证，但整个世界不必然是理想或美好的，因此以德行仁者的奋斗是必要的。

此章的重点在"以德服人者，中心悦而诚服也，如七十子之服孔子也"，孟子把孔子与弟子之间的关系想象成君臣或君民相应的关系了。这个想象很好，孔门弟子对孔子的钦服是口服心服、心悦诚服的，绝不是以霸力凌之的"不得不服"，假如当时的君民关系能达到这一地步，那就该是政治的最高明境界了。

3.4　　孟子曰："仁则荣，不仁则辱。今恶辱而居不仁，是犹恶湿而居下也。如恶之，莫如贵德而尊士[1]，贤者在位，能者在职[2]。国家闲暇，及是时明其政刑，虽大国必畏之矣。《诗》[3]云：'迨[4]天之未阴雨，彻彼桑土[5]，绸缪牖户[6]。今此下民，或敢侮予[7]？'孔子曰：'为此诗者，其知道乎！能治其国家，谁敢侮之？'今国家闲暇，及是时般乐怠敖[8]，是自求祸也。祸福无不自己求之者。《诗》[9]云：'永言配命[10]，自求多福。'《太甲》[11]曰：'天作孽[12]，犹可违；自作孽，不可活[13]。'此之谓也。"

孟子说："行仁可得光荣，不仁则得羞辱。如今厌恶受辱却不去行仁，就跟讨厌潮湿却自居低下一样。如厌恶受辱，不如崇尚道德而尊重知识分子，使有能力的人居高位，使贤德的人有官可做。国家无内忧外患，趁这个时候修明政治与法律，这样治理国家，就是大国也不得不害怕我的呀。《诗经》说："在天还没阴雨的时候，会取桑树的皮搅和着泥土，来修补鸟巢的空隙。现在树下的人（即便要害我），如何害得了我！'孔子说：'写此诗的人，应该明白道理所在吧！能把国家治理好，有谁敢侮辱我呢？'现在国家闲暇承平，趁这个时候大家都享乐怠惰，这等于是自己寻求祸事。祸端、幸福，没有不是自找的。《诗经》说：'永远配合着天命，要自己去寻求更多的幸福。'《太甲》说：'上天降下的灾祸，也许可以躲避得过去；而人自己造的灾祸，就让自己活不了。'就是指此而言啊。"

1 **贵德而尊士**：崇尚品德又尊重知识分子。

2 **能者在职**：有能力者在官位上。

3 **《诗》**：指《诗经·豳风·鸱鸮》。

4 **迨**：及。

5 **彻彼桑土**：取桑树皮与泥土，以作补隙使用。彻，取。

6 **绸缪**（móu）**牖**（yǒu）**户**：补葺鸟巢空隙。朱注："绸缪，缠绵补葺也。牖户，巢之通气出入处也。"

7 **今此下民，或敢侮予**：现在下面的人，谁能侵害我呢。朱注："予，鸟自谓也。"

8 **般**（pán）**乐怠敖**：享乐怠惰，这里指纵欲偷安。

9 **《诗》**：指《诗经·大雅·文王》。

10 **永言配命**：永远配合天命。言，语助词。

11 **《太甲》**：《尚书·商书》篇名。

12 **孽**：祸。

13 **活**：生活。《尚书》原文作"逭"。逭，逃。朱注："逭，犹缓也。"

　　一般认为孟子的"仁则荣，不仁则辱"是针对君王说的，其实对任何人都适用，跟佛家的"善有善报"之论如出一辙，《易经》也有"积善之家必有余庆，积不善之家必有余殃"之说，都可说是一个"普遍"的真理。当然拿仁来治国，时间久了，是可见出"治绩"的。条件是时间，行仁与施暴以求齐一，行仁要悠缓得多，但结果绝对是好的，值得等待。

　　王夫之认为此章的"仁"字含义与他处不同，他说："此章'仁'字以体言，无欲而不失其心之谓，与他'仁政'字言爱之理者异。"（《四书训义》）故"仁则荣，不仁则辱"指的是一个人必有的道德的居心，更有纲领的性质，不完全是指国君治术而言。

3.5　　孟子曰："尊贤使能，俊杰在位，则天下之士皆悦而愿立于其朝矣。市，廛而不征[1]，法而不廛[2]，则天下之商皆悦而愿藏于其市矣。关，讥而不征，则天下之旅皆悦而愿出于其路矣。耕者，助而不税，则天下之农皆悦而愿耕于其野矣。廛，无夫里之布[3]，则天下之民皆悦而愿为之氓[4]矣。信能行此五者，则邻国之民仰之若父母矣。率其子弟，攻其父母[5]，自生民以来，未有能济[6]者也。如此，则无敌于天下。无敌于天下者，天吏[7]也。然而不王者，未之有也。"

孟子说："尊重有道德的人，任用有能力的人，让优秀的人在其位，那么天下的士人都很高兴而愿意在朝廷为官服务了。市场，或者只征住宅税，其他都不征；或者立了法要征别的税，就免缴住宅税，天下的商人都很高兴而愿意把财产储藏在您的市集中了。关口，只检查安全而不征税，那么天下旅行的人都很高兴而愿意在您的路上行走了。耕田的人，只帮他从事农事却不征他税，那天下的农人都想在您的田里耕作了。居民，只缴住宅税，之外的里民税或其他苛捐杂税就不必缴纳，那天下的人都很高兴而愿意做您的百姓了。果真能做到这五个方面，那么邻国的百姓都会视您如父母的。假如他们的国君想发动战争要来攻打，这就像要他们自己的子弟来攻打他们的父母一样的，像这样的事，自有人类以来从未成功过。真要能做到这样，就天下无敌了。天下无敌的人，就是上天派来执行天命的官员。像这样而不称王于天下的，是从来没有过的事呀。"

1 **廛而不征**：只征收住宅税，其他皆不作征收。廛，朱注："市宅也。"

2 **法而不廛**：定了其他税法依法征税的话，就不再征收住宅税了。张载言："或赋其市地之廛，而不征其货；或治之以市官之法，而不赋其廛。盖逐末者多则廛以抑之，少则不必廛也。"

3 **里之布**：里民所缴税款。古有币名布，布，镈（bó）也，状如锄头，故或以布代表钱币，《周礼》有："宅不毛者有里布，民无职事者，出夫家之征。"郑玄谓："宅不种桑麻者，罚之使出一里二十五家之布；民无常业者，罚之使出一夫百亩之税，一家力役之征也。"

4 **氓**：民。

5 **率其子弟，攻其父母**：此语是假设语，指邻国如对我发动战争，就如同要子女攻打父母一样，断定其绝不可能发生。

6 **济**：至，做到。

7 **天吏**：上天派下来替天行道的官员。

　　所谓仁政，还是得从最基本讲起，那就是人民的生活。此章所举的"五事"，其中四事皆与国家征税有关，孟子认为一切政治应以解决人民经济生活为最根本原则，也可见苛捐猛税是当时政治上的一大问题。

　　《孟子》中"率其子弟，攻其父母"，朱子说："此章言能行王政，则寇戎为父子；不行王政，则赤子为仇雠。"（《四书章句集注》）如照朱子的说法，那就是指子女攻打不行王道的父母，这种场景很恐怖，在之前的文献记载中也从未出现过，就算发动攻击的是邻国，也不寻常，后面又紧跟着有"天吏"说，岂非指攻其父母为执行"天意"呢？其实朱子的解释可能是错了。此句"率其子弟，攻其父母，自生民以来，未有能济者也"重点在后句，言"率其子弟，攻其父母"绝不可能发生的。

3.6　　孟子曰："人皆有不忍人之心[1]。先王有不忍人之心，斯有不忍人之政矣。以不忍人之心，行不忍人之政，治天下可运之掌上。所以谓人皆有不忍人之心者，今人乍[2]见孺子[3]将入于井，皆有怵惕[4]恻隐[5]之心，非所以内[6]交于孺子之父母也，非所以要誉[7]于乡党朋友也，非恶其声而然也。由是观之，无恻隐之心，非人也；无羞恶之心，非人也；无辞让之心，非人也；无是非之心，非人也。恻隐之心，仁之端[8]也；羞恶之心，义之端也；辞让之心，礼之端也；是非之心，智之端也。人之有是四端也，犹其有四体也。有是四端而自谓不能者，自贼[9]者也；谓其君不能者，贼其君者也。凡有四端于我者，知皆扩而充之矣，若火之始然[10]，泉之始达。苟能充之，足以保四海；苟不充之，不足以事父母。"

　　孟子说："人都有不忍他人受伤害之心。先王也是因为有这种不忍人之心，便有了他的不忍人之政。秉持不忍人之心，推行不忍人之政，治理天下就像在手掌上运转小东西那么容易。所以说人都有不忍人之心，这么说的原因是：比如现在有人突然看到一个小孩要掉到井里了，都会有惊恐哀痛想去救他之心。他救小孩，不是为了结交小孩的父母，不是为了求乡里人的赞誉，不是害怕不救小孩会有坏的声名才这样的。这样看来，没有怜悯哀痛之心的，算不上是人；不知羞愧嫌恶的，算不上是人；不懂推辞谦让的，算不上是人；没有分辨是非之心的，算不上是人。怜悯伤痛之心，是仁的发端；羞愧嫌恶之心，是义的发端；推辞谦让之心，是礼的开端；分辨是非之心，是智的开端。人有这四端，就犹如他有四肢一样。有这四端的人，却认为自己不行的人，就是自己在戕害自己了；认为国君不行的人，就是在戕害自己的国君。只要自知有此四端的人，都晓得把它们扩充起来的，就像火刚刚开始燃烧，就像泉水刚刚开始流出来，其势是无法阻遏的。如果能把这四端扩充起来，足可保天下；如不能扩充，连事奉父母也困难。"

1 **不忍人之心**：不忍他人受伤害之心。

2 **乍**：忽然。

3 **孺子**：小孩。

4 **怵惕**（chù tì）：恐惧，惊动。

5 **恻隐**：哀痛。

6 **内**（nà）：求结交。内，同"纳"。

7 **要誉**：求人赞誉。

8 **端**：绪，首。

9　贼：害。

10　然：同"燃"。

　　此章很重要，在于提出了"四端"的话头。

　　孟子从"乍见孺子将入于井"，推断人"皆有怵惕恻隐之心"，因而引出"无恻隐之心，非人也；无羞恶之心，非人也；无辞让之心，非人也；无是非之心，非人也"之论，又说："恻隐之心，仁之端也；羞恶之心，义之端也；辞让之心，礼之端也；是非之心，智之端也。"认为仁、义、礼、智这四种德性是天赋自然存在，犹如人的四肢，为之后的"性善论"立下了基础，而性善论又是孟子学说的基本。

　　程颐说："人皆有是心，惟君子为能扩而充之。不能然者，皆自弃也。然其充与不充，亦在我而已矣。"朱子说："此章所论人之性情，心之体用，本然全具，而各有条理如此。学者于此，反求默识而扩充之，则天之所以与我者，可以无不尽矣。"（《四书章句集注》）程、朱的说法都不错。但此章之说，或不仅于此。

　　王阳明后来提倡"良知"说，其基础实来自孟子，《传习录》有言："知是心之本体，心自然会知，见父自然知孝，见兄自然知弟，见孺子入井自然知恻隐，此便是良知，不假外求。若良知之发，更无私意障碍，即所谓'充其恻隐之心，而仁不可胜用矣'。"王阳明所说与孟子无异。王阳明的良知与致良知学说在中国思想史上有重要地位，究其源流始于孟子。

　　"孟子道性善，言必称尧、舜"（5.1），后世也多以此两句来称道他，可见"性善"是孟子的一个重要招牌，他因主张道德的起源不是他范，而是自觉自发的，因人人皆有四端的善种，所以又有"人皆可以为尧、舜"(12.2) 之说。

孟子于此章首先就说"先王有不忍人之心，斯有不忍人之政矣"，表示"四端"不只是人的道德的基础，也是一切仁政的基础，仁政的最大起源在执政者不忍见到人间苦难。这些是孟子学说最主要的部分，读者须充分把握，才能理解孔孟学说中极为崇高严整的一面。

3.7 孟子曰："矢人[1]岂不仁于函人[2]哉？矢人唯恐不伤人，函人唯恐伤人。巫匠亦然[3]。故术不可不慎也。孔子曰：'里仁为美。择不处仁，焉得智？'夫仁，天之尊爵[4]也，人之安宅也。莫之御而不仁[5]，是不智也。不仁不智，无礼无义，人役[6]也。人役而耻为役，由弓人而耻为弓，矢人而耻为矢也。如耻之，莫如为仁。仁者如射，射者正己而后发。发而不中，不怨胜己者，反求诸己而矣。"

孟子说："制作箭的人难道比造甲的人更不仁吗？制作箭的人总担心他做的箭不能够伤人，而制作铠甲的人总担心他的铠甲不能抵御箭而伤害到人。巫医、工匠也如此。巫医担心自己的法术不灵，不能治愈疾病；而造棺材的木匠担心人不死，自己没生意可做。这样说来，人在选择谋生的职业时，不得不谨慎。孔子说：'与仁德的人同住是好的。不晓得与仁德的人同住，怎能算聪明呢？'仁是上天给我德行上最高的位置，是人最安全的住宅，没人阻挡你，你却不去行仁，真是不智。不仁、不智，无礼、无义，这种人只能当他人的仆役了。做他人仆役而引以为耻，这跟制作弓的人、制作箭的人而以制作弓、箭为耻是一样的。假如觉得羞耻，就不如选择行仁。行仁跟射箭的道理是一样的，射箭时一定要端正自己的姿态才射箭。射箭没射中，不去责怪那个胜过自己的人，要回过头来问自己失败的原因。"

1 矢人：制作箭的人。矢，箭。

2 函人：制作铠甲的人。函，甲。

3 巫匠亦然：巫医、工匠也如此。古代巫师常从事医疗事务，故巫医合称。匠，多指木匠，此指做棺材的木匠。医师让人延年益寿，期望人不死，而棺材师傅则期人死亡，与矢人、函人的矛盾相同。

4 尊爵：高的爵位。爵原为酒器（酒杯），爵的高低大小可看出饮酒人的地位。

5 莫之御而不仁：无人阻挡却不去行仁。御，止。

6 人役：为人役使的人。

孟子善说理与比喻，此章举了矢人、函人与巫、匠的例子，四种职业都有顾忌，彼此之间又充满矛盾，所以人的居心是重要的，故引孔子"里仁"之训，做一章纲领。最后一段"仁者如射"引自《礼记·射义》："射者，仁之道也。射求正诸己，己正而后发。发而不中，则不怨胜己者，反求诸己而已矣。"

由文中"人役而耻为役，由弓人而耻为弓，矢人而耻为矢也"看来，当时对做人仆役与造矢造弓的工匠还是有些轻视的，认为人如选择行仁便可避免受人轻视。如以今天职业无高低的眼光看，做人仆役或做工匠与一般人是无分别的，任何人都可以独立行仁，能堂堂正正做人，便自高于一般人了。

3.8　　　孟子曰："子路，人告之以有过则喜[1]。禹闻善言则拜。大舜有大[2]焉，善与人同[3]，舍己从人[4]，乐取于人以为善[5]。自耕稼陶渔[6]以至为帝，无非取于人者。取诸人以为善，是与人为善者也。故君子莫大乎与人为善。"

孟子说："子路，别人告诉他犯了错，他就很高兴。大禹听人说了让自己变好的话，就会拜谢而接纳。大舜又更为伟大了，他的善的观念与普天下的人的观念是相同的，所以他抛舍了己之不善而从人之善。他做自耕农的耕稼出身，也做过陶匠、渔夫，一直到做帝王，没有一处不是取人之长为己长的。取了别人的善以为己善，就是偕同别人一道行善。所以说君子行善，没有比偕同别人一道行善更大的了。"

1 人告之有过则喜：有人告诉自己犯错，便高兴。

2 有大：又更大了。有，同"又"。

3 **善与人同**：善的观念与普天下的人的观念是相同的。朱注："善与人
同，公天下之善而不为私也。己未善，则无所系吝而舍以从人；人
有善，则不待勉强而取之于己，此善与人同之目也。"

4 **舍己从人**：舍己之不善而从人之善。焦循《孟子正义》曰："舍己，
即子路之改过；从人，即禹之拜昌（善）言。圣贤之学，不过舍己从
人而已。"

5 **乐取于人以为善**：乐于取人之善以为己善。

6 **耕稼陶渔**：指耕田、制陶、捕鱼之类的事。朱注："舜之侧微，耕于
历山，陶于河滨，渔于雷泽。"

　　舜比禹、子路更伟大，主要在于他的道德更为浑然，看
不见行迹。朱熹《朱子语类》说："'禹闻善言则拜'，犹着意
做。舜'与人同'，是自然气象。"这样说来，子路之行就有
"着意"的成分了。但不论自然或勉强，虽有高低、大小之
分，其实都是善行，都值得提倡。

3.9　　孟子曰："伯夷非其君不事，非其友不友，不立
于恶人之朝，不与恶人言；立于恶人之朝，与恶人
言，如以朝衣朝冠坐于涂炭[1]。推恶恶之心，思与乡
人立，其冠不正，望望然[2]去之，若将浼[3]焉。是故
诸侯虽有善其辞命而至者，不受也；不受也者，是
亦不屑就[4]已。柳下惠[5]不羞污君，不卑小官；进不
隐贤[6]，必以其道；遗佚而不怨，阨穷而不悯[7]。故

曰：'尔为尔，我为我，虽袒裼裸裎[8]于我侧，尔焉能浼我哉？'故由由然[9]与之偕而不自失[10]焉。援而止之而止[11]；援而止之而止者，是亦不屑去已。"

孟子曰："伯夷隘[12]，柳下惠不恭。隘与不恭，君子不由也。"

孟子说："伯夷，不是他理想的国君，不去事奉；不是他理想的朋友，不去结交。不站在坏人所在的朝廷里，不与坏人言谈；站在恶人的朝廷，跟恶人谈话，就好比穿着堂皇的朝衣朝冠坐在烂泥黑炭中一样。本着这个心情，想着与一般的乡人站一起，假如乡人的帽子没戴正，就会厌恶而马上离开，好像自己快要被污染一样的。因此当时诸侯虽然以好言好语来请他，他却不接受；不接受的原因是他认为不值得去屈就。柳下惠不以事奉不好的国君为羞耻，不会看不起做小官；如进了仕途，不隐藏自己的才干，一定以自己的原则做事；假如被遗弃了，不会怨恨，碰到了困阨，也不忧伤。所以他说：'你是你，我是我，你就是在我旁边脱光了衣服，又怎么能污染了我呢？'所以他高兴自得地同别人一道，而不失掉自己。别人留他，他就不走；别人留他，他就不走，是因为他认为不值得离开罢了。"

孟子说："伯夷狭隘了些，柳下惠不恭谨。狭隘与不恭谨，君子是不这样做的。"

1 涂炭：污泥、黑炭。

2 **望望然**：去而不顾之貌。

3 **浼**（měi）：污染。

4 **不屑就**：不以就之为洁。屑，洁。

5 **柳下惠**：鲁大夫展禽，居柳下，谥惠。

6 **进不隐贤**：进身做官，一定贡献所学，不隐藏才干。

7 **悯**：忧。

8 **袒裼裸裎**（tǎn tì luǒ chéng）：裸露身体。

9 **由由然**：高兴自得的样子。

10 **不自失**：有自己主张，没有迷失自己。

11 **援而止之而止**：有人阻止便留下。朱注："言欲去而可留也。"

12 **隘**：狭隘。

　　此章所举的伯夷、叔齐两个人物类型，等于为孔子所说的"狂者进取，狷者有所不为也"（《论语·子路》）举例说明，二者都是了不起的人，但行事南辕北辙，走的是相反的方向。

　　这两种人物都标榜干净，但所认可的干净标准并不相同，一种以退守为洁，一种以进不失其洁为洁，其实都有很高的道德操守。伯夷被誉为圣之清者，但他趋于孤高，所以行为不免狭隘。柳下惠其心坦荡，但不免简忽而有不恭。两者取其优点，都有励人之处，但终非修养的最高层级。孔子嘉许狂狷，是在"不得中行而与之"的状况下退而求其次，所以孟子最后说："伯夷隘，柳下惠不恭。隘与不恭，君子不由也。"

·卷四　公孙丑下·

凡十四章。

此卷有几章记孟子在齐的出处状况，有记齐王曾馈兼金一百而不受，又记曾到平陆视察，可见孟子在齐最初有受重用之望。之后宣王任命他为齐卿出吊滕王之丧，却以王驩为副，孟子始知在齐也无法施行大道，后数章均记孟子去齐事。

4.1　孟子曰："天时不如地利，地利不如人和[1]。三里之城，七里之郭[2]，环而攻之而不胜。夫环而攻之，必有得天时者[3]矣；然而不胜者，是天时不如地利也。城非不高也，池非不深也，兵革[4]非不坚利也，米粟非不多也；委而去之，是地利不如人和也。故曰：域[5]民不以封疆之界，固国不以山溪之险，威天下不以兵革之利。得道者多助，失道者寡助。寡助之至，亲戚畔之[6]；多助之至，天下顺之。以天下之所顺，攻亲戚之所畔，故君子有[7]不战，战必胜矣。"

孟子说："天时不如地利，地利不如人和。譬如说要是围攻一个内城三里、外郭七里的小地方，却不能取胜。围攻一个地方，一定是得有天时的，但却不能取胜，这是天时不如地利。对守城一方来说，城墙不是建得不够高，护城河不是挖得不够深，兵器、甲胄不是不锐利、坚固，粮食也不是不够充足；但城中百姓弃城逃跑了，这是地利不如人和。所以说：限制百姓不必靠国家的疆界，保护国家不靠山川的险阻，威胁天下不靠兵甲的锐利、坚固。得道的人，帮助他的人很多；失道的人，帮助他的人就少了。没人帮助到了极点，连亲戚都会叛离；帮助的人多到了极处，天下人都会来归顺他。天下人所归顺的人，去攻打一个被亲戚背叛的人，所以说，君子不战便罢，要战的话，必然会得胜的。"

1 **天时、地利、人和**：好的时机、有利的形势与人民的配合（合，和也），是发动战争的三个条件。

2 **郭**：外城。

3 **必有得天时者**：必定选了个好日子。朱注："言四面攻围，旷日持久，必有值天时之善者。"

4 **革**：甲，用以防身。古时革、甲有别：革，皮制；甲，有皮制与金制，如铠甲，为金制。

5 **域**：界限，限制。

6 **亲戚畔之**：连亲戚都背叛他。亲戚原指族内亲人，亦泛指与自己亲密有关之人。畔，同"叛"。

7 **有**：或。

天时、地利、人和，是作战求胜的三个条件。天时指的是好的时机。古代准备发动战争，往往选用观星或占卜的方式，选出一个对自己好的日子。朱子注"天时，谓时日支干、孤虚、王相之属也"，便指此而言。地利指对自己有利的地理形势，如险阻、城池之固等。人和指的是民心的配合。这三个是发动战争者所该有的条件，不包含被攻击的对象，因为被攻击者被动应战，是无从选择的。但被攻击者如有此有利条件，也比较不易败，故也是重要的。

《孙子·计篇》有言："兵者，国之大事，死生之地，存亡之道，不可不察也。"战国时谈兵事（作战之事）是极普遍的现象，孟子也有谈及。此章以作战为况，论说得民心者将战无不胜。天时、地利对作战而言都重要，所以要极力讲求，务必让自己握有最有利条件，但人和才是最重要的。人和可以扭转局势，以少胜多，以弱敌强。人和指的是得人心，战争胜败最后决定因素其实还是在人心上面。

得人心是战争胜负的根本，也是政治成败的根本。王夫之在《四书训义》中论本章，说："然则尽言兵者之说，终不能如君子固结人心之本术。"他是比较能掌握孟子原意的。

4.2　　孟子将朝王，王使人来曰："寡人如¹就见者也，有寒疾，不可以风。朝将视朝²，不识可使寡人得见乎³？"

对曰："不幸而有疾，不能造⁴朝。"

明日，出吊于东郭氏。公孙丑曰："昔者辞以病，今日吊，或者不可乎？"

曰："昔者疾，今日愈，如之何不吊？"

王使人问疾，医来。

孟仲子⁵对曰："昔者有王命，有采薪之忧⁶，不能造朝。今病小愈，趋造于朝，我不识能至否乎？"使数人要⁷于路，曰："请必无归，而造于朝。"

不得已而之景丑氏⁸宿焉。

景子曰："内则父子，外则君臣，人之大伦也。父子主恩，君臣主敬。丑见王之敬子也，未见所以敬王也。"

曰："恶，是何言也！齐人无以仁义与王言者，岂以仁义为不美也？其心曰'是何足与言仁义也'云尔⁹，则不敬莫大乎是。我非尧、舜之道，不敢以陈于王前，故齐人莫如我敬王也。"

景子曰："否，非此之谓也。礼¹⁰曰：'父召无诺¹¹，君命召不俟驾¹²。'固将朝也，闻王命而遂不果¹³，宜与夫礼若不相似然。"

曰："岂谓是与[14]？曾子曰：'晋楚之富，不可及也；彼以其富，我以吾仁；彼以其爵，我以吾义。吾何慊乎哉！'夫岂不义而曾子言之，是或一道也。天下有达尊三：爵一，齿一，德一。朝廷莫如爵，乡党莫如齿，辅世长民莫如德。恶得有其一以慢其二哉！故将大有为之君，必有所不召之臣；欲有谋焉，则就之。其尊德乐道，不如是，不足与有为也。故汤之于伊尹，学焉而后臣之[15]，故不劳而王。桓公之于管仲，学焉而后臣之，故不劳而霸。今天下地丑德齐[16]，莫能相尚[17]，无他，好臣其所教[18]，而不好臣其所受教[19]。汤之于伊尹，桓公之于管仲，则不敢召。管仲且犹不可召，而况不为管仲者乎？"

　　孟子将要去朝见齐宣王，王派人来说："寡人本想来见先生的，但得了寒疾，不能吹风。明天一早我将上朝，不知能让寡人见一面吗？"

　　孟子恭敬回答："不幸我也有病，不能到朝廷去。"

　　第二天，孟子要到大夫东郭家去吊丧。公孙丑说："昨天托词有病不能见王，今天出门吊丧，恐怕不太好吧？"

　　孟子说："昨天生病，今天好了，为什么不能去吊丧呢？"

　　齐宣王派人来探病，并且派了医生同来。

　　孟仲子恭敬地说："昨天王派人来，孟老师因有点小病，不能到朝廷去。现在他病稍好了，正在赴朝的路上，我不知他已到了吗？"孟仲子暗地里派了几个人在路上拦住孟子，说："请千万别回家，赶快到朝上去一趟。"

孟子没有办法，只得到齐大夫景丑家过夜。

景丑说："家内的父子，家外的君臣，是人与人之间最重要的关系。父子相处以恩情，君臣相处以恭敬。我见王对您很敬重了，但未见您如何敬王呢。"

孟子说："哎，这是什么话呀！我看齐国人没人跟齐王讲仁义的，难道不以仁义为美德吗？他们心里想'这个王怎么能跟他谈仁义呢'等等的，没比这更大的不敬了。在我，如不是尧舜之道，绝不敢在王面前说，所以齐国没有比我更敬重王的。"

景丑说："不，我不是说这个。礼书上说：'父亲召唤，不待应诺就立即赶去；国君有命，不待驾车就立即赶去复命。'您原本要到朝廷见王的，现在一听王召见反而不去了，好像跟礼书上说的不很相同吧。"

孟子说："我说的怎是这个呢？曾子说过：'晋国、楚国的财富，无人可及；他们凭借的是财富，我凭借的是仁道；他们凭借的是地位，我凭借的是正义。我哪点少过他们呢？'假如不合适，曾子怎么会这样说呢？大概他说的有一点道理。天下人认为尊贵的有三种：一是地位，一是年岁，一是品德。在朝廷上，先谈爵位；在乡里中，先谈年龄；在辅理世道、教养人民上面，没有比品德更高的了。地位尊贵的人怎能怠慢兼有年岁与品德两方面都尊贵的人呢？所以一个将大有作为的君主，必有他不能随意召唤的臣子。如有什么要商量的事，就亲自到臣那儿去请教。尊崇道德，乐行仁政，如果不这样做，便不足与他有为了。因此，商汤对伊尹，先向伊尹学习，再任他为臣，所以后来商汤不太费力地称王于天下；齐桓公对管仲，先向管仲学习，再任他为臣，所以齐桓公不太费事地称霸于天下。现在天下诸大国在土地大小、德教水平方面不相上下，谁也超越不了谁，没有别的原因，正是他们都喜欢受教于他的臣子，不喜欢能教导他的臣子。商汤对伊尹，桓公对管仲，是不敢随便召唤的。像管仲都不能随便召唤了，何况那些不屑做管仲的人呢？"

1　**如**：将。

2　**朝将视朝**：朱子视前"朝"字为明朝之朝，读zhāo，意指明天一早我将上朝。赵岐则将前"朝"字释为朝见之朝，读cháo，意指孟子如来朝，也可一见。译文用朱子解。

3　**不识……乎**：不知是否可以呢？当时习惯用语。

4　**造**：至。

5　**孟仲子**：据赵岐注，孟仲子为孟子之从昆弟，曾学于孟子。

6　**采薪之忧**：因病无法采薪，是臣对君告病之词，战国时人的交际习惯用语。《礼记·曲礼》："君使士射，不能则辞以疾，言曰：'某有负薪之忧。'"忧，病。朱注："采薪之忧，言病不能采薪，谦辞也。"

7　**要**（yāo）：遮拦。

8　**景丑氏**：应是齐大夫，生平不可考。

9　**云尔**：就这样。肯定语词。

10　**礼**：礼书。

11　**父召无诺**：父亲招呼，来不及应诺便立刻赶来。《礼记·曲礼》：

"父召无诺，先生召无诺，唯而起。"

12 **君命召不俟驾**：国君有命，臣来不及驾车就得赶往。《论语·乡党》："君命召，不俟驾行矣。"

13 **不果**：没有做成。

14 **岂谓是与**：我之意果在此乎？朱注："孟子言我之意，非如景子之所言者。"

15 **学焉而后臣之**：先向他学习，然后任命他为臣。朱注："先从受学，师之也。后以为臣，任之也。"

16 **地丑德齐**：土地大小类似，品德高低齐一。丑，类，似，是齐国当地的俗语。

17 **相尚**：相过。尚，上，过。

18 **好臣其所教**：喜好以所教为臣子。臣为动词，只所任用自己训练出来的臣子。

19 **不好臣其所受教**：不喜好用能教导他的人为臣子。意指君王喜欢的是听命于他的人，而非教导他的人。

此章记录孟子与齐宣王之间发生的事，事不算大，却充满趣味。

一开头孟子是有些理屈的，因为是他先想去朝见齐宣王，齐宣王因有小疾，托人来请求改期，在齐宣王而言，改期有不得已的原因，而且预料明天小疾会改善便约到时再见，并未拒孟子于千里。不知为何孟子动了气，也说自己有疾，明天不能赴约，但到了明天又外出吊丧，这病分明是装出来的。齐宣王得知孟子也病了，他礼数周到，派人带着医生前来探病，但孟子有意避开他们，这事引起孟子的学生公孙丑与亲人孟仲子的质疑，他们认为孟子的行为是不当的。后来孟子为避开宣王的使臣，投宿朋友景丑家，孟子的行为连景丑都深以为不可，与之辩论良久。齐宣王因病要求改期，孟子也称病不去，两者都无不对，但孟子第二天病已好，不赴约，却又公然出吊，对公孙丑说："昔者疾，今日愈，如之何不吊？"这就显得有些强词夺理了。病已好可出吊，怎能不应齐宣王之约呢？

范祖禹说："孟子之于齐，处宾师之位，非当仕有官职者，故其言如此。"（《四书章句集注》）这说法有点牵强，因为齐宣王并无不礼之处。朱子说："此章见宾师不以趋走承顺为恭，而以责难陈善为敬；人君不以崇高富贵为重，而以贵德尊士为贤，则上下交而德业成矣。"说的当然不错，但没解释孟子为何要躲齐宣王之请，尤其这次见面的发起者是孟子。

孟子也自知理屈，否则不会"不得已而之景丑氏宿焉"，吊丧完毕可大摇大摆地回家去。

从文章看，孟子可能在赌气。此章后来反复说明良君有不召之臣的道理，话也许是对的，但至少由此章看，齐宣王自始至终对孟子并无丝毫轻慢之意，而孟子反应如此激烈，可能有文章未载的理由在。

再来谈谈对管仲的批评方面。孟子跟孔子不同，孔子对管仲有批评，但从大局设想，对他尊王攘夷的功业也极力肯定。而孟子对管仲基本上是瞧不起的，孟子在这一方面的态度也很一贯，孟子对当时的霸权霸业一直抱着深恶痛绝的态度，孟子认为管仲是霸权的帮凶。从此章最后两句"管仲且犹不可召，而况不为管仲者乎"可见孟子讨厌管仲的态度是如何强烈了。从孟子这次对宣王的态度，还有对管仲的反应都可看出他动了气。这次动气的理由，很不容易看透，可见孟子是比孔子更负气带性的人，言语也可能因而多了些爆发力，但有时会过当，所以孟子此次的态度并不可取。

4.3 　　陈臻[1]问曰："前日于齐，王馈兼金一百[2]而不受；于宋，馈七十镒而受；于薛，馈五十镒而受。前日之不受是，则今日之受非也。今日之受是，则前日之不受非也。夫子必居一于此矣。"

　　孟子曰："皆是也。当在宋也，予将有远行[3]，行者必以赆[4]，辞曰：'馈赆。'予何为不受？当在薛也，予有戒心[5]，辞曰：'闻戒，故为兵馈之。'予何为不受？若于齐，则未有处[6]也。无处而馈之，是货[7]之也。焉有君子而可以货取乎？"

　　　　陈臻问道："之前在齐国，齐王送成色好的黄金一百镒，您不接受；在宋国，宋国国君送黄金七十镒，您收下了；到薛国，薛国国君送黄金五十镒，您收了。假如前面不收是对的话，那么如今收下就不对了；如今收下是对的话，那之前不收就错了。老师一定有一个是错的。"

　　　　孟子说："都是对的。当在宋时，想到要远行。对远行的人，主人一定要送些盘缠，送的人说：'送上一点盘缠。'我为什么不接受呢？在薛地时，有人威胁我，我要随时提防，薛君送我钱，说：'听说您要戒备，送些钱买兵器。'我为什么不收下呢？至于在齐国，没有在宋、薛一样的处境。

没有在宋、薛那样的处境却要送我黄金，等于是在收买我。哪有君子会跟货物一样，可以用钱收买的呢？"

1 陈臻：孟子弟子。

2 兼金一百：好成色的黄金一百镒。兼金，成色是一般黄金的两倍。赵注："兼金，好金也。其价兼倍于常者。"镒，重量单位，等于二十两。

3 远行：指去宋适梁。

4 赆（jìn）：送行者之礼。

5 戒心：指心有戒备。朱注："时人有欲害孟子者，孟子设兵以戒备之。薛君以金馈孟子，为兵备。"

6 未有处：未有如在宋、薛之处境。赵注："我在齐无事，于义未有所处也。"

7 货：收买，如货品一样可收买。

此章在讲辞受之道，尹焞说："言君子之辞受取予，惟当于理而已。"（《四书章句集注》）当取则取，不当取则辞。最后一句"焉有君子而可以货取乎"是警语，可当成格言看。

4.4　孟子之平陆¹，谓其大夫²曰："子之持戟之士³，一日而三失伍⁴，则去之否乎？"

曰："不待三。"

"然则子之失伍也亦多矣。凶年饥岁，子之民，老羸⁵转于沟壑，壮者散而之四方者，几⁶千人矣。"

曰："此非距心之所得为也。"

曰："今有受人之牛羊而为之牧[7]之者，则必为之求牧与刍[8]矣。求牧与刍而不得，则反诸其人乎？抑亦立而视其死与？"

曰："此则距心之罪也。"

他日，见于王曰："王之为都[9]者，臣知五人焉。知其罪者，惟孔距心。"为王诵[10]之。

王曰："此则寡人之罪也。"

孟子到了平陆，跟当地的长官孔距心说："你的战士，如果一天三次跟队伍走失，会开除他吗？"

孔距心说："不必等到三次。"

孟子说："既然这样，那么你犯了像失伍一样的错也多着呢。凶年闹饥荒时，你治下的百姓，老弱死了抛尸到山沟中，年轻力壮逃散于四方的有近千人啊。"

孔距心说："这不是我孔距心所能做到的呀。"

孟子说："现在接受别人的牛羊而为之放牧，一定要替牛羊找到牧地与牧草。要是牧地与牧草找不到，那么应该把牛羊交还给主人呢？还是站在那里看着牛羊一头头地死掉呢？"

孔距心说："这就是我的罪过了。"

过了些时日，孟子见到齐王，说："大王任命的都邑宰，我认识五人。知道自己罪过的，只孔距心一人。"于是把跟孔距心的对话重说了一遍。

齐王说："这也是寡人的罪过啊。"

1　**平陆**：齐边邑名。在今山东汶上北。

2　**大夫**：指该地的邑宰。

3　**持戟之士**：战士。戟，有长柄的兵器。

4　**失伍**：跟队伍走失。

5　**老羸**（léi）：老弱。

6　**几**：近。

7　**牧**：养。

8　**牧与刍**：指牧地与牧草。刍，同"蒭"。

9　**都**：所治之邑。《左传·庄公二十八年》："凡邑，有宗庙先君之主曰都，无曰邑。"其实当孟子时都、邑已无差别。

10　**诵**：重述，复述。指将与孔距心的对话重述一次。赵注："为王言所与孔距心语者也。"

好的结果是孔距心认罪了，后来齐君也知罪了，没有浪费孟子的苦口婆心。

孔距心认罪后一定会力图改进的，因为他官不大，上面有人在监督他，不改进，恐怕官位不保，监督他的便是"受人之牛羊"中的那个"人"，也就是国君。但国君也是有罪的，而且罪比孔距心的可能更大，他如知罪而不改，有谁治得了他呢？《四书章句集注》引陈旸说："孟子一言而齐之君臣举知其罪，固足以兴邦矣。然而齐卒不得为善国者，岂非说而不绎，从而不改故邪？"若真是如此，那该怎么办？

其实这才是根本，但谈到这个问题就紧张了，你能奈何国君吗？至少本章尚不涉及于此。一般而言，知过是改过的前奏，要谈改过，就慢慢再说吧。

4.5　孟子谓蚳𪖨[1]曰："子之辞灵丘[2]而请士师[3]，似也[4]，为其可以言[5]也。今既数月矣，未可以言与？"

蚳𪖨谏于王而不用，致为臣[6]而去。

齐人曰："所以为蚳𪖨则善[7]矣，所以自为则吾不知也[8]。"

公都子[9]以告。

曰："吾闻之也：有官守者，不得其职则去；有言责者，不得其言则去。我无官守，我无言责也，则吾进退，岂不绰绰然[10]有余裕[11]哉？"

孟子对蚳𪖨说："你辞掉灵丘守，请求去做狱官，似乎很有道理，因为可以在王前进言。现在几个月过去了，还没有进言的机会吗？"

蚳𪖨向王进谏，未获采用，就辞职离开了。

齐国有人说："孟子对蚳𪖨设想得很好，但他对自己的设想，那我就不知道了。"

公都子把这话告诉了孟子。

孟子说："我听说过：有官守的，不能履行官守之责，就当离去；有进言职责的，进言不听，就当离开。我没有官守，我没有进言的职责，那我在齐国的去留岂不是宽松而有很大的空间吗？"

1　蚳鼃（chí wā）：齐大夫名。

2　灵丘：齐边邑。这里指灵丘守。

3　士师：治狱之官。焦循《孟子正义》以为士师掌刑狱，因近王可以谏正刑罚之不中之事，故也有言官的性质。

4　似也：朱注："言所为近似有理。"

5　言：进言。

6　致为臣：交还官位，意思是不做官了，同致仕。赵注："三谏不用，致仕而去。"

7　为蚳鼃则善：替蚳鼃考虑的是对的。

8　所以自为则吾不知也："所以自为"，指孟子之道并未实行，却不考虑自己也该离去。"则吾不知也"，言是否有理，我不清楚了。朱注："讥孟子道不行而不能去也。"

9　公都子：孟子弟子。

10　绰绰然：宽貌。

11　余裕：有剩下的空间，亦指宽貌。

　　孟子认为有官守言责者当尽其职责，若不得其职、不得其言则当去。而此时孟子在齐既无官守，也无言责，是自由自在的身份，无须受任何局限。偶尔说点话做点事，有点像自由职业者一样，可以充分享受自由。

　　话是这样说，却透露出孟子在齐王前面虽有一定的地位，也有事请他帮忙过，可由前章"孟子之平陆"看出，但后来大约彼此志趣不合，齐王不再烦他，孟子也清闲得无事可干，偶尔说点话也无济于事，这情况连齐国一般人都看出来了，这是孟子后来离开齐国的最主要原因。

4.6　　　孟子为卿[1]于齐，出吊于滕[2]，王使盖大夫王驩[3]为辅行。王驩朝暮见[4]，反[5]齐滕之路，未尝与之言行事也。

公孙丑曰："齐卿之位，不为小矣；齐滕之路，不为近矣，反之而未尝与言行事，何也？"

曰："夫既或治之[6]，予何言哉？"

孟子在齐国做客卿，代表齐王参加滕文公的丧礼，齐王并派盖地大夫王驩为副使随行。王驩早晚都来见孟子，然而往返齐国、滕国的路上，孟子都没跟他谈出使所应做的事。

公孙丑说："做齐国的客卿，不算小了；齐国、滕国之间的道路，也不算近，往返路上从未跟他谈过出使的事，这是什么缘故呀？"

孟子说："一切事他都包办了，我还要说什么呢？"

1 卿：一种地位高的官。孟子时所任为客卿，这是一种短期的荣誉职位，仅代表出席丧礼，无实权。

2 **出吊于滕**：到滕国吊文公之丧。焦循《孟子正义》引季本《孟子事迹图谱》云："其与王驩使滕，为文公之丧也。非大国之君，无使贵卿及介往吊之礼，此固重文公之贤而隆其数，亦孟子欲亲往吊，以尽存殁始终之大礼也。"焦循云："事虽无据，可存以备参考。"

3 盖（gě）大夫王骧：盖，齐之下邑。王骧，齐王嬖臣。辅行，以副使身份辅助孟子。

4 朝暮见：早晚相见。

5 反：往而还。

6 既或治之：已由他包办一切。

　　据赵岐注说王骧是"齐之谄人，有宠于王"，朱注说他是"王嬖臣也"，可见他不是个正面人物。齐王派王骧为孟子的副使，居心当然有些奇怪，孟子应是不高兴的，但想到滕文公品德操守都不错，而自己与他也有旧谊，所以虽不高兴，还是从命了，但在来回的路上，尽量与王骧保持距离，何况大小事也无须孟子张罗，就尽量求简吧。

　　朱子说："孟子之待小人，不恶而严如此。"也许是，也许不是，孟子当时的状况，有不少是不得已的。

4.7　　孟子自齐葬于鲁[1]，反于齐，止于嬴[2]。

　　充虞[3]请曰："前日不知虞之不肖[4]，使虞敦[5]匠事。严[6]，虞不敢请。今愿窃有请也，木若以美然[7]。"

　　曰："古者棺椁无度，中古棺七寸，椁称之[8]。自天子达于庶人，非直为观美[9]也，然后尽于人心。不得不可以为悦[10]，无财不可以为悦。得之为有财[11]，古之人皆用之，吾何为独不然？且比化者[12]无使土亲肤，于人心独无恔[13]乎？吾闻之：君子不以天下俭其亲[14]。"

　　孟子从齐国到鲁国埋葬母亲，回齐国时，暂歇于嬴地。

　　充虞请问说："之前承老师看得起，要我督促治棺木的事。当时时间紧迫，我不敢问。现在事毕，我想请教老师，我们是不是把棺木做得太好了呢？"

　　孟子说："上古关于棺椁的厚度是没有规定的，中古时才规定棺的厚度七寸，椁与之相称。从天子到庶人，如此设计不只是为了美观，而是让孝子方便尽孝。法制限定，不能以良木治棺椁，心里不高兴；可用良木治棺椁，没财力心里也不高兴。能用良木，财力又负担得起，古人都这样做了，我怎么不能做到呢？而且对死者来说，只不使泥土与其皮肤相接触，人就能安心了吗？我听说过：君子不会为了帮天下省财而在父母丧事上省钱的。"

1　**自齐葬于鲁**：从齐国到鲁国葬母。

2　**反于齐，止于嬴**：回齐国时，在齐国的嬴地歇息。嬴，齐邑。

3　**充虞**：孟子弟子。

4　**不知虞之不肖**：您不知弟子没有才能。不肖，无才能，古时很一般的客气语。虞，充虞自称。

5　**敦**：治，促。

6　**严**：紧急。

7　**木若以美然**：棺木好像太漂亮了。木，棺木。若，似乎，好像，客气的判断语。

8 **称之**：与之相等、相似。

9 **直为观美**：只为了美观。直，只。观美，美观。

10 **不得不可以为悦**：没得到治棺的良木，心里不高兴。

11 **得之为有财**：得到好木，又有钱治丧。朱注："得之为有财，言得之而又为有财也。或曰：'为当作而。'"

12 **化者**：指死者。

13 **恔**（xiào）：快。

14 **君子不以天下俭其亲**：君子不因爱天下而俭薄事亲。

　　此章是写孟子归葬母亲后回齐国经过嬴地时发生的事。赵岐注："孟子仕于齐，丧母，归葬于鲁。"（《孟子正义》）孟子在齐，最高担任吊滕文公之丧的客卿，任务既不重要，又是临时性的，他前后在齐国只是个有虚衔的客卿，不能算真正的仕于齐。孟子邹人，母死应葬于邹，此言葬于鲁，大约是古人多将邹鲁合称，将邹视为鲁之一部分，《庄子·天下》以"邹鲁之士、搢绅先生"称儒家之士，便是此例。

　　孟子面对充虞之问，答得有点语塞。朱子解释此章最后一句"君子不以天下俭其亲"说："送终之礼，所当得为而不自尽，是为天下爱惜此物，而薄于吾亲也。"说得也有些勉强。其实孟子可以直说：我有本事，为父母之丧多花些钱，是我的自由。孟子果真这么说，是并不为过的。但孟子对母亲之葬厚于之前父亲之葬，一度引起当时一些人的不满，鲁平公将见孟子，竟被嬖人臧仓阻止，说孟子"后丧逾前丧"，弟子乐正之用"前以士、后以大夫"的"贫富不同"作辩(2.16)，可见当时的风评对孟子很不利。

儒家对丧葬事务的主张并未统一过，而且一直是有争议的。儒家基于天伦观念，对父母主张"生，事之以礼；死，葬之以礼，祭之以礼"（《论语·为政》）。既强调一切尽礼，就有点主"厚葬"的倾向，当时称厚薄，多以有棺有椁、有棺无椁来区别。但孔子对自己儿子孔鲤之死，是采用有棺无椁的方式的，后来连大弟子颜渊死，也不主张厚葬，可见孔子虽主张葬之以礼，却也不见得赞成一体厚葬，必须"称家之有亡（无）"（看每家能否担负得起）。与孔子同时但稍晚的墨子是主张"薄葬"的，薄葬的观念比较实际，或者"功利"些。在《论语》中，还可看到孔子与弟子宰我的有关"三年之丧"的讨论。有关葬之厚薄与守丧之长短，在孔子还在世的时候，就没有定论了，到孟子时，这方面的争论还是存在的，以致孟子厚葬母亲也引起了弟子的某些怀疑。

另本章"中古棺七寸，椁称之。自天子达于庶人"的说法，与《礼记》是有差别的，《礼记·丧大记》言："君大棺八寸，属六寸，椑四寸；上大夫大棺八寸，属六寸；下大夫大棺六寸，属四寸；士棺六寸。"又《礼记·檀弓上》言："天子之棺四重。"郑玄注云："尚深邃也。诸公三重，诸侯再重，大夫一重，士不重。"可见棺的尺寸与棺、椁的重数，均因逝者地位的不同而有等差，这点与孟子所说的"自天子达于庶人"显然不同。孟子在回护自己行为时有点失言了，此处言论，是不足为凭的。

4.8　　沈同[1]以其私[2]问曰："燕可伐与？"

孟子曰："可。子哙不得与人燕，子之不得受燕于子哙[3]。有仕于此，而子悦之，不告于王而私与之吾子之禄爵。夫士也，亦无王命而私受之于子，则可乎？何以异于是？"

齐人伐燕。

或问曰："劝齐伐燕，有诸？"

曰："未也。沈同问：'燕可伐与？'吾应之曰：'可。'彼然[4]而伐之也。彼如曰：'孰可以伐之？'则将应之曰：'为天吏则可以伐之。'今有杀人者，或问之曰：'人可杀与？'则将应之曰：'可。'彼如曰：'孰可以杀之？'则将应之曰：'为士师则可以杀之。'今以燕伐燕[5]，何为劝之哉？"

沈同以私人身份问孟子说："燕国可以攻打吗？"

孟子说："可以。燕王子哙不该把燕国让给别人，子之也不该接受燕王子哙手上的燕国。就好像你在这儿做官，有个人你很喜欢，没告诉国君就私自把自己的爵位俸禄都给了他；他呢，没得到国君的命令便私自受赠于你。你说这样可以吗？子哙与子之私相授受，跟这个例子有什么差别呢？"

齐人去讨伐燕国。

有人问孟子说："您劝说齐国攻打燕国，有这事吗？"

孟子说:"没有啊。沈同问我:'燕可讨伐吗?'我回答他说:'可。'他们就这样去打燕国了。他假如这样问:'谁可讨伐燕国呢?'那我就会回答他说:'只有替天行道的天吏才可去讨伐燕国。'譬如眼前有一个杀人犯,有人问我说:'此人可杀了他吗?'那我就会回答他说:'可以。'他假如这样问:'谁可杀他呢?'那我就会回答他说:'只有典狱官才可以杀他。'现在以如同燕国一样暴虐的齐国去讨伐燕国,如同以燕国讨伐燕国,我怎么会劝说齐国讨伐燕国呢?"

1 **沈同**:齐大夫。

2 **以其私**:以私人身份。

3 **子哙不得与人燕,子之不得受燕于子哙**:燕王哙不该把燕国让给别人,其相子之也不该接受哙所让的燕国。子哙乃燕王,子之乃燕相。事见本书2.10、2.11及后章。

4 **彼然**:彼以为然。

5 **燕伐燕**:燕国攻打燕国。

《史记·燕召公世家》有记:"孟轲谓齐王曰:'今伐燕,此文、武之时,不可失也。'王因令章子将五都之兵,以因北地之众以伐燕。士卒不战,城门不闭,燕君哙死,齐大胜。"这个说法是根据《战国策》记录而来的。但《孟子》此章"还原"了部分事实。以此章衡之,孟子并没说"此文、武之时,不可失也"这样的话,只是说"为天吏则可以伐之",知孟子主张讨伐燕王哙是因为燕王无道,但出师的不应是齐国,因为齐国政治比起燕国来也好不到哪儿去。以齐代燕，即文中所说的"以燕伐燕"。

朱子说："言齐无道，与燕无异，如以燕伐燕也。"又说："《史记》亦谓孟子劝齐伐燕，盖传闻此说之误。"杨时说："燕固可伐矣，故孟子曰可。使齐王能诛其君，吊其民，何不可之有？乃杀其父兄，虏其子弟，而后燕人畔之。乃以是归咎孟子之言，则误矣。"（《四书章句集注》）

4.9　燕人畔[1]。王曰："吾甚惭于孟子[2]。"

陈贾[3]曰："王无患焉。王自以为与周公孰仁且智？"

王曰："恶，是何言也！"

曰："周公使管叔监殷，管叔以殷畔[4]。知而使之，是不仁也；不知而使之，是不智也。仁智，周公未之尽也，而况于王乎？贾请见而解之。"

见孟子，问曰："周公，何人也？"

曰："古圣人也。"

曰："使管叔监殷，管叔以殷畔也，有诸？"

曰："然。"

曰："周公知其将畔而使之与？"

曰："不知也。"

"然则圣人且有过与？"

曰："周公弟也，管叔兄也，周公之过，不亦宜乎？且古之君子，过则改之；今之君子，过则顺之⁵。古之君子，其过也，如日月之食，民皆见之，及其更也，民皆仰之。今之君子，岂徒顺之，又从为之辞⁶。"

燕人群起反抗齐国。齐王说："我对孟子感到非常惭愧。"

陈贾说："大王别担心。大王自己以为与周公比，谁更仁且智呢？"

齐王说："唉，你这是什么话呀！"

陈贾说："周公派管叔监督殷地，管叔却据殷地而叛变。假如周公知道他会叛变还任命他，就是不仁；不知道他会叛变而任命他，就是不智。仁、智，周公都没有完全做到，何况大王呢？我请求去见孟子做个解释。"

陈贾去见孟子，问道："周公是怎么样的人？"

孟子说："古代的圣人。"

陈贾问："他派管叔去监督殷地，管叔却据殷地而叛变了，有这事吗？"

孟子说："有的。"

陈贾问："周公知道他会叛变却要任命他去的吗？"

孟子说："周公不知道的。"

陈贾问："这样说来，圣人也会犯错的吗？"

孟子说："周公是弟弟，管叔是哥哥，（做弟弟的怎会疑心哥哥会叛变呢？）周公犯这种错，不也是合乎情理的吗？况且古代的君子，犯了错就随即改正；今天的君子，有了错就将错就错。古代的君子，他的过错就像日月有蚀一般，百姓都看得见，当他改正的时候，百姓都钦仰得到。今天的君

　　　　　　　　　　　　　　　　孟子讲析

子，岂止是将错就错，还要为犯错而强辩。"

1 **燕人畔**：燕国人不归顺齐王而起来抗齐。前章言齐国攻下燕国，以为可兼并之，不料各诸侯国联合抗齐，燕人也不顺服。赵注："燕人畔，不肯归齐。"朱注："齐破燕后二年，燕人共立太子平为王。"畔，同"叛"。

2 **吾甚惭于孟子**：孟子曾建议："反其旄倪，止其重器，谋于燕众，置君而后去之。"（2.11）但齐王未听，此时见燕人不服，对孟子便觉惭愧。

3 **陈贾**：齐大夫。

4 **周公使管叔监殷，管叔以殷畔**：周公派其兄监督殷地，但后来管叔以殷地叛变，后管叔为周公所杀，事见《史记·管蔡世家》。

5 **顺之**：遂行之。

6 **为之辞**：为之辩解。

  本章谈犯错的事。起因是齐伐燕，虽大胜但后来燕民不服，孟子曾建议在胜燕之后，代燕立一贤明君主，随即撤军，但齐王不听，得此结果当然心生后悔。

  文中言齐伐燕之事，如放在《梁惠王下》，内容及含义便不待论说而自明矣。及论到周公与管叔的事，孟子认为纵有过而不能免，终章谈到"古之君子，其过也，如日月之食，民皆见之，及其更也，民皆仰之"。此数语是本章的核心，读者不要轻易放过。

  林之奇言："齐王惭于孟子，盖羞恶之心，有不能自已者。使其臣有能因是心而将顺之，则义不可胜用矣。而陈贾鄙夫，方且为之曲为辩说，而沮其迁善改过之心，长其饰非拒谏之恶，故孟子深责之。"（《四书章句集注》）说得很对。

4.10　　　孟子致为臣而归[1]。王就见[2]孟子曰："前日愿见
而不可得，得侍同朝甚喜。今又弃寡人而归，不识
可以继此而得见乎[3]？"

　　对曰："不敢请耳，固所愿也[4]。"

　　他日，王谓时子[5]曰："我欲中国[6]而授孟子室，
养弟子以万钟[7]，使诸大夫国人，皆有所矜式[8]。子盍
为我言之？"

　　时子因陈子而以告孟子，陈子[9]以时子之言告
孟子。

　　孟子曰："然[10]。夫时子恶知其不可也？如使予欲
富，辞十万[11]而受万，是为欲富乎？季孙曰：'异哉
子叔疑[12]！使己为政，不用，则亦已矣，又使其子
弟为卿。人亦孰不欲富贵？而独于富贵之中，有私
龙断[13]焉。'古之为市也，以其所有易其所无者，有
司者治[14]之耳。有贱丈夫[15]焉，必求龙断而登之，以
左右望[16]而罔市利。人皆以为贱，故从而征[17]之。征
商，自此贱丈夫始矣。"

　　孟子辞掉客卿职位准备回家。齐王来孟子处相见说：

　　　　　　　　　　　　　　　　　　　孟子讲析

"前日我想见您，但没见着，您这次来，我有机会招待您，一起在敝国朝廷工作，觉得非常高兴。现在您要离开我回去，不知道此后还能像这样再见面吗？"

孟子恭敬回答："只是不敢请求罢了，这也是我的愿望呀。"

过了些时日，齐王对时子说："我想在临淄城中找间房子给孟子住，以万钟为俸禄，供养他的子弟，使我们的大夫与国人都有效法的对象。你何不去跟孟子谈谈？"

时子便托陈子告诉孟子这件事，陈子把时子的话告诉了孟子。

孟子说："嗯。时子怎知行不通呢？假如我图的是财富，辞掉十万的俸禄却要接受一万的恩赐，这是图财富吗？季孙说过：'子叔疑真奇怪呀！自己想做官，别人不用你，也就算了吧，又使子弟去谋卿位。有谁不想做官发财？但他却想在官场搞垄断。'古代做买卖的，以其所有易其所无，官员负责管理。有个卑鄙的家伙，一定找一高地登上去，左张张右望望，试图把市场所有利益都收归己有。大家都认为此人卑鄙，因此主张征税。对做生意的人征税，就是从这个卑鄙的家伙开始的。"

1 **孟子致为臣而归**：孟子辞别齐王准备回家。孟子在齐曾短暂任职，见前"孟子为卿于齐"章（4.6）。但任职结束，并无任何官守，孟子的身份是个客卿。因无实权，孟子在齐并不得意，故朱注说："孟子久于齐而道不行，故去也。"

2 **就见**：就孟子处而见。

3 **不识可以继此而得见乎**：不知此后是否可相见？继此，此后。

4 **固所愿也**：本为我之所愿也。

5 **时子**：齐臣。

6 **中国**：国中。中国往往指国都，齐都于临淄，国中指在临淄城中。

7 **钟**：计量单位。一钟为六石四斗。

8 **秭式**：法式，效法。

9 **陈子**：孟子弟子陈臻。

10 **然**：王引之《经传释词》以为此处之"然"为应词（回应之词），比较接近现代语言中的"嗯"。

11 **辞十万**：推辞十万钟之俸禄。此言卿之俸甚多，不必作确数看。

12 **季孙、子叔疑**：朱注："季孙、子叔疑，不知何时人。"

13 **龙断**：即垄断。

14 **治**：朱注："治之，谓治其争讼。"

15 **贱丈夫**：卑鄙的成年人。

16 **左右望**：朱注："左右望者，欲得此而又取彼也。"

17 **征**：抽税。

　　孟子决心离开齐国，主要是因为齐王不能实行他的理想，在此虚耗，就不如回去了。孟子离开齐国，史载他又去了滕、魏等国，并未回他的家乡邹鲁之地，故此章所谓的"归"是倦勤，而非真正回家的意思。

　　眼见孟子要走，齐王也有点不舍，愿意给他房子，并以金钱供养，想留住孟子，却不知孟子在意的并不是这个。假如齐王真的愿意得到孟子的辅助，决心力行王道，孟子必定会留下来的。文末举"贱丈夫"垄断市场的丑态，有点离题，但举此例是说孟子对市利行为深恶痛绝，像计斤较两的事，自己是绝不会做的。程颐说："齐王所以处孟子者，未为不可，孟子亦非不肯为国人矜式者。但齐王实非欲尊孟子，乃欲以利诱之，故孟子拒而不受。"（《四书章句集注》）焉有君子而可以利诱乎？

4.11　　孟子去齐，宿于昼[1]。有欲为王留行者坐而言[2]，不应，隐几而卧[3]。

　　客不悦曰："弟子齐宿[4]而后敢言，夫子卧而不听，请勿复敢见矣。"

　　曰："坐！我明语子。昔者鲁缪公[5]无人乎子思[6]之侧，则不能安子思；泄柳、申详[7]，无人乎缪公之侧，则不能安其身。子为长者[8]虑，而不及子思；子绝长者乎？长者绝子乎？"

　　　　孟子离开齐国，晚宿昼邑。有个想替齐王留住孟子的人恭敬地坐着跟孟子说话，孟子没有理他，靠着矮几打起瞌睡来。

　　　　来客不高兴，说："弟子昨晚恭谨地斋宿，然后才敢与您说话，老师您却躺着不愿意听，以后不敢再来见您啦。"（说完打算要走。）

　　　　孟子说："坐！我明白地告诉你。以前鲁缪公假如没有人在子思身旁，便不会使子思安心；泄柳、申详假如没有人在缪公身旁，便不能使自己安心。你来为我这老头考虑，连子思怎样被鲁公对待都想不到，是你拒绝了我这老头呢？还是我这老头拒绝了你呢？"

1 昼：齐西南邑。

2 坐而言：坐正了说话，表示尊敬。

3 隐几而卧：靠着矮几而睡。隐，凭。古人无现代桌椅，坐卧都在榻上。

4 齐（zhāi）宿：斋戒了一晚，以示恭敬。齐，同"斋"。

5 鲁缪（mù）公：也作鲁穆公。鲁国君，名显，在位三十三年。

6 子思：孔伋，孔子孙。

7 泄柳、申详：皆鲁贤人。朱注："泄柳，鲁人。申详，子张之子也。缪公尊之不如子思，然二子义不苟容，非有贤者在其君之左右维持调护之，则亦不能安其身矣。"

8 长者：孟子自称。

　　此章描写，十分传神，试想来者"坐而言"，孟子"不应，隐几而卧"的画面，岂不历历在目吗？

　　这位来者应不是官员，并不代表齐王，只是地方的热心人士，"齐宿"绝不是假话，他是诚实无欺的，向长者、贤者进言，目的很单纯，只是想要为齐国留下一贤良人才吧，其实孟子无须如此待他，来者只是热心罢了，孟子一腹牢骚，待他稍倨傲了。孟子又提起鲁王对子思与泄柳、申详的事，又显得有些小气，希望齐王看重自己，得以施展抱负，这想法没错，但不该对陌生来者说，而且说了也没用。

　　朱子说："言齐王不使子来，而子自欲为王留我；是所以为我谋者，不及缪公留子思之事，而先绝我也。我之卧而

不应，岂为先绝子乎？"这里朱子说得有些过了，因为来者
之前来，只代表他自己，"缪公留子思之事"只该由自己提
醒齐王，不该要求这位无辜者在齐王面前说，何况他也无从
见到齐王。由此可知，孟子是个心中有块垒又有情绪的人。
人都是有块垒及情绪的，但孟子发作的时机与对象很不适
合。这一次，孟子的表现稍冲动了，对原本有善意的来者也
不礼貌，从任何一面说，孟子的言行，都是不可取的。

4.12　　　孟子去齐。尹士[1]语人曰："不识王之不可以为
汤武，则是不明也；识其不可，然且至，则是干泽[2]
也；千里而见王，不遇故去，三宿而后出昼，是何
濡滞[3]也？士则兹不悦。"

　　高子[4]以告。

　　曰："夫尹士恶知予哉！千里而见王，是予所欲
也；不遇故去，岂予所欲哉！予不得已也。予三宿
而出昼，于予心犹以为速。王庶几改之[5]；王如改
诸，则必反予[6]。夫出昼而王不予追也，予然后浩然[7]
有归志。予虽然，岂舍王哉！王由足用为善；王如
用予，则岂徒齐民安，天下之民举安。王庶几改之，
予日望之。予岂若是小丈夫然哉！谏于其君而不受
则怒，悻悻然[8]见于其面，去则穷日之力而后宿哉！"

　　尹士闻之曰："士诚小人也。"

孟子离开齐国。尹士对别人说:"不知道齐王做不成商汤、周武,那就是糊涂;明知他做不到,却还要来,那就是来干求富贵的;不远千里来见齐王,相谈不合所以离开,在昼县住了三夜才离开昼,怎么这样拖泥带水的呢?我尹士对此不高兴!"

高子把这话告诉了孟子。

孟子说:"尹士怎么会了解我呢!不远千里来见齐王,是我愿意的;相谈不合所以离开,难道是我所希望的吗!我是不得已的。我住了三夜才离开昼县,在我心里还觉得太快了。我是想齐王也许会改变态度;齐王如果改变态度,一定会把我召回的。不料出了昼县,齐王还没来追我,我这样就下决心回乡,就像大水浩荡不可遏止了。我虽然如此,难道会舍弃齐王吗!我认为齐王仍然有足以为善之心,齐王如果用我,那岂止可使齐国的百姓得到安宁,天下的百姓也可以得到安宁。齐王或许会改变态度,我天天这样盼望着。我难道像那些气量小的人吗!劝谏其君,不听就发怒,满脸愤愤不平,离开时则要穷尽一天的脚程赶路,然后才歇息吗!"

尹士听了这些话,说:"我真是个小人。"

1 **尹士**:齐人。

2 **干泽**:求禄。干,求。泽,恩泽,此处指利禄。

3 **濡滞**:黏搭搭地停在那儿。朱注:"迟留也。"

4 **高子**:孟子弟子,亦齐人。

5 **改之**:朱注:"所改必指一事而言,然今不可考矣。"

6 **反予**:复召我。

7 **浩然**：水盛大不可挡貌。朱注："如水之流不可止也。"

8 **悻悻然**：愤愤不平貌。

　　之后还有两章，谈的都是孟子离开齐国的事。孟子离开齐国时，批评的人很多，意见并不一致，所指涉的事也各有不同。

　　但我们由孟子的行为与言辞，可以看出孟子离开齐国，并不是心甘情愿的，背后有很大的压力。这压力是齐王不听孟子的，他继续留下便会有道德的危机；再有就是政治上的压力，齐国是大国，齐人怎会容许外国人居其高位呢？孟子居齐虽有过很高的位置，但顶多只是客卿身份，发言权都不太大，更不用说实权了。我们由前章孟子为齐使出吊滕国的事看出，连吊丧这纯属场面上的事，他也没区处的权力，一切得听副使王驩的，这样下去，离开是必然的。

　　朱子说："此章见圣贤行道济时，汲汲之本心；爱君泽民，惓惓之余意。"说得当然不错，但此章也把孟子观望、犹豫之心表露无遗，他三宿而出昼，一边说"浩然有归志"，一边犹期望半途齐王来追自己。从此处看，孟子的志气似乎稍低了一点，语气也显得有些不堪，衡诸前面谈养气诸章，令人心疼，才知道圣贤也与常人一般亦有软弱的时候。

4.13　　孟子去齐。充虞路问曰："夫子若有不豫[1]色然。前日虞闻诸夫子曰：'君子不怨天，不尤人[2]。'"

　　曰："彼一时，此一时也。五百年必有王者兴，其间必有名世者³。由周而来，七百有余岁矣，以其数则过矣，以其时考之则可⁴矣。夫天未欲平治天下也；如欲平治天下，当今之世，舍我其谁也？吾何为不豫哉！"

孟子离开齐国。充虞在路上问道："老师似乎有点不高兴的样子。从前弟子曾听老师说：'不要埋怨上天，不要责怪别人。'现在怎么不开心呢？"

孟子说："那是一个时候，现在又是一个时候。每过五百年，必会有行王道的圣王兴起，其间必会有一些有名于世的人出现。从周初到现在，已七百多年了。照年数来论，已超过了；从时代兴衰的角度看，应该是圣贤可复出的时候了。上天不愿天下太平吧；上天如果要天下太平的话，当今之世，除了我还会有谁呢？我为什么不高兴呢！"

1 **不豫**：不愉快。

2 **不怨天，不尤人**：不埋怨上天，不责怪别人。这句话，孔子说过，见《论语·宪问》，也许是当时的流行语。

3 **名世者**：朱注："谓其人德业闻望，可名于一世者，为之辅佐。若皋陶、稷、契、伊尹、莱朱、太公望、散宜生之属。"

4 **可**：指可以兴之王者，或名于世之人。

孟子离开齐国，心里当然不高兴，脸上流露出来的神情连随行弟子都看出来了。但怀忧丧志，绝非圣贤景象。想到历史兴衰，文化起落，责任在身上，原来自己还有更重要的事要做，在此当下，只有忘记自己遭遇的不顺而奋力向前。原来砥砺自己的是心中的道德意志，曾子说："仁以为己任，不亦重乎？死而后已，不亦远乎？"意思完全一样。

朱子说得很好，他说："言当此之时，而使我不遇于齐，是天未欲平治天下也。然天意未可知，而其具又在我，我何为不豫哉？然则孟子虽若有不豫然者，而实未尝不豫也。盖圣贤忧世之志，乐天之诚，有并行而不悖者，于此见矣。"

由此章看来，孟子当时的情绪有些起伏，思想也有些反复，但对一般人言，这都是很自然的现象。《孟子》书中都将之忠实地记录下来，是很好的材料，足以证明圣贤也有常人之态，圣贤之思也有不够澄明的时候，而他们后来如何将之转变成澄明又坚定的信念，生死以之，守之不渝，其中波折的痕迹特别值得玩味。

4.14　　孟子去齐，居休[1]。公孙丑问曰："仕而不受禄，古之道乎？"

曰："非也。于崇[2]吾得见王，退而有去志。不欲变[3]，故不受也。继而有师命[4]，不可以请。久于齐，非我志也。"

　　　　孟子离开齐国，住在休地。公孙丑问道："做官不拿薪俸，合乎古道吗？"

　　　　孟子说："不合。在崇地，我见到齐王，退下后就有离开齐国的想法。这想法一直没有改变，所以不接受俸禄。

不久齐国发布了作战的命令，不能申请离开。在齐国久居，不是我的愿望。"

1 休：鲁地名：阎若璩《四书释地》曰："故城在今滕县北十五里，距孟子家约百里。"

2 崇：齐地名。

3 不欲变：不变去志。

4 有师命：有出师作战的命令。

据《四书章句集注》引孔文仲说："仕而受禄，礼也；不受齐禄，义也。义之所在，礼有时而变。"说的是礼可调整，义不可变。希望这不是场面话。如由此章看，孟子之去齐，是遂其初志罢了，该是没有任何遗憾在的，前几章的犹豫、怨望，应不存在才好。由此章言"于崇吾得见王，退而有去志。不欲变，故不受也"，可见孟子早就打算走了，自己在齐是不接受俸禄的，那么前章说"如使予欲富，辞十万而受万，是为欲富乎"(4.10) 就有凭据了，但孟子离齐，好像做得还是不十分果决，依然有犹豫、观望的成分。

但有此记录也很好，以文章言，古人有"文如春山不喜平"之说，波折起伏可造成悬荡的效果；就事实言，人生变化莫测，而光明之前有黑暗，大立之前有大毁，则为必然，人要有成，须随时准备迎接万难之挑战。

凡五章。

前四章记孟子与滕文公在不同时期的对谈。后二章记孟子与当时「有为神农之言者许行」的农家，与「墨者夷之」的墨家之争辩，可见孟子之学与当时诸家学术之不同。

5.1　滕文公为世子[1]，将之楚，过宋而见孟子[2]。孟子道性善[3]，言必称尧、舜。

世子自楚反，复见孟子。孟子曰："世子疑吾言乎？夫道一而已矣！成覵[4]谓齐景公曰：'彼丈夫也，我丈夫也，吾何畏彼哉？'颜渊曰：'舜何人也，予何人也，有为者亦若是！'公明仪[5]曰：'文王我师也，周公岂欺我哉？'今滕绝长补短[6]，将五十里也，犹可以为善国。《书》⁷曰：'若药不瞑眩⁸，厥疾不瘳⁹。'"

　　滕文公做太子的时候，将要到楚国去，经过宋国，便拜见了孟子。孟子跟他谈性善的道理，常会谈到尧、舜。

　　太子从楚国回来，又见了孟子。孟子说："太子怀疑我的话吗？天下的道就这一个而已啊！成覸跟齐景公说：'他是个男子汉，我也是个男子汉，我为什么要怕他呢？'颜渊说：'舜是怎样的人，我又是怎样的人，只要有为，我可做得跟舜一样的吧！'公明仪说：'文王是我的老师，周公怎会欺骗我呢？'今天滕国看起来是个小国，但截长补短，拼凑起来，也将近有方五十里了，还是可以成为一个很好的国家。《尚书》说：'药不令人头昏眼花，病就不会痊愈。'"

1 **世子**：即太子。

2 **过宋而见孟子**：时孟子在宋。

3 **性善**：指人所禀的天性是善的。朱注："性者，人所禀于天以生之理也，浑然至善，未尝有恶。"

4 **成覸**（jiàn）：齐勇士。赵注："勇果者也。"王夫之《四书稗疏·孟子上篇》曰："齐之勇士，以力事齐景公，其言'吾何畏彼'者，以角力言耳。孟子借引以喻人之自强。"

5 **公明仪**：鲁贤人，姓公明。

6 **绝长补短**：截长补短，指地理上。

7 **《书》**：指《尚书·说命上》。

8 **瞑眩**（mián xuàn）：头昏眼花。喻药的副作用大。

9 瘳（chōu）：病愈。

　　此章所记的事发生得稍早，因前面有章说孟子做齐王特使出使滕国吊文公之丧，此章写的是文公尚为太子时。此是《孟子》书里第一次提到"性善"一词，此后将不断地提到并展开论述。朱子言："孟子之言性善，始见于此，而详具于《告子》之篇。然默识而旁通之，则七篇之中，无非此理。其所以扩前圣之未发，而有功于圣人之门。"

　　当然，"性善"一词在解释上是有限制的，性善只指人的"性"一开始都是善的，而有此善并不表示人不犯错，所以终至于恶也是有可能的。陈澧《东塾读书记》谓："孟子所谓性善者，谓人人之性皆有善也，非谓人人之性皆纯乎善也。"所说确然。

　　但此章主旨不在讨论性善，而是强调"有为者亦若是"这个观点，勉励小的一方、弱的一方勇往直前，终厎于成。这种阳刚又积极的一面，是此后的中国文化中稍欠缺的部分，孟子屡言之，可见孟子的重要。文末引《尚书》，指欲觅治国之良方，必须准备应付头痛的问题，看起来似与前文无关，可能孟子认为自己的这番话对世子的冲击太强，对方不见得听得下去，所以这么说也可能另有论述要展开却没记录下来。

5.2　　滕定公薨¹。世子谓然友²曰："昔者孟子尝与我言于宋，于心终不忘。今也不幸至于大故，吾欲使子问于孟子，然后行事。"

然友之邹³，问于孟子。

孟子曰："不亦善乎！亲丧，固所自尽⁴也。曾子曰⁵：'生，事之以礼；死，葬之以礼，祭之以礼，可谓孝矣。'诸侯之礼，吾未之学也。虽然，吾尝闻之矣：三年之丧⁶，齐疏⁷之服，飦粥⁸之食，自天子达于庶人，三代共之。"

然友反命，定为三年之丧。父兄百官⁹皆不欲，曰："吾宗国¹⁰鲁先君莫之行，吾先君亦莫之行也。至于子之身而反之，不可。且志¹¹曰：'丧祭从先祖。'曰：吾有所受之也。"

谓然友曰："吾他日¹²未尝学问，好驰马试剑。今也父兄百官不我足¹³也，恐其¹⁴不能尽于大事。子为我问孟子。"

然友复之邹问孟子。

孟子曰："然。不可以他求¹⁵者也。孔子曰：'君薨，听于冢宰¹⁶，歠粥¹⁷面深墨，即位而哭，百官有司莫敢不哀，先之也。上有好者，下必有甚焉者矣。君子之德风也，小人之德草也；草尚之风必偃。'是在世子。"

然友反命。

世子曰：“然。是诚在我。”

五月居庐[18]，未有命戒[19]，百官族人可，谓曰知[20]。及至葬，四方来观之，颜色之戚，哭泣之哀，吊者大悦[21]。

滕定公过世了。太子跟他老师然友说：“之前孟子曾与我在宋国说过话，我心里始终没忘记。现在我不幸遇上大变故，我想请您去孟子那里问问，然后再办丧事。”

然友便到邹国问孟子。

孟子说：“不是处理得很好嘛！父母的丧事，本该自己尽心尽力的。曾子说：‘父母在世，应依礼侍奉他们；去世，依礼埋葬，依礼祭祀，这才算孝顺。’诸侯的礼节，我没学过。虽然这样，我曾听闻过的吧。实行三年之丧礼，穿着只缝着边的粗布丧服，吃稀粥，从天子直到庶民，三代以来都是这样的。”

然友回国复命，太子就决定实施三年之丧礼。滕国的父老百官都不愿意，说：“连我们宗主国鲁国没有实行过，我们的先君也没做过。到了您这一代，却要贸然实施，这样不可以。而且根据记录：‘丧祭的事要依照先祖的规定。’意思是说，这一切都是有传统的呀。”

太子对然友说：“我之前未曾做过学问，只喜欢骑马舞剑，现在父兄百官都对我不满了，担心他们不会帮我完成这件大事。您再去帮我问问孟子。”

然友又到邹国去问孟子。

孟子说：“嗯。这事是不能问他人的。孔子说：‘国君过世了，太子一切听冢宰的，自己只喝薄粥，脸色深黑，临孝子之位就痛哭，朝廷百官见了，没有敢不哀痛的，这是太子在前带着头做的缘故啊。上面的人有什么爱好，底下的人会喜爱得更甚。君子的德行如风，小人的德行如草；草上如有风，必定会随风而倒的。'一切得看太子的决定了。"

然友回国禀报。

太子说："嗯。这确实在我。"

太子居丧庐五个月，其间没有颁布任何法令，百官与同族都赞可，认为太子知情达礼。到举行葬礼的时候，四方的人都来观礼，太子脸色哀戚，哭声悲痛，来吊丧的人都说太子把丧事处理得好。

1 **滕定公薨**：滕定公过世了。滕定公，滕文公的父亲。诸侯死曰薨。

2 **然友**：文公做世子时的老师。

3 **之邹**：到邹国。滕与邹甚近，邹为孟子故乡，孟子适居家。

4 **自尽**：自尽其情。

5 **曾子曰**：此处曾子曰实为孔子所曰（见《论语·为政》），或孟子另有所本。

6 **三年之丧**：父母死，子女居丧三年。相传古有此制，但一直有反对意见，《论语·阳货》有宰予与孔子的争论，可参考。

7 **齐**（zī）**疏**：穿粗制的衣服。朱注："齐，衣下缝也。不缉曰斩衰，缉之曰齐衰。疏，粗也，粗布也。"

8 **铬**（zhān）**粥**：薄粥。铬，同"饘"，即糜。

9 **百官**：指朝廷官员。

10 **宗国**：宗主国。鲁、滕都是周室宗亲，但鲁的地位较高，滕以鲁为宗主国。

11 **志**：记。

12 **他日**：犹昔日。

13 **足**：满。

14 **恐其**：担心他们。指父兄百官。

15 **他求**：求之于他。

16 **冢宰**：六卿之长。

17 **歠**（chuò）**粥**：喝粥。

18 **居庐**：住在草屋中。古居丧期间居之。

19 **命戒**：下达命令。

20 **百官族人可，谓曰知**：百官族人皆赞可，认为知情达礼。朱子断
为"百官族人，可谓曰知"，曰："'可谓曰知'，疑有阙误。"

21 **悦**：悦可，赞同。赵注："大悦其孝行之高美也。"

　　此两章显出滕文公的谦虚有礼，在做太子时就表现不
凡。重点在孟子向他推销"三年之丧"的主张，但其间的阻
力不小，所以孟子又说"是在世子"，意思是不敢硬性规定，
太子可自主决定是否采行。后来太子盱衡情势，丧礼尽哀，
但迄终章似未见要实施三年之丧的样子。

　　孔子时，其弟子宰我已提出疑问，说："三年之丧，期已
久矣。君子三年不为礼，礼必坏；三年不为乐，乐必崩。旧
谷既没，新谷既升，钻燧改火，期可已矣。"（《论语·阳货》）三
年之丧就算在三代实行过，那是接近葛天氏的时代，国家与
社会都还是雏形的阶段，到孔子的时代，确实已无法真正做
到了，而且守丧三年的理论基础也不够深，孔子曰："子生三
年，然后免于父母之怀。"（同上）其实广义上来讲，子之免于

父母之怀，何止三年呢？孔子说得也确实有点牵强，到孟子时，改变更大，社会组织繁复，分工益细，彼此依存程度益密，恐怕更没有实现的机会了。所以滕文公只把丧事办好，便得到众人的赞许，不再谈三年之丧了。

5.3　滕文公问为国。

孟子曰："民事不可缓也。《诗》云[1]：'昼尔于茅[2]，宵尔索绹[3]；亟其乘屋[4]，其始播百谷。'民之为道也，有恒产者有恒心，无恒产者无恒心。苟无恒心，放辟邪侈，无不为已。及陷乎罪，然后从而刑之，是罔民也。焉有仁人在位罔民而可为也？是故贤君必恭俭，礼下，取于民有制。阳虎[5]曰：'为富不仁矣，为仁不富矣。'

夏后氏五十而贡，殷人七十而助，周人百亩而彻，其实皆什一也[6]。彻者彻也[7]，助者藉[8]也。龙子[9]曰：'治地莫善于助，莫不善于贡。'贡者，校[10]数岁之中以为常。乐岁粒米狼戾[11]，多取之而不为虐，则寡取之；凶年粪[12]其田而不足，则必取盈[13]焉。为民父母，使民盻盻然[14]，将终岁勤动[15]，不得以养其父母，又称贷而益之，使老稚转乎沟壑，恶在其为民父母也？夫世禄[16]，滕固行之矣。《诗》[17]云：'雨我

　　　　　　　　　　　　孟子讲析

公田，遂及我私。'惟助为有公田。由此观之，虽周亦助也。

设为庠序学校以教之，庠者养也，校者教也，序者射[18]也。夏曰校，殷曰序，周曰庠，学则三代共之，皆所以明人伦也。人伦明于上，小民亲于下。有王者起，必来取法，是为王者师也。《诗》[19]云：'周虽旧邦，其命惟新。'文王之谓也。子力行之，亦以新子之国。"

滕文公问治国的事。

孟子说："人民生活的事是不能看轻的。《诗经》说：'白天割取茅草，晚上绞成绳索，快快修缮房屋，到时播种五谷。'一般人民是这样的，有固定的产业收入才能保有恒久的善心，没有固定的产业收入就不会有恒常的善心了。假如无此恒常的善心，那任何违法乱纪的事，他都可胡作非为了。等他犯了罪，然后施加刑罚，这是在设陷阱害他。哪有仁人治国设计陷害人民的呢？所以贤明的国君一定要恭敬从政，节省用度，有礼节地对待臣下。阳虎说：'求富便不能行仁，求仁是富不起来的。'

夏代每人授田五十亩而行贡法，商代每人授田七十亩而行助法，周代每人授田百亩而行彻法，其实都是取十分之一的税。彻就是通的意思，助就是相互借助的意思。龙子说：'田税制度没有比助法更好的，没有比贡法更坏的。'

贡法是依据若干年平均收成的常数来收税。收成好的年岁，收割的粮食散落得到处都是，多收点税，谈不上虐民，税却抽得少；收成不好的年岁，收入拿来肥田都不够，还要将税抽满收足。为民父母，让人民用仇恨的眼光看你，他们终年勤劳，连父母都奉养不起，又让他们借贷来补足税额，使得老的小的死在沟渠里，怎么算是为民父母呢？'官员世代可享俸禄，滕国早就实行了。《诗经》说：'雨水先下到公田里，然后再下到私田里。'只有殷代的助法有公田的设计。由这点看，周朝实行的也是助法。

设庠序学校来教育人民。庠是养的意思，校是教的意思，序是教人骑射礼仪的意思。夏代叫校，商代叫序，周代叫庠，学则是三代以来的共称，目的都在教人知晓人与人之间的关系及行为准则。上位者明了人伦，下面的百姓受到影响也会相互亲近。有行王道的人兴起，一定来取法借鉴，这样就成了王道的老师了。《诗经》说：'周虽是一个古老的国家，却有新的国运气象。'说的就是文王。您要努力实行，也可以使滕国的气象更新。"

1 《诗》云：有版本作"《诗》曰"。《诗》指《诗经·豳风·七月》。

2 于茅：往取茅草。

3 宵尔索绹（táo）：晚上你该结绳。尔，汝，你。索，绞。绹，绳。

4 亟其乘屋：快快修整其屋。亟，急速。乘，治，修葺。

5 阳虎：即《论语》中的阳货，曾为季氏家臣，孔子不齿他。朱注曰："阳虎，阳货，鲁季氏家臣也。天理人欲，不容并立。虎之言此，恐为仁之害于富也；孟子引之，恐为富之害于仁也。君子小人，每相反而已矣。"其实此处引阳虎之言不当，恐为后世所误植。

6　**夏后氏五十而贡，殷人七十而助，周人百亩而彻，其实皆什一也**：夏代时每成年男人授田五十亩，其中五亩田产要交出来，这叫作贡。殷、周各有变革，殷七十叫助，周一百叫彻，都是交出田产的十分之一。什一，十分之一。

7　**彻**：取。

8　**藉**：助。赵注："藉者，借也。犹人相借力助之也。"

9　**龙子**：古代贤人。

10　**校**：较。

11　**粒米狼戾**：米粮狼藉于地，表示生产过剩，很富足。狼戾，犹言狼藉，表示散得到处都是。

12　**粪**：肥。

13　**盈**：足额。

14　**盼盼**（xì xì）**然**：恨视貌。

15　**勤动**：勤苦劳动。

16　**世禄**：指君子世代可享的俸禄福利。朱注："盖世禄者，授之土田，使之食其公田之入，实与助法相为表里，所以使君子野人各有定业，而上下相安者也，故下文遂言助法。"

17　**《诗》**：指《诗经·小雅·大田》。

18　**射**：教人习射箭礼仪。

19　**《诗》**：指《诗经·大雅·文王》。

　　使毕战¹问井地。

　　孟子曰："子之君，将行仁政，选择而使子，子必勉之！夫仁政必自经界²始，经界不正，井地不

钧，谷禄³不平。是故暴君污吏必慢⁴其经界。经界既正，分田制禄，可坐而定也。夫滕，壤地褊小⁵，将为君子焉，将为野人焉⁶。无君子莫治野人，无野人莫养君子。请野九一而助⁷，国中什一使自赋⁸。卿以下必有圭田⁹，圭田五十亩。余夫¹⁰二十五亩。死徙¹¹无出乡，乡田同井¹²，出入相友，守望¹³相助，疾病相扶持，则百姓亲睦。方里而井，井九百亩，其中为公田，八家皆私百亩，同养公田。公事毕，然后敢治私事，所以别野人¹⁴也。此其大略也，若夫润泽¹⁵之，则在君与子矣。"

滕文公派毕战来问井田事。

孟子说："你们国君正想实施仁政，选你来问我，你一定得好好努力！实行仁政，必定要从厘正田地界限开始。田界不厘正，井田就不均匀，作为俸禄的田租收入也就不等了。所以暴君、贪官污吏一定轻慢厘正经界的事。然而等经界厘正了，分田给农民，制定官员俸禄的事就可以轻松地确定了。滕国土地窄狭，其中有官员，也有农民。没有官员，就不能管理农民；没有农民，就无法给养官员。我建议郊外实施九抽一的助法，城市实施十抽一的贡法。卿以下的官员，必定有供祭祀的圭田，每家五十亩。没有分到田的余夫，每人可分二十五亩。这样人死了埋葬、搬家都不会离开本乡，乡人共在井田耕作，出入友爱，会防御寇盗，相互帮助，有疾病时相互扶持，百姓间亲爱和睦。要达此目的，方法是：在一方里的土地画一井字，每块占地九百亩，中间的是公田，八家各私有百亩，八家共同耕种公田。先把公田耕种完毕，然后才来做自家的事，这是区分官吏与百姓的办法。这里只是个大概，至于润饰调整，那就在于你的国君与你了。"

1 **毕战**：滕臣。朱注："文公因孟子之言，而使毕战主为井地之事，故又使之来问其详也。"

2 **经界**：田地的界线。朱注："谓治地分田，经画其沟涂封植之界也。"

3 **谷**（gǔ）**禄**：俸禄，古代多以农作物当作官员的俸禄，故称谷禄。赵注："谷，所以为禄也。"

4 **慢**：怠忽，废弛。

5 **褊小**：狭小。

6 **将为君子焉，将为野人焉**：也有领导者，也有被领导的一般农人。君子指领导者，野人指农人。赵注："为，有也。虽小国，亦有君子，亦有野人，言足以为善政也。"

7 **野，九一而助**：指在市郊野地实行九抽一的助法。

8 **国中，什一使自赋**：在大城中，实行十抽一的贡法。朱注："国中，郊门之内，乡遂之地也。田不井授，但为沟洫，使什而自赋其一，盖用贡法也。周所谓彻法者盖如此，以此推之，当时非惟助法不行，其贡亦不止什一矣。"

9 **圭田**：供祭祀用的田地。赵注："圭，絜（jié）也。"

10 **余夫**：其他因种种原因未经授田的男人。程颐曰："一夫上父母，下妻子，以五口八口为率，受田百亩。如有弟，是余夫也。年十六，别受田二十五亩，俟其壮而有室，然后更受百亩之田。"朱注："此百亩常制之外，又有余夫之田，以厚野人也。"

11 **死徙**：已死或迁徙的人。

12 **乡田同井**：赵注："同乡之田，共井之家。"

13 **守望**：防止寇盗。

14 **所以别野人**：指用以区别官员与农人，此处徒举"野人"是省文。朱注："公田以为君子之禄，而私田野人之所受。先公后私，所以别君子野人之分也。不言君子，据野人而言，省文耳。"

15 **润泽**：修饰调整。朱注："润泽，谓因时制宜，使合于人情，宜于土俗，而不失乎先王之意也。"

此章开始讲井田制。相传周初就有行井田的记录，所谓井田就是将田分成等量九块授给八家，一家一块，另一块为公田，公田由八家共耕，所得缴库当税捐，《诗·小雅·大田》称："雨我公田，遂及我私。"但诗中之"田"是否指的是井田制的公田、私田，是有争论的。《穀梁传·宣公十五年》："古者三百步为里，名曰井田。"《周礼·地官·小司徒》有载："乃经土地而井牧其田野，九夫为井，四井为邑，四邑为丘，四丘为甸，四甸为县，四县为都，以任地事而令贡赋，凡税敛之事。"都明确提到"井田"二字，但《穀梁》《周礼》成书的年代都比《孟子》要略晚，应不足为凭。

大约很早就有一些有关井田的构想，但似乎未曾落实过，近代以来的学者如胡适、唐兰、范文澜都认为井田是孟子一人"托古改制"的浪漫想象。

朱子当然知道其中的制度节文都是不可考的，但此文显示孟子在政治上求改革的决心，仍然是值得嘉许的。朱子说："'丧礼''经界'两章，见孟子之学，识其大者。是以虽当礼法废坏之后，制度节文不可复考，而能因略以致详，推旧而为新；不屑屑于既往之迹，而能合乎先王之意，真可谓命世亚圣之才矣。"评论得很公正。

5.4 有为神农之言者[1]许行[2]，自楚之滕，踵门[3]而告文公曰："远方之人闻君行仁政，愿受一廛[4]而为氓[5]。"

文公与之处。其徒数十人，皆衣褐，捆[6]屦、织席以为食。

陈良[7]之徒陈相与其弟辛负耒耜而自宋之滕，曰："闻君行圣人之政，是亦圣人也，愿为圣人氓。"

陈相见许行而大悦，尽弃其学而学焉。陈相见孟子，道许行之言曰："滕君，则诚贤君也。虽然，未闻道也。贤者与民并耕而食，饔飧[8]而治。今也滕有仓廪府库，则是厉民而以自养也，恶得贤！"

孟子曰："许子必种粟而后食乎？"

曰："然。"

"许子必织布而后衣乎？"

曰："否。许子衣褐。"

"许子冠乎？"

曰："冠。"

曰：“奚冠？”

曰：“冠素[9]。”

曰：“自织之与？”

曰：“否。以粟易之。”

曰：“许子奚为不自织？”

曰：“害于耕。”

曰：“许子以釜甑爨[10]，以铁耕乎？”

曰：“然。”

“自为之与？”

曰：“否。以粟易之。”

“以粟易械器者，不为厉陶冶[11]；陶冶亦以其械器易粟者，岂为厉农夫哉？且许子何不为陶冶，舍[12]皆取诸其宫[13]中而用之？何为纷纷然与百工交易？何许子之不惮烦？”

曰：“百工之事固不可耕且为也。”

　　有个提倡神农学说的人叫许行，从楚国来到滕国，登门拜见滕文公，告诉他说：“我这个自远方来的人听说您实行仁政，希望赐我一个住所，做您治下的百姓。”

　　滕文公就给了他一个住处。他的门徒有几十个，都穿着粗麻衣，以打草鞋、织席子为生。

　　儒家学者陈良的门徒陈相与他的弟弟陈辛带着农具从

宋国到滕国，说："听闻您行圣人之政，那也是圣人了呀，我们愿意做您治下的百姓。"

陈相见到许行非常高兴，完全抛弃了原来的儒家之学而去跟许行学了。陈相见到孟子，转述许行的话说："滕君，真可算是个贤明的君主啊。虽然如此，可惜未闻大道。贤人应该跟人民一起耕田，自己煮饭才吃，这样才能把国家治理好啊。现在滕国有储藏粮食的仓廪、储存财物的府库，这是残害人民来奉养自己，哪算得上贤明！"

孟子说："许子一定自己种庄稼然后才肯吃饭吗？"

陈相说："是的。"

孟子说："许子一定自己织布然后才穿衣服吗？"

陈相说："不。许子穿粗麻制成的衣服。"

孟子说："许子戴帽子吗？"

陈相说："戴的。"

孟子说："戴什么样的帽子？"

陈相说："没染色的素丝帽。"

孟子说："自己织的吗？"

陈相说："不。是用粟米交换的。"

孟子说："许子为什么不自己织呢？"

陈相说："这样妨碍耕田。"

孟子说："许子用釜、甑做饭，用铁制的农具耕田吧？"

陈相说："是的。"

孟子说："自己做的吗？"

陈相说："不。是用粟米交换来的。"

"用粟米去交换锅呀锄呀这种用具，不算损害陶匠、铁匠；陶匠、铁匠用他做的器具交换粟米，难道算损害了农民吗？再说，许子为何不干脆连陶匠、铁匠的事一起做了，这样屋里什么都有了，可随时取用？为什么要一件一件地与百工去交换呢？为什么许子这样不怕麻烦呢？"

陈相说："百工的事各有专业，是不能一边耕田一边做的。"

1　**神农之言者**：朱注："神农，炎帝神农氏。始为耒耜，教民稼穑者也。为其言者，史迁所谓农家者流也。""所谓农家者流"，指战国时一派提倡以农耕治国的人，常将他们的议论附会为古代神农氏所倡的。《汉书·艺文志》言："六国时，诸子疾时怠于农业，道耕农事，托之神农。"

2　**许行**：楚人。

3　**踵门**：至门。

4　**廛**：居处，房子。朱注："廛，民所居也。"

5　**氓**：民。《说文解字注》："自他归往之民则谓之氓，故字从民亡。"

6　**捆**：编织。

7　**陈良**：楚国的儒者。

8　**饔飧**（yōng sūn）：指自炊饮食。早餐叫作饔，晚餐叫作飧。朱注："饔飧，熟食也。朝曰饔，夕曰飧。言当自炊爨以为食，而兼治民事也。"

9　**素**：未染色的生丝。

10　**以釜甑**（zèng）**爨**（cuàn）：用釜、甑煮饭。釜，金属制的炊煮器。甑，陶土制的炊煮器。爨，炊。

11　**陶冶**：陶，制陶。冶，制铁。

12　**舍**（shè）：赵注、朱注都作止解，章炳麟《新方言释词》解为今言"什么"的切言，即北方人说的"啥"，也就是"为什么"的意思。

采后说。

13 宫：室。

"然则治天下独可耕且为与？有大人之事，有小人之事[1]。且一人之身，而百工之所为备。如必自为而后用之，是率天下而路[2]也！故曰：或劳心，或劳力；劳心者治人，劳力者治于人[3]；治于人者食人[4]，治人者食于人。天下之通义也。

"当尧之时，天下犹未平；洪水横流，泛滥于天下；草木畅茂，禽兽繁殖，五谷不登[5]；禽兽逼人，兽蹄鸟迹之道交于中国。尧独忧之，举舜而敷治[6]焉。舜使益掌火，益烈[7]山泽而焚之，禽兽逃匿。禹疏九河[8]，瀹[9]济、漯而注诸海，决汝、汉，排淮、泗而注之江[10]，然后中国可得而食也。当是时也，禹八年于外，三过其门而不入，虽欲耕，得乎？

"后稷[11]教民稼穑，树艺五谷，五谷熟而民人育。人之有道也，饱食、暖衣、逸居而无教，则近于禽兽。圣人有[12]忧之，使契为司徒，教以人伦：父子有亲，君臣有义，夫妇有别，长幼有序，朋友有信。放勋[13]曰：'劳之来之[14]，匡之直之，辅之翼之，使自得之，又从而振德之。'圣人之忧民如此，而暇耕乎?

"尧以不得舜为己忧，舜以不得禹、皋陶[15]为己忧。夫以百亩之不易[16]为己忧者，农夫也。分人以财谓之惠，教人以善谓之忠，为天下得人者谓之仁。是故以天下与人易，为天下得人难。孔子曰：'大哉尧之为君！惟天为大，惟尧则之，荡荡乎民无能名焉！君哉舜也，巍巍乎有天下而不与焉！'[17]尧、舜之治天下，岂无所用其心哉？亦不用于耕耳。"

"那么治理天下的事可以一边耕田一边做吗？官员有官员的工作，人民有人民的工作。就以一个人所需的用品来讲，是要各种工匠制作完成的。假如要自己做的才使用，这是率领天下人疲于奔命！所以说：有的人劳动脑力，有的人劳动体力；劳动脑力的管理大众，劳动体力的受人管理；受人管理的人负责养活人，管理的人靠人养活。这是通行天下的道理。

"当尧的时代，天下还不太平，洪水到处流，泛滥在各地；草木繁茂，禽兽大量繁殖，五谷收成不好；禽兽危害人民，它们的足迹遍布中国。尧一个人担忧此事，推举舜出来治理。舜让益掌火政，益燃起烈火将山野水泽的杂树乱草焚烧了，使得禽兽逃走隐藏起来。禹疏通黄河的九条支流，疏通济水、漯水使流入海中，挖掘汝水、汉水，引导淮水、泗水排入长江，这样以后中国才可以耕作而有饮食供应了。在这个时候，禹有八年在外奔波，三次经过家门而没有进入，即使想耕田，可能吗？

"后稷教导人民种植庄稼，栽培五谷，五谷成熟了，便可养育人民。人之在世是有一定的规则的，吃饱饭，穿暖衣，居住得安逸，若没有受教育，便跟禽兽是差不多的。圣人为此担忧，命令契做司徒官，教百姓人与人之间相处的道理及行为准则：父子要讲亲，君臣要讲义，夫妇内外要有别，兄弟长幼要有序，朋友之间要讲信。放勋(尧)说：'他们劳苦，我要慰劳他们；他们归顺，我要安顿他们，引导他们做正直的事，辅导他帮助他，使他们各得其所，然后还要提振他们的品德。'圣人为人民担忧到这个地步，还有工夫去耕田吗？

尧以得不到舜这样的人为忧，舜以得不到禹、皋陶这样的人为忧。为百亩之田耕种不好忧虑的人，是农夫。把钱财分人叫作惠，以善良教人叫作忠，为天下选出好人才叫作仁。孔子说：'伟大呀尧作为君主！只有天最伟大的，只有尧能够取法天，他的功业如大江大河般盛大，人民无法用言语来形容了呀！舜真是个杰出的君主，他如一座大山般无所不有，却显得一无所有的样子！'尧、舜治理天下，难道不用心吗？只是他们也不用在耕田上罢了。"

1　**大人之事，小人之事**：意思是说领导者与被领导者所做的事不同。

2　**路**：朱注："路，谓奔走道路，无时休息也。"

3　**劳力者治于人**：劳力者受人管理。

4　**治于人者食人**：被别人管理的人要负责养活人。食人，以食物供养他人。

5　登：收成。

6　**敷治**：普遍治理得很好。敷，普遍。

7　**烈**：焚烧。

8　**疏九河**：疏通黄河的九条支流。

9　**瀹**：治理，也是疏通的意思。

10　**江**：长江。古代江、河是专名，分别指长江、黄河。

11　**后稷**：农之祖师，名弃，也是周朝的始祖。

12　**有**：犹。也可作"又"解。

13　**放勋**：指尧。朱注："放勋，本史臣赞尧之辞，孟子因以为尧号也。"

14　**劳之来**（lài）**之**：有劳者安慰他，来归者安顿他。

15　**皋陶**（gāo yáo）：舜时的司法官。

16　**易**：治。

17　孔子言引自《论语·泰伯》，原文为："子曰：'大哉，尧之为君也！巍巍乎！唯天为大，唯尧则之。荡荡乎！民无能名焉。巍巍乎！其有成功也；焕乎，其有文章！'"

　　"吾闻用夏变夷[1]者，未闻变于夷[2]者也。陈良，楚产也，悦周公、仲尼之道，北学于中国。北方之学者，未能或之先也。彼所谓豪杰之士也。子之兄弟事之数十年，师死而遂倍[3]之。昔者孔子没，三年之外，门人治任[4]将归，入揖于子贡，相向而哭，皆失声，然后归。子贡反，筑室于场[5]，独居三年，然后归。他日，子夏、子张、子游以有若似圣人，欲以所事孔子事之[6]，强曾子。曾子曰：'不可。江、汉以濯之，秋阳[7]以暴之，皜皜乎[8]不可尚已！'今也南蛮鴃舌[9]之人，非先王之道，子倍子之师而学之，亦异于曾子矣。吾闻出于幽谷迁于乔木者，未闻下乔木而入于幽谷者。《鲁颂》曰：'戎狄是膺，荆舒是惩[10]。'周公方且膺之，子是之学，亦为不善变矣。"

"从许子之道，则市贾[11]不贰，国中无伪。虽使五尺之童[12]适市，莫之或欺。布帛长短同，则贾相若；麻缕丝絮轻重同，则贾相若；五谷多寡同，则贾相若；屦大小同，则贾相若。"

曰："夫物之不齐，物之情[13]也。或相倍蓰[14]，或相什伯，或相千万。子比而同之，是乱天下也。巨屦小屦[15]同贾，人岂为之哉？从许子之道，相率而为伪者也，恶能治国家？"

"我听说过要以中国文化来改变夷狄文化，没听说过中国文化要被夷狄文化改变的。陈良，是楚国人，慕悦周公、孔子之道，北上中国学习。北方的学者，还没有能赶得上他的。真是豪杰之士呢。你们兄弟事奉他几十年，结果老师一死你们就背弃他了。从前孔子死了，三年守丧之后，弟子各自收拾行李准备回家，到房里跟子贡作揖告别，彼此相对而泣不成声，然后才回去。子贡回去，在孔子墓的祭坛边建造了墓庐，独自居住了三年才回家。过了些时日，子夏、子张、子游认为有若长得像孔子，想以过去事奉孔子的礼来事奉有若，要勉强曾子答应。曾子说：'不可以。他就算被江、汉的水清洗了，被秋天的太阳曝晒过，洁白得无以复加，比起孔子还差得远呢。'如今南方蛮子许行说的话如鸟语一样难懂，也来批评我们先王之道，你们还背弃了自己的老师跟他学习，跟曾子相比也是不同的。我听说过鸟从幽暗的山谷迁到高树之上，没听说离开高树之上而向下迁到幽暗的山谷的。《鲁颂》说：'戎狄该得攻击，荆舒该得惩罚。'楚国这样的国家，连周公都要攻击的，你们却要向他学习，真可说是不知权变了。"

陈相说："如果依照许子的学说，那么市场的物价就会一致，国内不会有作伪的事了。即使让五尺的孩童到市场，没人会欺负他。布帛长短相同，价钱就相同；麻缕丝絮轻重相等，价钱就相同；五谷多少相同，价钱就相同；鞋子大小相同，价钱就相同。"

孟子说："东西有不同价钱，是反映了东西的真实情形呀。有的相差一倍、五倍，有的相差十倍、百倍，有的相差千倍、万倍。你现在把它们放一起，硬要他们同价，便是扰乱了天下呀。大鞋小鞋同价钱，谁会去做大鞋呢？依照许子的学说，就等于带领大家弄虚作假，哪能够治理国家呢？"

1　**夏变夷**：中国改变夷狄。

2　**变于夷**：受夷狄影响而变成夷狄。朱注："夏，诸夏礼义之教也。变夷，变化蛮夷之人也。变于夷，反见变化于蛮夷之人也。"

3 倍：背。

4 治任：整理行李。朱注："任，担也。"

5 筑室于场：在坟前空地建造庐墓。朱注："场，冢上之坛场也。"

6 以所事孔子事之：以事奉孔子之礼事奉他。

7 秋阳：秋天阳光尤为猛烈。一说周正建子，周之七八月乃夏历之五六月，正值酷暑。焦循《孟子正义》曰："秋阳，周之秋，夏五六月，盛阳也。"

8 皬皬（hào hào）乎：洁白貌。

9 南蛮鴃（jué）舌：南方民族语言如鸟语难懂。此语有轻贱南方民族之语气。鴃，伯劳鸟。

10 戎狄是膺（yīng），荆舒是惩：戎、狄应受攻击，荆、舒应被惩罚。戎、狄、荆、舒都是古时少数民族名。膺，攻击；惩，惩罚。

11 市贾：市场价格。

12 五尺之童：身高五尺的小孩。六尺之躯指的是一般人，五尺尚不及成人。

13 情：实情。

14 倍蓰（xǐ）：一倍或五倍。蓰，五倍。

15 巨屦（jù）小屦：大鞋与小鞋。赵注："巨，粗屦也。小，细屦也。"朱子也作精粗解。

这篇宏肆的文章显示了孟子善辩的本领，他善于引导对方从容发言，一见隙缝，往往用对方已发之言来攻击对方，使之词穷。辩论过程，讲进退，有曲折，而说理时又善于举证古今事实，是其佳处。孟子尝言："予岂好辩哉？予不得已也。"（《滕文公下》）好辩善辩是战国时的习气，当然有好处，真理可愈辩愈明，但也有缺点，在辩论中，往往过于注重打击对方，便会过于强调某方面，也会故意忽略某方面，辩论走偏锋，以偏概全，反可得胜，如此对真理的全面照应就有所不足了。

此章主旨在"辟农"。战国有一学说强调励农，便是"九流十家"中的农家，他们的理论在孟子看来也是异端邪说，与杨朱、墨翟一样，也是要辟的。但农家与杨朱、墨翟还是不同，他们的理论不算强烈，主张也稍肤浅，行动也迟缓些，不具有攻击性，就算胜了农家，也有些"不武"。但农家的说法与自己的起了冲突，孟子还是要辩的。

孟子主张分工，这说法是成立的，要说农家不赞成分工，并无凭据。但他们主张君主也得躬耕，孟子是深以为不可的。许行这些以农为尚的学者，假如说他们劝君习农，主要在于促进农业生产，追求社会稳定，最后再达到知书达礼，与孟子"五亩之宅，树之以桑"的主张不相违背，孟子便没有反对的理由。中国以农立国，古时君主躬耕以劝农，仪式一直延续了两千多年，是包含了不少丰富含义的，也无须轻忽。

辩论有激化的作用，从此章看，孟子之论波涛四起，咄咄逼人，农家的主张便显得迂阔又保守了，说的话也不清不楚，这些不见得都是事实。战国的农家，反对虚套过多的商业，强调农业的实际耕作，也有高尚的理想，不见得如此文中陈相一流只会说不通的话。朱子评论说："若大屦小屦同价，则人岂肯为其大者哉？今不论精粗，使之同价，是使天下之人皆不肯为其精者，而竞为滥恶之物以相欺耳。"这段与陈相辩论"市贾不贰"的话，孟子始终站在上锋位置，一方面是孟子以理取胜，另一方面记录此事的是孟子的弟子，孟子占有主场优势，要是换成陈相弟子或陈相自己来写，恐怕另一辩方也有更丰富的理由。

文中写孔子死后一段，孔门弟子对孔子的效忠与怀念非常传神。曾子说孔子"江、汉以濯之，秋阳以暴之，皜皜乎不可尚已"！孟子引此的目的是攻击陈相之徒背弃师门之不可取，却达到彰显孔门盛大景象的目的，是非常值得珍视的记录。

5.5　　墨者夷之[1]因徐辟[2]而求见孟子。孟子曰："吾固愿见，今吾尚病，病愈，我且往见，夷子不来。"

他日，又求见孟子。孟子曰："吾今则可以见矣。不直[3]则道不见，我且直之。吾闻夷子墨者，墨之治丧也，以薄为其道也。夷子思以易天下，岂以为非是而不贵也？然而夷子葬其亲厚，则是以所贱事亲也！"

徐子以告夷子。

夷子曰："儒者之道，古之人若保赤子[4]，此言何谓也？之则以为爱无差等，施由亲始[5]。"

徐子以告孟子。

孟子曰："夫夷子信以为人之亲其兄之子为若亲其邻之赤子乎？彼有取尔也[6]。赤子匍匐将入井，非赤子之罪也。且天之生物也，使之一本而夷子二本[7]

故也。盖上世[8]尝有不葬其亲者，其亲死，则举而委之于壑。他日过之，狐狸食之，蝇蚋姑嘬[9]之。其颡有泚[10]，睨而不视[11]。夫泚也，非为人泚，中心达于面目，盖归反虆梩[12]而掩之。掩之诚是也，则孝子仁人之掩其亲，亦必有道矣。"

徐子以告夷子。夷子怃然为间[13]，曰："命[14]之矣！"

墨家信徒夷之通过徐辟求见孟子。孟子说："我本来很想见他，现在我还病着，病好了，我打算去见他，夷子不必前来。"

过了几天，夷子又来求见孟子。孟子说："今天就可以见了。不说直话正道显不出来，我就直说了。我听说夷子是一位信仰墨子学说的人，墨子处理葬事，主张薄葬为正道。夷子想要改变天下，岂不也视不主张薄葬为不足贵的吗？但我听说夷子治亲之丧时，也是用厚葬方式，这么说来，那就是以他所轻贱的方式来事奉亲人了！"

徐子把这话告诉了夷子。

夷子说："儒家学说认为，古代的君王治天下要像保护婴儿一般，这话怎么理解呢？我认为爱虽不该因亲疏远近而分出等差来，只是施行的时候从至亲开始。"

徐子把这话告诉了孟子。

孟子说："夷子真以为一个人爱他的侄子会跟爱邻人的小孩一样吗？他只是抓住了这一点吧。一个小孩在地上爬着，眼看要掉到井里了，并不是小孩犯的错呀。况且天生万物，道理只一个，但夷子嘴里说薄葬，做时用了厚葬，却说都有理，使道理分成了两个。大概上古时曾有人不埋葬其亲人，亲人死了，就抬走丢到山沟里。后来经过山沟，看到有狐狸啃食，蝇蚋叮咬。那人头上汗涔涔，斜着眼睛看，不敢正视。他头上的汗，不是为别人流的，是心中的遗憾惭愧自然呈现在脸上的，于是回家找来箩筐铲子再把亲人埋了。掩埋亲人尸体才是对的，这么看来，孝子仁人埋葬其亲人，也一定有其道理了。"

徐子把这话告诉了夷子。夷子茫然自失了一会儿，说："承蒙指教了！"

1 **墨者夷之**：信仰墨子学说的夷之。夷之，人名。

2 **徐辟**：孟子弟子。

3 **不直**：不作直言。

4 **保赤子**：保护婴儿。婴儿皮肤泛红，故称赤子。

5 **爱无等差，施由亲始**：爱人无亲疏之差，爱是由爱亲开始。这是夷之解释墨家思想的话，但孟子认为其中有矛盾。爱无等差是墨学的主张，所谓兼爱也。朱注："又曰'爱无差等，施由亲始'，则推墨而附于儒，以释己所以厚葬其亲之意，皆所谓遁辞也。"

6 **彼有取尔也**：彼有另为取义之处。

7 **二本**：将根本析之为二。

8 **上世**：上古之世。

9 **蝇蚋**（ruì）**姑嘬**（chuài）：苍蝇与蚊子来吸食。蚋，蚊子。朱注："姑，语助声，或曰蝼蛄也。嘬，攒共食之也。"

10 **其颡**（sǎng）**有泚**（cǐ）：额上有汗。泚，汗出之貌。

11 **睨而不视**：朱注："睨，邪视也。视，正视也。不能不视，而又不忍正视，哀痛迫切，不能为心之甚也。"

12 **虆梩**（léi lí）：以虆装土，以梩铲土，指掩埋死人。朱注："虆，土笼也。梩，土輂也。于是归而掩覆其亲之尸，此葬埋之礼所由起也。"

13 **怃**（wǔ）**然为间**：茫然自失了一会儿。为间，有间。

14 **命**：承蒙指教。

此章在与墨家学者讨论亲人（尤其是父母）过世埋葬应厚应薄的问题。

有趣的是主角夷之与孟子并未见面，他们的讨论是经过孟子学生徐辟居中传达的。

孟子对墨子的薄葬持反对态度，对他的兼爱思想更是深恶痛绝，之后会还讨论到，此处暂不多言。

从孟子反墨子立场言，此章所论甚窄，只说了埋葬亲人的起源，连厚葬的理论还未涉及。文中孟子言及"一本""二本"之说，所指也不很清楚，有人以为儒者强调孝亲是"一本"，而墨子主张他人亲也要孝为"二本"，此说不尽合理。又此文最后举亲死"委之于壑"以说明葬亲的起源，道理都有些牵强，而说此也无甚必要，因为并不能证明儒家厚葬的理由。

孟子还说过："古者棺椁无度，中古棺七寸，椁称之，自天子达于庶人，非直为观美也，然后尽于人心。"(4.7) 其实儒家主厚葬与墨家主薄葬最大的差别功利主义，墨家主薄葬是因为经济原则，儒家主厚葬是基于温情，一方面"慎终追远，民德归厚矣"，一方面如孟子所言"尽于人心"，认为一切可寻的都要"尽于人心"，这是儒家的一贯精神。

总观孟子此章，语言含糊，欲言又止，也许有漏记的部分。还有一个原因可能是想来拜访的这位墨者夷之，对自己所学似乎也有所怀疑，孟子对他自不得指责太过，孟子语甚吞吐，也许是期其自悔吧。王夫之在《四书训义》中说："夫即夷之固有之心而动之，未有不动者。故徐子以告，而夷子怃然为间，以追惟其当时厚葬之情，而推其所自生之原，则一本之理若将间之，乃曰：'命之矣。'非以夫子之道命之，而即以之（夷之）之心命之。本不容二，而道之必出于一，不可以墨亢儒，而抑不可屈儒以同于墨。之其知所变矣。"王夫之把事说得复杂了些，但也许是孟子如此委婉背后的实情吧。

6.1　陈代[1]曰：“不见诸侯，宜若小然[2]。今一见之，大则以王，小则以霸。且志曰‘枉尺而直寻[3]’，宜若可为也。”

孟子曰：“昔齐景公田，招虞人以旌[4]，不至，将杀之。‘志士不忘在沟壑，勇士不忘丧其元[5]。’孔子奚取焉？取非其招[6]不往也。如不待其招而往，何哉？且夫枉尺而直寻者，以利言也。如以利，则枉

寻直尺而利，亦可为与？昔者赵简子[7]使王良与嬖
奚[8]乘，终日而不获一禽。嬖奚反命曰：'天下之贱工
也。'或以告王良。良曰：'请复之。'强而后可[9]。一
朝而获十禽。嬖奚反命曰：'天下之良工也。'简子
曰：'我使掌与女乘。'谓王良，良不可，曰：'吾为之
范我驰驱，终日不获一；为之诡遇[10]，一朝而获十。
《诗》云："不失其驰，舍矢如破[11]。"我不贯[12]与小人
乘，请辞。'御者且羞与射者比[13]，比而得禽兽，虽
若丘陵，弗为也。如枉道而从彼，何也？且子过矣，
枉己者未有能直人者也。"

　　陈代对孟子说："老师您不去谒见诸侯，好像有点小气
了。现在去见他们，大则可以帮他行王道，小则可以帮他称
霸。而且书上记载说'看起来被委屈成一尺了，但等机会一
到伸直起来，就会有八尺之长呢'，好像可以有所作为啊。"

　　孟子说："以前齐景公去打猎，用旌旗招请管理范围的
虞人，虞人抗命不来，景公要杀了他。孔子曾说：'志士不
怕死在沟壑，勇士不怕掉脑袋。'孔子为什么称许他呢？赞
许他因为君主不以正常的礼节招请便不去。假如诸侯连招
都不招我便去了，那成何体统了呢？况且枉尺直寻，是从
功利的出发点来说的。如果从功利的角度来看的话，那么
委屈了八尺而只得一尺的利，也可以做吗？从前赵简子派
王良帮他的宠臣奚驾车去打猎，一整天没有收获一只鸟。

宠臣奚向简子回报说：'他是天下最差劲的驾车人。'有人把这话告诉了王良，王良跟奚说：'请再来一次。'再三勉强了后他才答应，结果一个早上便猎获了十只鸟。宠臣奚便回报说：'他是天下最好的驾车人。'简子说：'我就派他专门给你驾车。'便跟王良说了，王良不肯，说：'我按规矩驰驱，一整天没捕获一只；不按规矩驰驱，一个早上就捕获了十只。《诗经》说："按规矩奔驰，射箭便会射中目标。"我不习惯给小人驾车，请允许我辞去。'一个驾车人尚且羞于跟这种射手在一起，即使在一起猎得的禽兽堆得如丘陵般高，也不会去干。要我枉屈了正道与那些人为伍，何必呢？恐怕你错了，自己不正直的人从来没有能够让人正直的。"

1 陈代：孟子弟子。

2 宜若小然：好像稍小气了。客气的批评语。宜若，似乎，好像。小，指谨守小节，小气。

3 枉尺而直寻：在尺的地方受屈，在寻的地方伸直。寻，八尺。比喻不在乎小的损失，而图在大处的收获。朱注："犹屈己一见诸侯，而可以致王霸，所屈者小，所伸者大也。"

4 招虞人以旌：以旌招管苑囿的官吏。虞人，守苑囿的官吏。古时君王招请臣下是要凭借信物的。朱注："招大夫以旌，招虞人以皮冠。"齐景公以旌招请虞人是错的，故而虞人不至。《孟子·万章下》有"以大夫之招招虞人，虞人死不敢往"，可证。

5 志士不忘在沟壑，勇士不忘丧其元：志士不怕弃尸沟壑，勇士不怕失其头颅。不忘，不惧怕。依后文看，孟子可能以为是孔子所说。

6 招：招请，招致。

7 赵简子：晋大夫赵鞅。

8 **王良与嬖奚**：王良，齐国的善御者。嬖奚，齐王的爱幸小臣，名奚。

9 **强而后可**：勉强了以后才答应。

10 **诡遇**：不在禽兽的正面射禽兽。朱注："诡遇，不正而与禽遇也。"此处可能指不以正常的方式驾车。

11 **不失其驰，舍矢如破**：舍矢，射箭。如，而。破，破的，即射中目标。此《诗经·小雅·车攻》中句，言驾车不失法度，而射者又有所收获。朱注："言御者不失其驰驱之法，而射者发矢皆中而力。"

12 **贯**：习惯。

13 **比**：并。

　　孔、孟都想借施政来推广自己的政治理想，所以必须做官。有礼贤下士的国君来请，自然最好；没礼贤下士的国君来请，就要自己去求职。而求职过程，并不轻松，求见君王，结交权臣，必须根据对方的德智贤愚，使出各种姿态与手段来，而姿态、手段又不能卑琐得让自己难堪，更不能过于委屈求全，可说备极苦辛。

　　此章所写虽未点明何时何地，但见君或不见君，应是孟子经常碰到的情境。此章在说明自己为何不主动谒见国君，孟子的考虑是多方面的。朱子看到这状况，不得不引"或者"曰"居今之世，出处去就不必一一中节，欲其一一中节，则道不得行矣"，似已体会孟子的心情。陈代这个弟子并不了解，以为孟子无官可做是过于守道不渝或太过拘谨所致，便以"枉尺而直寻"来劝说老师。其实孟子知道，枉道事人，不但"寻"不见得直，连自己仅有的"尺"也将随之没了，值得吗？便很耐心地用景公招虞人与王良诡遇的故事，说明两难的状况。

最后一句"枉己者未有能直人者也"，其实是警语，求官之外，也有很多地方都适用。正统的儒家认为以正守身比高官厚爵还要来得贵重，杨时说："何其不自重也，枉己其能直人乎？古之人宁道之不行，而不轻其去就；是以孔、孟虽在春秋战国之时，而进必以正，以至终不得行而死也。使不恤其去就而可以行道，孔、孟当先为之矣。孔、孟岂不欲道之行哉？"（《四书章句集注》）把孔、孟的处境说得很惨淡，但孔、孟真精神，确实是在此种惨淡之处才能充分展现，读者须注意。

6.2　　景春[1]曰："公孙衍[2]、张仪[3]，岂不诚大丈夫哉？一怒而诸侯惧[4]，安居而天下熄[5]。"

孟子曰："是焉得为大丈夫乎？子未学礼乎？丈夫之冠也，父命[6]之。女子之嫁也，母命之，往送之门，戒之曰：'往之女家[7]，必敬必戒，无违夫子[8]。'以顺为正者，妾妇之道也。居天下之广居[9]，立天下之正位[10]，行天下之大道[11]。得志，与民由之；不得志，独行其道。富贵不能淫[12]，贫贱不能移[13]，威武不能屈[14]。此之谓大丈夫。"

景春说："公孙衍、张仪，难道不是大丈夫吗？他们一发怒，诸侯就会害怕；他们安居在家，天下的战火就会熄灭。"

孟子说："这怎算得上是大丈夫呢？你没学过礼吗？男子举行冠礼时，父亲要给以教导。女子出嫁时，母亲要给以教导，送她到门，告诫她说：'你到了夫家，一定要谨慎，一定要警惕，不要违背丈夫。'把顺从当作正道，是做人妻妾的原则。（而男子汉就不该如此了，）男子汉该住在天下最大的居室，站在天下最正的位置，走在天下最宽的大道。得志的时候，跟人民一起照着正道来实行；不得志，要独自坚守自己的原则。富贵不能乱我心，贫贱不能移我志，威武不能屈我节。这样才能叫作大丈夫！"

1 **景春**：与孟子为同时代的人，擅长纵横之术。

2 **公孙衍**：魏人。在魏曾为犀首（官名），便以为号，后入秦为大良造，张仪之后曾为秦相，《史记·张仪列传》说他"尝佩五国之相印"。

3 **张仪**：魏人。传说与苏秦同师鬼谷子，学成与苏秦各倡合纵、连横之策，曾为秦相。

4 **一怒而诸侯惧**：发起脾气来连诸侯都会害怕。朱注："怒则说诸侯使相攻伐，故诸侯惧也。"

5 **安居而天下熄**：熄，指战火熄。赵注："安居不用辞说，则天下兵革熄也。"

6 **命**：教导。

7 **女家**：夫家。女，同"汝"，你。古以夫家为女子所归之处，故称夫家为汝家。

8 **夫子**：丈夫。

9 **居天下之广居**：所住是天底下最大的居室。朱注："广居，仁也。"

10　**立天下之正位**：所立是天底下最正的位置。朱注："正位，礼也。"

11　**行天下之大道**：所行走是天底下最宽的道路。朱注："大道，义也。"

12　**富贵不能淫**：人处富贵，也不会散荡自己的心志。淫，水在平面散开的样子，喻散荡。朱注："淫，荡其心也。"，

13　**移**：移动，转变。朱注："变其节也。"

14　**屈**：挫败。朱注："挫其志也。"

　　这是孟子书中最奇崛刚直的一章。议论堂堂，又斩钉截铁。

　　《四书章句集注》引何镐（字叔京）曰："战国之时，圣贤道否，天下不复见其德业之盛；但见奸巧之徒，得志横行，气焰可畏，遂以为大丈夫。不知由君子观之，是乃妾妇之道耳，何足道哉？"说得不错，但忽略了孟子说此话时的气势。

　　王夫之在《四书训义》中的解释最能把握此精神，他在解说"不得志，独行其道"时说："得志，则仁以息民，礼以善俗，义以裁物，民之生以厚而德以正，共由之矣。不得志，则无欲而静，无妄而庄，无思而直，独行之而道终不枉。故富贵不能淫焉，位高金多不以傲物；贫贱不能移焉，槁项黄馘无所愧丑；威武不能屈焉，生死荣辱无所慑栗。如此者，天之命我为丈夫，以阳刚至健之理气役使万物，宰制群动；而我浩然之气与天相配，不使阴幽柔媚之气乘运数以荡我而靡之。故说万乘之君，藐之而无畏其大也。诚然大矣！仪、衍何足以语此？"持同样观点的人很多，但能解释得这么透彻这么浩荡的很少。

　　孟子时代尚受重男轻女习俗之影响，以"妾妇之道"来

与"大丈夫"相对,这是时代的局限,是错的。现在看来,孟子此大丈夫的观念,应是所有人气度的最高典范,女性亦可当之。

6.3　周霄[1]问曰:"古之君子仕乎?"

孟子曰:"仕。传曰:'孔子三月无君[2]则皇皇如[3]也,出疆必载质[4]。'公明仪曰:'古之人三月无君则吊[5]。'"

"三月无君则吊,不以急乎?"

曰:"士之失位也,犹诸侯之失国家也,礼曰:'诸侯耕助[6],以供粢盛[7];夫人蚕缫,以为衣服[8]。'牺牲不成[9],粢盛不洁,衣服不备,不敢以祭。'惟士无田,则亦不祭。'牲杀、器血、衣服不备,不敢以祭,则不敢以宴,亦不足吊乎?"

"出疆必载质,何也?"

曰:"士之仕也,犹农夫之耕也,农夫岂为出疆舍其耒耜哉?"

曰:"晋国[10]亦仕国[11]也,未尝闻仕如此其急。仕如此其急也,君子之难仕[12],何也?"

曰:"丈夫生而愿为之有室[13],女子生而愿为之有家。父母之心,人皆有之。不待父母之命,媒妁之言，钻穴隙相窥[14]，逾墙相从，则父母国人皆贱之。古之人未尝不欲仕也，又恶不由其道。不由其道而往者，与钻穴隙之类也。"

周霄问道："古代的君子做官吗？"

孟子说："做官的。古书有记：'孔子假如三个月没有国君任用他，就会惊恐、慌张，离开国境时，车上一定载着送别国国君的礼物。'公明仪说：'古代的人要是三个月没有得到国君任命，就得去安慰他。'"

周霄说："三个月没有国君任命就要去安慰他，不是太急了吗？"

孟子说："士失掉官位，就像诸侯失去了国一样。礼书上说：'诸侯亲耕，用来供给宗庙的祭品；夫人亲自养蚕缫丝，用来供给祭祀的礼服。牺牲贡品不肥壮，谷物不清洁，礼服不完备，不敢用来祭祀的。士如没有祭田，便也不敢祭祀了。'牲口、祭器、礼服不具备，不敢祭祀，也不敢举办宴会，这个人不也值得安慰吗？"

周霄说："离开时，车上一定载着送别国国君的礼物，这是什么道理呢？"

孟子说："士做官，跟农夫种田一样，农夫难道会因离开国境便舍弃了他的耒耜吗？"

周霄说："我们魏国也是个可以做官的国家，却没有听说找官做是这样急切的。假如找官来做这么急切，却有些君子不轻易出来做官，又是什么道理呢？"

孟子说："男子生下来，父母就希望给他找妻室；女子

　　　　　　　　　　　　　　　　　　　孟子讲析

生下来，父母就希望给她找婆家。这是天下父母都有的。要是没等父母的命令，未经媒妁的介绍，钻洞隙扒门缝来偷看，越过墙去幽会，那么父母与国人都会轻贱他的。古代的人没有不想做官的，但讨厌不依正道去求官。不由正道地求官，跟那些钻洞相窥的男女没两样啊。"

1 周霄：魏人。

2 无君：落职，指无君可事。

3 皇皇如：惶遽貌。同惶惶然。

4 载质：随车载有要送人的礼物。质，同"贽"，礼物。朱注："质，所执以见人者，如士则执雉也。"

5 吊：安慰。对人表示哀伤、同情或安慰的行为。

6 耕助：即耕田。分配给国君的田有百亩，叫藉（也作"耤"）或助，所产以供宗庙祭祀之用。

7 粢盛（zī chéng）：宗庙祭祀所用的农作物供品。

8 衣服：指祭祀所穿的服装。

9 牺牲不成（shèng）：指用以祭祀的牛羊猪等牲口不够肥美。成，同"盛"。

10 晋国：指魏国。魏在春秋时属晋，故也称晋国。

11 仕国：可出仕之国。

12 难仕：难以出仕。

13 有室：有妻。

14 钻穴隙相窥：钻洞隙开门缝以偷看。比喻不正当。

本篇首章陈代劝孟子出仕，孟子以虞人拒招与王良拒驾事说明自己绝不枉道事人，由此章最后一句"不由其道而往者，与钻穴隙之类也"看来，其实是前章的续文。

此章为说明求官、做官的正当性，但举古书载"孔子三月无君则皇皇如也"与公明仪说"古之人三月无君则吊"，似把孔子与公明仪都说低说小了。文中的"传曰"不知何本？或此"传"应是传说之传？

孔子周游列国的目的是求官，这是周知的事实，但说孔子"三月无君则皇皇如也"，出国境必带着致送他国国君的礼物（"出疆必载质"），这样描写孔子汲汲营营以谋做官，就有些不堪了。历代注家多在"载质"上作多面的讨论，《仪礼·士相见礼》就有士相见时致送"质"的各种记录，所以"致质"是既存的事实，但《仪礼》所记多指平行的士之间的礼节，而非求见国君之礼（有干谒之嫌），这种讨论对解释孟子之言无益。也许孟子说的"孔子三月无君则皇皇如也，出疆必载质"是真相，但可能还有更大的真相要写，"皇皇如"与"载质"只是其中的一二，则何须缕缕于此呢？

更大的真相是什么？孔子跟孟子一样，都有高远的理想，孟子倡行仁义的王道，孔子曾说"周监于二代，郁郁乎文哉！吾从周"（《论语·八佾》），是想恢复西周盛时文治的规模，假如有此机会，应积极担当，让生灵有救，文化有继，不是更该写吗？还有一点更为重要，就是他们始终没有因现实的无可救药便放弃了理想。做官有荣耀自己的意思，但目标不仅在此，因为有更崇高的使命与理想以待完成，不然孟子怎么会说"得志与民由之，不得志独行其道"（6.2）呢。

此章结尾盛大又有力，是孟子为文的本色。而前面所举的例子稍卑琐了，也不见得是完整的事实，不能与后文相称，该段描写可以说是败笔。

6.4　　彭更[1]问曰："后车数十乘，从者数百人，以传食[2]于诸侯，不以泰[3]乎？"

孟子曰："非其道，则一箪食不可受于人；如其道，则舜受尧之天下，不以为泰。子以为泰乎？"

曰："否。士无事而食，不可也。"

曰："子不通功易事[4]，以羡[5]补不足，则农有余粟，女有余布；子如通之，则梓匠[6]轮舆[7]皆得食于子。于此有人焉，入则孝，出则悌，守先王之道，以待后之学者，而不得食于子。子何尊梓匠轮舆，而轻为仁义者哉？"

曰："梓匠轮舆，其志将以求食也。君子之为道也，其志[8]亦将以求食与？"

曰："子何以其志为哉？其有功于子，可食而食之矣。且子食志乎？食功乎？"

曰："食志。"

曰："有人于此，毁瓦画墁[9]，其志将以求食也，则子食之乎？"

曰："否。"

曰："然则子非食志也，食功也。"

　　彭更问道："后面跟随着几十辆车子，随从几百人，从这一国吃到另一国，不是太过分了吗？"

孟子说："要是不合正道的话，一小篮子饭也不可接受；要是合乎正道的话，就是舜接受了尧的天下，也不算过分的。你还认为过分了吗？"

彭更说："不是这样的。我认为读书人不做事就吃饭，是不可以的。"

孟子说："你如不互通成果，交换各行业的产品，拿多余的交换不足的，那么农民就有多余的粮食，织女就有多余的布匹；你如互通成果，那么木匠、车匠都可以从你那儿得到吃的。假使这里有个人，在家孝顺父母，出外尊敬长上，严守先王留下的正道，期待后学继续发扬光大，却不能从你这儿得到吃的。你为什么尊重木匠、车匠，而轻视行仁义的人呢？"

彭更说："那些木匠、车匠，他们的动机就是为了谋口饭吃。君子要学道行道，他们的动机也是为了谋口饭吃吗？"

孟子说："你干嘛要管他们的动机呢？他们对你有功劳，可以给便给他们饭吃了。再说你是为了动机给他们饭吃的呢？还是为了功劳给他们饭吃的呢？"

彭更说："为了动机。"

孟子说："这里有个人，把屋瓦打破，在你新刷过的墙上乱画，他的动机是想弄口饭吃，你会给他吃的吗？"

彭更说："不会的。"

孟子说："这样说来，你给他饭吃不是论动机，而是论功劳的。"

1 彭更：孟子弟子。

2 **传**（zhuǎn）**食**：在客馆饮食。焦循《孟子正义》曰："传食，谓舍止诸侯之客馆而受其饮食也。"

3 **泰**：甚，太过。

4 **通功易事**：通人之功而交易其事。

5 **羡**：多余。

6 **梓匠**：木匠。

7 **轮舆**：车匠。

8 **志**：初志，动机。

9 **画墁**（màn）：在新墁的墙上乱画。墁，本义指粉刷墙壁的工具，此代指新粉刷过的墙壁。

此章有两个议题：

一是读书人志向高洁，做高官能辅佐国君行仁政，施惠于民，享受国君给他好的待遇，并不算过分。

二是论志与功，志是人的初心，功是他所作所为的功劳成就。高官厚禄，论的是该不该得，也就是只论他的功劳，在此层面上，无须问他的动机初心。文中虽未谈，但有含义是指做官的对社会的功劳并不亚于梓匠、轮舆，假如容许梓匠、轮舆有饭吃，做官的也理应有饭可吃。

6.5　　　万章[1]问曰："宋，小国也，今将行王政，齐、楚恶而伐之，则如之何？"

孟子曰："汤居亳[2]，与葛为邻。葛伯放而不祀[3]，汤使人问之曰：'何为不祀？'曰：'无以供牺牲也。'

汤使遗[4]之牛羊，葛伯食之，又不以祀。汤又使人问之曰：'何为不祀?'曰：'无以供粢盛也。'汤使亳众往为之耕，老弱馈[5]食。葛伯率其民，要[6]其有酒食黍稻者夺之，不授者杀之。有童子以黍肉饷，杀而夺之。《书》[7]曰'葛伯仇饷'，此之谓也。为其杀是童子而征之，四海之内皆曰：'非富天下也，为匹夫匹妇复雠也。'汤始征，自葛载[8]，十一征而无敌于天下。东面而征，西夷怨，南面而征，北狄怨，曰：'奚为后我?'民之望之若大旱之望雨也，归市者不止，芸者不变。诛其君，吊其民，如时雨降，民大悦。《书》[9]曰：'徯我后，后来其无罚。''有攸[10]不惟[11]臣，东征，绥[12]厥士女，匪厥玄黄[13]，绍[14]我周王见休[15]，惟臣附于大邑周。'其君子[16]实玄黄于匪，以迎其君子；其小人箪食壶浆，以迎其小人。救民于水火之中，取其残[17]而已矣。《太誓》[18]曰：'我武惟扬[19]，侵于[20]之疆，则取于残，杀伐用张，于汤有光。'不行王政云尔，苟行王政，四海之内皆举首而望之，欲以为君；齐楚虽大，何畏焉?"

万章问道："宋是个小国，现在想推行王道政治，齐、楚都讨厌它，要派兵攻打它，这该怎么办?"

孟子说："汤住在亳地，与葛为邻。葛伯行为放任而不进行祭祀，汤派人去问他说：'为什么不祭祀呢？'答道：'没三牲做祭品啊。'汤派人送给他牛羊，但葛伯把牛羊吃了，却不用来祭祀。汤又派人问他说：'为什么不祭祀呢？'答道：'没有谷物可供神。'汤便派亳地的民众前去替他们耕种，老弱的人给耕地的人送饭。葛伯却领着自己的百姓，拦截那些送粮食酒菜的人，进行抢夺，不肯交出来的就杀掉。有个孩子是送饭送肉的，竟也被杀掉，饭、肉被抢夺了。《尚书》记有'葛伯仇视送饭的人'，说的就是这件事。汤为了葛伯杀孩子的事征伐他，四海之内的人都说：'汤不是贪图天下的财富，而是为百姓报仇。'汤的作战，便是从葛国开始的，十一次征伐而没有能与他抗衡的。汤向东征伐，西边的人不高兴，向南征伐时，北边的人不高兴，说：'为什么不先是我？'百姓盼望他来拯救，就像大旱时盼望下雨一样。汤军队所至，做生意的人不停止做买卖，耘田的人不停下来躲避。杀了为害的国君，安抚底下的百姓，好像应时的雨降下来，百姓非常高兴。《尚书》说：'等待我的君王，王来了我们便不再受罪了。'又说：'有些不服周统治的臣国，周武王便东征讨伐，安定了他们的男女，他们都以筐装着黑色与黄色的币帛来欢迎，请求与周王相见，得其光彩，希望做大周国的臣民。'官员在筐里装满黑色与黄色的币帛，来欢迎解救他们的周朝官员；而百姓用竹筐盛着饭，用壶装着酒浆来迎接解救他们的士兵，就是因为周武王拯救百姓于水火之中，杀了残害他们的暴君罢了。《太誓》说：'我军威武奋扬，进入敌国疆域，为了除去残暴，杀伐的动作因而扩大了，但我们的功劳要比商汤时更辉煌。'不行王道政治便罢了，假如宋国能实施王道，四海之内的人都抬起头来盼望着，希望他来做国君；齐、楚虽然强大，有什么可怕的呢？"

1 **万章**：孟子弟子。

2 **亳**（bó）：汤都。在今河南商丘。

3 **放而不祀**：行为放荡，不祀祖宗。

4 **遗**（wèi）：赠送。

5 **馈**：赠人食物。

6 **要**：拦截，阻止。

7 **《书》**：《尚书·商书·仲虺之诰》。

8 **载**：始。

9 **《书》**：此引首句来自《尚书·商书·仲虺之诰》，后句引自《尚书·周书·武成》，都有小异，朱注："按《周书·武成》篇载武王之言，孟子约其文如此。然其辞时与今书文不类，今姑依此文解之。"

10 **有攸**：有所。

11 **不惟**：朱注："有所不惟臣，谓助纣为恶，而不为周臣者。"

12 **绥**：安。绥，原指上车时所扶拉的绳索，是为安全所设，故引申为安。

13 **匪**（fěi）**厥玄黄**：将黑与黄的币帛置于筐篚之中，以迎佳宾。匪，置物的竹筐，一作"篚"。朱注："言其士女以筐盛玄黄之币，迎武王而事之也。"古以丝绸代钱币（"币""帛"都从巾，可证），玄、黄为丝绸的颜色。

14 **绍**：继。

15 **休**：庇荫，同"庥"（xiū）。

16 **君子**：指在位之人。

17　**残**：害。

18　**《太誓》**：《尚书·周书》一篇，所引与原文小异。

19　**我武惟扬**：武，周武王自称，言周武王威武奋扬。

20　**于**：一作语助词。朱注："言武王威武奋扬，侵彼纣之疆界，取其残贼，而杀伐之功因以张大，比于汤之伐桀又有光焉。"一指于同"邘"，是古代的方国。陈梦家《尚书通论》作此解。

　　宋国与齐国、楚国相比，当然是绝小之国。孟子认为宋国要施行仁政，要以王道治国，但明眼人都知道这主张有点迂阔，因为这样是敌不过齐、楚的。

　　孟子的"敌"的观念与当时其他人的观念是不一样的，他深信"仁者无敌"，这话每碰到一个人他都会讲。依他的理论，当一个国君行仁政，就会有百姓来归附他，小的就会变成大的，弱的就会变成强的，而对方如实施的是暴政，百姓会逃离他的统治，大的也会变成小的，强的也会变成弱的，所以敌我形势是在不断地变化的。

　　孟子善于举例，他在历史上非常喜欢举商汤与周武王的例子，因为商汤与周武王都是以寡敌众，以少胜多，这些例子他几乎已举滥了，但言者谆谆，听者藐藐，他遇到的几个国君都不太能听进去，始终没能真正实践的机会。

　　仁政当然好，要实行仁政，其实也需有些条件。行仁政要比一般政治更悠缓些，很多时候就会发生缓不济急的现象。生死存亡之际，便顾不了这些了。春秋战国时期，国与国的关系紧张的状况多，悠缓的状况少，急切的人看孔孟的理想，便以之为空疏迂阔了，这是他们总不得志的原因，说起孔子、孟子来，总会有生不逢时之叹。

6.6 孟子谓戴不胜[1]曰:"子欲子之王之善与? 我明告子。有楚大夫于此, 欲其子之齐语也, 则使齐人傅[2]诸? 使楚人傅诸?"

曰:"使齐人傅之。"

曰:"一齐人傅之, 众楚人咻[3]之;虽日挞而求其齐[4]也, 不可得矣。引而置之庄岳[5]之间, 数年, 虽日挞而求其楚, 亦不可得矣。子谓薛居州[6], 善士也, 使之居于王所[7]。在于王所者, 长幼卑尊皆薛居州也, 王谁与为不善? 在王所者, 长幼卑尊皆非薛居州也, 王谁与为善? 一薛居州, 独如宋王何?"

孟子对戴不胜说:"你希望你的君主学好吗? 我明白告诉你吧。假如这里有个楚国大夫, 想要让他儿子学齐国话, 那么该找齐国人教呢? 还是找楚国人教呢?"

戴不胜说:"找齐国人教他。"

孟子说:"一个齐国人来教他, 但四周有很多楚国人来吵扰他;纵使天天打他要求他说齐国话, 也是做不到的。假如带他到齐都临淄热闹的庄岳里住几年, 纵使每天打他要求他说楚国话, 也不成了。你说的薛居州, 是个好人, 让他随侍王的左右。假如在王左右的人, 不论长幼尊卑都是薛居州这样的人, 王会跟谁一起干出坏事来呢? 假如在王左右的人, 不论长幼尊卑都不是薛居州这样的人, 王又会跟谁一起干出好事来呢? 一个薛居州, 能把宋王怎么样呢?"

1 戴不胜：宋臣。

2 傅：教。

3 咻（xiū）：喧嚷。

4 齐：指齐语。

5 庄岳：里名，在齐都临淄。

6 薛居州：宋臣。

7 居于王所：处于王之左右。

在孟子的时代，君主往往不成才（从历史上看，三千年来无论天子还是诸侯，成才的不多），所以需要仁人君子辅佐以成才。朱子言："小人众而君子独，无以成正君之功。"这么说来，君子不只操心国君，也得应付四周的小人，十分辛苦。

王夫之在《四书训义》中说："呜呼！进贤之道，先在除奸。共、驩不殛，则舜、禹不兴；管、蔡不诛，则周公且以疑忌而居东，况区区一薛居州之善乎？故匡君者，荐贤士不如击去小人，而教子者，择师傅不如使离恶俗。乃曰和光同尘，可以安身而利国，此臣之所以不臣，父之所以不父也。"反过来说，也是很有道理的，但似要把整个朝廷彻底清洗一次才行，这个工程太大了，不要说朝臣戴不胜做不到，客人孟子更是做不到的。在那个时代，达到这目标根本是无望的，说了又有什么用呢？

6.7

公孙丑问曰："不见诸侯，何义？"

孟子曰："古者不为臣不见。段干木[1]逾垣而避之，泄柳[2]闭门而不内[3]，是皆已甚。迫[4]，斯可以见矣。阳货[5]欲见孔子，而恶无礼，大夫有赐于士，不得受于其家，则往拜其门。阳货瞰[6]孔子之亡也，而馈孔子蒸豚；孔子亦瞰其亡也，而往拜之。当是时，阳货先，岂得不见！曾子曰：'胁肩谄笑[7]，病于夏畦[8]。'子路曰：'未同而言，观其色赧赧然，非由之所知也[9]。'由是观之，则君子之所养可知已矣。"

公孙丑问道："不去求见诸侯，是什么意思？"

孟子说："古时的人不是臣子是不会去求见诸侯的。传说魏文侯想去看段干木，段干木跳墙而躲开了；鲁穆公要见泄柳，泄柳紧关大门而不让穆公进来，这些都做得有点过分。国君如此迫切想见你，见一见也是可以的。阳货想要孔子来看他，却担心别人说他不礼貌，知道大夫给士有所赏赐，士不能在家亲自接受的话，就要到大夫家拜谢。阳货探听到孔子不在家，就给孔子送去了蒸豚；孔子也探听到阳货不在家，才前往拜谢。这个时候要是阳货先去看孔子，孔子岂会不见他呢！曾子说过：'耸着双肩谄媚的笑，这比夏天在菜园种菜还辛苦。'子路说：'分明不赞同他，却要表现出惭愧的脸色应付他，这种人我是不明白的。'从这里，君子该如何培养自己的品德大约可以知道了。"

1 段干木：魏文侯时人。

2 泄柳：鲁缪公时人。朱注曰："文侯、缪公欲见此二人，而二人不肯

　孟子讲析

见之，盖未为臣也。"

3 **内**：同"纳"。

4 **迫**：切。朱注："迫，谓求见之切也。"

5 **阳货**：鲁大夫，即阳虎。

6 **瞰**（kàn）：窥伺。

7 **胁肩谄笑**：耸肩强笑。朱注："皆小人侧媚之态也。"

8 **病于夏畦**（xī）：比夏天在菜园种菜还辛苦。病，劳。畦，本指菜园之间的高起的小径，此代指菜圃。

9 **非由之所知也**：子路言，此言之理非我所能知之也。朱注："言非己所知，甚恶之之辞也。"

"不为臣不见"是规矩，也是自我要求的品德。除非是外国使节，不是该国的官员，求见该国的国君，否则便有干谒之嫌，焉有君子会去干谒的呢？

但这个规矩也不是那么硬性的，有时是可以变通的。孔子周游列国，想实施自己的政治理想，不求见国君是不可能的，故《论语·学而》有"夫子至于是邦也，必闻其政"的记录。孔子之于诸侯，有时是诸侯约见，有时是孔子请见，但都很坦荡，彼此都无忸怩之情，因为问心无愧。

6.8　戴盈之¹曰："什一²，去关市之征，今兹³未能，请轻之，以待来年然后已⁴，何如？"

孟子曰："今有人日攘⁵其邻之鸡者，或告之曰：'是非君子之道。'曰：'请损之，月攘一鸡，以待来年，然后已。'如知其非义，斯速已矣，何待来年？"

戴盈之说："将税率降到十征其一，免征关口与市场的税捐，今年还做不到，预备先减轻一些，等到明年，然后完全废止原来税制，怎么样呢？"

孟子说："现在有个每天都偷邻居鸡的人，有人告诫他说：'这不是君子该做的。'他便说：'预备减少一些，每月偷一只鸡，等到明年，就停止不偷了。'假如知道这种行为是不符合道理的，就该赶快停止，为什么要等到明年呢？"

1 **戴盈之**：宋大夫。

2 **什一**：十征一的税制。

3 **今兹**：当今，指今年。

4 **已**：止。

5 **攘**（rǎng）：偷。朱注："攘，物自来而取之也。"意即所偷之物（鸡）自来，我便据鸡为己有，是为攘。但言"日攘其邻之鸡者"，鸡不可能日日自来，故作偷解比较合适。

知错立改是对的。

但一国的税制要注意稳定性，就是有些不合时宜的规定，也不能说改就改，新法即使都能适应社会的需要，也须考虑旧新制度衔接，及与其他法律规章配合的问题，总之须通盘规划，所以废法修法都需要时间。假如一人认为正确就立即下令改变，很可能会造成混乱，对国家而言也不是好事。

因此，此章戴盈之说的不但是实情，也是负责任的官员该这么想、这么做的。孟子说的"如知其非义，斯速已矣，何待来年"是就品德方面的事而言，在政令上，似须作更慎重且周详的考虑了。

6.9　公都子[1]曰："外人皆称夫子好辩，敢问何也？"

孟子曰："予岂好辩哉？予不得已也。天下之生久矣，一治一乱。当尧之时，水逆行，泛滥于中国，蛇龙居之，民无所定，下者为巢，上者为营窟[2]。《书》[3]曰：'洚水警余[4]。'洚水者，洪水也。使禹治之。禹掘地而注之海，驱蛇龙而放之菹[5]；水由地中[6]行，江、淮、河、汉是也。险阻既远，鸟兽之害人者消，然后人得平土而居之。

"尧、舜既没，圣人之道衰，暴君代作[7]，坏宫室以为污池[8]，民无所安息。弃田以为园囿，使民不得衣食，邪说暴行又作。园囿、污池、沛泽多而禽兽至。及纣之身，天下又大乱。周公相武王，诛纣伐奄[9]，三年讨其君，驱飞廉[10]于海隅而戮之，灭国者五十[11]，驱虎、豹、犀、象而远之，天下大悦。《书》[12]曰：'丕[13]显哉，文王谟[14]！丕承哉，武王烈[15]！佑启我后人，咸以正无缺。'

"世衰道微，邪说暴行有作，臣弑其君者有之，子弑其父者有之。孔子惧，作《春秋》。《春秋》，天子之事也。是故，孔子曰：'知我者，其惟《春秋》乎！罪我者，其惟《春秋》乎！'

　　"圣王不作，诸侯放恣，处士[16]横议，杨朱[17]、墨翟[18]之言盈天下。天下之言不归杨，则归墨。杨氏为我，是无君也；墨氏兼爱，是无父也[19]。无父无君，是禽兽也。公明仪曰：'庖有肥肉，厩有肥马，民有饥色，野有饿莩，此率兽而食人也。'杨、墨之道不息，孔子之道不著，是邪说诬民，充塞[20]仁义也。仁义充塞，则率兽食人，人将相食。吾为此惧，闲[21]先圣之道，距杨、墨，放淫辞，邪说者不得作。作于其心，害于其事；作于其事，害于其政。圣人复起，不易吾言矣。

　　"昔者禹抑洪水而天下平，周公兼夷狄、驱猛兽而百姓宁，孔子成《春秋》而乱臣贼子惧。《诗》[22]云：'戎狄是膺，荆舒是惩，则莫我敢承[23]。'无父无君，是周公所膺也。我亦欲正人心，息邪说，距诐行，放淫辞，以承三圣者。岂好辩哉？予不得已也。能言距杨、墨者，圣人之徒也。"

　　　　　　　　　　　　　　　孟子讲析

公都子说:"别人都说您喜欢辩论,请问为什么?"

孟子说:"我难道喜欢辩论吗?我是不得已的啊。人在这世界已很久了,太平一时,混乱一时。尧统治的时候,大水在整个中国泛滥横行,大地盘踞着龙蛇,人们无处居住,只好在低处找高树结巢,在高处挖山洞居住。《尚书》说:'天要降大水来警告我们。'所降的水就是洪水。尧派禹来治理。禹疏通地上的河道,让水流到海里,把龙、蛇都驱赶到沼泽的草丛中;水顺着河道流淌,像长江、淮河、黄河、汉水都是。大水造成的险阻既然已经消除,害人的鸟兽也不见了,这样人得以在平地居住。

"等尧、舜死了之后,圣人之道衰微,暴君一代又一代地出现,他们毁坏百姓的居室挖掘做他们游赏的深池,让百姓连住的地方都没了。破坏农田作为他们的园林,使百姓得不到衣食,荒谬的学说与残暴的行为不断兴起。园林、池塘、草泽多了,禽兽也就来了。到商纣统治的时候,天下又大乱。周公辅佐武王,杀了商纣,讨伐奄地,三年之后杀了奄国的国君,又驱赶飞廉到海边并杀了他,被灭的国有五十个,驱赶危害百姓的虎、豹、犀牛与象到远方,百姓都很高兴。《尚书》说:'多显耀啊,文王的谋略!多光明啊,武王的功绩!帮助、启发我们后代的人,都走正道而无缺陷。'

"世代衰落,道德微浅,荒谬的学说与暴虐的行为又起来了,有臣杀君的,也有子杀父的。孔子十分担心,便作了《春秋》。《春秋》,是天子要做的事。所以,孔子说:'了解我的,恐怕就因这部《春秋》吧!怪罪我的,恐怕也

因这部《春秋》吧！'

　　"圣王不再出现，诸侯恣意放纵，没官守的士子任意发言，杨朱、墨翟的学说充满天下。天下的议论不归之于杨，就归之于墨。杨朱主张一切为我，在他眼中是无君的；墨子提倡兼爱，在他心中是没有父亲的。无君无父的人，那就等于是禽兽了。公明仪说：'厨房里有肥肉，马厩里有肥马，百姓脸上有饥色，野外有饿死的死尸，这就等于是带着禽兽来吃人啊。'杨、墨的学说不消灭，孔子的学说就不显扬，这样就是让荒谬的学说欺骗百姓，而阻碍了仁义的开展了。当仁义被阻塞，就是率兽来吃人，而且人与人也会相互争食的。我为此而担忧，所以熟习古代圣人的学说，排拒杨、墨，驳斥过当的言论，让荒谬的学说不能发挥作用。那些荒谬的学说在心中发生作用，便会危害他的工作；当工作受了影响，便会危害政治。即便是圣人再起，我的言论是不会改变的。

　　"以前禹遏制了洪水而使天下太平，周公兼并夷狄、赶走野兽而让百姓安宁，孔子著《春秋》而使叛乱的臣子、不孝的儿子恐惧。《诗经》说：'攻击戎狄，惩罚荆舒，就没人敢抗拒我。'无父无君的人，是周公所要攻击的。我也要端正人心，消灭荒谬的学说，排除偏激的行为，驳斥过当的言论，以继承前面说的三位圣人的事业。难道是喜好辩论吗？我是不得已的啊。能用言论来反对杨、墨的，才算是圣人的门徒。"

1　公都子：孟子弟子。

2　营窟：挖山洞。

3 《书》：指《尚书·虞书·大禹谟》。

4 **泽水警余**：降下大水来警告我们。泽，同"降"。

5 **菹**（zū）：泽生草处。

6 **地中**：地上的河道。

7 **代作**：更代而起。

8 **污池**：此指君王游赏的深池。

9 **奄**：周初时的方国。

10 **飞廉**：传说纣时的大臣。

11 **灭国者五十**：周公所灭之国有五十个。朱注："五十国，皆纣党虐民者也。"

12 《书》：指《尚书·周书·君牙》。

13 **丕**：大。

14 **谟**：谋。

15 **烈**：光。

16 **处士**：士不官于朝而居家者。

17 **杨朱**：当在孟子之前，大约是个极端的个人主义者，其书不传。今《列子》有《杨朱篇》。

18 **墨翟**：习称墨子，传说鲁人，一说宋人。著有《墨子》。

19 **墨氏兼爱，是无父也**：墨子倡兼爱理想，儒家认为墨子兼爱主张无等差，视人父为己父不可行，所以极力反对。朱注："墨子爱无差等，而视其至亲无异众人，故无父。"

20 **充塞**：阻塞。

21 **闲**：熟习。赵注："闲，习也。"杨伯峻《孟子译注》作"防闲、捍卫"解。此处采用赵注。

22 《诗》：指《诗经·鲁颂·閟宫》。

23 **承**：当，抵抗。

此章是孟子为自己有好辩之名而辩解，是《孟子》中最有纵横之姿的一章。

他将自己的辩论跟历史上的大禹治洪水、周公相武王诛纣伐奄，与孔子著《春秋》的事业等量齐观，相提并论，可见自负极高。他认为在尧舜时代，人的危机在洪水猛兽；在周初，人的危机在暴政与野蛮文化；在孔子时代，人的危机在世衰道微、邪说暴行，孔子保存了历史的真相，才使正道在人间有恢复的希望。

孟子时代，人们不再受洪水猛兽侵犯，而暴政或夷狄的影响也减轻了，孟子遭遇的跟孔子所遭遇的很相似，便是价值上的错乱所形成的动荡与危机。孟子说："圣王不作，诸侯放恣。处士横议，杨朱、墨翟之言盈天下。天下之言不归杨，则归墨。"他把罪归咎于杨、墨，又说："杨氏为我，是无君也；墨氏兼爱，是无父也。无父无君，是禽兽也。"语气太鲜明，论断太猛烈，有些并不合乎事实，但古今中外，辩者的姿态不是一向如此吗？

能说杨朱为我，就一定"无君"吗？能说墨氏兼爱，就必然"无父"吗？老实说，这种推断是很无稽的，讲两者是"禽兽"，更充满了情绪，这在逻辑推演上言，是一种诉诸情感甚至直觉的"谬误"，在做理性的哲学思考上，应力求避免的。然而这种情绪式的语言，往往能形成悬荡之姿，制造了一种特殊恣纵的张力，所以整体而言，是一种文学或艺术上的技术，在哲学上，最好不要应用太过，否则就容易犯以偏概全的错误了。

但从另一角度看，孟子所说也不见得无理。禹奋斗的对象是大自然，周公奋斗的对象是人类社会的不安，孔子奋斗的对象是人类错乱的价值观，所以孔子著《春秋》这部书，要让"乱臣贼子惧"。孟子第一次说他是为继承这三个圣人而活着（"以承三圣者"），而孟子所处的时代，人所面对的价值体系比孔子时代更为混乱，所以要用比孔子更大的力气去做"正人心，息邪说，距诐行，放淫辞"的工作，因为对象所犯的错更严重了，他在言辞上不惜矫枉过正，目的同样是要让杨、墨之徒"惧"，也不是没有道理的。

《四书章句集注》引尹焞之言："学者于是非之原，毫厘有差，则害流于生民，祸及于后世，故孟子辨邪说如是之严，而自以为承三圣之功也。当是时，方且以好辩目之，是以常人之心而度圣贤之心也。"说得比较心平气和些。但朱子在此章结论说："言苟有能为此距杨、墨之说者，则其所趋正矣，虽未必知道，是亦圣人之徒也。孟子既答公都子之问，而意有未尽，故复言此。盖邪说害正，人人得而攻之，不必圣贤；如《春秋》之法，乱臣贼子，人人得而讨之，不必士师也。圣人救世立法之意，其切如此。若以此意推之，则不能攻讨，而又唱为不必攻讨之说者，其为邪诐之徒，乱贼之党可知矣。"是比较直接延伸孟子之含义而写的，也有意气过强的问题。

综合孟子此章，看到许多诛之、讨之、伐之的字样，朱子之言亦复如此，他们对自己在正义一方深感自豪，对邪说、诐行充满了厌憎之心，但如朱子说"盖邪说害正，人人得而攻之，不必圣贤"的话，就很危险，万一由昏君与权臣说这类话（他们多自认是正直的），就会引起一场残酷的文字狱了。中国自古是言论比较开放的，言论估罪的事虽还是有的，但比之同期或更晚的欧洲，不论频率还是规模还是低且小很多，这是中国的万幸。

孟子善辩，但他逞口舌之利是有目的的，所以说好辩是"不得已"。他与一般的辩士是不一样的，其论说有坚实的道德内涵，而且对之极为坚持。孟子的道德内涵就是仁义，他的坚持就是"得志与民由之，不得志独行其道"(6.2)，这与当时与后代那些见风使舵、颠倒黑白的能言之士是绝不相同的。读者读此章，当有此认识。

关于孟子言墨子兼爱反不得谓之仁，王阳明有段话很有启发性，他对学生陆澄说："仁是造化生生不息之理，虽弥漫周遍，无处不是，然其流行发生亦只有个渐，所以生生不息。……惟其渐，所以便有个发端处；惟其有个发端处，所以生；惟其生，所以不息。譬之木，其始抽芽便是木之生意发端处，抽芽然后发干，发干然后生枝生叶，然后是生生不息。若无芽，何以有干、有枝叶？能抽芽，必是下面有个根在。有根方生，无根便死。无根何从抽芽？父子兄弟之爱，便是人心生意发端处，如木之抽芽。自此而仁民，而爱物，便是发干、生枝、生叶。墨氏兼爱、无差等，将自家父子兄弟与途人一般看，便自没了发端处。不抽芽便知他无根，便不是生生不息，安得谓之仁？"(《传习录》)这段话是从仁民爱物的发端处来讲的，也讲得比较平和，值得参考。

6.10　匡章[1]曰："陈仲子[2]，岂不诚廉士哉？居於陵[3]，三日不食，耳无闻，目无见也。井上有李，螬[4]食实者过半矣，匍匐往，将食之，三咽，然后耳有闻，目有见。"

孟子曰："于齐国之士，吾必以仲子为巨擘[5]焉。虽然，仲子恶能廉？充[6]仲子之操，则蚓而后可者也。夫蚓，上食槁[7]壤，下饮黄泉。仲子所居之室，伯夷之所筑与？抑亦盗跖[8]之所筑与？所食之粟，伯夷之所树与？抑亦盗跖之所树与？是未可知也。"

曰："是何伤哉？彼身织屦，妻辟纑[9]，以易之也。"

曰："仲子，齐之世家也。兄戴，盖禄万钟[10]，以兄之禄为不义之禄而不食也，以兄之室为不义之室而不居也。辟兄离母，处于於陵。他日归，则有馈其兄生鹅者，己频顣[11]曰：'恶用是鶃鶃[12]者为哉？'他日，其母杀是鹅也，与之食之，其兄自外至，曰：'是鶃鶃之肉也！'出而哇[13]之。以母则不食，以妻则食之；以兄之室则弗居，以於陵则居之。是尚为能充其类[14]也乎？若仲子者，蚓而后充其操者也。"

匡章说："陈仲子难道不是个廉洁的人吗？住在於陵，三天没有吃东西，耳朵听不到，眼睛看不见。井上有颗李子，金龟子已吃去了大半，他爬过去，拿来吃，吞了三次才吃下，这样耳朵又能听见，眼睛又能看见了。"

孟子说："在齐国人士中间，我一定把仲子当成大人物啦。但是，他怎能被称为廉洁呢？要是推广仲子的行为，那只有把人变成蚯蚓才可以。像蚯蚓，到地面吃干土，到地下饮泉水（一点都不求人的啊）。仲子所住的房屋，是像伯夷那样高洁的人建造的？或是像盗跖那样败行的人建造的？他吃的粟米，是像伯夷那样高洁的人种植的吗？或是像盗跖那样败行的人种植的吗？这些看来都是不知道的。"

匡章说："这有什么关系呢？他自己编草鞋，他妻子绩麻练麻，用所得交换以谋生。"

孟子说："陈仲子，齐国的世家大族。他的哥哥陈戴，在盖地的俸禄达到万钟，他认为哥哥的俸禄是不义之禄而不吃，认为哥哥的房子是不义之屋而不住。避开哥哥，离开母亲，住在於陵。一天回去，有个人送了只活鹅给他哥哥，他攒眉蹙额，说：'要这种呃呃叫的东西干嘛？'过了些日子，他的母亲杀了这只鹅，给他吃了，他的哥哥正好从外面回来，说：'这是那只呃呃叫的东西啊！'他便跑出去，吐了出来。母亲的食物不吃，却吃妻子的；哥哥的房子不住，却住在於陵，这样还算是廉洁之士吗？如要像仲子这样推行廉洁之道的话，把人变成蚯蚓才能做到啊。"

1　匡章：齐人。《吕氏春秋》高诱注称其为孟子弟子。
2　陈仲子：亦齐人，赵注："齐一介之士，穷不苟求者，是以绝粮而馁也。"故文中称其为"廉士"。
3　於（wū）陵：齐地。
4　螬（cáo）：金龟子的幼虫。朱注："蛴螬虫也。"

5 巨擘（bò）：大人物。朱注："巨擘，大指也。言齐人中有仲子，如众小指中有大指也。"

6 充：推而满之。

7 槁（gǎo）：干的。

8 盗跖（zhí）：春秋时有名的小偷，名跖，因盗而称盗跖，相传是柳下惠的兄弟。

9 辟纑（lú）：做治麻的事。赵注："缉绩其麻曰辟，练其麻曰纑。"

10 兄戴，盖（gě）禄万钟：陈仲子兄名戴，在盖地的俸禄有万钟。盖，地名。

11 频顣（cù）：攒眉蹙额。朱注："频，与'颦'同。顣，与'蹙'同。"

12 鶂鶂（yì yì）：鹅叫声。

13 哇：呕吐。

14 类：此类。指廉士。

求取利益的方式很多，做高士也是一种，但如以做高士来谋求声名，一切就会做作，也就会虚假了。在孟子眼中，陈仲子大约就是此类的人。

这样的人世上很多，而这类人也绝不是坏人，只是做儒家做得不彻底，做高士做得不纯粹。范祖禹说："天之所生，地之所养，惟人为大。人之所以为大者，以其有人伦也。仲子避兄离母，无亲戚、君臣、上下，是无人伦也。岂有无人伦而可以为廉哉？"（《四书章句集注》）说得稍过了，因为陈仲子并不是个"无人伦"的人。朱子说："言仲子以母之食、兄之室，为不义而不食不居，其操守如此。至于妻所易之粟，於陵所居之室，既未必伯夷之所为，则亦不义之类耳。今仲子于此则不食不居，于彼则食之居之，岂为能充满其操守之类者乎？必其无求自足，如丘蚓然，乃为能满其志而得为廉耳，然岂人之所可为哉？"朱子批评他的行为是"不义之类"，也说得过重了。陈仲子既不是范氏说的"不伦"，也不是朱子说的"不义"，他把这些正统儒家所重视的事看得不是顶重要，他看重的往往是其他的事，焦点又有点不集中，其实世上的人大多类此，也无须深究。

7.1 　　孟子曰："离娄[1]之明，公输子[2]之巧，不以规矩，不能成方员。师旷[3]之聪，不以六律，不能正五音。尧、舜之道，不以仁政，不能平治天下。今有仁心仁闻而民不被其泽，不可法于后世者，不行先王之道也。故曰：徒善不足以为政，徒法不能以自行。《诗》[4]云：'不愆不忘[5]，率由旧章。'遵先王之法而过者，未之有也。圣人既竭目力焉，继之以规矩准绳，以为方员平直，不可胜用也；既竭耳力焉，继之以六律正五音，不可胜用也；既竭心思焉，继之以不忍人之政，而仁覆天下矣。故曰：为高必因丘陵，为下必因川泽。为政不因先王之道，可谓智乎？

"是以惟仁者宜在高位。不仁而在高位，是播其恶于众也。上无道揆[6]也，下无法守也。朝不信道，工不信度，君子犯义，小人犯刑[7]，国之所存者，幸也。故曰：城郭不完，兵甲不多，非国之灾也；田野不辟，货财不聚，非国之害也。上无礼，下无学，贼民[8]兴，丧无日矣。《诗》[9]曰：'天之方蹶[10]，无然泄泄[11]。' 泄泄，犹沓沓[12]也。事君无义，进退无礼，言则非先王之道者，犹沓沓也。故曰：责难于君谓之恭，陈善闭邪谓之敬，吾君不能谓之贼[13]。"

　　孟子说："有离娄一样的眼力，公输般一样的技巧，如果不用圆规、曲尺，画不成方圆。有师旷一样的耳力，如果不用六律，不能校正五音。有尧舜之道，如果不行仁政，就不能治理好天下。现在有些诸侯有着仁爱的心肠和仁爱的名声，但百姓却沾不到他们的恩泽，他们的政治也不能成为后世的典范，就是因为他们没实行先王之道的缘故。
　　所以说：光是有好心，不足以从事政治，而光有好的法律也不够，因为好法律不能自己去施行。《诗经》说:'不要走偏，也不要遗忘，一切都照旧规矩去做。'遵照先王的法度而会犯错，是从没有的事。圣人已极尽了目力，又用了圆规、曲尺、水准器、绳墨来做那些方、圆、平、直的东西，可做成的东西就无穷无尽了；圣人已极尽了耳力，又用了六律来正五音，可听到的声音也就无穷无尽了；圣人已极尽了心思，又施行了不忍人的政治，这样仁德就可覆盖天下了。所以说:堆高台一定要借着丘陵，挖深池一定要借着川泽。为政不借先王之道，能够算是聪明吗?

"因此，只有仁者适宜处于统治地位。如果让不仁者处于统治地位，等于是将罪恶传播给众人。在上没有道德规范，在下没有法律约束。朝廷上的人不信道义，工人不信尺度，官员冒犯道德，下民冒犯法条，这样国家还能生存就是侥幸了。所以说:城墙不完整，兵甲不够多，不是国家的灾害；田野没有开垦，财货没有聚集，也不是国家的祸患。居上的人不知礼，居下的人不知学，违法乱纪的人蜂拥而起，那国家就也快灭亡了。《诗经》说:'天有动乱之象，不要多言。'这里的多言，就是指乱说一通。事奉国君不义，进退无礼，嘴里说的都不是先王之道，这就是所谓的乱说一通了。所以说:从善固然困难，却还是得要求国君做困难的事叫作恭，为国君陈述善事、闭塞邪恶发生叫作敬，而认为我们国君不能向善叫作贼。"

1 离娄:相传为黄帝时人，目力极强，可于百步之外察见秋毫之末。

2 公输子:名般，或班，春秋鲁人，又称鲁班，是有名的巧匠。

3 师旷:春秋时晋平公的乐太师，以耳聪知名。

4 《诗》：指《诗经·大雅·假乐》。

5 不愆不忘：不会犯错，不会遗忘。愆，过。

6 揆：度。

7 君子犯义，小人犯刑：君子冒犯道义，小人冒犯刑罚。此处的君子、小人指社会不同阶层者。

8 贼民：乱民、害民。

9 《诗》：指《诗经·大雅·板》。

10 天之方蹶：天之将动。言天将令世界有大变动。朱注："蹶，颠覆之意。"

11 泄泄：多言貌。

12 沓沓：多言貌。

13 贼：害。

　　治国须上下齐力，不能偏废。此章其实在谈治国之道，前段言国君的责任，后段言臣的责任。

　　国君要立志行先王之道，所谓先王之道就是仁义之道，就是不忍人之政；臣子要尽力辅佐国君朝目标前进。孟子运用了他"性善"的观点，认为任何人包括国君，都有达到至善的可能。在臣而言，"责难于君谓之恭，陈善闭邪谓之敬，吾君不能谓之贼"，范祖禹言："人臣以难事责于君，使其君为尧、舜之君者，尊君之大也；开陈善道以禁闭君之邪心，惟恐其君或陷于有过之地者，敬君之至也；谓其君不能行善道而不以告者，贼害其君之甚也。"（《四书章句集注》）说得很正确。孟子在此所下的评论都很清楚，也很重。

　　但读此章也要有个认识，孟子时时提出的"先王之道"应是一种德治与治术配合得非常好的制度。行之有年也有实效，才能称之为"先王之道"。但也要知道，先王之道不见得完全能应对现实之所需，因为政治上有很多事是现在独有的，而古人未曾见过，必须另觅解决之道，从过去经验得到智慧当然可以，但一味地守成而不知变通就不行了。

此章有很多句子习常被后世引用，如"上无道揆也，下无法守也""朝不信道，工不信度""君子犯义，小人犯刑""徒善不足以为政，徒法不能以自行"等，这些近乎骈俪、有"对句"形式的句法，说理透辟，语气又铿锵有力，可说是《孟子》中的金句或格言，后人多喜引用，已成为中国传统文化不可或缺的部分了。

7.2　孟子曰："规矩，方员之至[1]也；圣人，人伦之至也。欲为君，尽君道；欲为臣，尽臣道。二者皆法尧、舜而已矣。不以舜之所以事尧事君，不敬其君者也。不以尧之所以治民治民，贼其民者也。孔子曰：'道二[2]：仁与不仁而已矣。'暴其民甚，则身弑国亡；不甚，则身危国削[3]。名之曰'幽''厉[4]'，虽孝子慈孙，百世不能改也。《诗》[5]云：'殷鉴不远，在夏后之世[6]。'此之谓也。"

　　孟子说："圆规与曲尺，是方圆的标准；圣人，是人伦的标准。要想做国君，就得尽国君之道；要想做臣子，就得尽臣子之道。这两种，只要效法尧、舜就可以了。不用舜事奉尧的方法来事君，就是对国君的不敬；不用尧治理百姓的方法治理百姓，就是残害百姓。孔子说：'道有两个，仁与不仁罢了。'暴虐百姓过甚，就会自身被杀、国家被灭；不过甚，也会自身危殆、国家被削弱。死后谥号'幽'或'厉'，哪怕他有孝子慈孙，过了百世，也改不过来的。《诗经》说：'夏末的动乱离我并不久远，正好给我们殷商的人做借镜呀。'说的就是这个意思。"

1 至：极高的标准。朱注："至，极也。"

2 道二：道有二，二者之外，更无他道。

3 削：削减，削弱。

4 幽、厉：古时给人的两种恶谥。

5 《诗》：指《诗经·大雅·荡》。

6 殷鉴不远，在夏后之世：殷代应以夏代末年荒乱亡国为借镜。鉴，镜子。后，王，指夏桀。

　　此章"名之曰'幽''厉'，虽孝子慈孙，百世不能改也"，涉及古代的给谥制度，有相当的特殊性。给谥通常有公谥、私谥之分，公谥是由政府的史官所给，私谥则由弟子或后人所赠。私谥给的通常是佳号，称许过世的人对社会的贡献，万一碰到负面的人，便不给谥。公谥的对象往往是政治上的大人物，或社会贤达，因具有公众性，碰到负面人物也无法不给谥，便有"幽""厉"之类的谥号出现了。朱子言："幽，暗。厉，虐。皆恶谥也。苟得其实，则虽有孝子慈孙，爱其祖考之甚者，亦不得废公义而改之。言不仁之祸必至于此，可惧之甚也。"这是一般之论。但要知道后世谥号所臧所否，有时也不见得完全公允，不能据之判断所有。

7.3　　　孟子曰："三代之得天下也以仁，其失天下也以不仁。国之所以废兴存亡者亦然。天子不仁，不保四海；诸侯不仁，不保社稷；卿大夫不仁，不保宗庙；士庶人不仁，不保四体[1]。今恶死亡而乐不仁，是犹恶醉而强酒[2]。"

　　　　　孟子说："夏、商、周三代获得天下是因为行仁，后来丧失天下是因为不仁。诸侯国的兴废存亡也是这样。天子不行仁，保不住天下；诸侯不行仁，保不住国家；卿大夫不行仁，保不住宗庙；士与百姓不行仁，保不住自己的身体。现在有些人厌恶死亡，却乐于做不仁的事，就好像讨厌醉酒却勉强自己喝酒一样。"

1　四体：四肢。泛指身体。
2　恶醉而强酒：不喜欢醉酒却勉强饮酒。

　　此章说明"以仁""以不仁"的差别。仁本来是指道德成就的最高境界，现在竟成了最基本的生存之道了，证明仁的含义广大又饱满。孔子言："君子去仁，恶乎成名？"又说："君子无终食之间违仁，造次必于是，颠沛必于是。"（《论语·里仁》）可见仁对成德君子的重要性。

7.4　　孟子曰："爱人不亲，反其仁；治人不治，反其智；礼人不答，反其敬。行有不得者，皆反求诸己，其身正，而天下归之。《诗》[1]云：'永言配命[2]，自求多福。'"

　　孟子说："我亲爱别人，别人却不亲爱我，得反问自己是否做到了仁；我治理别人，别人却不受我治理，得反问自己是否达到了智；我礼敬别人，别人却不以礼回应我，得反问自己是否做到了敬。凡事做不通时，都会反省自己，端正自己，天下自会归向他的。《诗经》说：'永远配合天命，自己的多福该自己去求。'"

1《诗》：指《诗经·大雅·文王》。
2 永言配命：永远配合天命。言，语助词。

　　不把责任推给他人，自己随时反躬自省，是把事做成功的要件。

7.5　　孟子曰："人有恒言[1]，皆曰'天下国家'。天下之本在国，国之本在家[2]，家之本在身。"

　　孟子说："人们有句老话，都说'天下国家'。天下的根本在国，国的根本在家，家的根本在个人。"

1 恒言：常言。

2 国之本在家：家的含义有二：一指诸侯国下大夫的封地，一指一
般人的家庭。衡诸后句"家之本在身"，证明此处的"家"应是第
二义。

　　此章讲大小的道理。

　　古时人的地理知识不如现代人，以为普天下只有我们这
帮人，所以天下的定义即"四海之内"，四海之内指的就是
中国，这三个词在古时的差别是不明显的。周之前中国实行
封建制，天下由天子控制，天子将京畿之外的地方分封给他
的氏族，那些分封的氏族便称作"诸侯国"，而诸侯又把都
城之外的土地分给他的亲戚来管理，当时称作大夫，大夫的
封地就叫"家"，这样一层层往上或往下推，形成国家组织
与领导体制的基本形态。

　　朱子推广此章说："《大学》所谓'自天子至于庶人，壹是
皆以修身为本'，为是故也。"恐怕说得并不正确，因为全文并
没有要求天子到庶人"修身"的意思。大致所说是：大的基础
在小的身上，所以居上位者不能轻忽小的一方，就像人是由许
多器官组成的，人要健康，就不能忽略任何小器官一样。

7.6　　孟子曰："为政不难，不得罪[1]于巨室[2]。巨室之
所慕，一国慕之；一国之所慕，天下慕之，故沛然
德教溢乎四海。"

　　　孟子说："处理国政并不困难，不要取怨于那些有影响
力的巨室豪门。巨室豪门所敬慕的，往往是一国人所向慕

的；一国人都会敬慕，天下人会敬慕，因此仁德的教化就
会浩浩荡荡地洋溢在四海之内了。"

1 得罪：自身不正而招人怨怒。
2 巨室：大家，即卿大夫之家。

　　文中谈为政要"不得罪于巨室"，粗看有点在耍滑头，
一般讲不要得罪有权势的人，目的在于为自己谋利求名，但
看后文说的"故沛然德教溢乎四海"，所指应不是如此。所
以朱子以为"得罪"是指自己行为不端，使得那些巨室豪门
对其产生不好的印象，若自己想推行德化，结果自然不利。
这是把那些巨室豪门都当成道德楷模来看，但我们如从当时
的记录看，这些巨室豪门有道德操守的固然有，但道德操守
欠缺甚至全无的可能更多，这该怎么办呢？
　　孟子并未解释这一问题，之后历代诸儒的解释也都有些
牵强。当然政治很现实，为政要迁就某些已有的事实。譬如
当一国之政的，除了诸侯就是巨室豪门了，他们品德高尚，
我以品德赢取他们的信任，这是正常又顺利之道，但万一他
们都是道德败坏的人，我必须与彼浮沉，以同样败坏的品德
来赢取他们的信任吗？当然是万万不可的。大约孟子此处的
豪门巨室既指政治权柄上的，也指在道德舆论上有影响力的
人。所以如要作"不得罪于巨室"的推论，必须十分小心。

7.7　　　孟子曰："天下有道，小德役大德，小贤役大贤[1]；
天下无道，小役大，弱役强[2]。斯二者，天也。顺天

者存，逆天者亡。齐景公曰：'既不能令，又不受命，是绝物³也。' 涕出而女于吴⁴。今也小国师大国而耻受命焉，是犹弟子而耻受命于先师也。如耻之，莫若师文王。师文王，大国五年，小国七年，必为政于天下矣。《诗》⁵云：'商之孙子，其丽不亿⁶；上帝既命⁷，侯于周服⁸。侯服于周，天命靡常。殷士肤敏⁹，祼将于京¹⁰。' 孔子曰：'仁不可为众¹¹也。夫国君好仁，天下无敌。' 今也欲无敌于天下而不以仁，是犹执热而不以濯¹²也。《诗》¹³云：'谁能执热，逝¹⁴不以濯？'"

孟子说："天下有道时，品德小成的人心甘情愿事奉品德大成的人，本事较小的人心甘情愿事奉本事强的人；天下无道时，力量小的被大的役使，弱的被强的役使。这两种状况，都是天决定的。顺天的可以生存，逆天的就会灭亡。从前齐吴交战，齐景公盱衡形势不如吴，只得妥协说：'我既不能发令给别人，又不接受别人的命令，等于是自绝于人民啊。' 随即流着眼泪把女儿出嫁到吴国去。现在小国效法大国，却以受命于大国为可耻，这跟做人弟子却以为可耻是一样的。如果真以为耻，不如学习周文王。学习周文王，大国五年，小国七年，必定能行善政于天下了。《诗经》说：'商代的子孙，何止上亿；上帝已发布命令，让周朝拥有天下。周朝拥有天下，天意没有一定。商代的臣子都德美才敏，将酒鬯灌在周的京城。'孔子说：'行仁，是不以数量来计算的。国君好仁，天下没有敌手。'现在有些国君想无敌于天下却不去行仁，这跟怕热却不敢把身体打湿一样。《诗经》说：'谁能忍受炎热，而不去泡泡水呢？'"

1 **小德役大德，小贤役大贤**：这两句指品德成就小的甘心事奉品德成就大的。

2 **小役大，弱役强**：这两句指小事大，弱事强。朱注："有道之世，人皆修德，而位必称其德之大小；天下无道，人不修德，则但以力相役而已。天者，理势之当然也。"

3 **绝物**：自绝于人。朱注："物，犹人也。"

4 **涕出而女于吴**：指齐景公迫于形势，不得不流泪嫁女儿到吴国。女，动词，去声，指嫁女儿。朱注："女，以女与人也。吴，蛮夷之国也。景公羞与为昏（婚）而畏其强，故涕泣而以女与之。"

5 **《诗》**：指《诗经·大雅·文王》。

6 **其丽不亿**：其数不可以亿计，言其多。丽，数。亿，古以十万为亿。

7 **既命**：已下命。

8 **侯于周服**：皆服于周。侯，发语词。

9 **肤敏**：仪态丰美，才思敏达。肤，美。

10 **裸（guàn）将于京**：将祭祀的酒灌洒于周的京城。裸，古时请神礼仪中灌洒酒类的动作。朱注："裸，宗庙之祭，以郁鬯之酒灌地而降神也。"

11 **仁不可为众**：不以行仁人数的多少来计算的。

12 **濯**：用水来洗。濯，洗或打湿。赵注、朱注都解为"濯手"，稍显拘泥。

13 《诗》：指《诗经·大雅·桑柔》。

14 逝：语助词，无义。

此章前说顺天之道，后言行仁的重要。所谓顺天之道，就是要知道世上有大小的规则，小的须度德量力，一定要服从大的，至少要表面服从，以避灾祸。这就是丛林法则，是很残酷的，齐景公"涕出而女于吴"就是活生生的例子。如不甘心，也得学周文王暂时隐忍，屈居人下而独立行仁，期待"天意"转变，也许有一天自己会成为人上人。之后就转到说明行仁的道理及方法了。

朱子言："此章言不能自强，则听天所命；修德行仁，则天命在我。""听天所命"是说对了，而"修德行仁，则天命在我"，其实是说不定的，孟子认为善者应有福报，这福报就是他说的天命吧，《易·坤卦·文言》曰"积善之家，必有余庆；积不善之家，必有余殃"，指的就是这个。荀子持否定的态度，他说："天行有常，不为尧存，不为桀亡。"(《荀子·天论》)

更深一层的看法是，行善不应以福报的好坏来决定。作为儒者一定要坚持，就算天命不在我，我也是要修德行仁的，因为这是自己立身处世的最高原则。

7.8 孟子曰："不仁者可与言哉？安其危而利其菑[1]，乐其所以亡者。不仁而可与言，则何亡国败家之有？有孺子歌曰：'沧浪[2]之水清兮，可以濯我缨；沧浪之水浊兮，可以濯我足。'孔子曰：'小子听之！清斯濯缨，浊斯濯足矣，自取之也。'夫人必自侮，然后人侮之；家必自毁，而后人毁之；国必自伐，而后人伐之。《太甲》曰[3]：'天作孽，犹可违；自作孽，不可活。'此之谓也。"

孟子说："不仁的人，可以跟他说道理吗？他们把危险当作安全，把灾害当成利益，乐于追求让他败亡的事。假如可跟不仁的人说道理，那怎么么会发生亡国败家的事呢？有个小孩唱歌道：'沧浪的水清呀，可以用来洗我的帽带；沧浪的水浊呀，可以用来洗我的脚。'孔子听了说：'学生你们听着！水清就拿来洗帽带，水浊就用来洗脚，这都是由水的清浊决定的。'人一定是自取污辱，然后别人才会污辱他；家一定是自己先毁坏，然后别人才会来毁坏它；国有自己让人讨伐的原因，然后别人才来讨伐它。《尚书·太甲》说：'上天要降祸于人，人也许还可逃开；要是自己作下罪孽，活也活不成了。'说的就是这个意思。"

1 菑(zāi)：同"灾"。

2 沧浪(láng)：一指水名，一指水青色。

3 《太甲》曰：语见3.4。

朱子说："此章言心存则有以审夫得失之几，不存则无以辨于存亡之著。福祸之来，皆其自取。"说得不错。

7.9　　孟子曰：“桀纣之失天下也，失其民也；失其民者，失其心也。得天下有道，得其民，斯得天下矣；得其民有道，得其心，斯得民矣。得其心有道，所欲与之聚之[1]，所恶勿施尔也。民之归仁也，犹水之就下，兽之走圹[2]也。故为渊驱[3]鱼者，獭[4]也；为丛驱爵[5]者，鹯[6]也；为汤武驱民者，桀与纣也。今天下之君有好仁者，则诸侯皆为之驱矣。虽欲无王，不可得已。今之欲王者，犹七年之病求三年之艾[7]也。苟为不畜，终身不得；苟不志于仁，终身忧辱，以陷于死亡。《诗》云：‘其何能淑，载胥及溺[8]。’此之谓也。”

　　孟子说：“夏桀、商纣的失天下，是失其民的缘故；失其民，是失去民心的缘故。得天下是有方法的，得到人民，就得到了天下；得其民是有方法的，得到民心就得到了人民。得到民心是有方法的，他们想要的为他们聚积，他们讨厌的就不施行，就这样罢了。人民归向仁德之政，就像水会往低处流、兽会往旷野跑是一样的。所以为深池赶来鱼的是水獭，为树林驱来雀的是鹯鸟，为商汤、周武赶来人民的是夏桀、商纣。现在天下如果有国君是好仁的人，那是诸侯为他驱赶人民。他就是不想称王于天下，都不可能的了。现在这些想称王于天下的国君，犹如得了七年的病须用三年的老艾来治疗。这老艾如果不及早储蓄，可能一生也得不到的；国君如果不及早立志行仁，就会终身忧辱，以至于死亡。《诗经》说：'那如何能把事情变好呢，只不过是相率落水淹死罢了。'说的就是这个呀。"

1 与之聚之：帮他们聚起来。王引之《经传释词》解"与"作"为"，为，去声，言为之聚之，也通。

2 走圹（kuàng）：跑到旷野。走，快跑。圹，旷。

3 驱：驱赶。

4 獭：水兽，食鱼。

5 爵：同"雀"。

6 鹯（zhān）：大型猛禽名。

7 三年之艾：蓄积达三年之久的老艾草。艾，草药名，可用来针灸治病。赵注："艾可以为灸人病，干久益善，故以为喻。"

8 其何能淑，载胥及溺：见《诗经·大雅·桑柔》。意思是，哪里能变好呢，只不过相偕落水纷纷淹死了。淑，善。载胥，相偕、一起。溺，淹水。朱注："言今之所为，其何能善，则相引以陷于乱亡而已。"

赵岐说："此章言水性趋下，民乐归仁。桀纣之驱，使就其君。三年之艾，畜而可得。一时欲仁，犹将沉溺，所以明鉴戒也。"（《孟子正义》）把此章章旨说得很明白。

7.10 孟子曰："自暴[1]者，不可与有言也；自弃者，不可与有为也。言非礼义，谓之自暴也；吾身不能居仁由义，谓之自弃也。仁，人之安宅也；义，人之正路²也。旷安宅而弗居，舍正路而不由，哀哉！"

孟子说："一个自己残害自己的人，是不能跟他谈什么道理的；一个自己抛弃自己的人，是不能跟他一起做事的。说话不合礼义，就是自己残害自己；断定自己不能以仁居心，以义立行，就是自己抛弃自己。仁，是人最安全的房子；义，是人最正确的道路。空着最安全的房子不住，舍弃最正确的道路不走，可悲啊！"

1 暴：害。

2 正路：正确的道路。朱注："义者，宜也，乃天理之当行，无人欲之邪曲，故曰正路。"

此章谈自暴与自弃。

自暴与自弃是人性的弱点。王夫之将人分成两种，一是偏向刚者，一是偏向柔者，认为刚者道德涵养不足，遇灾难容易自暴，而柔者遇到打击比较容易自弃。这是事实，要克服这种弊病，须增进自己的道德涵养，要坚信"仁，人之安宅也；义，人之正路也"，而"旷安宅而弗居，舍正路而不由"是错的，要避免发生。

此章义正词严，文则铿锵有力，可与之前"居天下之广居"一章 (6.2) 对照呼应。

7.11 孟子曰："道在尔¹而求诸远，事在易而求诸难。人人亲其亲、长其长而天下平。"

孟子说:"道理在近处却到远处求,事情很简单却往难处去做。人人亲爱自己的父母、尊敬自己的长辈就天下太平了。"

1 尔:同"迩"。近。

孟子说的远近、难易,其实是有多层含义的。道之为大,就是一些在近处,也有一些在远处的;一些事看似困难其实简单,但也有些事是看起来简单其实困难的,不能一概而论。否则你可问孟子,"天下平"的境界若如此简易,为何圣贤奋斗终身犹难达到呢?

7.12　　　孟子曰:"居下位而不获于上[1],民不可得而治也。获于上有道,不信于友,弗获于上矣。信于友有道,事亲弗悦,弗信于友矣。悦亲有道,反身不诚,不悦于亲矣。诚身有道,不明乎善,不诚其身矣。是故,诚者,天之道也[2];思诚者,人之道也[3]。至诚而不动[4]者,未之有也;不诚,未有能动者也。"

孟子说:"在下位的却得不到上级的信任支持,是不能够把百姓治理好的。要获得上级的信任与支持是有办法的,不能够取信于朋友,就得不到上级的信任。得到朋友的信任是有办法的,侍奉父母不能使他们高兴,就不能取信于朋友。使父母的高兴是有办法的,反躬自省,心意不诚,就不能让父母高兴。让自身做到诚是有办法的，不明白什么是善，就不能使自己诚心。所以，诚是上天的道理，追求诚是做人的道理。有极端诚心却不能使人感动的，是没有过的；不诚心，是无法让人感动的。"

1 获于上：获得上位者的信任支持。

2 诚者，天之道也：至诚，是天道所在。朱注："诚者，理之在我者皆实而无伪，天道之本然也。"

3 思诚者，人之道也：体会天道至诚，就是人之道了。朱注："思诚者，欲此理之在我者皆实而无伪，人道之当然也。"

4 动：感动。

　　此章讲诚的重要性。最后一段"是故，诚者，天之道也；思诚者，人之道。至诚而不动者，未之有也；不诚，未有能动者也"，可与《中庸》对勘，《中庸》言："诚者，天之道也；诚之者，人之道也。诚者不勉而中，不思而得，从容中道，圣人也。诚之者，择善而固执之者也。"可见诸如此类的话，先秦时不少人在说，而且说的方式也很相同。个人反省的程序，也可与《大学》"八目"相对照。

7.13　　孟子曰："伯夷辟纣，居北海之滨[1]，闻文王作，兴[2]曰：'盍归乎来！吾闻西伯善养老者。'太公[3]辟纣，居东海之滨，闻文王作，兴曰：'盍归乎来！吾闻西伯[4]善养老者。'二老者，天下之大老[5]也，而

归之，是天下之父归之也。天下之父归之，其子焉
往？诸侯有行文王之政者，七年之内，必为政于天
下矣。"

孟子说："伯夷躲避纣王，住到北海之滨，听说文王兴
起，兴奋地说：'何不到那里去呢！我听说西伯善于养护老
人。'太公躲避纣王，住在东海之滨，听说文王兴起，兴奋
地说：'何不到那里去呢！我听说西伯养护老人。'伯夷、吕
尚，是天下最有声望的老人了，却要归向文王，这就等于
是天下的父亲都归向文王了。天下的父亲都去归附了，他
们的儿子还有何处可去呢？诸侯中间，有行文王的政治的，
七年之内，一定能在天下做出王道政治的大事业来。"

1 北海之滨：古人有方向的地名都不是很精准，此处所指大约在今渤
   海附近，相传伯夷所在的孤竹国在辽河之西，该处河流出海口附近
   概称"北海之滨"。
2 作，兴：朱子"作""兴"两字分读，赵岐连读，都通。
3 太公：指姜子牙，姓吕，名尚，世称姜太公。
4 西伯：周文王。朱注："西伯，即文王也。纣命为西方诸侯之长，得
   专征伐，故称西伯。"
5 大老：极尊贵的老者。朱注："大老，言非常人之老者。"

"善养老"就是仁政的具体表现。老人是社会上的弱势
群体，只有行仁的人看得到他们，并会妥善照顾他们。《礼
记·礼运》："使老有所终，壮有所用，幼有所长，鳏寡孤独

废疾者皆有所养。"理想是相同的，可对照来看。跟上章一样，数字只是约数，七年指实施一段时间之后必有一定成果，无须太过拘泥。

7.14　　孟子曰："求¹也为季氏宰，无能改于其德，而赋粟倍他日。孔子曰²：'求，非我徒也，小子鸣鼓而攻之，可也。'由此观之，君不行仁政而富之，皆弃于孔子者也，况于为之强战？争地以战，杀人盈野；争城以战，杀人盈城。此所谓率土地而食人肉，罪不容于死³！故善战者服上刑，连诸侯者次之，辟草莱⁴、任土地⁵者次之。"

　　孟子说："以前冉求做季康子家宰，不能改变他贪婪的坏品德，反而帮他征了更多的税。孔子说：'冉求，不是我的学生，你们要是打着鼓去声讨他的罪行，我是赞成的。'由这看来，不帮君主行仁政、只想帮他敛财增富，都会被孔子唾弃的，何况去帮那些君主逞强作战呢？争地而战，杀人盈野；争城之战，杀人满城。这就是所谓以扩充土地为由来吃人肉了，他们的罪是就算处死他们都不够的！所以那些最会打仗的人都该服最重的刑，那些勾结诸侯为侵略做准备的人为次，那些开辟荒草地以尽地利收入来供侵略者使用的人也该受更次一级的刑罚。"

1 **求**：冉求，字子有，孔子弟子。

2 **孔子曰**：此处孔子所说，见《论语·先进》。

3 **罪不容于死**：其罪之大，死刑不足以当之。

4 **辟草莱**：开辟荒草地。

5 **任土地**：将土地之力发挥出来。朱注："任土地，谓分土授民，使任
　　耕稼之责，如李悝尽地方，商鞅开阡陌之类也。"

　　此章由孔子批评弟子冉求入手，从孔子鄙弃为人聚敛、
为富不仁的人，孟子更推广到批评当时诸侯"争地以战，杀
人盈野"的许多罪状，行文至此似有发挥过度之嫌，但所说
的都是正确的。最强烈一句是"善战者服上刑"，后依次论
罪量刑，有二战后纽伦堡审判战犯的味道，《老子》有"佳
兵不祥"之论，可与此章相呼应。

　　文末说"辟草莱、任土地者"同样要服刑，跟老子轻视
文明的说法也有些同调，但究竟有异，孟子所指的是那些以
"辟草莱""任土地"来增加战争资源的人，他们着意在提供
战争所需，目的在征服别人，所以跟善战者是同一阵线的。
假如真的为民生幸福而"辟草莱""任土地"，应不在此列，
读者须辨明。

7.15　　孟子曰："存[1]乎人者，莫良于眸子[2]。眸子不能
掩其恶。胸中正，则眸子了焉；胸中不正，则眸子
眊[3]焉。听其言也，观其眸子，人焉廋[4]哉？"

　　孟子说："观察一个人，没有比看他眼睛更好的了。眼

睛不能掩饰一个人的丑恶。心正直，眼睛就清亮；心不正，眼睛就浑浊。听他说话，再看他眼睛，这人要向哪里藏匿呢？"

1 存：察也。

2 眸（móu）子：眼睛的瞳孔。也代指眼睛。

3 眊（mào）：模糊不清。

4 廋（sōu）：藏匿。

　　此章所说的是最基本的观人术。语言可以故弄虚玄，文字更好造假，所以不要轻信，倒是人的眼神往往能透露真相，所以孟子教人看人要从眼睛看起。西方人也说过眼睛是心灵的窗户，既是心灵的窗户，自然也不会隐瞒内心之所藏。孔子也说过类似的话，孔子说："视其所以，观其所由，察其所安。人焉廋哉？人焉廋哉？"（《论语·为政》）孔、孟之所说，可并起来看。

7.16　　孟子曰："恭者不侮人，俭者[1]不夺人。侮夺人之君，惟恐不顺焉，恶得为恭俭？恭俭岂可以声音笑貌[2]为哉？"

　　　　孟子说："恭敬的人不会侮辱别人，节制的人不会抢夺别人。要是侮辱、抢夺别人的国君，只怕别人不顺从自己，这个人如何能做到恭敬与节制呢？恭敬与节制难道只是在声音笑貌上做做的吗？"

1 俭者：简约节制的人。

2 声音笑貌：指表面的作为。朱注："伪为于外也。"

是什么人，就现出什么样，这是躲藏不了的。此章最后一句"恭俭岂可以声音笑貌为哉"，可视为上章"人焉廋哉"的补充说明。

7.17 淳于髡[1]曰："男女授受不亲[2]，礼与？"

孟子曰："礼也。"

曰："嫂溺则援之以手乎？"

曰："嫂溺不援，是豺狼也。男女授受不亲，礼也；嫂溺援之以手者，权[3]也。"

曰："今天下溺矣，夫子之不援，何也？"

曰："天下溺，援之以道；嫂溺，援之以手。子欲手援天下乎？"

淳于髡说："男女不亲手传递物品，是礼制上的规定吗？"

孟子说："是礼制的规定。"

淳于髡说："嫂子落水，该伸手救她吗？"

孟子说："嫂子落水，不伸手救，那是豺狼。男女不亲手传递物品，是礼制上的规定；嫂子落水，伸手去救她，这是变通。"

淳于髡说:"现在天下都落入水中了,夫子您不伸手救援,为什么呢?"

孟子说:"天下落水,救它用道;嫂子落水,救援用手。你希望我用手去救援天下的人吗?"

1 **淳于髡**:齐人,姓淳于,善于言辩。《史记·滑稽列传》有传。

2 **男女授受不亲**:男女不亲手传递物品。见《礼记·坊记》。

3 **权**:权衡轻重。

淳于髡无疑是个善辩的人,他举"嫂溺"为例,其实是想使孟子落入设计好的陷阱里。但孟子终未入此圈套,提出君子应守经达变的观念,巧妙地化解了对方的攻势,针锋相对,在言辩上也丝毫未输给这位有名的辩士。

救天下得靠张扬治国平天下之大道,天下因无道而溺,援之必以其道。济天下之道,便是孟子常说的"尧舜之道",也是"仁道"或"王道",孟子汲汲营营四处张扬此学,就是在明其道,就是在试图救天下,而逞机锋之辩的淳于髡是看不出此点的。但因而判断淳于髡是个滑头也是不对的,据《史记》所载,他曾发挥长才,解救了齐国的危难,并使齐威王"罢长夜之饮"。淳于髡虽善诙谐,却是个正面的人物。

7.18 公孙丑曰:"君子之不教子,何也?"

孟子曰:"势不行也。教者必以正,以正不行,继之以怒。继之以怒,则反夷[1]矣。'夫子教我以正,夫子未出于正也！'则是父子相夷也。父子相夷，则恶矣。古者易子而教之，父子之间不责善²。责善则离，离则不祥莫大焉。"

> 公孙丑说："君子不教自己的儿子，为什么呢？"
>
> 孟子说："情势上行不通。教导要讲正道，讲正道行不通，接着就会发脾气。一发脾气，就反而伤了感情了。儿子会说：'您教我正道，但您不见得凡事都行得正啊！'这就是父子相互伤感情了。父子之间互伤感情，就不好了。古时候交换孩子来教育，这样父子之间就不会以善道互相责备了。以善道互相责备，就会使父子之间产生隔阂；父子之间产生隔阂，那不祥的事没比这更大的了。"

1 夷：伤。

2 责善：以善责之。

朱子以为，责善是朋友之道，朋友彼此地位平等。

但朋友责善也有限制，《论语·颜渊》："子曰：忠告而善道之，不可则止，无自辱焉。"朋友与我是完全平等的关系，万一不合可选择离去，但父子不同，父子是天伦，是无法脱离或取代的。父子之间如严格责善，往往有害天伦之情，因此如可避免就应设法避免。易子而教，目的在全其父子之恩，这是此章的主要含义，并非指父子之间不得有任何教育、责善的行为，而是任何行为都要顾及父子之情。父子之情是人类关系的起源，因无法取代，无法顶替，所以必须尽心维护，这是儒家一贯的做法。

7.19　孟子曰："事孰为大？事亲为大。守孰为大？守身[1]为大。不失其身而能事其亲者，吾闻之矣；失其身而能事其亲者，吾未之闻也。孰不为事？事亲，事之本也。孰不为守？守身，守之本也。曾子养曾皙[2]，必有酒肉；将彻，必请所与；问有余，必曰：'有。'曾皙死，曾元[3]养曾子，必有酒肉；将彻，不请所与，问有余，曰'亡矣'。将以复进[4]也。此所谓养口体者也。若曾子，则可谓养志也。事亲若曾子者，可也。"

孟子说："事奉的事什么最重大？事奉父母最重大。守护的事什么最重大？守己最重大。把自己守护得很好而能善事奉父母的人，我听到有过；不能把自己守护得很好而能善事奉父母的人，我从没听说过。谁不做事奉的事呢？事亲是事奉的根本。谁不懂守护的事呢？守护自己是守护的根本。曾子奉养他的父亲曾皙，每餐一定有酒肉；撤餐的时候，一定会问所剩的食物给谁；曾皙如问还有剩余吗，曾子一定回答：'有。'曾皙死了，曾元奉养曾子，每餐一定有酒肉；撤餐的时候不问剩余的给谁，曾子若问还有剩余吗，曾元便说'没有了'。意思是把剩余的酒肉留给父亲下次进餐时再享用。这就是口体之养了。像曾子，可以说是奉养父亲能体会父亲的心意，事奉父母做到曾子的地步，才算是对的。"

1 守身：谨守自身，不做不义的事。

2 曾晳：曾参父，名点，亦孔子弟子。

3 曾元：曾参子。

4 将以复进：言将剩余的酒肉再进献给父亲享用。

　　此章在区别养口体与养志之异。

　　曾晳在自己吃饱之后，还想到别人有没有吃的，所以问食物还有剩余否？曾子体会到了父亲的心意，所以说"还有"。而这点曾元在奉养曾子的时候没做到，心有粗细，确实是有差异的。但曾元对父亲曾子至少能做到养体，也算尽了人子的基本之道了。上孝言养志，下孝言养体，世上尚有连体亦不能养者，则更无论矣。

7.20　　孟子曰："人不足与適[1]也，政不足间[2]也。惟大人为能格[3]君心之非。君仁莫不仁，君义莫不义，君正莫不正。一正君，而国定矣。"

　　孟子说："那些当政的小人不值得去指责，他们的政治不值得参与。只有有德行的人才能纠正国君的错误。国君行仁，没有人不行仁；国君守义，没有人不守义；国君走正道，没有人不走正道。端正了国君，国家也就安定了。"

1 人不足与适：一般人无须过责。人，指一般人。适，同"谪"。赵
　注："时皆小人居位，不足过责也。"

2 间：指参与其间。一作闲。

3 格：正。

　　此章在说"大人"与德治的重要。治国事、天下事，要
把握重要的，"人不足与適也，政不足间也"是说要抛弃不
重要的人事上的枝节。

　　朱子说："大人者，大德之人，正己而物正者也。"程颐
言："天下之治乱，系乎人君之仁与不仁耳。心之非，即害于
政，不待乎发之于外也。昔者孟子三见齐王而不言事，门人
疑之。孟子曰：'我先攻其邪心，心既正，而后天下之事可
从而理也。'夫政事之失，用人之非，知者能更之，直者能
谏之。然非心存焉，则事事而更之，后复有其事，将不胜其
更矣；人人而去之，后复用其人，将不胜其去矣。是以辅相
之职，必在乎格君心之非，然后无所不正；而欲格君心之非
者，非有大人之德，则亦莫之能也。"说得都很正确。

7.21　　　孟子曰："有不虞[1]之誉，有求全[2]之毁。"

　　　　孟子说："有意想不到的荣誉，有追求完美而得到的毁谤。"

1 不虞：没料想到的。

2 求全：追求完美。

　　确实是的。

世事多有难料者，荣誉未经追求，竟然落在自己头上；自以为将事做得妥帖，结果却引来一片诋毁。吕大临说："行不足以致誉而偶得誉，是谓不虞之誉。求免于毁而反致毁，是谓求全之毁。言毁誉之言，未必皆实，修己者不可以是遽为忧喜，观人者不可以是轻为进退。"（《四书章句集注》）说得很好。

7.22　　孟子曰："人之易¹其言也，无责耳矣²。"

孟子说："一个人如轻易发言，他说的话便不值得深责了。"

1　**易**：轻易。

2　**无责耳矣**：朱注"人之所以轻易其言者，以其未遭失言之责故耳"，以为无责任心故也。俞樾《孟子平议》言："'无责耳矣'，乃言其不足责也。"原本轻率，也无从责备起，今采俞说。

王夫之在《四书训义》中言："盖孟子之时，游说兴而人务以能言为利，故先王可毁，天地可诬，谈国事则成败唯其所指，论性命则善恶唯其所云。"把此章立论的时空背景说出来了。因是轻易发言，随便说说，君子对此也无须苛责，因为苛责也无用啊。

7.23　　孟子曰："人之患在好为人师。"

孟子说："一个人的毛病在于喜欢做别人的老师。"

　　　　　　　　　　　　　　　　　　　　　孟子讲析

真能做经师人师，以化成一代，是世间的福音，但如以大师自居，招摇撞骗，颠倒黑白，就深不可取了。而后者不只充斥在孟子的时代，也充斥在现代，哀哉！

但书中猛然出现这么一句，既无因也无果，颇有些唐突。《朱子语类》说："《孟子》一句者，如'人之患在好为人师'之类，当时议论颇多，今其所记者乃其要语尔。"说当时孟子一定还说了其他话，可能有所专指，但记录者认为此句重要，只记下了此句，朱子之说应是对的。

7.24　乐正子从于子敖[1]之齐。

乐正子见孟子。孟子曰："子亦来见我乎？"

曰："先生何为出此言也？"

曰："子来几日矣？"

曰："昔者[2]。"

曰："昔者，则我出此言也，不亦宜乎？"

曰："舍馆[3]未定。"

曰："子闻之也，舍馆定，然后求见长者乎？"

曰："克[4]有罪。"

乐正子跟随王子敖到了齐国。

乐正子拜见孟子。孟子说："你也来见我吗？"

乐正子说："老师为什么这样说呢？"

孟子说："你来几天了？"

乐正子:"昨天来的。"

孟子说:"你昨天到的,那么我说出这样的话,不也是很适当吗?"

乐正子:"是住的地方没有找好。"

孟子说:"你听说过,住处安顿好了,然后再来求见长辈的吗?"

乐正子说:"我错了。"

1 **子敖**:名王驩,齐臣。朱注:"王驩,孟子所不与言者,则其人可知矣。乐正子乃从之行,其失身之罪大矣。"

2 **昔者**:昨天。

3 **舍馆**:客舍。

4 **克**:乐正子名。

子敖就是王驩,曾陪同孟子出使滕国吊丧,是齐王的嬖臣,也是孟子瞧不起的人。上面这段对话很精彩,孟子指责学生礼数不周是表面,真正所指的是不该跟品德不好的人过从太密。孟子话说得很严峻,乐正子也接受了老师的教诲,觉得自己礼数不周,而老师更深的含义,就不知道他能否了然了。陈旸说:"乐正子固不能无罪矣,然其勇于受责如此,非好善而笃信之,其能若是乎?世有强辩饰非,闻谏愈甚者,又乐正子之罪人也。"(《四书章句集注》)

7.25 孟子谓乐正子曰:"子之从于子敖来,徒铺啜[1]也。我不意子学古之道,而以铺啜也。"

孟子对乐正子说："你跟着王子敖来齐国，只是为着吃吃喝喝吧。我没想到你学古人的大道，却是为了饮食。"

1 铺啜（bū chuò）：食与饮。铺，食。啜，饮。

跟上一章相同，孟子都在责骂乐正子跟随着王骥整天吃吃喝喝。孟子的责骂是否有真凭实据，现在并不清楚。其实孟子指责的是乐正子择友不严，最终会伤了自己。孔子曾说："友便辟，友善柔，友便佞，损矣。"（《论语·季氏》）如与王氏这样品德的人交游，大约三者皆有损吧。

7.26　　孟子曰："不孝有三[1]，无后为大。舜不告而娶[2]，为无后也。君子以为犹告也。"

孟子说："不孝的事有三种，其中以没有给父母留下后代是最大的不孝。舜当年没告诉父母就娶妻，为的就是怕没有后代。君子认为舜的不告等于是告了。"

1 不孝有三：赵注："于礼有不孝者三事：谓阿意曲从，陷亲不义，一也；家贫亲老，不为禄仕，二也；不娶无子，绝先祖祀，三也。三者之中，无后为大。"这是牵强的说法。古常以三代表多数，不孝有三，不见得指不孝事必定有三个，而是指在许多不孝的事中，无后是最大的不孝。译文仍按原文。

2 舜不告而娶：传说舜因想到传后之事，才不告而娶。

"不孝有三，无后为大"不论是孟子首创，或是孟子时代的一般口语，传统受它的影响很大，在中国社会，这是很重要的一句话。

　　"无后"是对没有子嗣的恐惧。没有子嗣，狭义上言，血统就会中断；广义上言，民族就会断绝，当然是严重的事。周朝之后礼乐兴起，婚姻的事变得烦琐，烦琐的原因在于要求婚姻巩固，子孙昌盛。父母之命、媒妁之言是烦琐的一部分。举舜的例子是不合理的，因为舜的时代，男女结合似还无须太过烦琐，告或不告，并不重要。但不举此例，不好说明为了大孝必须"从权"的观念。

　　从权是选择更重要的，比较无后跟不得父母之命的错误何者为大，即使圣人也会选择伤害较轻的，因而主张舜的"不告而娶"有其正当性了。范祖禹说："天下之道，有正有权。正者万世之常，权者一时之用。常道人皆可守，权非体道者不能用也。盖权出于不得已者也，若父非瞽瞍，子非大舜，而欲不告而娶，则天下之罪人也。"（《四书章句集注》）说起来是有些勉强的，这种"从权"有点可笑，而背景却有些无奈。

　　此章讨论"不孝有三，无后为大"，但在此篇下卷 (8.30)也有"不孝有五"的讨论，在五种不孝中并未列"无后"一项，可见这个说法也是有不少问题在的。

　　当然此章重点在权衡的问题上，告与不告只是所举的例子而已。

　　舜不告而娶的事是有争议的，舜如只是担心无后，对父母其实无须"不告"，但仅此两字，也不好判断所有实情。王阳明认为，其告与不告是由当事人的"良知"决定的，只有它知道什么是对什么是错，裁量权在它，应充分尊重。阳明说："以是而言，可以知致知之必在于行，而不行之不可以为致知也明矣。知行合一之体不益较然矣乎？夫舜之不告而娶，岂舜之前已有不告而娶者为之准则，故舜得以考之何典、问诸何人而为此邪？抑亦求诸其心一念之良知，权轻重之宜，不得已而为此邪？武之不葬而兴师，岂武之前已有不葬而兴师者为之准则，故武得以考之何典、问诸何人而为此邪？抑亦求诸其心一念之良知，权轻重之宜，不得已而为此邪？"（《传习录》）阳明强调的是当一个人没有准则可依循时，良知是我最好的准则，舜如依照良知而行，别人只得尊重了。

7.27　孟子曰："仁之实[1]，事亲是也。义之实，从兄是也。智之实，知斯二者弗去是也。礼之实，节文[2]斯二者是也。乐之实，乐斯二者，乐则生矣。生则恶可已[3]也；恶可已，则不知足之蹈之，手之舞之。"

　　孟子说："仁的具体表现，是事奉父母。义的具体表现，是顺从兄长。智的具体表现，是知道这两者不能丢掉。礼的具体表现，是将两者加以节制与修饰。乐的具体表现，是乐于见到这两者实现，快乐便发生了。快乐发生了就无法阻止了；无法阻止，就会不知不觉地手舞足蹈起来了。"

1 仁之实：仁的实际表现。

2 节文：节制与文饰。

3 恶可已：如何才能停止，喻不可停。恶，何。已，止。

　　此章解释仁、义、礼、乐、智五德，有点说小了，但所有伟大的品德都得由小处施展开来，这就是孟子所说的"实"，"实"就是具体可行的事，抛弃了"实"，道德就变成了空虚。孟子此处说要从事亲上展开仁德，也不能说犯了错。

　　分开来说是五德，但实际是一个整体。朱子解释后段，说得很好，他说："斯二者，指事亲从兄而言。知而弗去，则见之明而守之固矣。节文，谓品节文章。乐则生矣，谓和顺从容，无所勉强，事亲从兄之意油然自生，如草木之有生意也。既有生意，则其畅茂条达，自有不可遏者，所谓恶可已也。其又盛，则至于手舞足蹈而不自知矣。"孟子在形容孝友之道实践后乐不可已，"不知足之蹈之，手之舞之"，令人印象极深，这证明儒家所说的道德不是他范，而是一个充满生机又优美的生活境界，动力来自个人的内心。所以，儒家道德自觉的成分永远多过外来的，读者应于此多作体会。

7.28　　孟子曰："天下大悦而将归己，视天下悦而归己，犹草芥也，惟舜为然。不得乎亲，不可以为人；不顺乎亲，不可以为子。舜尽事亲之道而瞽瞍[1]厎豫[2]。瞽瞍厎豫而天下化[3]，瞽瞍厎豫而天下之为父子者定[4]，此之谓大孝。"

　　　　　　　　　　　　　　　　　　　　　孟子讲析

孟子说:"天下的人都很喜欢自己,而且都将归附自己,把这事看作草芥一样,只有舜是这样的。没有得到父母的欢心,不可称作是人;没有顺遂父母的心意,不可称作是儿子。舜竭尽了事亲之道,使他的父亲瞽瞍变得高兴。瞽瞍都高兴了,天下的风气因而变好;瞽瞍都高兴了,天下父子的伦常也由此确定了,这才叫作大孝。"

1 **瞽瞍**（gǔ sǒu）:传说是舜的父亲,因其眼睛瞎了,故称。

2 **厎**（dǐ）**豫**:指不乐而使之乐也。厎,致。豫,乐。

3 **化**:变化,指变得更好。

4 **定**:稳定。朱注:"子孝父慈,各止其所,而无不安其位之意,所谓定也。"

前章孟子认为"父子相夷,则恶矣",又主张"父子之间不责善",是因为父子的关系是"天伦"(上天造成的关系),是人类社会有形与无形的基础,是不允许破坏的。承认这种关系,就有这种结果。譬如父亲有错,做子女的当然希望他能改正,万一不听,子女只能容忍,除此之外,便无法可想。传说舜的父亲是个没见识又糊涂的人,舜对父亲所犯的过恶不但慨然承受,并且无怨无悔地行孝不断,成为儒家孝道的楷模。照孟子的文字看,最终似乎得到了完美的结局,但这种结局其实也是想象出来的,瞽瞍真的会"厎豫"吗?或者"厎豫"的程度如何、作用如何呢?这些都是不能掌握的。我们对此思想产生的背景当然了解,但到今天看,这种单方穷尽心力的孝亲方式是不是仍"足以为训",也是大有问题的。

8.1　孟子曰：“舜生于诸冯，迁于负夏，卒于鸣条[1]，东夷之人也。文王生于岐周[2]，卒于毕郢[3]，西夷之人也。地之相去也，千有余里；世之相后也，千有余岁：得志行乎中国，若合符节[4]。先圣后圣，其揆[5]一也。”

孟子说：“舜生于诸冯，后来搬到负夏，死在鸣条，是东方边疆的人。文王生于岐周，死在毕郢，是西方边陲的人。两地相隔一千多里，时代相去一千多年，但两人得志时在中国的作为几乎一样。先圣、后圣，所守的法度是一致的。"

1 诸冯、负夏、鸣条：朱注："皆地名，在东方夷服之地。"
2 岐周：岐山下周的旧邑。
3 毕郢：近丰镐，今有周文王墓。
4 若合符节：看起来是相同的。符节，原为玉器，也有以木竹为之，刻文字其上，中分之，彼此各藏其半，需要时左右相合以为凭证。
5 揆：度。

舜与文王当然有不同处，但行仁义、施王道，是两人的相同之处。

8.2　子产[1]听郑国之政，以其乘舆济人于溱洧[2]。

孟子曰："惠而不知为政。岁十一月[3]徒杠[4]成，十二月舆梁[5]成，民未病涉[6]也。君子平其政，行辟人[7]可也。焉得人人而济之？故为政者，每人而悦之，日亦不足矣。"

子产主持郑国的大政，用他所乘的车辆帮人渡过溱水、洧水。

孟子说："只是施了点小惠罢了，他并不懂政治。假如在夏历十一月修好了人可通行的桥，十二月修好了车子可通行的桥，人民就不必为过河担心了。君子只要把政治做好，哪怕出行要鸣锣开道都行的。哪能去帮每个人渡河呢？从事政治的人，要讨好每个人，光是时间也不够啊。"

1 子产：春秋时郑国贤相公孙侨，字子产。

2 溱洧（zhēn wěi）：郑国溱水、洧水。

3 岁十一月：夏历十一月，是孟子时所行周历的九月。古时朝代更迭，也会把历法作一改变，故有夏建寅（以寅月为新年之首）、商建丑、周建子之说。朱注："周十一月，夏九月也。周十二月，夏十月也。《夏令》曰：'十月成梁。'盖农功已毕，可用民力，又时将寒沍，水有桥梁，则民不患于徒涉，亦王政之一事也。"但孟子此处为何不用当时历，似不可解。

4 徒杠：徒步可行的独木小桥。《说文》段玉裁注："凡独木者曰杠，骈木者曰桥，大而陂陀者曰桥。"

5 舆梁：车舆可行的桥。梁亦指桥。

6 病涉：担忧涉水。

7 辟人：贵人出行，令行人躲避。辟，同"避"。

　　领导人无心服务，却处处做出亲民的样子，就是现在流行的所谓作秀（表演）。不是说作秀绝不可以，毕竟也施了点小惠，让少数民众得利，但终归是小了，而且动机不单纯。孟子早看出政治人物花拳绣腿后的真实，认为他们只把心放在小事上，却荒疏了大政，这是绝对不合适的。

8.3　　孟子告齐宣王[1]曰："君之[2]视臣如手足，则臣视君如腹心；君之视臣如犬马，则臣视君如国人[3]；君之视臣如土芥，则臣视君如寇雠。"

王曰："礼，为旧君有服[4]，何如斯可为服矣？"

曰："谏行言听，膏泽下于民；有故而去，则君使人导之出疆。又先[5]于其所往，去三年不反，然后收其田里。此之谓三有礼焉。如此则为之服矣。今也为臣，谏则不行，言则不听，膏泽不下于民；有故而去，则君搏执[6]之，又极[7]之于其所往。去之日，遂收其田里，此之谓寇雠。寇雠何服之有！"

孟子告诉齐宣王说："君如视臣为手足，那臣就会视君为腹心；君如视臣为狗马，那臣就会视君为路人；君如视臣如土如草，那臣就会视君为仇敌了。"

齐宣王说："礼制规定，要为之前服务过的国君服丧，君要如何臣下才会为他服丧呢？"

孟子说："臣下的谏诤他听了也做了，会把恩泽推广到人民身上；有事离开，就会派人引导你出境。又先派人到你要去的地方，帮助打点安顿；你离开了三年，当他确定你不会回来了，才把原来配给你的田地房舍收回。这叫作三有礼啊。像这样做的话，臣下就该为他服丧了。现在做臣下，劝谏不照办，建议不听从，恩泽不施给人民；有事离开，他却将你捆绑起来，又派人到你要到的地方，说你的坏话。离开的当天，他就没收了你的田地房舍，这就叫作仇敌了。对仇敌，臣下为什么要去为他服丧！"

1 **孟子告齐宣王**：之前都是齐宣王问，孟子答，此次是孟子主动对齐宣王说，意义与作用应有不同。

2 **之**：若，如果。王引之《经传释词》言："之，犹若也。"

3 **国人**：犹路人，与自己无关的人。

4 **为旧君有服**：为之前服务过的国君服丧。《仪礼》："以道去君而未绝者，服齐衰三月。"

5 **先**：派人先往处置。

6 **搏执**：捆绑起来。搏，同"缚"。

7 **殛**：说其坏话以诋毁惩罚他。殛，同"殛"，杀，罚。《诗经·小雅·菀柳》："俾予靖之，后予极焉。"

此章孟子立场鲜明，语言铿锵有力，是书中的名篇。

孟子善于将一个意见分三段方式说出，一段比一段惊险，一段比一段有力，跟之前说的"居天下之广居，立天下之正位，行天下之大道"以及"富贵不能淫，贫贱不能移，威武不能屈"一样，同样的句式形成滔滔不绝的语浪，一遍遍敲击你的耳膜，使你在振荡之下，不得不接受他所说的意见。此章的"手足""腹心""犬马""国人""土芥""寇雠"，比喻是如此强烈，含义是如此的丰满，从语言艺术的层面上论，也是极高的成就。

当然成就不只在语言上，这是中国有史以来争君臣或君民平权最有力的文字。当然《尚书》就有"天视自我民视""天听自我民听"(《周书·泰誓》)的话，古代常将君与天并比，所以《尚书》的天便等于是君，《尚书》所说是指君虽高高在我之上，但还是有求于我的。到孔子时，孔子提出了"君事臣以礼，臣事君以忠"（《论语·八佾》）的观念，认为君臣是相对的，你要求我怎么做，之前你也得怎么做，这是较早为君之下的"民"与"臣"来说，认为底下的人也有相对存在的权力，上面的人也得重视。

但天或君不听我们说的这一套该怎么办？孟子说，君若视我如犬马，我可不把君当成君，可将君视为"国人"；而君若视我如烂泥杂草，不断践踏我、污辱我，我便视他为"寇雠"，对于寇雠，必定要将他除之而后快了。像这样强烈且有报复意味的话，这是之前的人从来不敢想也从不敢讲的。这段话的特殊在于它具有强烈的革命性与颠覆性。

除了语言的振荡外，孟子在此段论述中展现出知识分子的自由与独立的人格，即使在强权压迫之下，也毫不退缩，绝不屈服。臣对君有服务的义务，但如得不到君的尊重，也有视君为寇雠的报复权利。从这个看法出发，君与臣在法理上是平等的，我们看到十七世纪在欧洲所展开的启蒙运动，与此章所指在精神层面上有很多相契之处的，但要知道孟子说此话时，西方纪元甚至还没开始呢！这是此章价值所在，读者须多留心。

8.4　　孟子曰："无罪而杀士，则大夫可以去[1]；无罪而戮民，则士可以徙。"

　　　　孟子说："士没有罪而被杀，那么大夫就可以离开了；人民没有罪而被杀戮，那么士就可以迁居了。"

1 士、大夫：士指一般的官员，大夫指比士更大的官员。

此章朱子说："言君子当见几而作，祸已迫，则不能去矣。"说得有点无奈。原因是国君权力过大，臣下也无节制的途径，而要抗争是抗争不过的，眼见危机将至，便也只得选择离开了。

8.5 孟子曰："君仁莫不仁，君义莫不义。"

孟子说："国君行仁，则国人无不仁；国君行义，则国人无不义。"

这是上行下效的道理，但是不是必然呢？还是可以讨论的。

8.6 孟子曰："非礼之礼[1]，非义之义，大人弗为。"

孟子说："似是而非的礼、似是而非的义，有德行的人是不会去做的。"

1 非礼之礼：指民间一些似是而非、不尽合理的礼节或礼仪。

世俗像这样的礼节仪式或正义观点有很多，不见得有害，但考据源流，往往有错，孟子说的"非礼之礼"，大约指此而言。面对此"非礼之礼"，有德行的人就不必强要费心遵循了。

8.7 孟子曰：“中¹也养²不中，才³也养不才，故人乐有贤父兄⁴也。如中也弃不中，才也弃不才，则贤不肖⁵之相去，其间不能以寸⁶。”

　　孟子说：“道德修养达到中道标准的人该去培养道德修养还没达到中道的人，有才干的人也该去培养才干不足的人，所以人都乐于有好父兄的指引。假如道德修养达到中道的人抛弃道德修养还没有达到中道的人，有才干的人抛弃才干不足的人，那人的好坏差异就不能用分寸来计算了。”

1 **中**：指道德修养达到中道标准的人。朱注：“无过不及之谓中。”
2 **养**：陶冶、培养。朱注：“谓涵育薰陶，俟其自化也。”
3 **才**：指有才干的人。朱注：“足以有为之谓才。”
4 **贤父兄**：好的长辈、前辈。
5 **不肖**：不贤。
6 **寸**：喻小。

　　此章的“贤父兄”指的是人生道路上的良师益友。“中也养不中，才也养不才”指的是闻道先的人提拔闻道后的人，得道多的人帮助得道少的人，火尽薪传，以使后者成人，教育的过程与目的其实就在于此。

8.8 孟子曰：“人有不为¹也，而后可以有为。”

孟子说:"人有绝不肯做的事,才可能有所作为。"

1 **有不为**:即有所不为,指狷介。程颐说:"有不为,知所择也。惟能有不为,是以可以有为。无所不为者,安能有所为邪?"

能行中道最好,但中道标准很高,很少有人能真正企及。孔子曾说:"不得中行而与之,必也狂狷乎!狂者进取,狷者有所不为也。"(《论语·子路》)至善也许未达,但坚持绝不行恶道,这是行善的基本条件。有此条件,方能展开善行,故说:"人有不为也,而后可以有为。"

8.9　　孟子曰:"言人之不善,当如后患何!"

孟子说:"说别人的不好,没想到后患来了该怎么办!"

赵岐说:"言之当如后有患难及以乎。"又说此章章旨为:"言好言人恶殆非君子,故曰:'不忮不求,何用不臧?'"一方面,言人不善会引人嫌恶,甚至引来报复,对自己来说,就形成患难了;另一方面,只忙着指责别人不善,自己便疏于进德修业,给自己造成的危难会更大,孟子的真义可能在此。

8.10　　孟子曰:"仲尼不为已¹甚者。"

孟子说:"孔子不会做太过分的事。"

1 已：太过。

此章是说圣人举止言语都合情合理。但这句话也许有前后文的，有了才知道是否有所专指。

《朱子语类》有记："言圣人所为，本分之外不加毫末。如人合吃八棒，只打八棒，不可说这人可恶，更添一棒。称人之善，不可有心于溢美；称人之恶，不可溢恶，皆不为已甚之事也。"这种说法很有趣，但是不是孟子的原意，也不能确定。

8.11　孟子曰："大人者，言不必信，行不必果[1]，惟义所在。"

> 孟子说："有德行的人，不一定每句话都信实，不一定每个行为都果决，只看是不是合乎正义的原则。"

1 果：果决。

《论语·子路》有段跟此章很相似的记录："子贡问曰：'何如斯可谓之士矣？'子曰：'行己有耻，使于四方，不辱君命，可谓士矣。'曰：'敢问其次。'曰：'宗族称孝焉，乡党称弟焉。'曰：'敢问其次。'曰：'言必信，行必果，硁硁然小人哉！抑亦可以为次矣。'曰：'今之从政者何如？'子曰：'噫！斗筲之人，何足算也。'""言必信，行必果"是孔子最先说的，但所指有点负面。孟子此处的"信"与"果"

指的是小信、小处果决，大约跟《左传·曹刿论战》中的"小信未孚，神弗福也"中的"小信"一样，是微小或琐碎的。赵岐《孟子注》举例说："义有不得必信其言，子为父隐也；有不能得果行其所欲行者，若亲在不得以其身许友也。义或重于信，故曰惟义所在。"说得委婉又正确。

欲成大业须从大处着眼，有时无须在小处过多计较。

8.12　孟子曰："大人者，不失其赤子之心¹者也。"

孟子说："有德行的人，是个不失去像孩子原始初心的人。"

1 赤子之心：如孩子的原始初心。朱注："大人之心，通达万变；赤子之心，则纯一无伪而已。"

这句话极简单，但含义极丰富。

赤子之心不见得纯善，但绝对是真的，这便是朱子所说"纯一无伪"的意思。明代的学者李贽曾以"童心"解说赤子之心，他说："夫童心者，绝假纯真，最初一念之本心也。若失却童心，便失却真心；失却真心，便失却真人。人而非真，全不复有初矣。童子者，人之初也；童心者，心之初也。"（《童心说》）

什么是大人？成德又大有为的人叫大人。大人经过大磨炼而有大成就，他已有大人之心或成人之心了，为何还要保有赤子之心呢？请注意孟子说的不是大人"具有"赤子之心，而是大人"不失"赤子之心。赤子之心人人具有，它不随人的道德学识的成长而成长，而一般的大人有大作为的成就之后，很容易失去赤子之心。这样看来，赤子之心非常特殊，也容易失坠，在人已有大成就之后，何须守之不坠呢？

孟子是主张性善的，在他看来，一切伟大道德的成就，其实是从真实无伪的赤子之心发展出来的，他讲的"四端"，指的就是四个重要的开始，与此章所说的赤子之心关系甚密。在孟子看来，如果没有赤子之心，道德便无起源之处，所以它是所有善的基础。当人有成就而失去了赤子之心，那表面的成就就会变为焦土干芽，也许停了，也许毁了，至少那株由道德理想形成的嘉木便无法继续成长。因此，"绝假纯真"的赤子之心是生命真正的源头活水，能滋养人生、启发真理。儒家的道德理想看起来森严，但却又鼓励人们回归人最简单的原始初心，道理即在此。

8.13 　孟子曰："养生者不足以当大事，惟送死可以当大事。"

孟子说："父母在世时妥善奉养，算不了什么大事；倒是父母过世，能好好帮他们送终，才算得了大事了。"

此章的"当"可作算来讲，也可作担当来讲，"当大事"即担当大事也。"送死"不单是处理丧葬的礼仪，还包含继承死者遗愿的意思。俗语说父在承其养，父死继其志，承养比较简单，而继志就不那么容易了。孔子曾说："父在，观其志；父没，观其行。三年无改于父之道，可谓孝矣。"（《论语·学而》）这里"三年无改于父之道"指的是当国政的国君或如国君一般世袭的卿大夫，要他在旧君过世后不要立刻改变施政，一方面是对旧君的尊重，另一方面是担心国家与人民对过急的改革适应不良。为什么是三年？这当然也跟孔子主张的"三年之丧"有关。从这方面看，"送死"牵涉的事远比养生要困难许多，不只国君，一般人也是一样的。

在孟子看来，"送死"比"养生"要困难，要把"送死"的事做到妥善，就足以担任其他所有的大事了。

8.14　　孟子曰："君子深造之以道¹，欲其自得²之也。自得之，则居之安。居之安，则资³之深。资之深，则取之左右逢其原，故君子欲其自得之也。"

　　　　孟子说："君子要用正确的途径让自己取得高深的成就，要让所得的大道与原来的自己结合，像发于自身的一样。要自觉地有所得，他就能很稳定地掌握住大道；而能稳定地掌握住大道，他的凭借就更深了。当他的凭借更深，道从他心中不断流出，就汩汩不断，左右逢源了，所以君子要自觉地有所得。"

1 **深造之以道**：用正确的途径让自己达到高深的成就。朱注："造，诣也。深造之者，进而不已之意。道，则其进为之方也。"

2 **自得**：自觉地有所得。指将所得之道与自己融合在一起，形成道与我不分的局面，这时所言的道就不是单纯从外来的，而是有自发的成分了，故称为"自得"。

3 **资**：凭借。

　　此章讲君子求道或做学问的过程，不是很好讲。

　　孟子一方面提倡"四端"说，认为儒家所说的道德(包括仁、义、礼、智、信)都是人之所本有的，但也不可否认，也有许多"外缘"的知识与经验是在人生展开时不断接触、经历才能获得的。孟子认为，这些从外来的知识经验必须与自己内心已有的"四端"充分结合，对个人的人生才能发挥真正的作用，他称为"自得"。其实并不完全是自得，而是我心中的"道"，当然包含着自己，也包含客观知识与经验交互感受与体悟之后的结果，这时的"君子"，内外浑然一体，已超越客观与主观，因此他凭借更深，便能够"取之左右逢其原"了。原即源，指的是流转不已的源头活水，既是知识(道)的，更是生命的。

　　程颢说："学不言而自得者，乃自得也。有安排布置者，皆非自得也。然必潜心积虑，优游餍饫于其间，然后可以有得。若急迫求之，则是私己而已，终不足以得之也。"(《四书章句集注》)朱子说："言君子务于深造而必以其道者，欲其有所持循，以俟夫默识心通，自然而得之于己也。自得于己，则所以处之者安固而不摇；处之安固，则所借者深远而无尽；所借者深，则日用之间取之至近，无所往而不值其所资之本也。"程、朱的说法都可以参考。

8.15　　　孟子曰:"博学而详说[1]之，将以反说约[2]也。"

　　　　　孟子说:"广博学习，详究其说，但与人解说其理，言
　　　语要回到简约。"

1 详说：详细考究。
2 约：简约。

　　　博学于文，必须考镜源流，自须尽详说之功。但与人解
释其道，须做到语言简练，让人不致治丝益棼，陷于迷乱。
朱子说:"言所以博学于文，而详说其理者，非欲以夸多而斗
靡也；欲其融会贯通，有以反而说到至约之地耳。盖承上章
之意而言，学非欲其徒博，而亦不可以径约也。"

8.16　　　孟子曰:"以善服人[1]者，未有能服人者也；以善养
人[2]，然后能服天下。天下不心服而王者，未之有也。"

　　　　　孟子说:"以善使别人钦服，没能真正使人钦服；以善
　　　培养别人，这才能够使天下人钦服。天下人不钦服却能称
　　　王于天下的，是从来就没有过的事。"

1 服人：令人钦服。
2 以善养人：用善培养人才。

　　　以自己的善影响别人，有点骄傲示人的意味，别人就算

钦服，也是表面的；但以善为教材，用以教育身边的人，使人人向化，心悦诚服，这才是服人的根本。

8.17 　孟子曰："言无实不祥[1]。不祥之实[2]，蔽贤者当之。"

　　　孟子说："说话不实在是不祥的。这种不祥的后果，该由阻止晋用贤能的人来承担。"

1 **言无实不祥**：有两解：一是言不该有无实又不祥的，一是言如不实者不祥。朱注："或曰：'天下之言无有实不祥者，惟蔽贤为不祥之实。'或曰：'言而无实者不祥，故蔽贤为不祥之实。'二说不同，未知孰是，疑或有阙文焉。"译文部分采后解。
2 **实**：后果。

　"言无实"者指进谗言的小人。进谗言的小人所犯的过错，听用、任用他的人该负全责。

8.18 　徐子[1]曰："仲尼亟[2]称于水曰：'水哉！水哉！'何取于水也？"

　　孟子曰："原泉混混，不舍昼夜，盈科[3]而后进，放乎四海。有本者如是，是之取尔。苟为无本，七八月之间雨集，沟浍[4]皆盈，其涸也，可立而待也！故声闻过情[5]，君子耻之。"

徐子问："孔子屡屡称赞水，说:'水呀！水呀！'为什么老说水呢？"

孟子说："你看那有源头的泉水滚滚涌出，昼夜不停。把田的低洼之处填满了又再前进，最后流到了大海。有本源的都是这样子的，孔子所取也在这点上吧。如果是没有本源的水，七八月之间大雨众多，沟渠都水满了，但要干涸，也是立等可待啊！所以声名超过实情，君子以此为耻。"

1 **徐子**：名徐辟，孟子弟子，曾引墨者夷之来见孟子 (5.5)。

2 **亟**：数，屡。

3 **盈科**：盈，满。科，坎，指低洼之处。

4 **沟浍**：皆田间水道。

5 **声闻过情**：名声超过实情。

孔子确实很喜欢举水为例，如"知者乐水"(《论语·雍也》)、"逝者如斯"(《论语·子罕》) 等，其实古人多喜以水相譬，大约人的生活脱离不了水，水也是文明之所依。老子说"上善若水"，《庄子》书中更有《秋水》篇，朱子《观书有感》诗曰"问渠那得清如许？为有源头活水来"，都是例子。

以水来解释的事很多，但孟子此处却将之导引到"声闻过情"上来，要人立有根基，学有本源，如水之盈科而后进。但林之奇曰："徐子之为人，必有躐等干誉之病，故孟子以是答之。"(《四书章句集注》) 好像孟子这段话是专指弟子徐辟有"躐等干誉"之病而说的。这说法是不是真的，不太好证明，但如采此说，无疑把孟子原本想说的说小了。

8.19　　孟子曰："人之所以异于禽兽者几希[1]，庶民去之，君子存之。舜明于庶物，察于人伦，由仁义行，非行仁义也。"

　　孟子说："人跟禽兽比，不同的地方很少，一般人抛弃了它，而君子保存了它。舜懂得众事之道，明察人伦之理，一切作为循着仁义的指引而行，而非刻意要行仁义，以博取自己的声誉。"

1　几希：少。

　　朱子在此处说得很好，他说："人物之生，同得天地之理以为性，同得天地之气以为形；其不同者，独人于其间得形气之正，而能有以全其性，为少异耳。虽曰少异，然人物之所以分，实在于此。众人不知此而去之，则名虽为人，而实无以异于禽兽。君子知此而存之，是以战兢惕厉，而卒能有以全其所受之理也。"解释"由仁义行，非行仁义"时，他说："则仁义已根于心，而所行皆从此出。非以仁义为美，而后勉强行之，所谓安而行之也。此则圣人之事，不待存之，而无不存矣。"也说得很好。孟子认为仁义原在我心中，只要照我心之仁义而行就可以了，仁义不是外来的，所以无须刻意来实行仁义。

　　译文将最后一句译作"而非刻意要行仁义，以博取自己的声誉"，是有意将此章与上章"故声闻过情，君子耻之"结合起来讲，这两章是可以连在一起说的。

8.20　孟子曰：“禹恶旨酒[1]而好善言。汤执中，立贤无方[2]。文王视民如伤，望道而未之见[3]。武王不泄迩，不忘远[4]。周公思兼三王，以施四事，其有不合[5]者，仰而思之，夜以继日，幸而得之，坐以待旦。”

　　孟子说：“禹讨厌美酒而喜欢好话。汤坚守中道，举用贤士不依常法。文王顾惜人民，好像他们受到了伤害一样，他其实已望见大道了，却像未见大道一样。武王不亲狎近处的人，不遗忘远处的人。周公想要兼学夏、商、周三代贤君来实践禹、汤、文王、武王的四件好事，其中有些跟自己想做的不合，便抬起头来思考它，夜以继日，幸而想通了，就坐着等天亮就立刻实行。”

1　旨酒：美酒。

2　立贤无方：举用贤士不依常法。焦循《孟子正义》：“惟贤则立，而无常法。”

3　望道而未之见：见道如未见。而，如。朱注：“民已安矣，而视之犹若有伤；道已至矣，而望之犹若未见。圣人之爱民深，而求道切如此。不自满足，终日乾乾之心也。”

4　不泄迩，不忘远：不亵狎近处的人，不遗忘远处的人。泄，狎。

5　不合：与自己要想做的事不相合。

　　此章举历代圣王之贤举，历历在目。朱子曰：“此承上章言舜，因历叙群圣以继之；而各举其一事，以见其忧勤惕厉之意。盖天理之所以常存，而人心之所以不死也。”大概便是如此吧!

8.21 孟子曰:"王者之迹¹熄而《诗》亡,《诗》亡然后《春秋》作。晋之《乘》,楚之《梼杌》,鲁之《春秋》²,一也。其事则齐桓、晋文,其文则史³。孔子曰:'其义⁴则丘窃取之矣。'"

孟子说:"圣王采诗的行迹已消失,《诗》也跟着断绝了;《诗》断绝了,孔子便创作了《春秋》。晋国的《乘》、楚国的《梼杌》、鲁国的《春秋》,都是一样的。所记载的都是有关齐桓、晋文的故事,其文字重文采而欠真实。孔子说:'《诗》里面褒贬之义,我在《春秋》中借用了。'"

1 迹:行迹。一说迹应作"道",指古代的道人,以木铎记诗言,为采诗官。说见朱骏声《说文通训定声》。

2 晋之《乘》,楚之《梼杌》(táo wù),鲁之《春秋》:《乘》《梼杌》《春秋》分别是古时晋、楚、鲁各国的史书。

3 其文则史:其文字比较重文采而欠真实。《论语·雍也》:"质胜文则野,文胜质则史,文质彬彬,然后君子。"此处之史,指其中的文字文采的部分超过真实的部分。

4 义:指采诗之义,文字寓有褒贬。

此章说明孔子的《春秋》与一般史书的不同。尹焞言:"言孔子作《春秋》,亦以史之文载当时之事也,而其义则定

天下之邪正，为百王之大法。"（《四书章句集注》）

孟子曾说："世衰道微，邪说暴行有作，臣弑其君者有之，子弑其父者有之。孔子惧，作《春秋》。《春秋》，天子之事也。是故，孔子曰：'知我者，其惟《春秋》乎！罪我者，其惟《春秋》乎！'"（6.9）

孔子著《春秋》寓褒贬，不论立场与展开的局面，都与当时其他史书不同，因为孔子的《春秋》除了一般史书有记事的内容外，还有更高的道德意涵，所以必须以道德之立场评论之。这种写史的方式，被后世记史者延续下来，而成为中国史学的传统。孟子认为孔子的《春秋》与当时的一般史书不同，可惜的是当时的其他史书如晋之《乘》、楚之《梼杌》都没有流传下来，无法让我们做真正的比较。

8.22　　孟子曰："君子之泽[1]，五世而斩[2]；小人之泽，五世而斩。予未得为孔子徒也，予私淑诸人[3]也。"

孟子说："君子的流风余韵，传了五代就断绝了；一般人的流风余韵，五代就断绝了。我没机会做孔子的门徒，我是私下向其他人学习的。"

1　**泽**：流风余韵。

2　**斩**：断绝。

3　**私淑诸人**：私，窃。淑，善，取。私淑，指非经直接传授而得到教益。诸人，指孔子之外的人。在孟子言，是子思之后的孔子门人。

朱子解释此章"私淑诸人"时说:"人,谓子思之徒也。自孔子卒至孟子游梁时,方百四十余年,而孟子已老。然则孟子之生,去孔子未百年也。故孟子言予虽未得亲受业于孔子之门,然圣人之泽尚存,犹有能传其学者。故我得闻孔子之道于人,而私窃以善其身,盖推尊孔子而自谦之辞也。"说得很好,因为这是事实。

孟子庆幸在他的时代,孔子之学犹存,只要努力,求学有道,也仍可发扬孔子的余绪。我们也可庆幸,是因为先贤如孟子等人将孔子之学保存延续下来了,让后世有瞻仰研读的机会。所以只要有心,后人跟孟子一样,皆可以成为孔子的私淑弟子。

8.23　　　孟子曰:"可以取,可以无取,取伤廉[1];可以与[2],可以无与,与伤惠;可以死,可以无死,死伤勇。"

　　　　孟子说:"可以拿,可以不拿,拿了有害廉洁;可以给,可以不给,给了有害恩惠;可以死,可以不死,死了有害勇敢。"

1 **伤廉**:对廉洁造成伤害。

2 **与**:指给人。

整体而言,是说君子要守中道,过犹不及。

此章前一句,很容易明白,后两句就有点费解了。一般认为施惠是给人东西，是好的德行，但无须给还给叫作滥施，滥施反而伤害了恩惠。一般也认为，死比不死要勇敢，但活着有时比死去需要更大的勇气，是什么原因呢？

贪生怕死，当然是懦夫。但世上的事界限往往不是那么清楚，有时候死是一种逃避，而活着是承担，因此活着有时比死去更需要勇气。生命是有责任的，接受挑战、承担考验往往比逃避更为高尚。

8.24　逄蒙[1]学射于羿[2]，尽羿之道，思天下惟羿为愈己，于是杀羿。

孟子曰："是亦羿有罪焉。"

公明仪曰："宜若无罪焉。"

曰："薄乎云尔[3]，恶得无罪？郑人使子濯孺子[4]侵卫，卫使庾公之斯[5]追之。子濯孺子曰：'今日我疾作，不可以执弓，吾死矣夫！'问其仆[6]曰：'追我者谁也？'其仆曰：'庾公之斯也。'曰：'吾生矣！'其仆曰：'庾公之斯，卫之善射者也。夫子曰'吾生'，何谓也？'曰：'庾公之斯学射于尹公之他[7]，尹公之他学射于我。夫尹公之他，端[8]人也，其取友必端矣。'庾公之斯至，曰：'夫子何为不执弓？'曰：'今日我疾作，不可以执弓。'曰：'小人学射于尹公之他，尹公之他学射于夫子。我不忍以夫子之道反害

夫子。虽然，今日之事，君事⁹也，我不敢废。'抽
矢扣轮，去其金¹⁰，发乘矢¹¹而后反。"

　　夏朝时逄蒙跟羿学射箭，学尽了羿的本事，心想天下
在箭术上只有羿胜过自己，便杀了羿。

　　孟子说："这样说来也算羿有罪过吧。"

　　公明仪说："好像没罪过吧。"

　　孟子说："罪轻一点罢了，怎能说没罪过呢？郑国派子
濯孺子入侵卫国，卫国派庾公之斯追击。子濯孺子说：'今
天我病发了，不能举弓，我死定了呀！'问驾车的人说：
'你看追我的人是谁呀？'驾车的人说：'是庾公之斯。'他
便说：'我死不了了！'驾车的人说：'庾公之斯是卫国善射
的人，您反而说'我可以活了'，这什么道理呢？'他说：
'庾公之斯跟尹公之他学射箭，尹公之他跟我学过射箭，算
是我的学生。尹公之他是个正人君子，他选择的朋友一定
正派。'庾公之斯追过来了，问：'先生为什么不举弓？'子
濯孺子说：'我今天病发了，举不了弓。'庾公之斯说：'我
跟尹公之他学射箭，尹公之他跟先生学射箭，我不忍以先
生教他的技术反过来伤害您。但今天的事是国家的公事，
我不敢不做。'于是抽出箭来在车轮上敲了几下，把金属做
的箭头敲掉了，射了四支箭后就回去了。"

1　逄（páng）蒙：夏时人，曾为羿的家臣。

2　羿：古善射者，篡夏自立，后为家臣所杀。

3　薄乎云尔：言其罪轻一些罢了。薄，轻。

4 **子濯孺子**：郑大夫。

5 **庾公之斯**：卫大夫。

6 **仆**：驾。

7 **尹公之他**：卫人。

8 **端**：正。

9 **君事**：国君所命之事；公事。

10 **金**：箭头。箭头是金属所制，故称金。

11 **乘矢**：四支箭。古时兵车一乘配四马，乘便代表四。

　　射是"六艺"之一，射有射之道。

　　此章有故事性。姑不论郑侵卫谁对谁错的问题，子濯孺子与庾公之斯都是两国的将领，得听诸侯的调度，两国的恩怨与他们无关。但庾公之斯算起来是子濯孺子的再传弟子，在战场相遇，也得讲师徒之间的道义。而这位师祖是敌将，不杀有违军令，杀了又有违师道，在不得已的状况下只得拔去箭头，朝子濯孺子射了四支空箭便离开，算是两方面都做了交代。

　　但前面孟子批评逢蒙杀羿，羿亦有罪的问题，比较重要。朱子说："孟子言使羿如子濯孺子得尹公他而教之，则必无逢蒙之祸。"应该是对的。后又说："然夷羿篡弑之贼，蒙乃逆俦；庾斯虽全私恩，亦废公义。其事皆无足论者，孟子盖特以取友而言耳。"射道有技术层面，也有品格层面。文中庾公之斯对子濯孺子所做的属于品德层面的事，虽有害于公，还是带着点高贵的性质，也不见得如朱子所言，是"皆无足论者"的。

8.25   孟子曰："西子[1]蒙不洁，则人皆掩鼻而过之。虽有恶人[2]，齐戒沐浴，则可以祀上帝。"

孟子说："西施身上沾了脏东西，大家都会掩鼻而过。一个人就算长得丑，斋戒沐浴，就可参与祭祀上帝的祭礼。"

1 西子：古代的美女西施。好，美。西子，越人，以美貌闻，后遂以其代表美人。

2 恶人：貌丑之人。

尹焞言："此章戒人之丧善，而勉人以自新也。"（《四书章句集注》）说得不错。对比强烈，容易引人注意，孟子这种以极美极丑相况的例子很多。

8.26   孟子曰："天下之言性[1]也，则故[2]而已矣。故者，以利[3]为本。所恶于智者，为其凿[4]也。如智者若禹之行水也，则无恶于智矣，禹之行水也，行其所无事[5]也。如智者亦行其所无事，则智亦大矣。天之高也，星辰之远也，苟求其故，千岁之日至[6]，可坐而致[7]也。"

孟子说："天下讨论人或物的本质，依据已有的法则看便可以了。已有之迹，总是以顺着自然之势为根本。我们讨厌那些自以为聪明的人，因为他们总喜欢穿凿附会。聪明人如能像禹治水一样，我们就不会讨厌聪明了。禹治水，犹如无事一般，如果聪明人能如禹一样无事而自然，那他的聪明才显得极其伟大。天是那样高，星辰是那样得远，如依自然之理去寻求，千年之后的冬至可坐着推算出来。"

1 性：人或物的本质。朱注："人物所得以生之理也。"

2 则故：依据留下的法则去做。朱注："故者，其已然之迹，若所谓天下之故者也。"

3 利：顺，顺其自然之势。

4 凿：穿凿附会。

5 无事：指空虚无事之处。

6 日至：冬至。

7 致：推算而得。

此章在讽刺那些治丝益棼的"聪明人"，他们往往把事情搞得复杂无比，让人摸不着头脑，其实至高的道理往往很简单。朱子说得好，他说："性者，人物所得以生之理也。故者，其已然之迹，若所谓天下之故者也。利，犹顺也，语其自然之势也。言事物之理，虽若无形而难知；然其发见之已然，则必有迹而易见。故天下之言性者，但言其故而理自明，犹所谓善言天者必有验于人也。然其所谓故者，又必本其自然之势；如人之善、水之下，非有所矫揉造作而然者也。若人之为恶、水之在山，则非自然之故矣。"

文末举"千岁之日至，可坐而致也"为例，说明规则的重要。只要知道规则，再久远的事都是可预测的，这种方式就是今天所谓的"科学"。以"日至"为例，其他也是可类推的。古时历法，一岁有两日至（日最长或最短，即夏至或冬至)，周正建子，以冬至十一月为岁首，朱子言："必言日至者，造历者以上古十一月甲子朔夜半冬至为历元也。"

8.27　公行子有子之丧¹，右师²往吊。入门，有进而与右师言者，有就右师之位而与右师言者。孟子不与右师言。右师不悦，曰："诸君子皆与骧言，孟子独不与骧言，是简³骧也。"

　　孟子闻之，曰："礼，朝廷不历位⁴而相与言，不逾阶而相揖也。我欲行礼，子敖以我为简，不亦异乎？"

　　　公行子为儿子办丧事，右师去吊丧。一进门，有人过来跟右师讲话，又有人走到右师的位子跟他讲话。只有孟子不跟右师说话，右师不高兴，说："诸位君子都来跟我讲话，唯独孟子不与我说话，这是简慢我吧。"

　　　孟子听到后，说："礼制规定，在朝廷中不越过位次而相互谈话，不越阶作揖。我在遵行礼节，王子敖却以为我简慢，不也是很奇怪吗？"

1 **公行子有子之丧**：指齐大夫公行子长子的丧礼。依古时的礼仪，父也有为"宗子"服丧的规矩。

2 **右师**：齐大夫的官名，即王骧。又见4.6。

3 简：简慢。

4 历位：越位。

此章旨在说明礼的分际。到孟子时，表面上所行的还是周制，但西周时所定礼节的细节部分，知道的人已不多了，现实是不知礼的人却往往还会怪守礼的人无礼，王骧就是其中之一。

其实孟子厌恶王骧是众所周知的事，以礼为借口不理睬他，也是很自然的。

8.28 　　孟子曰："君子所以异于人者，以其存心[1]也。君子以仁存心，以礼存心。仁者爱人，有礼者敬人。爱人者，人恒爱之；敬人者，人恒敬之。有人于此，其待我以横逆，则君子必自反也：'我必不仁也，必无礼也，此物奚宜至哉？'其自反而仁矣，自反而有礼矣，其横逆由[2]是也，君子必自反也：'我必不忠。'自反而忠矣，其横逆由是也，君子曰：'此亦妄人[3]也已矣！如此则与禽兽奚择哉？于禽兽又何难[4]焉？'

"是故君子有终身之忧，无一朝之患也。乃若所忧则有之：舜，人也，我亦人也；舜为法于天下可传于后世，我由未免为乡人[5]也，是则可忧也。忧之如何？如舜而已矣！若夫君子所患则亡[6]矣，非仁无为也，非礼无行也。如有一朝之患，则君子不患矣。"

　　孟子说："君子跟一般人不同的地方在于居心。君子以仁居心，以礼居心。仁者会爱人，礼者会敬人。爱人的人，别人常会爱他；敬人的人，别人常会敬他。假如这儿有个人，他用横逆的态度待我，要是君子一定会反省自己：'我一定不仁吧，一定不礼吧，不然这种无理的事怎么会落到我头上呢？'自己反省后发现自己有仁，自己反省后发现自己有礼，而那个人横逆依然，要是君子一定会自省：'我一定不够忠诚吧。'自己反省后发现自己是很忠诚的，而那个人横逆依然，君子说：'这是个无知的人吧！他这样跟禽兽有什么分别呢？对禽兽，又何须责难呢？'

　　"所以，君子有终身的忧虑，却不担忧一时。君子的忧虑是有的：舜是人，我也是人；舜为天下立下了模范，可以传到后世，而我庸庸碌碌的未免做个乡里间的一般人，就这一点才是我真该忧愁的呀。忧虑了能怎么办呢？尽力做到如舜的地步罢了。至于君子其他的忧患，那就没有了。不是仁的事不去做，不合礼制的不去做。如果碰上一时的灾祸，君子是不担心的。"

1 **存心**：居心。

2 **由**：犹。

3 **妄人**：无知之人。

4 **难**：责难。

5 乡人：乡里间的一般人。

6 亡：同"无"。

　　强调要有仁与礼的修养，仁居于心，礼行于外。君子的忧喜全在大节上，是不计较一时的忧患的。

　　此章文笔畅达，意气堂堂，是《孟子》中的名篇。文中"爱人者，人恒爱之；敬人者，人恒敬之""君子有终身之忧，无一朝之患"等，是中文世界的名句格言，不论敦品或励学，都影响后世甚巨，读者应多加体会玩味。

8.29　　禹、稷当平世[1]，三过其门而不入[2]，孔子贤之。颜子当乱世，居于陋巷，一箪食，一瓢饮，人不堪其忧，颜子不改乐，孔子贤之。

　　孟子曰："禹、稷、颜回同道。禹思天下有溺者，由[3]己溺之也；稷思天下有饥者，由己饥之也，是以如是其急也。禹、稷、颜子，易地[4]则皆然。今有同室之人斗者，救之，虽被发缨冠[5]而救之，可也；乡邻有斗者，被发缨冠而往救之，则惑也，虽闭户可也。"

　　禹、稷所处于承平的时代，但他们努力从公，好几次经过自己的家都不进去，孔子曾称道他们贤。颜回处于混乱的时代，住在简陋的巷弄中，一篮饭，一瓢水，别人受不了这种困苦，颜回却不改他的乐观，孔子称赞他贤。

孟子说："禹、稷、颜回的道理是一样的。禹认为天下淹水的人，是自己害他们被水所淹的；稷认为天下挨饿的人，是自己使他们挨饿的，因此才那样地急切。禹、稷、颜回交换位置，做法都会一样的。现在如有同室的人发生了斗殴，想去救他，纵是披散着头发、胡乱戴着帽子去救，是可以的；假如乡里的邻居斗殴，披散着头发、胡乱戴着帽子去救，那就糊涂了，即使关上门别去管他都是可以的。"

1 **平世**：承平之世。相传唐、虞之时，天下承平。

2 **三过其门而不入**：此言传闻甚广，但所见始于《孟子》。传说禹治水三过其门不入，稷无此传闻，此处并言，可能有错，或孟子时也有此说。

3 **由**：犹，犹如。

4 **易地**：交换位置。

5 **被发缨冠**：披着头发，把帽子连帽带缨置于头上，表示紧急情况时的混乱现象。朱注："不暇束发，而结缨往救，言急也。"赵注："缨冠者，以冠缨贯头也。"焦循《孟子正义》曰："急于戴冠，不及使缨摄于颈，而与冠并加于头，是以缨为冠，故云缨冠。"

一个是你管得着，出手有效，就得尽力去管；一个是你不知道原因，要去管也不见得管得着，只有关起门别管它，不要引祸上身的好，这是乱世的处事之道。为什么说禹、稷、颜回易地则皆然，那是因为他们都有道德感，也有实践道德的热诚，但如处于乱世，热心是无法发挥作用的，便只有如颜渊一样选择独善其身了。

8.30　公都子曰："匡章[1]，通国皆称不孝焉，夫子与之游，又从而礼貌之，敢问何也？"

孟子曰："世俗所谓不孝者五：惰其四支[2]，不顾父母之养，一不孝也；博弈[3]好饮酒，不顾父母之养，二不孝也；好货财，私妻子，不顾父母之养，三不孝也；从耳目之欲，以为父母戮[4]，四不孝也；好勇斗很[5]，以危父母，五不孝也。章子有一于是乎？

"夫章子，子父责善[6]而不相遇[7]也。责善，朋友之道也。父子责善，贼[8]恩之大者。夫章子，岂不欲有夫妻子母之属哉？为得罪于父，不得近，出妻屏子，终身不养[9]焉。其设心[10]，以为不若是，是则罪之大者。是则章子已矣！"

公都子说："匡章，一国人都说他不孝，老师您与他来往，对他还很礼貌，想请问是什么原因呀？"

孟子说："世俗说的不孝有五种：四体懒惰，不管父母的赡养，是一不孝；赌博，喜欢喝酒，不管父母的赡养，是二不孝；好货好财，偏私妻儿，不管父母的赡养，是三不孝；放纵耳目的欲望，行为不检点，让父母受辱，是四不孝；好勇斗狠，让父母陷入危险，是五不孝。匡章有其中的哪一种呢？

　　　　　　　　　　　　　　　　　　孟子讲析

要说匡章这个人，只是因为父子之间的以善相责而不合罢了。以善相责，是朋友的相处之道。父子之间以善相责，是最伤害感情的。匡章岂不也想有一般家庭夫妻与母子的关系？只是因为得罪了父亲，不能与他们接近，赶走了妻子，摒弃了儿子，终生不得妻与子的奉养。他的居心是，认为不这样做的话，自己的罪就更大了。这就是匡章的为人啊（我何须因而不与他往来呢）？"

1 **匡章**：齐人。又见6.10。

2 **四支**：四肢，四体。

3 **博弈**：赌博。

4 **戮**：辱。

5 **很**：同"狠"。

6 **责善**：要求对方为善。

7 **遇**：相合。

8 **贼**：害。

9 **终身不养**：终其身不得妻子奉养。

10 **设心**：犹居心。

说起来，匡章是个受了委屈的人，所以《朱子语类》说："孟子之于匡章，盖怜之耳，非取其孝也。"孟子不以一般人的态度对他，有点主持公道的样子，因此杨时也说："章子之行，孟子非取之也，特哀其志而不与之绝耳。"（《四书章句集注》）

父子不责善，孟子之前说过，参见"君子不教子"章（7.18）。

此章有趣在当时已有的"五不孝"的观点，这"五不孝"的含义都有点重叠。譬如一至三不孝都是"不顾父母之养"，只是原因稍有不同，而与后二不孝性质皆有不同，显然所谓"五不孝"是硬要区分为五而已。当然这只是"世俗"之说，并不准确，但反映出当时社会的某些道德观念，对于研究古代社会史是很珍贵的材料。另当时尚有"不孝有三，无后为大"之论 (7.26)，都是讨论"不孝"的，读者可对照参考。

8.31　曾子居武城[1]，有越寇[2]。或曰："寇至，盍去诸？"曰："无寓人于我室，毁伤其薪木。"寇退，则曰："修我墙屋，我将反。"寇退，曾子反。左右曰："待先生[3]如此其忠且敬也！寇至则先去以为民望[4]，寇退则反，殆于不可！"沈犹行[5]曰："是非汝所知也！昔沈犹有负刍[6]之祸，从先生者七十人，未有与焉。"

子思居于卫，有齐寇。或曰："寇至，盍去诸？"子思曰："如伋[7]去，君谁与守？"

孟子曰："曾子、子思同道。曾子，师也，父兄也；子思，臣也，微[8]也。曾子、子思易地则皆然。"

曾子住在武城，越国军队来犯。有人说："敌寇要来了，何不离开呢？"曾子说："我走了，不要让人住在我这里，毁伤了里面的树木。"敌寇走了，曾子说："把我房子修理好，我就要回去了。"敌寇走了，曾子回来了。旁边的人说："武城大夫对待先生是这样的忠诚又恭敬啊！敌寇一来你就走了，让人民看样学样，敌寇退了就马上回来，这样做，恐怕不能说是对的吧！"沈犹行说："这就不是你们所能知道的了！之前我家负刍来兴祸闹事，当时跟着老师的有七十多个人，也都一起离开，没管我们家的事。"

子思住在卫国，齐国的军队来犯。有人说："敌寇要来了，为何不离开呢？"子思说："假如我也离开了，卫君要跟谁一起来守城呢？"

孟子说："曾子、子思所守的道是一样的。曾子是老师，是父兄一样的人；子思是臣子，地位卑微。曾子、子思换个位置，都会做一样的事的。"

1 **武城**：鲁地名。

2 **越寇**：指越国的军队。鲁与吴接壤，吴越有战事，波及鲁地。

3 **待先生**：前缺主词，应指武城的大夫。

4 **民望**：使民望而效之。

5 **沈犹行**：曾子弟子。复姓沈犹。

6 **负刍**：人名。

7 **伋**（jí）：子思，名孔伋。

8 **微**：卑微。

赵岐说："言臣当营君，师有余裕，二人处义非殊者也。"尹焞曰："或远害，或死难，其事不同者，所处之地不同也。

君子之心，不系于利害，惟其是而已，故易地则皆能为之。"
《四书章句集注》）解说得都有点勉强。其实老师并非官职，无必守之责，义不必守，而臣则不然。

8.32　　储子¹曰："王使人瞷²夫子，果有以异于人乎？"
　　　　孟子曰："何以异于人哉？尧、舜与人同耳。"

　　　储子说："齐王派人窥探您，想知道是否真的跟别人不同？"
　　　孟子说："有什么与别人不同的呢？尧、舜跟一般人也一样啊。"

1 **储子**：齐人。

2 **瞷**（jiàn）：偷窥，窃视。

　　虽是一般言语，但含义很盛大。
　　前面说过："舜，人也，我亦人也；舜为法于天下可传于后世，我由未免为乡人也，是则可忧也。"又说："忧之如何？如舜而已矣！"(8.28) 现在再加上尧，依孟子看，尧、舜与一般人都是一样的，一个做一个不做罢了。"尧、舜与人同"还有个意思，那就是"人皆可以为尧、舜"。

8.33　　齐人有一妻一妾而处室者。其良人¹出，则必餍²酒肉而后反。其妻问所与饮食者，则尽富贵也。其妻告其妾曰："良人出，则必餍酒肉而后反，问其所与饮食者，尽富贵也，而未尝有显者[3]来。吾将瞷良人之所之也。"

蚤[4]起，施[5]从良人之所之，遍国中[6]无与立谈者，卒之东郭[7]墦[8]间之祭者，乞其余，不足，又顾而之他，此其为餍足之道也。

其妻归，告其妾曰："良人者，所仰望而终身也。今若此！"与其妾讪[9]其良人，而相泣于中庭。而良人未之知也，施施[10]从外来，骄其妻妾。

由君子观之，则人之所以求富贵利达者，其妻妾不羞也，而不相泣者，几希矣！

　　齐人有一妻一妾同住在一起。丈夫每次出门，一定喝足了酒、吃饱了肉才回来。他的妻子问跟他一起吃喝的是谁，他说都是富贵之人。他的妻子告诉妾说："丈夫外出，一定吃饱喝足了才回来，问跟他一起吃喝的是谁，说都是富贵的人，但从来不见有显贵的人来过我们家。我要偷看他到底到哪里去了。"

　　一早起来，她闪躲地跟着丈夫后面走，走遍了整个城，没有见到一个人站住跟丈夫说话的，最后他走到了城东郊外的墓地，走到祭扫坟墓人的中间，乞讨他们的剩菜剩饭，不够吃，又东张西望地找另一家，这就是他每天吃饱喝足的办法呀！

　　他的妻子回到家，告诉他的妾说："丈夫，是我们终生仰望的。今天知道他竟是这样的人啊！"跟他的妾怨骂她们的丈夫，都在中庭哭了起来。而她们的丈夫还不知道，高兴地从外面回来，向他的妻妾吹嘘呢。

在君子看来，一些人追求富贵利达的丑态，要是让他们的妻妾知道而不感到羞耻并因此哭泣的，一定是很少的吧！

1　良人：妇人称丈夫，即夫君。

2　餍：饱食。

3　显者：名显之人。朱注："富贵人也。"

4　蚤：同"早"。

5　施（yǐ）：同"迤"，斜行。

6　国中：城中。

7　东郭：东城之外。郭，城外的短墙。

8　墦（fán）：冢，坟墓。

9　讪：耻骂。朱注："怨詈也。"

10　施施：喜悦自得之貌。

此章有点奇怪，孟子始终没有出现。朱子认为章首当有"孟子曰"三字。但没有此三字，并不影响此章的文意与文气。

作为描写文，此章极为传神，文中三人的表情，都跃然纸上。良人的卑琐，妻子的无奈，而妾虽出场，但没作任何发言，只有陪哭的份儿，代表她在家庭中地位低微。短短几十字，三人的位阶与性格都表现出了，以文章论，这样的描写是非常难得的。

但刻画人物表情不是此章的主要目的，此章的章旨在讽刺世上争名夺利的人，他们的许多不堪犹如文中的丈夫一样，如果让家里妻妾知道的话，都会觉得羞愧的。赵岐说得好："言今之求富贵者，皆以枉曲之道，昏夜乞哀以求之，而以骄人于白日，与斯人何以异哉？"（《四书章句集注》）

9.1　万章[1]问曰："舜往于田[2]，号泣于旻天[3]。何为其号泣也？"

孟子曰："怨慕[4]也。"

万章曰："父母爱之，喜而不忘；父母恶之，劳而不怨[5]。然则舜怨乎？"

曰："长息[6]问于公明高[7]曰：'舜往于田，则吾既得闻命矣。号泣于旻天，于父母，则吾不知也。'公明高曰:'是非尔所知也。'夫公明高以孝子之心,为不若是恝[8]。我竭力耕田,共为子职而已矣。父母之不我爱,于我何哉?帝[9]使其子九男二女,百官牛羊仓廪备,以事舜于畎亩之中。天下之士多就之者,帝将胥天下而迁之[10]焉。为不顺于父母,如穷人无所归。天下之士悦之,人之所欲也,而不足以解忧;好色,人之所欲,妻帝之二女[11],而不足以解忧;富,人之所欲,富有天下,而不足以解忧;贵,人之所欲,贵为天子,而不足以解忧。人悦之、好色、富贵,无足以解忧者,惟顺于父母可以解忧。人少则慕父母,知好色则慕少艾[12],有妻子则慕妻子,仕则慕君,不得于君则热中[13]。大孝终身慕父母,五十而慕[14]者,予于大舜见之矣。"

　　万章问:"舜到田里耕作,向着上天号啕哭泣。为什么要号啕哭泣呀?"

　　孟子说:"这是因为他对父母之情一方面是怨恨,一方面是眷恋的缘故。"

　　万章说:"父母爱我,我喜欢但不会懈怠;父母讨厌我,我劳苦但不埋怨。这么说来,舜岂不在怨恨他父母吗?"

　　孟子说:"长息曾经问公明高说:'舜到田里耕种的事,

我已听说过。他向着上天号啕哭泣，他对待父母的事，我就不知道原因了。'公明高说：'这不是你能懂得的。'公明高的意思是，从一个孝子的心来看，父母这样对待他，他是不能这么不在乎的。舜只有这么想：我尽力耕田，好好尽我做儿子的责任罢了。父母不喜爱我，我能怎么办呢？帝尧派了他的九男二女，还有百官带着牛羊及仓廪中的物资，到田中去帮助舜。天下的士人也很多跑到舜那边去，帝尧也将整个天下让给了他。舜却因没有得到父母的欢心，心便彷徨得像穷困的人无家可归一样。能让天下之士喜欢他，这是人人想要的，却不足以解舜的忧；美人，是人人想要的，帝尧把自己的两个女儿嫁给了他，却不足以解舜的忧；财富，是人人想要的，舜虽富有天下，也不足以消除他的忧愁；尊贵，是人人所想要的，舜尊贵地做了天子，仍不足以消除他的忧愁。别人喜欢自己、美人、财富、尊贵，都不足以消除忧愁，只有得到父母的欢心才可以。人在少时，爱慕父母；知道爱好美色时，就爱慕年轻美丽的女子；有了妻子，就爱慕妻子；当了官，就爱慕国君；不得国君的器重，内心就急躁起来。真正大孝的人，会终身爱慕父母的。到五十岁还那么爱慕父母的，我在大舜的身上见到了。"

1　万章：孟子弟子，齐人。

2　**舜往于田**：舜到田耕作。传说舜少时贫贱，又受到父亲虐待，须在田间耕作以维持家计。

3　**号泣于旻**（mín）**天**：因觉委屈，对天号泣。舜号泣旻天事，《尚书·虞书·大禹谟》记曰："帝初于历山，往于田，日号泣于旻天。"

朱注："仁覆闵下，谓之旻天。号泣于旻天，呼天而泣也。"

4　怨慕：一面怨恨，一面思慕。朱注："怨己之不得其亲而思慕也。"其实不见得必如朱子说的，怨应是埋怨自己命运如此。

5　劳而不怨：《礼记·祭义》有："曾子曰：'父母爱之，喜而弗忘；父母恶之，惧而无怨。'"万章数语或引曾子之言。

6　长息：公明高弟子。

7　公明高：曾子弟子。

8　忝（jiá）：无愁之貌。

9　帝：指尧。

10　将胥天下而迁之：将整个天下让给了他。胥，皆。

11　妻帝之二女：帝尧以二女嫁给他。妻，嫁。

12　慕少艾：喜爱年少貌美者。艾，美好。

13　热中：躁急而心热。

14　五十而慕：到五十岁，依然爱慕父母。慕有爱意，与一般爱不同，有崇拜、爱羡的含义，子女对父母总有爱慕的情结（Complex）在的，此处讲得很简单，而从心理学来讲，就相当复杂了。赵注："大孝之人，终身慕父母，若老莱子七十而慕，衣五采之衣，为婴儿匍匐于父母前也。我于大舜，见五十而尚慕父母，《书》曰：'舜生三十征庸，三十在位。'在位时尚慕，故言五十也。"朱注："言五十者，舜摄政时年五十也。五十而慕，则其终身慕可知矣。"都把舜的"慕"讲得太表面化，也太简单化了。

　　从此章开始，连续几章都爱谈舜的事。此章是赞赏舜的孝道。

　　尧、舜的故事产生得很早，在《尚书》就有，但那些记录并非尧舜时代留下来的，而是后人将当时的传闻记下，是否真实，已无法验证了。《论语》中虽有孔子对尧、舜的赞美，而孔子曾说"周监于二代，郁郁乎文哉，吾从周"（《论语·八佾》），自言他是"从周"的，也就是说孔子所追随的对象是周文王与周公。稍晚的墨子所标举的古圣人是禹，孟子因反杨、墨而标举尧、舜，战国后的道家所标举的古圣人变成黄、老（黄帝与老子）了，越晚的人所举证的越古，试图以此压服跟自己作对的人，这是历史学上的"每上欲况"，《孟子》书中大量举尧、舜之例，其心理动机或许在此。

朱子说："此章言舜不以得众人之所欲为己乐，而以不顺乎亲之心为己忧。非圣人之尽性，其孰能之？"古人有忠孝两全之说，认为孝顺父母的人必定忠于国事，所以忠必以孝为基础。这个说法从性理的层面看，当然有成立的理由，朱子也是从"尽性"的角度来说的，但也不能以偏概全，以为必定如此。因为在外尽忠国事与在家孝顺父母并非同一事件，两者处理事务的方式与对象完全不同，譬如朋友可责善，从事公务当然更要责善，而对父母就不可责善，要责善的话，就造成前面说的"匡章"式的悲剧了（参见8.30），这证明公事与家事确然不同，要以孝顺父母的方式来效忠国事，根本上是有困难的。

为了营造心理学上的悬荡效应，要将舜描写为纯孝，便写舜的父亲瞽瞍是如何地昏聩无知，写舜的异母弟象是如何地坏心使诈，这些状况在此后的几章中还会详细言及。但这种描述其实是粗糙的，因为既是人性，便不会如此极端，像这样好就好到天、坏就坏到地的情况，只在童话故事中才会出现。

但此章开始也透露了一些真实，文中说"舜往于田，号泣于旻天"，写舜到田间，对着上天号啕痛哭，便知舜当时处在这样的家庭中，心情并不平静，孟子说他"怨慕"，孟子也见出舜在爱慕父母之间，也掺杂了某些怨愤在，但这怨愤不能在父母前表现出来，因而越积越多，最后只能在田野间用号啕的方式来纾解，以谋取内心的平衡。他的哭当然是冲着在父母面前所受的委屈而来，可见孝顺一事，即使在天性纯孝的舜的身上也并非一帆风顺，其中也有不少险象的。所以无论说大舜"五十而慕父母"，或推测"大孝终身慕父母"，绝不是表面看起来那么顺利、自然。

9.2 　　万章问曰："《诗》[1]云：'娶妻如之何？必告父母。'信斯言也，宜莫如舜。舜之不告而娶，何也？"

　　孟子曰："告则不得娶。男女居室，人之大伦也。如告，则废人之大伦，以怼[2]父母，是以不告也。"

　　万章曰："舜之不告而娶，则吾既得闻命矣。帝之妻舜[3]而不告，何也？"

　　曰："帝亦知告焉，则不得妻也。"

　　万章曰："父母使舜完廪[4]，捐阶[5]，瞽瞍焚廪。使浚井，出，从而揜[6]之。象[7]曰：'谟盖都君[8]咸我绩[9]，牛羊父母[10]，仓廪父母，干戈朕[11]，琴朕，弤[12]朕，二嫂使治朕栖[13]。'象往入舜宫[14]，舜在床琴，象曰：'郁陶[15]，思君尔！'忸怩[16]。舜曰：'惟兹臣庶[17]，汝其于¹⁸予治。'不识舜不知象之将杀已与？"

曰："奚而不知也！象忧亦忧，象喜亦喜。"

曰："然则舜伪喜者与？"

曰："否。昔者有馈生鱼¹⁹于郑子产²⁰，子产使校人²¹畜之池，校人烹之，反命曰：'始舍之，圉圉²²焉，少则洋洋²³焉，攸然而逝²⁴。'子产曰：'得其所哉！得其所哉！'校人出，曰：'孰谓子产智？予既烹而食之，曰：得其所哉！得其所哉！'故君子可欺以其方²⁵，难罔以非其道。彼以爱兄之道来，故诚信而喜之，奚伪焉？"

万章问道："《诗经》说：'娶妻该怎么办？一定要先禀报父母。'相信这句话是对的，应该莫过于舜了吧。但舜没告诉父母就娶了妻子，是什么道理呢？"

孟子说："禀报就娶不成了。男女结婚同居，是人与人之间最重大的伦理。如果禀报了，就等于废弃了人与人之间最重大的伦理，其结果将是怨恨父母，所以不禀告了。"

万章说："舜不告而娶，我听老师说了。帝尧将两个女儿嫁给舜，之前也不告诉舜的父母，是什么道理？"

孟子说："帝尧也知道，假如事先告知的话，就嫁娶不成了。"

万章说："舜的父母让舜去修理谷仓，等舜上了屋顶，就把梯子撤了，父亲瞽瞍竟放火烧仓。让舜去淘井，不知舜已逃出，还把井盖盖上。舜的弟弟象说：'谋害舜的都是我的功劳，他的牛羊归父母，他仓库里的东西归父母，他的干戈兵器归我，琴归我，雕弓归我，让两位嫂嫂给我铺床。'象到舜的寝室，竟发现舜好端端地坐在床上弹琴，象说：'我心里很郁闷，正在想念你呢！'说着也显出惭愧不安的样子。舜说：'我在想我的臣民，你也帮我管些事吧。'不知道舜是否晓得象要杀他呢？"

孟子说："怎会不知道呢？舜能洞察象的一切的，象忧，便知其忧；象喜，便知其喜。"

万章问："这么说来，舜的欢喜是假装出来的吗？"

孟子说："不。之前有人送一条活鱼给郑子产，子产让管鱼池的人把鱼蓄养起来，管鱼池的人把鱼煮了吃了，回来报告说：'刚放它到池塘，还要死不活的样子，稍过一会儿，就摇着尾巴游开来，一下子不见踪影了。'子产说：'它到了好地方呀！到了好地方呀！'管鱼池的人出来，说：'谁说子产聪明？我已经把鱼煮吃了，他还在说：它到了好地方呀！它到了好地方呀！'所以对君子，可以用合理的方式骗他，难以用不合理的方式欺他。象以敬爱兄长之道前来，舜因此真诚地相信又欢喜他，怎么是装出来的呢？"

1 《诗》：指《诗经·齐风·南山》。

2 怼：仇怨。

3 帝之妻舜：指帝尧将二女娥皇、女英嫁舜之事。

4 完廪：整修、完治仓廪。

5 捐阶：拿走梯子。捐，弃。阶，梯。

6 揜：掩。

7 象：舜的异母弟。

8 谟盖都君：谋害舜。谟，谋。盖，害。都君指舜。《史记·五帝本纪》言舜"一年所居成聚，二年成邑，三年成都"，说明舜很得民心。《孟子》时已有此说，故以都君称舜。

9 咸我绩：皆是我的功劳。

10 牛羊父母：牛羊归父母。

11 干戈朕：干戈兵器归我。朕，自称。先秦时，一般人尚可自称为朕。

12 弤（dǐ）：雕有饰纹的角弓。

13 治朕栖：帮我铺床。栖，即床。

14 舜宫：舜所居之室。

15 郁陶：郁闷思念。

16 忸怩（niǔ ní）：惭愧之色。

17 惟兹臣庶：想我的臣民。惟，思。庶，民。

18 于：为，助。

19 生鱼：活鱼。

20 郑子产：郑大夫。

21 校人：管养鱼池的小职官。

22 圉圉（yǔ yǔ）：困而未纾之貌。

23 洋洋：舒缓摇尾之貌。

24 攸然而逝：自得而远去。逝，离去。

25 方：方正。

所引《诗经》，万章说"信斯言也，宜莫如舜"是不能成立的，即使舜是存在的，但舜的时代是绝对看不到后世的《诗经》的。

有关舜的传说，在孟子之前就很多了，故事是越到后来，越加详密，依照顾颉刚历史是"层累"制造出来的说法，故事内容不可信的居多。

此章前部分讨论嫁娶必告父母的事，主要在说明理是如此，但做时是可以根据状况的不同而权变的，后面再说舜对异母弟象的爱，就有争议了。舜对这个弟弟的慈爱，不因这个坏弟弟几次出坏主意害他而改变。文末"君子可欺以其方，难罔以非其道"，朱子说："方，亦道也。罔，蒙蔽也。欺以其方，谓诳之以理之所有；罔以非其道，谓昧之以理之所无。象以爱兄之道来，所谓欺之以其方也。舜本不知其伪，故实喜之，何伪之有？"又说："此章又言舜遭人伦之变，而不失天理之常也。"令人不得不想到，朱子的"天理之常"包不包括"人伦之变"？如不包括，朱子之言或可成立；如包括，就有许多可讨论的地方了。

9.3　万章问曰："象日以杀舜为事，立为天子则放[1]之，何也？"

孟子曰："封[2]之也。或曰放焉。"

万章曰："舜流共工于幽州[3]，放驩兜于崇山[4]，杀三苗于三危[5]，殛鲧于羽山[6]，四罪而天下咸服，诛不仁也。象至不仁，封之有庳[7]，有庳之人奚罪焉？仁人固如是乎？在他人则诛之，在弟则封之。"

曰：“仁人之于弟也，不藏怒焉，不宿怨焉，亲爱之而已矣。亲之欲其贵也，爱之欲其富也；封之有庳，富贵之也。身为天子，弟为匹夫，可谓亲爱之乎？”

“敢问‘或曰放’者，何谓也？”

曰：“象不得有为于其国，天子使吏治其国，而纳其贡税焉，故谓之放，岂得暴彼民哉！虽然，欲常常而见之，故源源而来。‘不及贡，以政接于有庳’[8]，此之谓也。”

　　万章问道：“象每天把杀舜当成工作，舜被立为天子后只把象给流放了，这是什么原因？”

　　孟子说：“其实是分封他。不过有人说是放逐罢了。”

　　万章说：“舜流放共工到幽州，放逐驩兜到崇山，杀了三苗首领于三危，杀了鲧于羽山，惩处了这四个罪犯，天下人都服气的，是杀了不仁的人呀。象是最不仁的人，却封到有庳这地方。有庳这地方的人有什么罪过呢？像舜这样的仁人该这么做吗？对别人就杀了，对自己的弟弟就封他地。”

　　孟子说：“仁人对他弟弟，不心藏愤怒，不留怨恨在胸中，只是亲爱他罢了。亲他便要他贵，爱他便要他富；封他有庳，就是要他富贵啊。自己是天子了，却让弟弟做一般百姓，这样算是亲爱弟弟了吗？”

　　　　　　　　　　　　　孟子讲析

万章说："请问'有人说是放逐'，为什么这么说呢？"

孟子说："象不能在他国里做什么事的，天子派了官吏来治理他的国、处理缴纳贡税事务，所以有人说是放逐。虽是这样，象难道能暴虐他的百姓吗！这样的话，兄弟想常常见面，就会如流水一样的源源不绝了。古书上说'不必等诸侯朝贡的时候，天子可假借政事经常接见有庳之君'，指的就是这个。"

1 **放**：放逐。

2 **封**：天子给人土地，立为诸侯，曰封。

3 **流共工于幽州**：以下四事，见《尚书·舜典》。舜将共工流放到幽州。共工是舜时治水官，治水无方，因而流放。

4 **放驩兜于崇山**：驩兜，尧时大臣。

5 **杀三苗于三危**：在三危杀了三苗的国君。

6 **殛鲧于羽山**：在羽山杀了鲧。殛，杀。鲧，禹父，治水无功。

7 **有庳**（bì）：地名。

8 **不及贡，以政接于有庳**：无须等待朝贡，平时就可假借政事接见有庳之君（指象）。朱注："盖古书之辞，而孟子引以证源源而来之意，见其亲爱之无已如此也。"

此章讲的是舜对不肖弟弟象的友爱。

象若如万章所言，"日以杀舜为事"，象对舜一点道理都不讲，一点情义都没有，即以故事而言，也十分荒谬了，而舜就天子位后，竟封有庳之地给象。万章后来感叹说："有庳之人奚罪焉？仁人固如是乎？在他人则诛之，在弟则封之。"真的，有庳之人犯了什么罪，必须受此折磨？万章所言，代表了正常人的心理反应。

孟子的解释是，舜派了许多官员来帮象治国，这样象就不能"暴其民"了。这办法不仅不可靠，还有危险，因为这些派来的官员与象是君臣关系，没有臣是拂逆国君的，这可从孟子自己总是不得志看出来。假如舜只是希望跟这个弟弟做到"常常而见之，故源源而来"，却不惜让有庳人民无辜冒险，因为以象毒害其兄的记录来看，毒害其民也是可能的，从仁君王天下的角度出发，舜此举确实有不妥的成分。这不妥连万章都看不下去了，而孟子还要帮其曲意作解，其中缘由，值得探究。

9.4 咸丘蒙[1]问曰："语[2]云：'盛德之士，君不得而臣，父不得而子。舜南面而立，尧帅诸侯北面而朝之，瞽瞍亦北面而朝之。舜见瞽瞍，其容有蹙[3]。'孔子曰：'于斯时也，天下殆哉，岌岌[4]乎！'不识此语，诚然乎哉？"

孟子曰："否。此非君子之言，齐东野人之语[5]也。尧老而舜摄也。《尧典》[6]曰：'二十有八载，放勋乃徂落[7]，百姓如丧考妣，三年，四海遏密八音[8]。'孔子曰：'天无二日，民无二王。'舜既为天子矣，又帅天下诸侯以为尧三年丧，是二天子矣。"

咸丘蒙曰："舜之不臣尧，则吾既得闻命矣。

《诗》[9]云：'普天之下，莫非王土；率土之滨，莫非王臣。'而舜既为天子矣，敢问瞽瞍之非臣，如何？"

曰："是诗也，非是之谓也，劳于王事而不得养父母也。曰：'此莫非王事，我独贤劳也。'故说诗者，不以文害辞，不以辞害志；以意逆志[10]，是为得之。如以辞而已矣，《云汉》[11]之诗曰：'周余黎民，靡有孑遗[12]。'信斯言也，是周无遗民也。孝子之至，莫大乎尊亲；尊亲之至，莫大乎以天下养。为天子父，尊之至也；以天下养，养之至也。《诗》[13]曰：'永言孝思，孝思维则。'此之谓也。《书》[14]曰：'祇载[15]见瞽瞍，夔夔齐栗[16]，瞽瞍亦允若。'是为父不得而子也[17]。"

咸丘蒙问道："古语说：'德行最高的人，国君不能以他为臣，父亲不能以他为子。'当舜当了天子，尧率领诸侯北向来朝拜他，连瞽瞍也北向来朝拜他。舜看见瞽瞍，皱着额头，显出不安的样子。孔子说：'在这个时候，天下真是岌岌可危呀！'不知道这些话是真的吗？"

孟子说："不。这不是君子说的，是齐东乡野人说的。尧年老后，曾叫舜来摄政。《尧典》说：'二十八年后，尧死了，百姓像死了父母一样，服丧三年，四海之内禁止演奏音乐。'孔子说：'天上没有两个太阳，人间没有两个天子。'

假如舜已为天子了，还率领天下诸侯为尧守丧三年，就是同时有两个天子了。"

咸丘蒙说："舜不以尧为臣，我已听您说了。《诗经》说：'普天之下，没有一块不是天子的土地；四海之内，没有一人不是天子的臣民。'舜既做了天子了，瞽瞍却不算他的臣民，请问这是什么缘故？"

孟子说："这首诗，不是你那样解释的，这首诗在说一个人勤劳国事而无法奉养父母。他说：'我做的一切莫不是天子的事呀，却只我一人因贤能而受劳苦。'所以解诗的人，不要拘于文字而误解词意，不要拘于词句而误解了作者的意思；要用自己的心去揣测作者的原意，这才对。假如解诗只从字面看，《云汉》诗说：'周朝所留的百姓，没一个留存的。'要真信这句话，那就是周朝没一个遗民了呀。孝子的极致，没大过尊亲的；尊亲的极致，没有高过以天下来奉养他们的。瞽瞍做了天子的父亲，可说尊贵到极点了；舜以天下来奉养他，也是奉养到极点了。《诗经》说：'永远讲孝道，孝道是治理天下的法则。'说的就是这个意思。《尚书》说：'舜恭敬地来见瞽瞍，谨慎又恐惧的样子，瞽瞍也接受舜这么做。'这应不是你前面所说的'父亲不能以他为子'吧。"

1 咸丘蒙：孟子弟子。

2 语：古语。

3 蹙（cù）：顰蹙不自安。

4 怭怭：不安貌。

5 齐东野人之语：齐国东鄙之地人所说的话，喻不见得正确之言论。

6 《尧典》：引文在今《尚书·舜典》中。

7 放勋乃徂落：尧死了。放勋是尧的号。徂落，同"殂落"，死亡。

8 四海遏密八音：四海之内禁奏音乐。遏，止。密，静。八音，金、石、丝、竹、匏、土、革、木八种乐器之音。

9 《诗》：指《诗经·小雅·北山》。

10 逆志：揣测其志。

11 《云汉》：《诗经·大雅》篇名。

12 靡有孑遗：无有剩下者。孑、遗，余。

13 《诗》：指《诗经·大雅·下武》。

14 《书》：指《尚书》逸篇。

15 祗载：恭敬其事。

16 夔夔（kuí kuí）齐栗：敬谨恐惧的样子。

17 是为父不得而子也：是父亲不能以他为子的原因吗？也，同"耶"，疑问词。

此章孟子解释学生提出的两个问题，而所提之问都源于误解。

首先是"舜南面而立，尧帅诸侯北面而朝之"，问题产生是"齐东野语"式的误传。其次是《诗经》"普天之下，莫非王土；率土之滨，莫非王臣"，学生又解释错了，孟子告诉他诗的原意，并举舜为例，说明孝道对治天下的重要。主要在反复解释学生所犯的错误，而对孝道的精义并未来得及细谈。

此章重点在"故说诗者，不以文害辞，不以辞害志；以意逆志，是为得之"，指出解诗的困惑之所在，诗之真意，不见得在字面，因而解诗要以我心去体会诗人之心，这是解诗的正确方式。另孟子对《尚书》也说过类似的话，他说：
"尽信《书》，则不如无《书》。吾于《武成》，取二三策而已
矣。"（14.3）重点也要"以意逆志"，读者一定要有独立思考的
能力。

9.5　万章曰："尧以天下与舜，有诸？"

孟子曰："否。天子不能以天下与人。"

"然则舜有天下也，孰与之？"

曰："天与之。"

"天与之者，谆谆然[1]命之乎？"

曰："否。天不言，以行与事示之而已矣。"

曰："以行与事示之者，如之何？"

曰："天子能荐人于天，不能使天与之天下；诸
侯能荐人于天子，不能使天子与之诸侯；大夫能荐
人于诸侯，不能使诸侯与之大夫。昔者尧荐舜于天
而天受之，暴[2]之于民而民受之。故曰：'天不言，以
行与事示之而已矣。'"

曰："敢问'荐之于天而天受之，暴之于民而民
受之'，如何？"

曰："使之主祭，而百神享之，是天受之；使之
主事而事治，百姓安之，是民受之也。天与之，人与

之，故曰：'天子不能以天下与人。' 舜相[3]尧二十有八载，非人之所能为也，天也。尧崩，三年之丧毕，舜避尧之子于南河[4]之南。天子诸侯朝觐者，不之尧之子而之舜；讼狱者，不之尧之子而之舜；讴歌者，不讴歌尧之子而讴歌舜，故曰天也。夫然后之中国[5]，践天子位焉。而[6]居尧之宫，逼尧之子，是篡也，非天与也。《太誓》[7]曰：'天视自我民视，天听自我民听。' 此之谓也。"

万章说："尧把天下给了舜，有这事吗？"

孟子说："不。天子不能把天下给人。"

万章说："那么，舜有了天下，是谁给他的？"

孟子说："天给的。"

万章说："天给的。那给他时会诚恳详细地告诫他吗？"

孟子说："不。天不会说话，以所行所事来显示罢了。"

万章说："天以我所行所事来显示，是怎样的呢？"

孟子说："天子能向天推荐人，却不能让天把天下给谁；诸侯能向天子推荐人，却不能让天子把诸侯的职位给他；大夫能向诸侯推荐人，却不能让诸侯把大夫的职位给他。从前尧向上天推荐了舜而天接受了，把舜介绍给人民而人民也接受了。所以说：'天不说话，以所行所事显示出来罢了。'"

万章说："请问您说'推荐给天而天接受了，介绍给人民而人民接受了'，是怎么回事呢？"

孟子说："要他主持祭祀，百神都来享用祭品，就表示天接受了；让他主持治民工作，事情做得很好，人民满意，就表示人民接受了他。是天给了他，人给了他，所以说：'天子是不能把天下给人的。'舜辅佐尧共二十八年，这不是人力所能做到的，是天意。尧死，三年之丧守完了，舜为让尧的儿子继承天下，自己躲避到南河的南面，可天下诸侯来朝觐的，不到尧的儿子那里却到舜那里；要打官司的，不到尧的儿子那里却到舜那里；唱歌的，不歌颂尧的儿子却歌颂舜，所以说，这是天意啊。这时候他才回到首都，就天子之位。假如占据了尧的宫室，逼走了尧的儿子，就是篡位了，就不是天给他的了。《太誓》说：'天所看是我们人民所看，天所听是我们人民所听。'就是这个意思啊。"

1 谆谆然：恳切详细貌。

2 暴（pù）：显。

3 相：辅佐。

4 南河：地名，在今河南濮阳濮城东。

5 之中国：到中国，即首都所在。

6 而：如。

7 《太誓》：也作《泰誓》，《古文尚书》篇名。

这是《孟子》中很重要的一章。孟子承袭了当时有关尧、舜的许多传说，他加以综合并将之发扬光大。尧、舜的传说重点在"禅让"，这是孟子之前就有的说法，但孟子的禅让说与一般的禅让说是很不相同的。一般尧舜禅让说的重点是"让贤"，认定谁是贤者，就将位置让给他，禅让的权力基本上是掌握在在位天子手上的。孟子认为禅让固然也是让贤，而主张这个被让的贤才必须经过天意与民意的检验，证明他值得让贤，这与传统是完全不同的。此章说"天子能荐人于天，不能使天与之天下"，认为天子只能推荐人选，并不能把天下让给他认可的人，只有上天才有此权力，所以孟子又说："使之主祭，而百神享之，是天受之，使之主事而事治，百姓安之，是民受之也。"孟子的"天"是包含人民认可的意涵在的。

尧生前已有意把位置让给舜，但孟子认为，这个决定权不在尧的手上，尧上面还有个"天"在操控一切，有趣的是孟子所谓的"天"，大部分所指的其实是"民"，因为文中所说舜虽避位他地，而来中央朝觐的诸侯与"讼狱者""讴歌者"过来找他，要知道这三者都是"人"，而不是"天"，其中除了诸侯之外，"讼狱者""讴歌者"都是普罗大众，都是货真价实的人民，人民以脚来"投票"，选择舜为他们的领导者，所以在孟子言，民即代表了天，或"民意"根本就已是"天意"了，孟子说这话是含有深意的。

朱子说得好，他说："天无形，其视听皆从于民之视听。民之归舜如此，则天与之可知矣。"孟子说舜之践天子位是"天与之"，表面在强调天，但天意不好猜测，民意才可把握，文末引《太誓》"天视自我民视，天听自我民听"，证明天下的主权还是操控在人民手中，只是换一个方式说而已。

9.6 　　万章问曰："人有言：'至于禹[1]而德衰，不传于贤而传于子。'有诸？"

　　孟子曰："否，不然也。天与贤则与贤，天与子则与子。昔者舜荐禹于天，十有七年，舜崩。三年之丧毕，禹避舜之子于阳城[2]。天下之民从之，若尧崩之后，不从尧之子而从舜也。禹荐益[3]于天，七年，禹崩。三年之丧毕，益避禹之子于箕山之阴[4]。朝觐讼狱者不之益而之启[5]，曰：'吾君之子也。'讴歌者不讴歌益而讴歌启，曰：'吾君之子也。'丹朱[6]之不肖，舜之子亦不肖。舜之相尧、禹之相舜也，历年多，施泽于民久。启贤，能敬承继禹之道。益之相禹也，历年少，施泽于民未久。舜、禹、益相去久远[7]，其子之贤不肖，皆天也，非人之所能为也。莫之为而为者[8]，天也；莫之致而至者，命也。

　　"匹夫而有天下者，德必若舜、禹，而又有天子荐之者，故仲尼不有天下。继世[9]以有天下，天之所废，必若桀、纣者也，故益、伊尹[10]、周公不有天下。伊尹相汤以王于天下，汤崩，太丁未立[11]，外丙[12]二年，仲壬[13]四年，太甲[14]颠覆汤之典刑[15]，伊尹放之于桐[16]三年，太甲悔过，自怨自艾[17]，于桐处仁迁义三年，以听伊尹之训己也，复归于亳¹⁸。周公之不有天下，犹益之于夏，伊尹之于殷也。孔子曰：'唐、虞禅¹⁹，夏后、殷、周继，其义一也。'"

万章问道："有人说：'到了禹夏道德就衰微了，不把位置传给贤人，却传给自己的儿子。'有这事吗？"

孟子说："不，不是这样的。天要给贤人就给贤人，天要给儿子就给儿子。从前舜推荐禹给上天，十七年后，舜死了。三年之丧完毕，禹为了让舜的儿子继位，自己躲到了阳城。天下的人民跑来跟随禹，就如尧死后，不跟随尧的儿子而来跟随舜一样。禹推荐益给上天，七年后，禹死了。三年之丧完毕，益为了让禹的儿子继位，自己躲到了箕山之北。这时朝觐的诸侯或打官司的民众都不到益那里而到启那里，说：'这是我们君主的儿子啊。'唱歌的人不歌颂益而歌颂启，说：'这是我们君主的儿子啊。'尧的儿子丹朱不好，舜的儿子也不好。舜做尧的相，禹做舜的相，经过的年岁多，施恩泽给人民的时间长。启很贤明，能恭敬地继承父亲禹的传统。益相比于禹，经过的年岁少，施恩泽给人民的时间不长。舜、禹、益做相的时间有长有短，他们的儿子贤还是不贤，都是天意，不是人力所能做到的。没人要他们做而做了，这是天意啊；没人能做到而做到了，这是命运啊。

"以一个百姓竟然能得天下的，他的德行要像舜、禹一样，而且还要有天子将他推荐给上天，所以孔子无法得到天下。世代相传而有天下的，天要废弃了他，一定要像桀、纣那样，所以益、伊尹、周公得不到天下。伊尹辅佐汤得到了天下，汤死了，太丁未立就死了，外丙在位两年，仲壬在任四年，太甲破坏了汤所立的法度，伊尹便流放他到桐邑三年，太甲悔过，悔恨自己的荒唐并痛改前非，在桐邑，他以仁自处、向义力行三年，全听伊尹给他的教训，这才又回到首都亳，继续统治天下。周公不能得天下，跟益在夏朝、伊尹在商朝是一样的。孔子说过：'唐尧、虞舜让天下于贤者，夏、商、周传位给子孙，道理是一样的。'"

1 禹：夏开国之君。舜时治水有功，舜崩后即位。

2 阳城：山名。在今河南登封附近。

3 益：舜时臣，佐禹治水有功。一称伯益或伯翳。

4 箕山之阴：山之北曰阴。箕山，在今河南登封南。

5 启：禹子，继禹有天下，九年而崩。

6 丹朱：尧之子。

7 舜、禹、益相去久远：舜相尧二十八年，禹相舜十七年，益相禹七年。三人为相之年，相去甚多。

8 莫之为而为者：非人之想做而自然做到的。

9 继世：继承先世。

10 伊尹：汤时贤相。

11 太丁未立：汤之子，未立而死。

12 外丙：太丁之弟。

13 仲壬：外丙之弟。

14 太甲：太丁之子。汤之嫡长孙。

15 典刑：常法。

16 桐：地名。汤墓所在。地在今河南偃师附近。

17 自怨自艾：怨其非而自改其过。艾，治，治其过。

18 亳（bó）：汤都。在今河南商丘。

19 禅：让国于贤者。朱注："禅，授也。"

文中"汤崩，太丁未立，外丙二年，仲壬四年"有争议。赵岐曰："太丁，汤之太子，未立而死。外丙立二年，仲壬立四年，皆太丁弟也。太甲，太丁子也。"程颐曰："古人谓岁为年。汤崩时，外丙方二岁，仲壬方四岁，惟太甲差长，故立之也。"（《四书章句集注》）朱子言"二说未知孰是"。本书译文则采赵注。

人的才干与立德都很重要，但得天下还是得看"天意"，连禅让或"继世"（世代继承），也靠天意解释，不是天意所钟，一切都是白搭。所以如伊尹、周公之多能，如孔子之才德兼具，都无法掩有天下。尹焞言："孔子曰：'唐虞禅，夏后、殷、周继，其义一也。'孟子曰：'天与贤则与贤，天与子则与子。'知前圣之心者，无如孔子，继孔子者，孟子而已矣。"（《四书章句集注》）碰到这些关键问题，只好以宿命的方式解决了。

宿命比较退缩，听天意便显示无能，孟子的精神有激越自信的成分，但于此处受限仍大，依然无法做更大的超越。

连续几章，借着弟子万章等人的提问，孟子回答了很多有关尧舜时代的问题。大部分是描述舜在家的孝悌行为，舜因孝悌，后来尧把女儿嫁给他，最后把帝位也传给了他。舜后来过世，把帝位传给了治水有功的禹，这种传贤不传子的政权交替方式，美其名曰"禅让"，而实施禅让的统治者成了中国传统政治道德的典范。

孔子说："大哉，尧之为君也！巍巍乎！唯天为大，唯尧则之。"（《论语·泰伯》）有关尧、舜的事传闻很久，《尚书》中就有很多有关尧、舜、禹的记录，虽详略不一，但可知此故事不是儒家独创，只不过后来儒家宣扬他们的事迹，把他们当成圣人来看，说法自然有失当的地方了。

依人类历史进化的理论看，尧、舜时的禅让大约是后人政治理想的寄托，理想的成分高，事实的成分不高的。而孟子继承传统说法，把尧、舜、禹、汤、文、武推上至圣的地位，但持异词的人还是有的。最有趣的是孟子在上章叙述了舜得到天的福佑、人民支持以践天子之位，说："舜相尧二十有八载，非人之所能为也，天也。尧崩，三年之丧毕，舜避尧之子于南河之南。天子诸侯朝觐者，不之尧之子而之舜；讼狱者，不之尧之子而之舜；讴歌者，不讴歌尧之子而讴歌舜，故曰天也。夫然后之中国，践天子位焉。"认为舜如不是这样的话，便是："而居尧之宫，逼尧之子，是篡也，非天与也。"孟子之言，稍稍透露了在孟子时代也有怀疑这套说法的，譬如荀子就说过："有擅（禅）国，无擅天下，古今一也。夫曰尧、舜擅让，是虚言也，是浅者之传，陋者之说也。"（《荀子·正论》）之后韩非子也说："舜偪（逼）尧，禹偪舜，汤放桀，武王伐纣，此四王者，人臣弑其君者也，而天下誉之。"（《韩非子·说疑》）韩非子不只推翻尧、舜禅让之说，而且认为舜、禹加上商汤与周武王的得天下根本是靠着逼位与篡夺。韩非子的说法极为大胆，完全颠覆了儒家一派所倡的传统，虽不知具体依据，但知此禅让一说，历史上一直是有异说在的。

9.7 万章问曰:"人有言,伊尹以割烹要汤[1],有诸?"

孟子曰:"否,不然。伊尹耕于有莘[2]之野,而乐尧舜之道焉。非其义也,非其道也,禄之以天下,弗顾也;系马千驷[3],弗视也。非其义也,非其道也,一介[4]不以与人,一介不以取诸人。汤使人以币[5]聘之,嚣嚣然[6]曰:'我何以汤之聘币为哉?我岂若处畎亩之中,由是以乐尧舜之道哉?'汤三使往聘之,既而幡[7]然改曰:'与我处畎亩之中,由是以乐尧舜之道,吾岂若使是君为尧舜之君哉?吾岂若使是民为尧舜之民哉?吾岂若于吾身亲见之哉?天之生此民也,使先知觉后知,使先觉觉后觉也。予,天民之先觉者也,予将以斯道觉斯民也,非予觉之而谁也?'思天下之民,匹夫匹妇有不被尧舜之泽者,若己推而内[8]之沟中。其自任以天下之重如此!故就汤而说[9]之,以伐夏救民。

"吾未闻枉己而正人者也,况辱己以正天下者乎?圣人之行不同也,或远或近,或去或不去,归洁其身而已矣。吾闻其以尧舜之道要汤,未闻以割烹也。《伊训》[10]曰:'天诛造攻自牧宫[11],朕载自亳[12]。'"

万章问道:"有人说,伊尹表演厨子割肉切菜的手艺来干谒汤，有这回事吗？"

孟子说："不，不是这样的。伊尹原来在有莘的田里耕田，以尧舜之道为乐。不合乎义，不合乎道，就是把天下的财富作为俸禄给他，他连头都不回；送他千驷的大礼，他也不看一眼的。不合乎义，不合乎道，他不会以如一片小草之类的东西送人，也不会接受别人送他的如小草之类的东西。汤派人带了很多钱币来请他，他一点不在乎地说：'我为什么要接受汤送的聘礼？哪比得上我身处田亩之间，过尧舜时代的生活更乐的呢？'汤三次派人去请他，不久，他就完全改变了态度说：'我与其在田野中，以尧舜之道为乐，我何不让我的国君做成尧舜之君？我何不让现在的人民成为尧舜之民呢？我何不让自己亲眼见到尧舜盛世实现呢？天生此民，都要让先知启发后知，先觉启发后觉的。我，就是生民中的先觉者，我应以这个道理来启发人民。我不来启发他们，谁会来呢？'他是这样想的：假如天下有任何人没享受到尧、舜的恩泽，便好像是自己推他们到山沟里一样。他把天下的重任担在自己的肩上，所以就到汤那里去，说服汤去讨伐夏桀来拯救人民。

"我从没听说过，一个己身不正的人能纠正别人的，何况以污辱自己来救天下呢？圣人之行各个不同的，有的行迹遥远，有的行迹浅近，有的选择离开，有的选择不离开，但都会使自己干干净净，毫无污垢。我听过伊尹以尧舜之道来干谒汤，没听说过他割肉切菜的事呢。《伊训》篇说：'上天讨伐夏桀，是从桀在自己牧宫的所为而起的，我起兵征桀是从我到亳事汤时就开始了。'"

1 **以割烹要汤**：以做厨子来干谒商汤。割烹是厨子的事，也指厨子。要，干谒、请求。朱注："按《史记》'伊尹欲行道以致君而无由，乃为有莘氏之媵臣，负鼎俎以滋味说汤，致于王道'。盖战国时有为此说者。"

2 **有莘**：地名。在今河南开封祥符区陈留镇东北。

3 **系马千驷**：赠马四千匹。驷，四马。千驷，表示礼物贵重。

4 **一介**：介，同"芥"，草芥，一芥，喻轻微。也有以"个"释芥。

5 **币**：帛。古时曾以帛代钱币。

6 **嚣嚣**（xiāo xiāo）**然**：不在乎。朱注："无欲自得之貌。"

7 **幡**：变动。原指旗帜翻转方向。

8 **内**（nà）：同"纳"。

9 **说**（shuì）：说服。

10 **《伊训》**：《尚书·商书》篇名。

11 **天诛造攻自牧宫**：上天伐你由你自己开始。造，始。牧宫，桀之宫。《尚书》原作："假手于我有命，造攻自鸣条。"

12 **朕载自亳**：朱注："伊尹言始攻桀无道，由我始其事于亳也。"载，始。

　　万章屡以所闻鄙事问孟子，错误百出，闹了不少笑话，而孟子也为之细心解释，谆谆告诫，问答之间，十分有趣。

　　此章所记伊尹"以割烹要汤"故事，不仅见诸《史记》，《墨子》《吕氏春秋》也有记，可见这故事在先秦流传甚广。孟子个性正直，不走偏锋，解释伊尹之事，可谓堂堂正正。

　　"予，天民之先觉者也，予将以斯道觉斯民也，非予觉之而谁也"是《孟子》中的格言金句，成为日后有淑世精神的中国知识分子的理想与襟抱，读者可与《论语·泰伯》中

曾子言"士不可以不弘毅"相对照。程颢言："予天民之先
觉，谓我乃天生此民中，尽得民道而先觉者也。既为先觉之
民，岂可不觉其未觉者。及彼之觉，亦非分我所有以予之
也。皆彼自有此理，我但能觉之而已。"（《四书章句集注》）

9.8　　　万章问曰："或谓孔子于卫主痈疽[1]，于齐主侍人
瘠环[2]，有诸乎？"

孟子曰："否，不然也。好事者为之也。于卫主
颜雠由[3]。弥子[4]之妻与子路之妻，兄弟[5]也。弥子谓
子路曰：'孔子主我，卫卿可得也。'子路以告，孔子
曰：'有命。'孔子进以礼，退以义，得之不得曰'有
命'。而[6]主痈疽与侍人瘠环，是无义无命也。孔子
不悦[7]于鲁卫，遭宋桓司马[8]，将要而杀之，微服而
过宋。是时孔子当阨，主司城贞子[9]，为陈侯周臣[10]。
吾闻，观近臣以其所为主，观远臣以其所主。若孔
子主痈疽与侍人瘠环，何以为孔子？"

万章问道："有人说孔子在卫国住在痈疽家里，在齐国
住在宦官瘠环家里，有这事吗？"

孟子说："不，不是这样的。这是好事之徒乱说出
来的。孔子在卫国住在颜雠由家。弥子瑕的妻子跟子路
的妻子是姐妹。弥子瑕跟子路说：'孔子如住我家，卫

　　　　　　　　　　　　　　　　孟子讲析

国的卿相之位便可得。'子路把这话告诉了孔子，孔子
说：'这是命中注定的呀。'孔子进讲礼，退讲义，发展
志业却求之不成，只得说'这是命中注定的呀'。要是
住到痈疽与宦官瘠环家，就是不讲义也不讲命了。孔子
在鲁在卫都不开心，又碰到宋司马桓魋要杀他，只得改
换衣服经过宋国。这时孔子正处于困境，便住到司城贞
子家中，司城贞子是陈侯周的臣子。我听说过，观察近
臣的好坏可看他家住的客人，观察来宾的好坏可看他所
寄居的主人。假如孔子住到痈疽与宦官瘠环家里，怎么
还能算是孔子呢？"

1 **主痈疽** (yōng jū)：住在痈疽家。主，舍于其处。痈疽，专治溃疡疹
   的医师。古时医师地位不高。

2 **侍人瘠** (jí) **环**：侍人，也作寺人、阉人。瘠环，侍人名。

3 **颜雠由**：卫大夫。

4 **弥子**：卫灵公宠臣弥子瑕。

5 **兄弟**：即姐妹。

6 **而**：如果。

7 **不悦**：不乐居其国。

8 **宋桓司马**：指宋司马桓魋 (tuí)。《史记·孔子世家》："孔子去曹
   适宋，与弟子习礼大树下。宋司马桓魋欲杀孔子，拔其树。孔
   子去。"

9 **司城贞子**：陈人，当时居宋。

10 **陈侯周臣**：周，陈侯名。

　　古代疡医与阉人地位不高，一般人都避之唯恐不及，孔

子怎会无端去住在这样的人家里呢？所以传说错得离谱。

此章的"观近臣以其所为主，观远臣以其所主"，可与荀子说的"蓬生麻中，不扶而直；白沙在涅，与之俱黑。兰槐之根是为芷，其渐之滫，君子不近，庶人不服。其质非不美也，所渐者然也"相对照。荀子又说："故君子居必择乡，游必就士，所以防邪僻而近中正也。"(《荀子·劝学》) 孟、荀于此的思想是相通的。

9.9　　　万章问曰："或曰：'百里奚[1]自鬻[2]于秦养牲者，五羊之皮，食牛[3]，以要秦穆公，信乎？'"

孟子曰："否，不然。好事者为之也。百里奚，虞[4]人也。晋人以垂棘之璧[5]与屈产之乘[6]假道于虞以伐虢[7]。宫之奇[8]谏，百里奚不谏。知虞公之不可谏，而去之秦，年已七十矣，曾不知以食牛干秦穆公之为污也，可谓智乎？不可谏而不谏，可谓不智乎？知虞公之将亡而先去之，不可谓不智也。时举于秦，知穆公之可与有行[9]也，而相之，可谓不智乎？相秦而显其君于天下，可传于后世，不贤而能之乎？自鬻以成其君，乡党自好者不为，而谓贤者为之乎？"

　　　万章问道："有人说：'百里奚把自己卖给秦国的养牲人，换得五张羊皮，又帮人饲牛，用这办法来求秦穆公用他。'是真的吗？"

孟子说："不，不是这样的。这是好事的人编出来的。百里奚，虞国人。晋国想用垂棘的璧与屈地的良马向虞国借路去攻打虢国。这时虞国大臣宫之奇劝阻虞公，而百里奚没有劝谏。他知道虞公是不会听劝谏的，就离开虞国，到了秦国，那时他已七十岁了，岂不知道以帮人养牛来干求秦穆公是卑劣的行为，可以说是聪明吗？他预见虞公不听谏就不谏，可以说是不聪明吗？他知道虞公马上要亡国就先行离开，不能说他不聪明。当他在秦国被举用，知道秦穆公是可以与之有为的，便做他的相，可说是不聪明吗？做了秦相使秦君的英名显扬于天下，而且流传到后世，不是贤者才能够如此吗？出卖自己来成就国君，一般乡下自爱的人都不会做的，反说贤者会干这事吗？"

1 百里奚：秦穆公贤相。姓百里。秦人称五羖（gǔ）大夫。百里奚自鬻故事在战国与汉时流传甚广。

2 自鬻（yù）：把自己卖给别人。鬻，卖。

3 食牛：为之饲养牛。食，饲。

4 虞：国名。在今山西平陆县。

5 垂棘之璧：垂棘产的璧。垂棘，地名，产璧。

6 屈产之乘：屈地产的马。屈，地名，产马。乘，四匹马。古时大车有四马，故以乘计量。

7 虢（guó）：国名。与虞国接壤。

8 宫之奇：虞国的贤大夫。

9 行：作为。

战国是游说的时代，有才干的人想出头，往往无所不用其极，寻找各种机会，有的正，有的不正。百里奚在历史上有"五羖大夫"之称，是说他的出身并不好，这在当时是很普遍的现象。别忘了孟子自己就说过"舜发于畎亩之中，傅说举于版筑之间，胶鬲举于鱼盐之中，管夷吾举于士，孙叔敖举于海，百里奚举于市"(12.15)，强调"英雄不怕出身低"的观念。

朱子言："孟子言百里奚之智如此，必知食牛以干主之为污。其贤又如此，必不肯自鬻以成其君也。然此事当孟子时，已无所据。孟子直以事理反复推之，而知其必不然耳。"百里奚可能没干过，也可能干过，如果真干过，而孟子这么说，便是在伸张理念。范祖禹曰："古之圣贤未遇之时，鄙贱之事，不耻为之。如百里奚为人养牛，无足怪也。惟是人君不致敬尽礼，则不可得而见。岂有先自污辱以要其君哉？庄周曰：'百里奚爵禄不入于心，故饭牛而牛肥，使穆公忘其贱而与之政。'亦可谓知百里奚矣。"这类故事，当然有好有坏，好处在于让平民也有励志机会，期望自己也登龙有术；坏处是在故事中总要施些心眼或耍些手段，多不见得是那么纯净的，读了可能让人生出复杂的心眼，但整体而言还是好的作用居多。也许孟子知道这故事是假的，所以严词辩驳，但对读故事的人而言，保存下来也不错。

10.1　　孟子曰："伯夷[1]，目不视恶色，耳不听恶声。非其君不事，非其民不使。治则进，乱则退。横政[2]之所出，横民之所止，不忍居也。思与乡人处，如以朝衣朝冠坐于涂炭[3]也。当纣之时，居北海之滨，以待天下之清也。故闻伯夷之风者，顽[4]夫廉，懦夫有立志。

"伊尹曰：'何事非君？何使非民？'治亦进，乱亦进。曰：'天之生斯民也，使先知觉后知，使先觉觉后觉。予，天民之先觉者也，予将以此道觉此民也。'思天下之民，匹夫匹妇有不与被尧舜之泽者，若己推而内之沟中，其自任以天下之重也。

"柳下惠不羞于君，不辞小官。进不隐贤，必以其道。遗佚而不怨，阨穷而不悯。与乡人处，由由然[5]不忍去也。'尔为尔，我为我，虽袒裼裸裎于我侧，尔焉能浼我哉！'故闻柳下惠之风者，鄙夫宽，薄夫敦。

"孔子之去齐，接淅[6]而行；去鲁，曰：'迟迟吾行也，去父母国之道也。'可以速而速，可以久而久，可以处而处，可以仕而仕，孔子也。"

孟子曰："伯夷，圣之清者也；伊尹，圣之任者也；柳下惠，圣之和者也；孔子，圣之时者也。孔子之谓集大成[7]。集大成也者，金声而玉振[8]之也。金声也者，始条理[9]也；玉振之也者，终条理也。始条理者，智之事也；终条理者，圣之事也。智，譬则巧也；圣，譬则力也。由[10]射于百步之外也，其至，尔力也；其中，非尔力也。"

孟子说："伯夷，眼睛不看不好的颜色，耳朵不听不好的声音。不是他理想的国君他就不事奉，不是他理想的人民他就不服务。治世便出来，乱世就隐退。暴政所出的国家，暴民所在的地方，他都不肯住。他认为跟没见识的乡下人相处，如同穿着上朝的正式衣冠，却坐在脏泥巴地一样。当商纣王在时，他住到北海海边，等待天下清平才出来。所以听到伯夷风节的人，贪婪的人会变得廉洁，懦弱的人会变得有志向。

"伊尹说：'什么样的国君不能事奉？什么样的人民不能使唤？'天下治也出来做官，天下乱也出来做官。他说：'天生下这些人民，原本就要让先知先觉的人去开导后知后觉的人。我，就是这些人中的先觉者，我将以这大道来开导人民呀。'他认为：只要天下任何一个人没享到尧、舜的恩泽，就像是我把他们推入山沟一样，他是把天下的重担担在自己肩上的啊。

"柳下惠不以事奉坏君为可耻，也不以官小而推辞。进身为官，不隐藏自己的才能，但一定照自己的原则办事。被遗弃却一点都不埋怨，置身困厄却一点也不忧愁。跟没有见识的乡下人相处，会很自得地不忍离开。他说：'你是你，我是我，你就算是赤身露体在我旁边，又哪能玷污我呢？'所以听到柳下惠风节的人，就是胸襟狭小的人也会宽宏起来，刻薄的人也会敦厚起来。

"孔子离开齐国，没等米洗完，直接捞起来就走；离开鲁国，说：'我们走慢一点吧，这是离开祖国该有的态度啊。'应该快走就快走，应该久留就久留，应该不做官就不做官，应该做官就做官，这就是孔子。

孟子说："伯夷，是圣人中最清高的人；伊尹，是圣人中有担当的人；柳下惠，是圣人中最随和的人；孔子，是圣人中最合乎时宜的人。孔子可以说是集合了所有大成就于一身的人啊。能称集大成的人，像演奏一套完整的大曲，从开始的敲钟到结束的敲玉磬，一项也不缺少。金声是脉络的开始，玉振是条理的结束。开始要靠智慧，结束要靠圣德。智好比技巧，圣好比力道。犹如在百步之外射箭，射到，是靠你力道足够；射中，就不单靠你的力道了。"

1 伯夷：殷末孤竹国国君之子。父死，与弟叔齐互让国而投奔武王，对武王伐纣不满，两人自隐首阳山，采薇而食，终至饿死。事见《史记·伯夷列传》。

2 横政：暴烈的政治。

3 涂炭：不洁之泥地。涂，泥。炭，黑色，喻不洁。

4 顽：无知又贪婪。

5 由由然：自得之貌。

6 接淅：洗米将炊，临时将所洗之米取走，表示有突发之事。淅，洗米。

7 集大成：集中了所有最大的成就。

8 金声而玉振：奏乐时先敲钟，终乐前要敲玉磬。朱注："金，钟属。声，宣也，如声罪致讨之声。玉，磬也。振，收也，如振河海而不泄之振。始，始之也。终，终之也。"

9 条理：犹言脉络，指众音而言。

10 由：同"犹"。

拿几个操行杰出的人出来比较，之前也有过，伯夷、伊尹、柳下惠的例子都不陌生，有些话是重复地说。但孟子后来请出孔子跟他们同列，说其他的人都杰出，但孔子更为杰出，其他人在一方面有成就，而孔子的成就是"集大成"。朱子以八音作例，说："盖乐有八音：金、石、丝、竹、匏、土、革、木。若独奏一音，则其一音自为始终，而为一小成。犹三子之所知偏于一，而其所就亦偏于一也。八音之中，金石为重，故特为众音之纲纪。又金始震而玉终诎然也，故并奏八音，则于其未作，而先击镈钟以宣其声；俟其既阕，而后击特磬以收其韵。宣以始之，收以终之。二者之间，脉络通贯，无所不备，则合众小成而为一大成，犹孔子之知无不尽而德无不全也。"用音乐为况，其他三圣是独奏曲或协奏曲，皆以一技胜，在孔子则是交响曲，演奏交响曲需要所有乐器都投入，而且从始至终环环相扣，绵密无瑕，这例子举得真好。孟子最后又以射箭为喻，靠力气把箭射到靶附近不算难，能命中靶心才是难处。后世称孔子为"至圣"，其实渊源于此。

孔子死后，孔门弟子闹意见，颇有分道扬镳之势，战国之时，百家争鸣，儒学其实是衰微的。但儒门看似颓势，其实是在蓄积能量，以图发挥，孔门弟子对孔子之学一直有相当信心，虽散居各地，犹张扬此学不辍，《史记·儒林传》有段记录当时儒学状况的文字，曰："自孔子卒后，七十子之徒散游诸侯，大者为师傅卿相，小者友教士大夫，或隐而不见。故子路居卫，子张居陈，澹台子羽居楚，子夏居西河，子贡终于齐。如田子方、段干木、吴起、禽滑厘之属，皆受业于子夏之伦，为王者师。……天下并争于战国，儒术既绌焉，然齐鲁之间，学者独不废也。于威、宣之际，孟子、荀卿之列，咸遵夫子之业而润色之，以学显于当世。"孟子认为孔子集先圣之大成，宣达孔学，张扬仁义，在当代与后世都有积极贡献，此段文字可视为重要的宣言。

10.2　北宫锜[1]问曰："周室班[2]爵禄也，如之何？"

孟子曰："其详不可得闻也。诸侯恶其害己也，而皆去其籍[3]。然而轲也尝闻其略也。天子一位，公一位，侯一位，伯一位，子、男同一位，凡五等[4]也。君一位，卿一位，大夫一位，上士一位，中士一位，下士一位，凡六等[5]。天子之制，地方千里，公、侯皆方百里，伯七十里，子、男五十里，凡四等。不能[6]五十里，不达于天子，附于诸侯曰附庸[7]。天子之卿，受地视侯，大夫受地视伯，元士[8]受地视子、男。大国地方百里，君十卿禄，卿禄四大夫，大夫倍上士，上士倍中士，中士倍下士，下士与庶人在官者同禄，禄足以代其耕也。次国地方七十里，君十卿禄，卿禄三大夫，大夫倍上士，上士倍中士，中士倍下士，下士与庶人在官者同禄，禄足以代其耕也。小国地方五十里，君十卿禄，卿禄二大夫，大夫倍上士，上士倍中士，中士倍下士，下士与庶人在官者同禄，禄足以代其耕也。耕者之所获，一夫百亩，百亩之粪[9]，上农夫食[10]九人，上次食八人，中食七人，中次食六人，下食五人。庶人在官者，其禄以是为差。"

北宫锜问道："周朝所制定的官爵和俸禄制度是怎样的呢？"

孟子说："详细的情况已不能够知道了。诸侯怕于己不利，而把这些档案文书都弄丢了。不过我也大略知道些。以天下言：天子一级，公一级，侯一级，伯一级，子、男共一级，共有五级。以诸侯国言：君一级，卿一级，大夫一级，上士一级，中士一级，下士一级，共有六级。天子直接管理的土地纵横千里，公、侯土地都是纵横百里，伯土地纵横七十里，子、男土地纵横五十里，共有四级。土地纵横不足五十里的小国，不能直接与天子产生联系，而只能附属于诸侯，叫作附庸。天子的卿受封的土地比照侯，大夫受封的土地比照伯，元士受封的土地比照子、男。大国的土地纵横百里，国君的俸禄是卿的十倍，卿是大夫的四倍，大夫是上士的一倍，上士是中士的一倍，中士是下士的一倍，下士跟一般在官府工作的人同俸禄，而这俸禄足以代替他耕种之所得了。中等国家土地纵横七十里，国君的俸禄是卿的十倍，卿为大夫的三倍，大夫上士，上士倍于中士，中士倍于下士，下士与平民在官府当差的相同，而所得之禄可以代替他们无法耕田的损失。小国的土地纵横五十里，国君的俸禄是卿的十倍，卿是大夫的二倍，大夫是上士的一倍，上士是中士的一倍，中士是下士的一倍，下士跟一般在官府工作的人同俸禄，而这俸禄足以代替他耕种之所得了。耕田人之所得：一个成年男人可分到百亩田地，百亩的田地施肥耕种，上等农夫可养活九人，其次的可养活八人，中等农夫可养活七人，其次的可养活六人，下等的可养活五人。一般在官府工作的人，他们的俸禄是比照这个分等级给的。"

1 北宫锜（qí）：卫人。北宫，姓。

2 班：秩，列。

3 **诸侯恶其害己也而皆去其籍**：诸侯担心于己不利，把周朝有关班爵的规定文书都丢弃了。籍，登录班爵的文书。

4 **五等**：班爵之制，五等通于天下。

5 **六等**：六等施于国中。

6 **不能**：不足。

7 **附庸**：指小国不能直通天子，须倚靠大国传递讯息。朱注："小国之地不足五十里者，不能自达于天子，因大国以姓名通，谓之附庸。"

8 **元士**：上士。

9 **粪**：施肥。

10 **食**：饲。以食养人。

此章旨在说明周朝的官秩与俸禄，这些材料可以做研究古代政治与经济制度的参考，十分珍贵。

但孟子也说，春秋战国是乱世，许多诸侯扩张滥权，往往超越了原本的秩禄，因而"恶其害己也，而皆去其籍"，所以弄乱了，但孟子之说与其他记载有差异。朱子说："此章之说，与《周礼》《王制》不同，盖不可考，阙之可也。"程颢曰："孟子之时，去先王未远，载籍未经秦火，然而班爵禄之制已不闻其详。今之礼书，皆掇拾于煨烬之余，而多出于汉儒一时之傅会，奈何欲尽信而句为之解乎？然则其事固不可一一追复矣。"（《四书章句集注》）何对何错，也不好确定，所以这些材料，只好存而不论了。

10.3 万章问曰："敢问友。"

孟子曰："不挟[1]长，不挟贵，不挟兄弟[2]而友。友也者，友其德也，不可以有挟也。孟献子[3]，百乘之家也，有友五人焉，乐正裘、牧仲，其三人则予忘之矣。献子之与此五人者友也，无献子之家者也。此五人者，亦有献子之家，则不与之友矣。非惟百乘之家为然也，虽小国之君亦有之。费惠公[4]曰：'吾于子思，则师之矣；吾于颜般[5]，则友之矣。王顺、长息，则事我者也。'非惟小国之君为然也，虽大国之君亦有之。晋平公[6]之于亥唐[7]也，入云则入，坐云则坐，食云则食，虽蔬食菜羹，未尝不饱，盖不敢不饱也。然终于此而已矣。弗与共天位[8]也，弗与治天职也，弗与食天禄也。士之尊贤者也，非王公之尊贤也。舜尚[9]见帝，帝馆甥[10]于贰室[11]，亦飨舜，迭为宾主[12]，是天子而反匹夫也。用下敬上，谓之贵贵[13]；用上敬下，谓之尊贤。贵贵尊贤，其义一也。"

万章问道："请问该如何交朋友？"

孟子说："不倚仗年长，不倚仗位高，不倚仗兄弟的显贵而交朋友。交朋友，是因为他品德的缘故，不能倚仗其他什么。孟献子，是拥有百辆车的大夫，他有五位好友，乐正裘、牧仲，其余三人我已忘了。献子跟这五人交朋友，是不存在自己是大夫的观念的。这五人，如果心存献子是大夫这观念的话，献子是不会跟他们交朋友的。不仅百乘之家的大夫如此，纵使小国的国君也有这样的。费惠公说：'我对子思，则以老师待之；我对颜般，则以朋友待之。王顺、长息，则是帮我办事的人。'不但小国之君是这样，纵使大国之君也有这样的。晋平公对亥唐，亥唐要他进去他就进去，要他坐就坐，要他吃就吃，吃的虽是粗米与菜羹，但不曾不吃饱，因为不敢不吃饱啊！但晋平公对他也只做到这一点而已。不跟他共享地位，不跟他共治国事，不跟他共受俸禄。这是一般士人尊敬贤者的态度，而非王公尊敬贤者的态度。舜进谒尧，尧让他住到副宫，也请他吃饭，尧有时也到舜处吃饭，互为宾主，这是天子跟百姓交友的范例。以下敬上，叫作尊重贵人；以上敬下，叫作尊重贤人。尊敬贵人、尊重贤人，其中的道理是一样的。"

1 挟：恃。

2 兄弟：指兄弟，也可指姻亲之间类似兄弟的关系。

3 **孟献子**：鲁大夫仲孙蔑。

4 **费惠公**：费邑之君。

5 **颜般**：也作颜敢。

6 **晋平公**：晋悼公之子，名彪。

7 **亥唐**：晋贤士，尝隐居，晋平公亲访之。

8 **弗与共天位**：此位天授，故不可与人共享。

9 **尚**：同"上"。以平民晋谒天子，故称"上"。

10 **甥**：指女婿。朱注："礼，妻父曰外舅。谓我舅者，吾谓之甥。尧以女妻舜，故谓之甥。"

11 **贰室**：副宫。

12 **迭为宾主**：相互宴请，轮流做客人与主人。

13 **贵贵**：尊敬贵人，即尊敬地位高的人

朋友是对等的，既为朋友，就要抛弃尊卑的观念。这是此章的精义所在。"迭为宾主"或"互为宾主"，强调宾主是平等的，连帝尧待舜也是如此。

朱子说："此言朋友人伦之一，所以辅仁，故以天子友匹夫而不为诎，以匹夫友天子而不为僭。此尧、舜所以为人伦之至，而孟子言必称之也。"

文中有"孟献子，百乘之家也，有友五人焉，乐正裘、牧仲，其三人则予忘之矣"，是孟子的自道，最有趣的是"其三人则予忘之矣"这句话，把当时闲散不拘的气氛描写出来了，可见孟子与弟子谈话即兴又忘我，十分传神。

10.4 　　万章问曰："敢问交际[1]，何心也？"

孟子曰："恭也。"

曰："'却之却之[2]，为不恭'，何哉？"

曰："尊者赐之，曰：'其所取之者义乎？不义乎？'而后受之，以是为不恭，故弗却也。"

曰："请无以辞却之，以心却之，曰'其取诸民之不义也'，而以他辞无受，不可乎？"

曰："其交也以道，其接也以礼，斯孔子受之矣。"

万章曰："今有御人于国门之外[3]者，其交也以道，其馈也以礼，斯可受御与？"

曰："不可。《唐诰》[4]曰：'杀越人于货[5]，闵[6]不畏死，凡民罔不譈[7]。'是不待教而诛者也。殷受夏，周受殷，所不辞也，于今为烈，如之何其受之？"

曰："今之诸侯取之于民也，犹御也；苟善其礼际矣，斯君子受之，敢问何说也？"

曰："子以为有王者作，将比[8]今之诸侯而诛之乎？其教之不改而后诛之乎？夫谓非其有而取之者盗也，充类至义之尽也[9]。孔子之仕于鲁也，鲁人猎较[10]，孔子亦猎较。猎较犹可，而况受其赐乎？"

曰："然则孔子之仕也，非事道与？"

曰："事道也。"

"事道奚猎较也？"

曰："孔子先簿正祭器[11]，不以四方之食[12]供簿正。"

曰："奚不去也？"

曰："为之兆[13]也。兆足以行矣，而不行，而后去，是以未尝有所终三年淹[14]也。孔子有见行可[15]之仕，有际可[16]之仕，有公养[17]之仕；于季桓子[18]见行可之仕也，于卫灵公[19]际可之仕也，于卫孝公[20]公养之仕也。"

万章问道："请问交际馈赠，要注意什么？"

孟子说："要有恭敬之心。"

万章说："'一再拒绝别人的礼物，就是不敬'，是什么意思呢？"

孟子说："尊贵的人如果有赐与，这时心里要是先想'他取得此物是正当的呢？还是不正当的呢？'之后才收下，这样是不恭敬的，所以不该拒收。"

万章说："那么我不说出来，而心里拒绝，说'这是他取自人民的不义之财呀'，再用其他借口推辞，难道不可以吗？"

孟子说："他以道义与我交往，他以礼节与我接触，就算是孔子也会接受他的礼物的。"

万章说："如今有个在国境外拦路抢劫的人，他与我以道义相交往，他馈赠时也很礼貌，我可接受这种抢夺来的礼物吗？"

孟子说："不可。《唐诰》说：'杀了人又抢了货，强横不怕死，对这种人没有不痛恨的。'这种人是不必教导就可直接诛杀的。这种法律般从夏来，周从殷来，没改变过，现在这类祸害更强烈了，怎么能够收受他们送的东西呢？"

万章说："今天的诸侯财物取自人民，犹如拦路抢劫啊；假如他们把礼节的分际做好了，送的礼连君子也会接受，请问这该怎么说呢？"

孟子说："你以为如有圣王起来，会将现在的诸侯一起杀了呢？或是先教育，若他们不改再杀了呢？假如我们把不是自己的东西拿过来说成是盗，这只是将义的含义扩充到极致罢了。孔子在鲁国做官时，鲁人在猎场争夺猎物，孔子也在猎场争夺猎物。争夺猎物都可以，何况接受诸侯的赏赐呢？"

万章说："那么孔子做官，不是为了行道吗？"

孟子说："是行道呀。"

万章说："是行道，怎么会在猎场争夺猎物呢？"

孟子说："孔子先依照文书规定祭器祭品，不取用包括打猎的四方食材。"

万章说："孔子怎么不干脆辞官走人呢？"

孟子说："凡事实行，先有预兆。预兆显示可行，结果却行不通，到时就要走了，所以孔子从未做官三年还停留的。孔子有因可以行道而做官，也有因国君接待他有礼而做官，也有因为国君养贤而做官；对于鲁国季桓子是因为可以行道而做官，对于卫灵公是因为礼遇他而做官，对于卫孝公则是因为国君要养贤而做官。"

1 **交际**：原指与人礼仪交接。此处专指人以礼仪币帛相交接，即指
　　礼物之收受。

2 **却之却之**：却之，指不受而还之。至于为何两言"却之"无解，
　　可能是衍文。朱注："再言之，未详。"

3 **御人于国门之外**：在国境之外阻止行人抢劫并杀人。

4 **《唐诰》**：《尚书·周书》篇名。今《尚书》作："杀越人于货，暋不
　　畏死，罔弗憝。"

5 **杀越人于货**：杀人并抢夺其货。越，虚词，无义。

6 **闵**：原作"暋"，强。

7 **罔不憝**（duì）：无不恨。憝，怨恨。

8 **比**：并。

9 **充类至义之尽也**：充，满。类，种类。义，宜。意指之前的类比，
　　只是使之尽量合乎义理罢了。

10 **猎较**：以打猎所得禽兽做祭品，赵注："猎较者，田猎相较夺禽
　　兽，得之以祭，时俗所尚，以为吉祥。孔子不违而从之，所以小
　　同于世也。"

11 **先簿正祭器**：先立簿书以正宗庙之祭器。

12 **四方之食**：来自四方的珍馐美食。

13 **兆**：预兆。

14 **淹**：留。

15 **行可**：其道可行。

16 **际可**：接遇以礼，故可。

17 **公养**：国君待贤人之礼。

18 **季桓子**：鲁卿季孙斯。

此章有"先簿正祭器"一语，不好解释。《四书章句集注》朱子引徐度言 :"先以簿书正其祭器，使有定数，不以四方难继之物实之。夫器有常数、实有常品，则其本正矣，彼猎较者，将久而自废矣。"朱子接着说 :"未知是否也。"译文便也暂依此解。

此章主旨在讨论交际馈赠的问题，言赠者不多，言受赠者多些，又牵涉长者、尊者授时，受赠者一方的认知与态度问题。细查文字，万章之问显得理足气盛些，相对之下，孟子的回答理由就稍脆弱了。因为是闲谈，最后谈及孔子参与"猎较"、做官的问题，与前面说的跟收受馈赠无关，有点逸出主题了，但师生漫谈，也很自然。朱子也认为此章部分文义不可晓，不必强为之说。

10.5　　孟子曰 :"仕非为贫也，而有时乎为贫[1] ；娶妻非为养[2]也，而有时乎为养。为贫者，辞尊居卑[3]，辞富居贫。辞尊居卑，辞富居贫，恶乎宜乎？抱关击柝[4]。孔子尝为委吏[5]矣，曰 :'会计当而已矣。'尝为乘田[6]矣，曰 :'牛羊茁壮长而已矣。'位卑而言高，罪也 ；立乎人之本朝[7]而道不行，耻也。"

孟子说 :"做官不是因为贫穷，但有时确是因为贫穷 ；

娶妻不是为了得到妻子的侍奉，但有时确是为了得到侍奉。因贫穷而做官，便应拒绝高位，只做小官；拒绝厚禄，只取薄俸。要拒绝高位，只做小官；拒绝厚禄，只取薄俸，该怎么做才合适呢？做守门或打更的小吏便可。孔子曾做过管仓库的小官，说：'总计起来数目对了。'曾做过管理牲畜的小官，说：'牛羊都长壮了。'职位低的官员议论朝廷大事，这是罪过；在朝廷做高官却不能实行正道，这是耻辱。"

1 **仕非为贫也，而有时乎为贫**：人不该因贫穷而出仕，但有时确因贫穷而出仕。朱注："仕本为行道，而亦有家贫亲老，或道与时违，而但为禄仕者。"

2 **养**：得奉养，指得到妻子的事奉。也有指事奉父母，不取。

3 **辞尊居卑**：辞高官居低位。

4 **抱关击柝**：守城门与打更报时的人，喻位卑。

5 **委吏**：管仓廪的小吏。

6 **乘田**：主六畜刍牧的小吏。

7 **本朝**：朝廷。

　　此章主要在说如为糊口而做官，就该只做小官，只求温饱便好。要做大官，就该有大志向，目的不在挣钱。尹焞说："言为贫者不可以居尊，居尊者必欲以行道。"（《四书章句集注》）此说不见得不正确，但做官是人生的一部分，时有出乎意料的事，是不易掌握的，官之升降大小，不见得真能如己所愿。

万章曰：“士[1]之不托[2]诸侯，何也？”

孟子曰：“不敢也。诸侯失国而后托于诸侯，礼也；士之托于诸侯，非礼也。”

万章曰：“君馈之粟，则受之乎？”

曰：“受之。”

“受之，何义也？”

曰：“君之于氓[3]也，固周[4]之。”

曰：“周之则受，赐[5]之则不受，何也？”

曰：“不敢也。”

曰：“敢问其不敢何也？”

曰：“抱关击柝者，皆有常职以食于上；无常职而赐于上者，以为不恭也。”

曰：“君馈之，则受之，不识可常继乎？”

曰：“缪公[6]之于子思也，亟[7]问亟馈鼎肉，子思不悦。于卒[8]也，摽[9]使者出诸大门之外，北面稽首再拜[10]而不受，曰：‘今而后，知君之犬马畜伋！’盖自是台[11]无馈也。悦贤不能举，又不能养也，可谓悦贤乎？”

曰：“敢问国君欲养君子，如何斯可谓养矣？”

曰：“以君命将[12]之，再拜稽首而受。其后廪人继粟，庖人继肉，不以君命将之。子思以为鼎肉使己仆仆尔[13]亟拜也，非养君子之道也。尧之于舜也，使其子九男事之，二女女焉，百官牛羊仓廪备，以养舜于畎亩之中，后举而加诸上位。故曰，王公之尊贤者也。"

　　万章说："士不能不做事而寄身于诸侯，为什么呢？"

　　孟子说："不敢如此。诸侯失掉自己国家，然后寄身到其他诸侯处，是合于礼的；士寄身到诸侯那儿，是不合礼的。"

　　万章说："国君要是送他谷米，可以接受吗？"

　　孟子说："可以接受。"

　　万章说："您说的接受是什么道理？"

　　孟子说："国君对人民，本来该周济的。"

　　万章说："周济他就接受，赐给他就不接受，为什么呢？"

　　孟子说："不敢接受。"

　　万章说："请问为什么不敢？"

　　孟子说："守门的、打更的都有一定的职务，才得到上面的给养；没一定的职务而得到上面的赐与，这被认为是不恭的行为。"

　　万章说："国君馈赠他东西，就可以接受，不知这种行为可以经常持续吗？"

　　孟子说："鲁缪公对子思，屡次问候，屡次送煮好的肉食，惹得子思不高兴。最后把来人赶出大门，朝北叩首作揖两次以表明不再接受了，说：'今天才知道国君以蓄养犬马的方式养我！'大约此后鲁公就不再差小吏来送礼了。敬悦贤人，却不能任用他，也不能好好奉养他，可说是敬悦贤人吗？"

万章说："请问国君要奉养君子，要怎样才算奉养呢？"

孟子说："先以国君的命令送来食品，他作揖两次、叩首再接受。以后管仓库的人继续送来谷米，厨房的人继续送来肉食，就不再用国君之命了。子思以为因一锅肉，要让自己不断地拜谢，这不是奉养君子之道。尧对待舜，派自己的九个儿子来事奉他，把两个女儿嫁给他，百官、牛羊、仓廪都准备好，来照顾尚在田野之中的舜，然后提拔他到最高的位置。所以说，这是王公尊敬贤者的典范啊。"

1 士：不做官的读书人。士有两种：一种指做官之人，前文有上士、中士、下士之说；一种即此章所称之士，指读书未做或不做官之人，可与现代的"知识分子"通用，曾子言"士不可以不弘毅，任重而道远"，其中的士是指此而言。

2 托：没有官职，而寄生于其下。朱注："寄也，谓不仕而食其禄也。"

3 氓：民。焦循认为此处的"氓"专指外来之民而言，不取。

4 周：周济。朱注："视其空乏，则周恤之，无常数，君待民之礼也。"

5 赐：君给臣的给养。朱注："赐，谓予之禄，有常数，君所以待臣之礼也。"

6 缪公：鲁穆公。

7 亟：屡次。

8 卒：末，之后。

9 摽（biào）：指示，麾。

10 稽首再拜：叩头又拱手拜了两次。稽首，以头叩地；拜，拱手从头到胸，皆古时行礼的动作。

11 台：传令的小官。朱注："贱官，主使令者。"

12 将：送。

13 仆仆尔：不断麻烦的样子。赵注："烦猥貌。"

孟子之时，士有处士、游士之别。处士避居山野，不与人往来，而游士周游列国，以逞志向。国君或高位者有养士之风，主要在储备人才，以为己用。但时日淹久，良莠不齐，弊病丛生，诸侯与游士都心存不正，孟子看出这些问题，所以有"士不托于诸侯"之论。他以为，游走诸侯之间的士大多数是品德不高的人，因而提倡"抱关击柝者，皆有常职以食于上；无常职而赐于上者，以为不恭也"，人不做事到处混饭吃，这肯定是不道德的。国君养贤的目的在举贤，让贤人能发挥才识以救国救民，知道贤人在此，却不举用，任其才荒，就算礼数周到，赐其锦衣玉食，其实都在要表面手段，相互欺骗，没有任何实际意义。

10.7　万章曰："敢问不见诸侯，何义也？"

万章曰："在国[1]曰市井之臣，在野[2]曰草莽之臣，皆谓庶人。庶人不传质[3]为臣，不敢见于诸侯，礼也。"

万章曰："庶人，召之役则往役；君欲见之，召之则不往见之，何也？"

曰："往役，义也；往见，不义也。且君之欲见之也，何为也哉？"

曰："为其多闻也，为其贤也。"

曰："为其多闻也，则天子不召师，而况诸侯乎？为其贤也，则吾未闻欲见贤而召之也。缪公亟见于子思，曰：'古千乘之国以友士，何如？'子思不悦，曰：'古之人有言曰事之云乎[4]？岂曰友之云乎？'子思之不悦也，岂不曰：'以位，则子君也，我臣也，何敢与君友也？以德，则子事我者也，奚可以与我友？'千乘之君，求与之友而不可得也，而况可召与？齐景公田[5]，招虞人以旌[6]，不至，将杀之。'志士不忘在沟壑，勇士不忘丧其元[7]。'孔子奚取焉？取非其招不往也。"

曰："敢问招虞人何以？"

曰："以皮冠[8]。庶人以旃[9]，士以旗[10]，大夫以旌。以大夫之招招虞人，虞人死不敢往；以士之招招庶人，庶人岂敢往哉？况乎以不贤人之招招贤人乎？欲见贤人而不以其道，犹欲其入而闭之门也。夫义，路也；礼，门也。惟君子能由是路，出入是门也。《诗》[11]云：'周道如底[12]，其直如矢；君之所

　　　　　　　　　　　　孟子讲析

履，小人所视。'"

万章曰："孔子，君命召，不俟驾而行。然则孔子非与？"

曰："孔子当仕有官职，而以其官召之也。"

万章说："请问士不去谒见诸侯，是什么道理？"

孟子说："人民住在城市叫作市井之臣，住在乡野叫作草莽之臣，都是百姓。百姓不敢致送见面礼而自以为臣属，所以不敢去觐见诸侯，这是合乎礼的。"

万章说："百姓，如被召去服役便去服役；国君想见他，召唤他，他却不去觐见，这是为什么呢？"

孟子说："去服役，是应该的；去谒见，是不应该的。而且一个国君要跟一般平民见面，到底为的是什么呢？"

万章说："为的是他见闻多，为的是他贤能。"

孟子说："如果为的是他见闻多，那天子不能召唤老师，何况诸侯呢？如果是为的是他贤能，那我没听说过想见贤能的人而下令去召唤的。鲁缪公屡次去拜访子思，说：'古时千乘之国君想要结交士，该怎样呢？'子思不高兴，说：'古人说话的意思是说该像对老师一般的事奉吧？怎会说像朋友一样呢？'子思的不高兴，难道不等于说：'以地位而言，你是君，那我是臣，我怎敢跟国君交朋友呢？以道德而言，那你应该来事奉我，怎么可以跟我做朋友呢？'千乘之国的君王，要想与他为友而不可得，何况要想召唤他呢？齐景公去打猎，用有羽毛为饰的旌旗召唤猎场管理员，他不来，就打算杀他。'志士不怕弃尸山沟，勇士不怕掉脑袋。'孔子是称道他哪一点呢？就是称赞他对国君不符合礼的召唤，硬是不去啊。"

万章说："请问召唤猎场管理员该用什么方法？"

孟子说："用皮帽。召唤百姓用有曲柄的旗，召唤士用有铃的旗，召唤大夫用饰有羽毛的旌旗。用召唤大夫的方式召唤猎场管理员，猎场管理员死也不敢去；用召唤士人的方式召唤百姓，百姓难道敢去吗？何况以召唤不贤之人的方式来召唤贤人呢？想见贤人却不依循礼节，这就像想请人进来却关上了大门一样啊。义就是路，礼就是门。只有君子能走该走的路，能出入该出入的门。《诗经》说：'大道像磨刀石一样平，像箭一样直。这是君子所走的，是小人所效法的。'"

万章说："孔子，听到国君在召唤，不等车马准备好就先走去了。这样说来，孔子错了吗？"

孟子说："孔子在做官，有职务在身，国君是以他担任官职召唤他呀。"

1 **在国**：在城市。

2 **在野**：在田野，后用以称不居官当政。

3 **传质**：质，同"贽"。古人正式相见要托人先致送礼物，叫传贽。地位不等，通常不可传同样的贽。朱注："质者，士执雉，庶人执鹜，相见以自通者也。"

4 **云乎**：语助词，无义。

5 **齐景公田**：齐景公田猎。又见6.1。

6 **旌**：有羽毛装饰的旗。

7 **元**：头。

8　皮冠：田猎的帽子，或指帽子上的皮饰。

9　旃（zhān）：曲柄旗。

10　旂（qí）：顶端系铃的旗。

11　《诗》：指《诗经·小雅·大东》。

12　底：同"砥"，磨刀石。

　　此章言士不见诸侯之义，说得十分详细，因为与士的出处行止有关。

　　规定很多，限制甚严，是后人难以了解的。古人阶级意识很强，由此章可看出，国君在远处要召唤人，得依不同方式，否则失礼失次，就会造成乱局。因为社会停滞，阶级固定，不同阶层的人也就尽量不往来，上下否隔，在当时却也并无大碍，故有此章"庶人不传质为臣，不敢见于诸侯，礼也"的说法。

　　古代礼制往往建筑在这样一个基础上，如孝应发于天然，而我们看连《孝经》上都有"天子章""诸侯章""卿大夫章""士章"与"庶人章"，可见礼制讲到极处，也有僵化的一面。礼一僵化，便注定了它未来崩溃的危机，譬如之后的国君召唤人臣，绝不再用上文中所述的方式了。但在其时，未来尚悠远，不仅当事之人看不出来，就连孟子也不见得能看出来。

　　此章孟子虽大谈其礼，但其意不在礼，而是以礼之规定为自己不主动往见诸侯辩护，正所谓"醉翁之意不在酒"。事实上，孟子不往见诸侯的根本原因不在礼之规定，而是他所秉持的上要尊贤及大有为之君必有不召之臣的理念，礼上的规定只是次要的原因。

10.8 孟子谓万章曰:"一乡之善士[1]斯友一乡之善士,一国之善士斯友一国之善士,天下之善士斯友天下之善士。以友天下之善士为未足,又尚[2]论古之人。颂[3]其诗,读其书,不知其人,可乎?是以论其世也。是尚友也。"

孟子对万章说:"一乡的好人跟一乡的好人交朋友,一国的好人跟一国的好人交朋友,天下的好人跟天下的好人交朋友。与天下的好人交朋友还不满足,又向上追论古代的人物。吟诵他们的诗,阅读他们的著作,却不了解他们的为人,可以吗?所以一定要论及他们的时代。这就是追溯历史与古人交朋友。"

1 善士:行善之人;好人。

2 尚:同"上"。

3 颂:诵。

交朋友的层面不断扩大,从小空间的乡村到大空间的全国乃至全天下,气魄真不小,但还不满足,更要横跨时间"尚友古人",与古代英豪结交,把交朋友的道理推展到极致了。这段小文的最精彩处,是让人的想象从比较受限的空间,跨越到更为无限的时间,照孟子的看法,人是有更大的自由在的。

孟子讲析

10.9　齐宣王问卿[1]。孟子曰："王何卿之问[2]也?"

王曰："卿不同乎?"

曰："不同。有贵戚之卿，有异姓之卿。"

王曰："请问贵戚之卿。"

曰："君有大过则谏，反覆之而不听，则易位[3]。"

王勃然变乎色。曰："王勿异[4]也。王问臣，臣不敢不以正对[5]。"

王色定，然后请问异姓之卿。曰："君有过则谏，反覆之而不听，则去[6]。"

　　齐宣王问有关卿的事。孟子说："王问的是哪一种卿呢?"

　　齐宣王说："卿还有不一样吗?"

　　孟子说："不一样。有与王室同宗的卿，也有非王族的卿。"

　　齐宣王说："我请问与王室同宗的卿。"

　　孟子说："国君犯了大错就要劝诫，反复劝诫还不听，就废弃他，改立别人。"

　　齐宣王突然变了脸色。孟子说："王不要见怪。王问我，我不得不用正道回答。"

　　齐宣王脸色正常了，然后请问非王族的卿。孟子说："国君犯错也要劝诫的，但反复劝诫还不听从，就离开。"

1 **问卿**：问有关卿的事。卿是国中最高地位的官。

2 **何卿之问**：所问为何等卿。

3 **易位**：易君之位，改立贤者。

4 **异**：惊异。

5 **以正对**：以正道回答。

6 **去**：离。

  朱子言："此章言大臣之义，亲疏不同，守经行权，各有其分。贵戚之卿，小过非不谏也，但必大过而不听，乃可易位。异姓之卿，大过非不谏也，虽小过而不听，已可去矣。"

  助国君治国是卿的责任，国君勤劳向善最好，否则责君善、改君过也变成卿的职守了。国君不听，卿有权力的话便可"易君之位"，没权力只好选择去职，这是为卿的准则。这不见得是必能践行的，因为对象与实务不同，不能一概而论。孟子认为卿相是一国的最高长官，对国君与人民有最高的政治责任，有为有守也是应该的，"易位"有相当的难度，但有此规定或信念在是很好的，让国君知道他的权力该受制衡。"君臣义合，不合则去"，这就比较轻简了。但让国君知道有人反对，也是好事。孟子认为，卿为国之重臣，行为要方正，至少绝不该和稀泥。

凡二十章。

告子为孟子同时人，一说曾为学干孟子。此篇与告子言，多及性与天道之话题，后与公都子或孟子自言，则涉性与一般道德之关系，余则一般言论记录。

11.1　告子[1]曰："性犹杞柳[2]也，义犹杯棬[3]也。以人性为仁义，犹以杞柳为杯棬。"

孟子曰："子能顺杞柳之性而以为杯棬乎？将戕贼[4]杞柳而后以为杯棬也？如将戕贼杞柳而以为杯棬，则亦将戕贼人以为仁义与？率[5]天下之人而祸仁义者，必子之言夫！"

告子说："人的本性就像杞柳树，义就像杯子。本着人性来行仁义，就像用杞柳树来做杯子一样。"

孟子说："你是顺着杞柳的本性来做杯子呢？或是戕害杞柳的本性来做杯子呢？如果要戕害杞柳的本性来做杯子，那也将伤害人性来行仁义吗？率领天下的人来损害仁义，必定是你这样的言论呀！"

1　告子：孟子同时人，名不害。

2　杞柳：一种可制木器的树木。

3　杯棬（quān）：盛水的木制杯子。

4　戕贼：戕害、伤害。

5　率：率领。

　　告子是孟子时代的学者，对"性"有他的看法，与孟子是不同的。

　　所谓性，是指上天赋予人的本质。告子认为，上天给我们人的本质是中性的，就像木头（杞柳）可制成器具（杯棬），也可能做不成；做成了器具就对我们有用，做不成就没有用了。木头好比性，有用的器具好比仁义，由此论点，仁义是后天造成的。

　　这个观点与孟子不同。孟子认为人的性是善的，仁义不是后天造成的，而是先天就存在的；一个人后来没有行仁义，是因为他的仁义被蒙蔽了，没能开展起来，不是因为仁义不存在，这点十分重要。孟子提倡的"四端说"，就是发挥这个说法。依孟子的"四端说"，善是人的本质，他说："恻隐之心，仁之端也；羞恶之心，义之端也；辞让之心，礼之端也；是非之心，智之端也。人之有是四端也，犹其有四体也。有是四端而自谓不能者，自贼者也。"(3.6) 因此"人皆可以为尧、舜"。

当然徒有此"四端"是不足的，修养成德，尚须要发展与扩充的，这便是下一步的功夫了。

此章其实并未说清楚，依孟子"子能顺杞柳之性而以为杯棬乎"之语做判断，孟子认为告子之论有"将戕贼杞柳而后以为杯棬也"之可能，此语可能推展为人将"戕贼人性以为仁义"之论，所以大加挞伐了。

11.2　　告子日："性犹湍水¹也，决²诸东方则东流，决诸西方则西流。人性之无分于善不善也，犹水之无分于东西也。"

孟子日："水信³无分于东西，无分于上下乎？人性之善也，犹水之就下也。人无有不善，水无有不下。今夫水，搏而跃之，可使过颡⁴；激⁵而行之，可使在山。是岂水之性哉？其势则然也。人之可使为不善，其性亦犹是也。"

　　　　告子说："人性好像湍急的流水，东方开口就朝东流，西方开口就朝西流。人性是不分善与不善的，就像水不会自主地朝东流或朝西流一样。"

　　　　孟子说："诚然，水是不分东西的，但水不分上下吗？人的性善，就像水会往下流一样。人没有不善的，水没有不向下流的。这水，你拍它而使它跳起来，它可以高过你的额头；阻挡使逆流，可以使它高流上山。这是水的性吗？是形势使它如此的。人是可以让他做坏事的，他的本性就像这水一样的。"

1 湍（tuān）水：水之激流。

2 决：开口引水。

3 信：诚。

4 颡：额。

5 激：逆之，犹阻挡。

　　此章还是在讨论性的问题。孟子进一步发挥此说，认为人性原是善的，这跟水就下的原理相同。但人有做坏事的可能，就像水也可借外力而改变其就下之势。水与人的性其实是两回事，不见得能充分比拟。告子以水为例有其高明之处，他的说明不见得无力，而孟子确实善辩，有时顺水，有时逆水，能在当下将语锋逆转，使之朝利于自己的方向进行。

11.3 　　告子曰："生之谓性[1]。"

　　孟子曰："生之谓性也，犹白之谓白[2]与？"

　　曰："然。"

　　"白羽之白也，犹白雪之白；白雪之白，犹白玉之白与？"

曰："然。"

"然则犬之性犹牛之性，牛之性犹人之性与？"

  告子说："天生的叫作性。"

  孟子说："天生的叫作性，就像一切白的东西就都可叫作白吗？"

  告子说："是的。"

  孟子说："白羽的白，就是白雪的白；白雪的白，就是白玉的白吗？"

  告子说："是的。"

  孟子说："这么说来，狗的性就像牛的性，而牛的性就像人的性了吗？"

1 **生之谓性**：即"性就是生"。这样的解释，形声多兼会意，在训诂学上，这样解释很常见，如"江，水也""岳，山也"。《荀子·正名》有"生之所以然者谓之性"。《论衡·出禀篇》也有"性，生而然者"之说。告子意指性无所谓善恶。朱注"生，指人物之所以知觉运动者而言"，意思是告子所说的"生"还有其他含义。

2 **白之谓白**：白的东西都叫白的。朱注："白之谓白，犹言凡物之白者，同谓之白，更无差别也。"但前面的"白的"不等于后面的"白的"，引发起后面白雪之白与白玉之白的争议。

  此章告子与孟子都没把自己有关性的主张明说出来。其实一开头告子说的"生之谓性"并没有说错，但告子说"生之谓性"是含有性无善恶的意思在的。孟子故意引导他讨论

"白之谓白"的问题（其实与性之善恶无关），来显示告子所言不能区别人性与牛性之不同。事实上告子说的"生之谓性"不应解释到此处的，孟子有点设陷阱让人跳的意思。

朱子对此章的解释很有意思，他说："性者，人之所得于天之理也；生者，人之所得于天之气也。性，形而上者也；气，形而下者也。人物之生，莫不有是性，亦莫不有是气。然以气言之，则知觉运动，人与物若不异也；以理言之，则仁、义、礼、智之禀岂物之所得而全哉？此人之性所以无不善，而为万物之灵也。告子不知性之为理，而以所谓气者当之，是以杞柳湍水之喻，食色无善无不善之说，纵横缪戾，纷纭舛错，而此章之误乃其本根。所以然者，盖徒知知觉运动之蠢然者，人与物同；而不知仁、义、礼、智之粹然者，人与物异也。孟子以是折之，其义精矣。"

朱子承北宋二程（程颢、程颐）的说法，把理与气分为二元（这个说法的另一端是道器论，也就是道在器先，道决定器），朱子说"告子不知性之为理，而以所谓气者当之"，指的便是此。但别说告子，其实孟子当时也不知有此类分法。此章后来推论到"牛之性，犹人之性"，其实已逸出讨论"性"的本质的范畴，有点在逞口舌之利了。

11.4　告子曰："食色[1]，性也。仁，内也，非外也；义，外也[2]，非内也。"

孟子曰："何以谓仁内义外也？"

曰："彼长而我长之[3]，非有长于我也；犹彼白而我白之，从其白于外也，故谓之外也。"

曰："异于[4]白马之白也，无以异于白人之白也；不识长马之长[5]也，无以异于长人之长与？且谓长者义乎？长之者义乎？"

曰："吾弟则爱之，秦人之弟则不爱也，是以我为悦者也，故谓之内。长楚人之长，亦长吾之长，是以长为悦者也，故谓之外也。"

曰："耆秦人之炙[6]，无以异于耆吾炙。夫物则亦有然者也，然则耆炙亦有外与？"

　　告子说："饮食、色欲，是人的本性。仁是内在的，不是外在的；义是外在的，不是内在的。"

　　孟子说："为什么说仁是内在的、义是外在的呢？"

　　告子说："他年纪大，所以我尊敬他，我原本没有尊敬他的意思；就像看一个东西是白的，我便认定他是白的，这是因为它从外看是白的便说它是白的一样，所以说义是外在的。"

　　孟子说："白马的白，无异于白人的白；但我们对老马的尊敬，与对年长者的尊敬是不是没有不同呢？而且到底该说年长是义，或是尊敬年长者是义呢？"

　　告子说："我弟弟我会爱他，秦人的弟弟我就不会爱了，是因为我内心喜爱的关系，所以说仁爱是内在的。尊敬楚国的年长者，也尊敬我自家的年长者，是外在敬老道德的关系，所以是外在的。"

　　孟子说："爱吃秦人的烤肉，跟爱吃自己的烤肉没有差别。各类事物都有这种情况的，那么，喜欢吃烤肉难道也是外在的吗？"

1　**食色**：饮食、色欲。《礼记·礼运》："饮食男女，人之大欲存焉。"
2　**仁内义外**：仁指爱心，比较偏向内心的活动；义指义行，比较偏向外的行为，故言仁为内，义为外。朱注："告子以人之知觉运动者为性，故言人之甘食悦色者即其性。故仁爱之心生于内，而事物之宜由乎外。学者但当用力于仁，而不必求合于义也。"
3　**彼长而我长之**：他长于我，我便以长者之礼待他。
4　**异于**：朱注引张栻言，认为此二字为衍文。
5　**长马之长**：对老马所生的尊敬之心。前"长"字是指老，后"长"字是对年长者的尊敬之心。
6　**耆秦人之炙**：喜食秦人的烤肉。耆，嗜。炙，烤肉。

　　此章是孟子辩驳告子的仁内义外说。

　　这说法不只告子提出，《管子·戒》也说："仁从中出，义从外作。仁，故不以天下为利；义，故不以天下为名。"可见先秦持此论者甚多，不仅告子一家。

　　孟子认为仁与义其实密不可分，不能强分内外，人之能够周行仁义，在于人之性是善的，这个基础是不可动摇的。

11.5　　孟季子[1]问公都子[2]曰："何以谓义内也？"

　　曰："行吾敬，故谓之内也。"

　　　　　　　　　　　　　　　　　　　　孟子讲析

"乡人长于伯兄一岁，则谁敬？"

曰："敬兄。"

"酌则谁先？"

曰："先酌乡人。"

"所敬在此，所长在彼，果在外，非由内也。"

公都子不能答，以告孟子。孟子曰："敬叔父乎？敬弟乎？彼将曰'敬叔父'。曰：'弟为尸[3]，则谁敬？'彼将曰'敬弟'。子曰：'恶在其敬叔父也？'彼将曰'在位[4]故也'。子亦曰：'在位故也。庸[5]敬在兄，斯须[6]之敬在乡人。'"

季子闻之曰："敬叔父则敬，敬弟则敬，果在外，非由内也。"

公都子曰："冬日则饮汤，夏日则饮水，然则饮食亦在外也？"

　　孟季子问公都子道："为什么说义是内在的呢？"

　　公都子说："把我内心的恭敬表现出来，所以说是内在的。"

　　孟季子说："乡人比你的兄长大一岁，那你要敬谁？"

　　公都子说："敬兄长。"

　　孟季子说："饮酒，先给谁斟酒？"

　　公都子说："先给乡人斟酒。"

孟季子说："你心里恭敬的是你的兄长，礼貌上却以乡人为先，可见义是外在的，不是从内心发出的啊。"

公都子无法回答，便来告诉孟子。孟子说："你要是问恭敬叔叔呢，还是恭敬弟弟呢？他会说'恭敬叔叔'。你问：'弟弟在祭祖仪式做了代表祖先的尸，要恭敬谁呢？'他会说'要恭敬弟弟'。你说：'你不是说过要恭敬叔叔的吗？'他将会说'那是弟弟在祖先位子上的缘故啊'。你也说：'也是在位子上的缘故。我心中常恭敬的是我的兄长，暂时恭敬的是乡人。'"

孟季子听了，说："对叔叔是恭敬，对弟弟是恭敬，果然是外在的，不是由内心出发的。"

公都子说："冬天就喝热汤，夏天就喝凉水，这么说来，饮食也是外在的了吗？"

1 **孟季子**：其人不详。朱注："疑孟仲子之弟也。"

2 **公都子**：孟子弟子。

3 **尸**：古人祭祖，往往请人居祖先之位而拜之，居位者称尸。朱注："尸，祭祀所主以象神，虽子弟为之，然敬之当如祖考也。"

4 **在位**：在位子上。此指尸在祖先神位上。

5 **庸**：常。

6 **斯须**：须臾。短时间。

在孟子看来，这种争论都是边缘的问题，宋人把理、气分开来讲，也把道、器分成两方面，只是为了说明方便，其实寓理率气，理、气是一体的，道、器也是一体的。所有的道德行为都来自人的初心，而人初心的本质（性）都是善的，道德的极致就是恢复被蒙蔽的善性，所以要"大人不失其赤子之心"，此章所论，如敬兄敬乡人、敬叔敬弟等，其实都是枝节。

11.6 公都子曰："告子曰：'性无善无不善也。'或曰：'性可以为善，可以为不善，是故文、武兴则民好善，幽、厉[1]兴则民好暴。'或曰：'有性善，有性不善，是故以尧为君而有象，以瞽瞍为父而有舜，以纣为兄之子且以为君，而有微子启[2]、王子比干[3]。'今曰性善，然则彼皆非与？"

孟子曰："乃若其情[4]，则可以为善矣，乃所谓善也。若夫为不善，非才[5]之罪也。恻隐之心，人皆有之；羞恶之心，人皆有之；恭敬之心，人皆有之；是非之心，人皆有之。恻隐之心，仁也；羞恶之心，义也；恭敬之心，礼也；是非之心，智也。仁、义、礼、智，非由外铄[6]我也，我固有之也，弗思耳矣。故曰：求则得之，舍则失之。或相倍蓰[7]而无算者，不能尽其才者也。《诗》[8]曰：'天生烝民[9]，有物有则。民之秉夷，好是懿德。'孔子曰：'为此诗者，其知道乎！故有物必有则，民之秉夷[10]也，故好是懿德。'"

公都子说:"告子说:'本性无所谓善良也无所谓不善良。'也有人说:'本性是可以使它善良,也可以使它不善良的,所以周文王、武王起来时百姓就趋向善良,周幽王、厉王起来时百姓就趋向横暴。'也有人说:'有人本性善良,有人本性不善良,所以以尧这样的人为君却有象这样的人为臣子,以瞽瞍这样的父亲却有舜这样的儿子,以纣这样的侄子,而且做国君,却有像微子启、王子比干这样的仁人。'如今说性原是善良的,那么那些人说的都错了吗?"

孟子说:"照着其本性自然地发展下去,就可以为善的,便是我说的善了。至于说有些不善的行为,是不能归罪于人的本性的。恻隐之心,人人都有;羞恶之心,人人都有;恭敬之心,人人都有;是非之心,人人都有。恻隐之心是仁,羞恶之心是义,恭敬之心是礼,是非之心是智。仁、义、礼、智不是由外面来的,是我本来就有的,不过不曾去寻思罢了。所以说:只要寻求就会得到,一旦放弃,就失掉了。人与人之间有的相差一倍,有的相差五倍甚至无数倍,这是不能将他的本性充分发挥出来的缘故。《诗经》说:'上天生育众民,凡有事物就有规则。人该秉持着常道,好好地把握住这善良的品德。'孔子说:'写这诗的人,是明道理的人呀!所以凡有事物就有规则,人确实该秉持常道,所以得好好地把握住这善良的品德。'"

1 幽、厉:指周幽王、周厉王,皆昏聩无道之君。
2 微子启:商纣之庶兄,受封微地,称微子。纣乱政,屡荐不听,遂去之。
3 王子比干:纣之叔父,名干,封于比,故名比干。传说谏纣三日不去，纣怒，剖其心而死。

4 **乃若其情**：如照着其性之真。朱注："乃若，发语辞。情者，性之动也。人之情，本但可以为善而不可以为恶，则性之本善可知矣。"俞正燮《癸巳存稿》曰："情者事之实也。《大学》'无情者'，郑注云'情犹实也'，是也。"

5 **才**：材质。也指本性。《说文》："才，草木之初也。"人之初性，亦可谓才。

6 **外铄**：外力所形成的影响。朱注："铄，以火销金之名，自外以至内也。"

7 **倍蓰**（xǐ）：相差一至五倍。蓰，五倍。

8 **《诗》**：指《诗经·大雅·蒸民》。

9 **蒸民**：即民众。

10 **秉夷**：执其常道。夷，常，《诗经》作"彝"。

公都子引了几家不同的说法，其实从立论者的角度看，也不见得没有道理，但孟子必须坚持他的"四端说"，以证明性善说其论有据。宋儒多张扬孟子此说，论者甚夥。程颐说："性即理也，理则尧、舜至于涂人一也。才禀于气，气有清浊，禀其清者为贤，禀其浊者为愚。学而知之，则气无清浊，皆可至于善而复性之本，汤、武身之是也。孔子所言下愚不移者，则自暴自弃之人也。"程颢也说："论性不论气，不备；论气不论性，不明，二之则不是。"张载说："形而后有气质之性，善反之则天地之性存焉。故气质之性，君子有弗性者焉。"朱子说："程子此说才字，与孟子本文小异。盖孟子专指其发于性者言之，故以为才无不善；程子兼指其禀于气者言之，则人之才固有昏明强弱之不同矣，张子所谓气质之性是也。二说虽殊，各有所当，然以事理考之，程子为密。盖气质所禀虽有不善，而不害性之本善；性虽本善，而不可以无省察矫揉之功，学者所当深玩也。"

孟子的性善论，主张人的道德的起源是自觉，而非他范，因此他说："仁、义、礼、智，非由外铄我也，我固有之也，弗思耳矣。故曰：求则得之，舍则失之。"我因固有仁、义、礼、智四端，故我可以为圣人；人人都有，则人人可以为圣人。这便是孟子"人皆可以为尧、舜"(12.2) 的理念来源了。

11.7　　孟子曰："富岁，子弟多赖[1]；凶岁，子弟多暴。非天之降才尔殊也，其所以陷溺[2]其心者然也。今夫麰麦[3]，播种而耰[4]之，其地同，树之时又同，浡然[5]而生，至于日至[6]之时，皆熟矣。虽有不同，则地有肥硗[7]，雨露之养，人事之不齐也。故凡同类者，举相似也，何独至于人而疑之？圣人与我同类者。故龙子[8]曰：'不知足而为屦，我知其不为蒉[9]也。'屦之相似，天下之足同也。口之于味，有同耆也。易牙[10]先得我口之所耆者也。如使口之于味也，其性与人殊，若犬马之与我不同类也，则天下何耆皆从易牙之于味也？至于味，天下期[11]于易牙，是天下之口相似也。惟耳亦然。至于声，天下期于师旷[12]，是天下之耳相似也。惟目亦然。至于子都[13]，天下莫不知其姣[14]也。不知子都之姣者，无目者也。故曰：口之于味也，有同耆焉；耳之于声也，有同听焉；目之于色也，有同美焉。至于心，独无所同然乎？心之所同然者何也？谓理也，义也。圣人先得我心之所同然耳。故理义之悦我心，犹刍豢[15]之悦我口。"

孟子说："丰年，子弟多懒惰；荒年，子弟多残暴。并不是天生的资质不同，是环境使其心陷没沉溺的缘故。现在以大麦作比喻，播了种又覆了土，假如地是一样的，栽种的时间也相同，就会蓬勃生长，到夏至时，都成熟了。纵然收成会有不同，那是与土地的肥瘠、雨露的多少、人事照顾的勤惰有关。所以大凡同类之物，无不大体相同，为什么一说到人就要去怀疑呢？圣人与我是同类。所以龙子说：'不知脚的大小去编草鞋，我知道它不会编成草筐吧。'草鞋的相同，是因为天下人的脚是相同的。嘴巴对于味道有相同的喜好。易牙早摸准了我们嘴巴的喜好了。假如嘴巴对于味道，其本性跟别人是不同的，就像犬马跟我们不同一般，那天下人怎会都喜欢易牙为我们调制的味道呢？谈到口味，天下人都期望吃到易牙做的东西，可见天下人的口味相似啊。耳朵也是如此。谈到声音，天下人都期望听到师旷的音乐，可见天下人的听觉也大致相似。眼睛也一样。谈到子都，天下没人不知道他的美丽。不知道子都的美丽，那是没有眼睛的人。所以说，嘴巴对于味道，有同样的嗜好；耳朵对于声音，有同样的听觉；眼睛对于容色，有同样的美感。至于心，独独没有相同之处吗？心的相同之处是什么呢？是理，是义。圣人是早就懂得我们内心相同的理与义啊。所以说理与义使我们心里喜欢，就像牛羊猪狗的肉合乎我们的口味一样。"

1　赖：同"懒"，懒散。

2　陷溺：陷没沉溺。朱注："凶年衣食不足，故有以陷溺其心而为暴。"

3　䍧（móu）麦：大麦。

4　耰（yōu）：覆种。播种后以土覆盖之。

5　浡（bó）然：生机畅达貌。

6　日至：夏至，一年之中白天最长的一天。

7　肥硗（qiāo）：肥与不肥。硗，土多石。

8　龙子：古贤人，生平不详。

9　蒉（kuì）：草器。

10　易牙：齐桓公宠臣，善烹调。

11　期：期许，希望。

12　师旷：晋平公乐师，善音乐。

13　子都：古代郑国美男子。《诗经·郑风·山有扶苏》："不见子都，乃见狂且。"《传》曰："子都，世之美好者也。"后为美男子的通称。

14　姣：美好。

15　刍豢（huàn）：好吃的肉食。朱注："草食曰刍，牛羊是也；谷食曰豢，犬豕是也。"

此章再说人心之相同，以证明性善说之可成立。

因味觉同，大家都喜欢易牙的烹调；因听觉同，大家都喜欢师旷的音乐；因视觉同，大家都喜欢子都的美色。最后举"刍豢"为例，说明圣贤藏在心中的而与人相同的理与义，以喻我与圣人同心；我既与圣人同心，则"人皆可以为尧、舜"之说就成立了。这个例子举得有点勉强，因为与前面三例在逻辑上不算一致，但程颐非常欣赏孟子的这个说法，以为亲切而有味。他说："在物为理，处物为义，体用之谓也。孟子言人心无不悦理义者，但圣人则先知先觉乎此耳，非有以异于人也。"又说："理义之悦我心，犹刍豢之悦我口，此语亲切有味。须实体察得理义之悦心，真犹刍豢之悦口，始得。"

（《四书章句集注》）

11.8 孟子曰："牛山[1]之木尝美矣，以其郊[2]于大国[3]也，斧斤伐之，可以为美乎？是其日夜之所息[4]，雨露之所润，非无萌蘖[5]之生焉，牛羊又从而牧之，是以若彼濯濯[6]也。人见其濯濯也，以为未尝有材焉，此岂山之性也哉？虽存乎人者，岂无仁义之心哉？其所以放其良心[7]者，亦犹斧斤之于木也，旦旦而伐之，可以为美乎？其日夜之所息，平旦之气[8]，其好恶与人[9]相近也者几希，则其旦昼之所为，有梏亡之矣[10]。梏之反覆，则其夜气[11]不足以存；夜气不足以存，则其违禽兽不远矣。人见其禽兽也，而以为未尝有才焉者，是岂人之情也哉？故苟得其养，无物不长；苟失其养，无物不消。孔子曰：'操[12]则存，舍则亡；出入无时，莫知其乡[13]。'惟心之谓与？"

　　孟子说："牛山的树木曾经是很茂盛的，因为它生长在大都市的郊外，老是有人拿着刀斧来砍伐，还能够茂盛吗？要说它日夜在生长，雨露滋润着，不是没有嫩芽冒出来，又有人来放牧牛羊，所以变成像那样光秃秃的样子了。人看到上面光秃秃，以为上面未曾有过树木，这难道是这座山的本性吗？人身之所存，难道是没有仁义之心吗？之所以最后放失了他的善良之心，也正像刀斧之于树木。每天来砍伐它，这树还能够茂盛吗？一个人从早到晚，要算天刚亮时那一段最为清明，这时他的好恶与圣人相近的也有一些的，但他到了白天忙于俗事，所存的良知又因禁锢而消亡了。这样反复地禁锢，夜晚苏醒时发现良知也不再存在；当夜晚苏醒的良知不再存在，这便离禽兽不远了。当人看到他禽兽一般的行为，因此认为他未曾有过好的资质，这难道是人的本性吗？所以说如得到滋养，没有东西不能生长；如失去了滋养，没有东西不会消亡。孔子说：'把握住就存在，舍弃就消失；进出没有定时，也不知其去向。'就是指人心说的吧？"

1　牛山：山名，在齐都临淄附近。

2　郊：界，居。

3　大国：大都市。这里指齐都临淄。

4　息：生长。

　　　　　　　　　　　　　　孟子讲析

5 **萌蘖**（niè）：植物所发之芽。朱注："萌，芽也。蘖，芽之旁出者也。"

6 **濯濯**（zhuó zhuó）：光耀貌。此指光秃无草木。

7 **放其良心**：放失了良心。朱注："良心者，本然之善心，即所谓仁义之心也。"

8 **平旦之气**：天刚亮时，人最清醒的状态。朱注："谓未与物接之时，清明之气也。好恶与人相近，言得人心之所同然也。"

9 **人**：指圣贤。

10 **有梏**（gù）**亡之矣**：又被禁锢而消亡了。梏，同"锢"，禁锢，指人在日间所忙的事。有，同"又"。

11 **夜气**：指人尚未完全受摧残的仁义之心。因上文言人的"旦昼之所为"，已使仁义"梏亡"了，而夜晚尚可能有余存者。

12 **操**：持。

13 **乡**：同"向"。

　　良知在心，人有成圣成贤的可能，但不保证一定能成得了圣贤，就像牛山有茂美的嘉木，但日日以斧斤伐之，以牛羊牧之，最终也会变成濯濯一片的。所以孟子又有"持其志，养其气"的说法，既有之后还要养之，养之如树嘉木也，便说："故苟得其养，无物不长；苟失其养，无物不消。"

　　既养就不能蔽，孟子此处的夜气就是指人身上的一点清明之气，或尚未消亡的仁义之心，与圣贤之心接近，自会辨别是非。这接近王阳明说的良知，阳明说："喜、怒、哀、惧、爱、恶、欲，谓之七情。七者俱是人心合有的，但要认得良知明白。比如日光，亦不可指着方所；一隙通明，皆是日光所在。虽云雾四塞，太虚中色象可辨，亦是日光不灭处。不可以云能蔽日，教天不要生云。七情顺其自然之流行，皆是良知之用，不可分别善恶，但不可有所着。七情有着，俱谓之欲，俱为良知之蔽。然才有着时，良知亦自会觉，觉即蔽去，复其体矣。"（《传习录》）

朱子认为，孟子此夜气之说，"于学者极有力，宜熟玩而深省之也"。又引其师李侗之说曰："人，理义之心未尝无，惟持守之即在尔。若于旦昼之间，不至梏亡，则夜气愈清。夜气清，则平旦未与物接之时，湛然虚明气象，自可见矣。"（《四书章句集注》）都可参考。

11.9　孟子曰："无或乎王¹之不智也。虽有天下易生之物也，一日暴²之，十日寒之，未有能生者也。吾见亦罕矣，吾退而寒之者至矣，吾如有萌焉何哉？今夫弈³之为数，小数也；不专心致志，则不得也。弈秋⁴，通国之善弈者也。使弈秋诲二人弈，其一人专心致志，惟弈秋之为听。一人虽听之，一心以为有鸿鹄⁵将至，思援弓缴⁶而射之，虽与之俱学，弗若之矣。为是其智弗若与？曰：非然也。"

　　孟子说："无须怀疑王的不明智了。纵使有天下最易生长的植物，让它晒一天太阳，受十天阴寒，没有能够生长的。我见王的机会也少，我一退而那些阴寒的小人就来接近，我就算已启发出王善的萌芽了，又能对他有什么作用呢？现在以下棋来说吧，要讲技术的话也只能算是小技吧;不专心致志的话,就学不好。弈秋,是全国最擅长下棋的人,如使弈秋教两个人下棋,其中一人专心致志,只听弈秋的。一人虽然听着,但心里一直想有只天鹅要飞来了,打算拿起弓箭来射它,虽然与别人一起学习,但成绩不如人家的。是他的聪明不如人家吗?答案:不是的呀。"

1 **无或乎王**:或,同"惑"。王,朱子疑是齐宣王。

2 **暴**:同"曝",日晒。

3 **弈**:下棋。

4 **弈秋**:善弈者,名秋。

5 **鸿鹄**（hú）:即鹄,天鹅。

6 **缴**（zhuó）:系箭的细丝,打猎后用以寻找猎物。

　　此章在说人应专心致志,应避免一曝十寒。

　　但古人解释,多放在孟子对人君的不满上。如朱子说:"我见王之时少,犹一日暴之也;我退则谄谀杂进之日多,是十日寒之也。虽有萌蘖之生,我亦安能如之何哉?"范祖禹言:"人君之心,惟在所养。君子养之以善则智,小人养之以恶则愚。然贤人易疏,小人易亲,是以寡不能胜众,正不能胜邪。自古国家治日常少,而乱日常多,盖以此也。"（《四书章句集注》）二人所说都不算是错解,但重点似略有所偏,可见古人对君臣遇合的事比较敏感。

11.10　　**孟子曰:"鱼我所欲也,熊掌亦我所欲也,二者**

不可得兼，舍鱼而取熊掌者也。生亦我所欲也，义亦我所欲也，二者不可得兼，舍生而取义者也。生亦我所欲，所欲有甚于生者，故不为苟得[1]也；死亦我所恶，所恶有甚于死者，故患有所不辟也。如使人之所欲莫甚于生，则凡可以得生者，何不用也？使人之所恶莫甚于死者，则凡可以辟患者，何不为也？由是则生而有不用也，由是则可以辟患而有不为也。是故所欲有甚于生者，所恶有甚于死者，非独贤者有是心也，人皆有之，贤者能勿丧耳。

"一箪食，一豆羹[2]，得之则生，弗得则死。嘑尔[3]而与之，行道之人弗受；蹴尔[4]而与之，乞人不屑也。万钟[5]则不辨礼义而受之，万钟于我何加焉？为宫室之美、妻妾之奉、所识穷乏者得我与？乡[6]为身死而不受，今为宫室之美为之；乡为身死而不受，今为妻妾之奉为之；乡为身死而不受，今为所识穷乏者得我而为之，是亦不可以已乎？此之谓失其本心。"

孟子说："鱼是我所喜爱的，熊掌也是我所喜爱的，两者不能同时得到，舍弃鱼而选择熊掌。活着是我所想要的，行义也是我所想的，两者不能同时得到，舍弃活着而选择行义。活着是我所想要的，我所想要的还有比活着更重要的，所以不能做苟且偷生的事；死亡是我所厌恶的，还有比死亡更让我厌恶的事，所以有的灾祸我就不躲避了。假如人所想要的没有比活着更为重要的，那么大凡可以用来求生的，哪有不能使用的呢？所厌恶的没有比死亡更严重的，那么大凡可以避免灾祸的事，哪有不能做的呢？由此而行，便可以得到生存，却不去使用；由此而行，便可以避免灾祸，却不去做。由此证明，有比活着更值得喜欢的事，也有比死亡更令人厌恶的事，这种心不单单贤人有，而是人人都有的，只是贤人能够不让它丧失罢了。

"一篮子饭，一碗汤，得着便活命，没得着便饿死。吆喝着给人，过路的饿人也不会接受；用脚踢给他，就是乞丐也不屑接受。万钟的厚禄却不辨它合不合礼义就接受了，这万钟厚禄对我有什么好处呢？为的是华丽的房子、妻妾的奉承、我认识的穷人的感激吗？之前宁死不受的，而今为了华丽宫室而做了；之前宁死不受的，而今为了妻妾的奉承而做了；之前宁死不受的，而今为了让所认识的穷人感激而做了，这些难道不可以不做吗？这叫作失去了本心。"

1 苟得：随便得到。

2 豆羹：豆，木制容器，如碗。羹，菜汤。

3 嘑（hū）尔：不礼貌的呼叫。嘑，同"呼"。

4 蹴（cù）尔：用脚踢给人，也是极不礼貌的举动。

5 万钟：极高的俸禄。钟，量器，可容六斛四斗。

6 乡：同"向"。

这是《孟子》中重要的一章。"鱼与熊掌不可兼得""舍生取义"已成为中国伦理学与文学中的重要典故与词汇了。孟子提出比较的观念，可以用来权衡事理、省察自我，在儒家的修养论上，此章也十分重要。朱子点出来了，他说："此章言羞恶之心，人所固有。或能决死生于危迫之际，而不免计丰约于宴安之时，是以君子不可顷刻而不省察于斯焉。"南宋文天祥殉国时，其衣带上有赞，曰："孔曰成仁，孟曰取义，惟其义尽，所以仁至。读圣贤书，所学何事？而今而后，庶几无愧！"（《宋史·文天祥传》）之说之行，可说皆脱胎于孟子。

王夫之将孟子的舍生取义说得极为浩然，他说："呜呼，死生亦大矣！而一旦舍之而无疑，是可以知人心固有之良矣。生亦我所欲，即当势穷事迫之际，而不忍自戕者岂遂忘乎？乃以义之所在，其可以自居于无愧之地，则虽要领不全，而心为之安，气为之畅，有甚于生之荣，故使之隐忍屈身以苟得生而不为也。死亦我所恶，况当刀剑鼎镬之间，而见为难堪者，能恬然乎？乃以义之所否，其难以自容于挫辱之下，则使志气自馁，面目自惭，有甚于死之辱，故使之逡巡退缩以避其患，而必不避也。死生大矣，而更有甚于死生者，固如是乎！"（《四书训义》）读者可细心体会。

11.11 孟子曰："仁，人心[1]也；义，人路[2]也。舍其路而弗由，放[3]其心而不知求，哀哉！人有鸡犬放，则知求之；有放心而不知求。学问之道无他，求其放心而已矣。"

孟子说:"仁,是人该居的心;义,是人该走的路。舍弃了正路不走,丢失了本心不找回,真悲哀啊!一个人丢失了鸡犬,都知道要去寻找;丢失了本心却不知道去找回。学问之道没有其他的,找回丢失的本心罢了。"

1 人心:人心之所居。

2 人路:人所应行之路。

3 放:失。

此章文义晓明,但含义深远。程颐说:"心至重,鸡犬至轻。鸡犬放则知求之,心放而不知求,岂爱其至轻而忘其至重哉?弗思而已矣。"程颢也说:"圣贤千言万语,只是欲人将已放之心约之,使反复入身来,自能寻向上去,下学而上达也。"朱子说:"此乃孟子开示切要之言,程子又发明之,曲尽其指,学者宜服膺而勿失也。"(《四书章句集注》)可见"求其放心"在修养上至关紧要。

《朱子语类》有段记录,讲收摄本心的重要,说:"孟子说:'学问之道无他,求其放心而已矣。'此最为学第一义也。……某近因病中兀坐存息,遂觉有进步处。大抵人心流溢四极,何有定止。一日十二时中,有几时在躯壳内?与其四散闲走,无所归着,何不收拾令在腔子中?且今纵其营营思虑,假饶求有所得,譬如无家之商,四方营求,得钱虽多,若无处安顿,亦是徒费心力耳。"

孟子讲的"求其放心"跟宋儒讲的并不完全相同，孟子主张将放失的"心"找回来，因为那个心即赤子之心是"四端"的发源之处，是性善的基础，也就是后来阳明说的天理明觉之处的良知，而宋儒尤其朱子此处所说的求放心，是指把一般放失的心找回，并不一定专指孟子所谓的性善的原始初心，但如从大处看，两说是相通的。

11.12　　孟子曰："今有无名之指[1]，屈而不信[2]，非疾痛害事也，如有能信之者，则不远秦楚之路，为指之不若人也。指不若人，则知恶之；心不若人，则不知恶，此之谓不知类[3]也。"

　　孟子说："现在有个人，他的无名指弯曲而不能伸直，不痛也不碍事，如果有人能将它弄直，就是要他走到秦国、楚国，也不以为远的，为的就是这根手指跟别人不一样呀。一根手指不如人，会知道厌恶；而心不如人，却不知道厌恶，这叫作不知轻重啊。"

1 无名之指：从拇指算来的第四指。

2 信：伸。

3 不知类：没有轻重之别。朱注："言其不知轻重之等也。"

　　此章目的在批评人不知轻重。手指"屈而不信"，例子举得很好，只在乎外表，不在乎内心的人到处都是，到了我们的时代，依然到处可见《孟子》书中所指的人物。

11.13　孟子曰："拱把[1]之桐梓[2]，人苟欲生之，皆知所以养之者。至于身，而不知所以养之者，岂爱身不若桐梓哉？弗思甚也。"

　　孟子说："两手合抱的桐树、梓树，我们若希望它们生长，都知道该如何来培养。至于对我们自身，却不知道该如何培养，难道我们爱自己还不如爱桐树、梓树深吗？这都是因为太不会用心想的缘故呀。"

1　拱把：拱起双手合抱。朱注："两手所围也。"
2　桐梓：桐树、梓树，都是高大的乔木。

　　人往往思及他物而不思己，这是古今一般人的通病。

11.14　孟子曰："人之于身也，兼所爱。兼所爱，则兼所养也。无尺寸之肤不爱焉，则无尺寸之肤不养也。所以考其善不善者，岂有他哉？于己取之而已矣。体有贵贱，有小大[1]。无以小害大，无以贱害贵。养其小者为小人，养其大者为大人。今有场师[2]，舍其梧槚[3]，养其樲棘[4]，则为贱场师焉。养其一指而失其肩背而不知也，则为狼疾[5]人也。饮食之人，则人贱之矣，为其养小以失大也。饮食之人无有失也，则口腹岂适[6]为尺寸之肤哉？"

孟子说："人对自己的身体，哪部分都爱惜的。都爱惜，便都会保养。没有一尺一寸的皮肤不爱惜，便没有一尺一寸的皮肤不保养的。所以要考察他把自己保养得好或不好，难道有别的方法吗？只要看他注意的是身体的哪个部分罢了。身体有重要的部分，有次要的部分；有大的部分，有小的部分。不要因小的部分而损害大的部分，不要因次要的部分而损害重要的部分。保养小的部分的人是小人，保养大的部分的人是君子。譬如园艺家，舍弃了梧桐、楸树，只去培养酸枣、荆棘，那就是不高明的园艺家了。只知道保养一根手指而忽略了肩、背，自己还不明白，那就是个糊涂狼藉的人了。只讲究吃喝的人，大家都瞧不起他，因为他只保养了小的部分而忽略了大的部分。人活着也须饮食的，要是满足口腹之欲，不光是为了照顾尺寸之肤，而是有更高的使命在，那么追求饮食怎能说他只是为了尺寸之肤呢？"

1 贵贱、小大：朱注："贱而小者，口腹也；贵而大者，心志也。"

2 场师：林场管理人员。

3 梧槚（jiǎ）：梧桐、楸树，皆是高贵的乔木。

4 樲（èr）棘：樲，酸枣。棘，荆棘。

5 狼疾：赵岐注认为同"狼藉"。朱注："狼善顾，疾则不能，故以为失肩背之喻。"采赵注。

6 适（chì）：同"啻"，只，仅。

照顾身体，有重要、次要之别；修养德行，也要注意德行的大小，不要顾了小的，却遗漏了大的。

此章最后一语不是很好解释。朱子言："此言若使专养口腹，而能不失其大体，则口腹之养，躯命所关，不但为尺寸之肤而已。但养小之人，无不失其大者，故口腹虽所当养，而终不可以小害大，贱害贵也。"要达朱子之意，解释时须加些字或词。

11.15　公都子问曰："钧[1]是人也，或为大人，或为小人，何也？"

孟子曰："从其大体[2]为大人，从其小体[3]为小人。"

曰："钧是人也，或从其大体，或从其小体，何也？"

曰："耳目之官不思，而蔽于物，物交物，则引之而已矣。心之官则思，思则得之，不思则不得也。此[4]天之所与我者。先立乎其大者，则其小者不能夺也。此为大人而已矣。"

　　公都子问道："同样是人，有人是大人，有人是小人，为什么呢？"

　　孟子说："跟随心志走的是大人，跟随耳目感官走的是小人。"

　　公都子说："一样是人，有的跟随心志走，有的跟随耳目感官走，为什么呢？"

孟子说："耳目感官不会思考，容易被外物蒙蔽，所以也等于物，一物碰到一物，便被牵引过去了。心这个器官主思考，一经思考就有所得，不经思考是得不到的。这是上天给予我们人类的东西。要先把大的器官心建立起来，那像耳目之类小的器官就不会影响改变我们的心，这样便可成为大人了。"

1 钧：同"均"，同。

2 大体：朱子认为指心。

3 小体：朱子认为指耳目之类。

4 此：有旧本作"比"。朱注："旧本多作'比'，而赵注亦以比方释之。今本既多作'此'，而注亦作'此'，乃未详孰是。但作'比'字，于义为短，故且从今本云。"

还是延续之前"养体""养志"之论，主要放在"先立乎其大者，则其小者不能夺"。朱子说："耳司听，目司视，各有所职而不能思，是以蔽于外物。既不能思而蔽于外物，则亦一物而已。又以外物交于此物，其引之而去不难矣。心则能思，而以思为职。凡事物之来，心得其职，则得其理，而物不能蔽；失其职，则不得其理，而物来蔽之。此三者，皆天之所以与我者，而心为大。若能有以立之，则事无不思，而耳目之欲不能夺之矣，此所以为大人也。"

孟子又说："人之所以异于禽兽者几希，庶民去之，君子存之。"(8.19) 与此章大人、小人之喻很类似。亚里士多德也说过，饮食、情欲是人与禽兽共有的，人与禽兽的区别在于人有理性罢了。亚里士多德说的理性，与孟子此章说的

"心"，在类比上而言是一致的。

11.16　　孟子曰："有天爵[1]者，有人爵者。仁义忠信，乐善不倦，此天爵也；公卿大夫，此人爵也。古之人修其天爵，而人爵从之。今之人修其天爵，以要[2]人爵；既得人爵，而弃其天爵，则惑之甚者也，终亦必亡而已矣。"

　　孟子说："有天给的爵位，有人给的爵位。能行仁义忠信，乐于行善，不知疲倦，是得到了天给的爵位；做到公卿大夫，是得到了人给的爵位。古代的人修养天爵，而人爵随之得到了。今天的人通过修养天爵来求人爵；已经得到人爵，便放弃了天爵，那真是太糊涂了呀，最后人爵也必定会失掉的啊。"

1　爵：地位、官位。原指酒器，如同今天的酒杯，有高低大小之别。宴会时所用酒器之大小精粗往往代表地位，故引申为禄位。

2　要：求。

　　上天给我好的资赋，让我有机会行善于世，这是上天给我的恩宠，也就是孟子说的"天爵"；我行善被君王看重，让我得到服务人世的职位，这叫作修得"人爵"。人爵的根本在天爵，不应在求得人爵之后弃掉了天爵，因为忘本即忘身，忘身必将自取灭亡，故曰"终亦必亡而已矣"。朱子言：

"修天爵以要人爵，其心固已惑矣；得人爵而弃天爵，则其惑又甚焉，终必并其所得之人爵而亡之也。"

"修天爵以要人爵"，孟子以为"惑"（糊涂），但假如世上的人"废天爵以要人爵"，他如知道，岂不更"惑"呢?

11.17　孟子曰："欲贵者，人之同心也。人人有贵于己者[1]，弗思耳。人之所贵者，非良贵[2]也。赵孟[3]之所贵，赵孟能贱之。《诗》[4]云:'既醉以酒，既饱以德。'言饱乎仁义也，所以不愿[5]人之膏粱[6]之味也；令闻广誉施于身，所以不愿人之文绣[7]也。"

　　孟子说:"想要尊贵，是人们的共同心理。每个人身上都有尊贵的东西，只是没有去思考罢了。别人视为尊贵的，并非真正的尊贵。赵孟所尊贵的，赵孟同样可以使它下贱。《诗经》说:'美酒满肚，美德满怀。'这是说一个人仁义饱满了，就不羡慕别人吃肥肉细米了；有美好的名声、广泛的赞誉在我身上，就不羡慕别人身上穿的有文彩绣饰的衣服了。"

1　贵于己者：赵注："自有贵者在其身，谓仁义广誉也。"朱注："贵于己者，谓天爵也。"

2　良贵：真正的尊贵。

3　赵孟：晋卿。据焦循《孟子正义》，晋称赵孟者有三人，孟子何指不确知。

4　《诗》：指《诗经·大雅·既醉》。

5 愿：羡慕。

6 膏粱：美食。膏，肥肉。粱，细白的小米，富人所食。

7 文绣：有文彩绣饰的衣服，有官位者可穿。

人最尊贵的在于心，养心比养体更重要。但一般人只晓得往外去追求，往往把最值得尊贵的遗漏了，这才是最可惜的地方。

11.18　孟子曰："仁之胜不仁也，犹水胜火。今之为仁者，犹以一杯水救一车薪之火也；不熄，则谓之水不胜火，此又与¹于不仁之甚者也。亦终必亡²而已矣。"

孟子说："仁会胜过不仁，就像水会胜过火一样。现在一些行仁的人，好像拿着一杯水去救一车木柴的火；火不熄灭，就说水不能扑灭火，这等于是助长了那些不仁的人更不仁的气焰。自己的一点仁心，也终必消亡了呀。"

1 与：助。

2 终必亡：亡，同"无"。朱注："言此人之心，亦且自怠于为仁，终必并与其所为而亡之。"

"杯水车薪"是很好的譬喻。

本章言救火应在火不是很大时立救，万一火大，小水无用，必须设法引更大的水来救。

仁可救不仁，就如同水可救火；有时小水救不了大火，也是事实。仁不能救不仁，主要是自己持有的仁太小了，犹如杯水车薪。所以智者应扩充自己的小仁为大仁，如同救火，一定要将救火车上的水加足加满一样。

11.19　孟子曰："五谷者，种之美者也；苟为不熟，不如荑稗[1]。夫仁亦在乎熟之而已矣。"

孟子说："五谷是庄稼中最好的；如果没有成熟，滋味不如荑、稗。修养仁，也在于使它在心中成熟罢了。"

1 荑稗（yí bài）：植物名，似谷可食，味不如五谷。

德行修养，并非一蹴而就，要涵养磨炼，以成熟为贵。尹焞说："日新而不已则熟。"（《四书章句集注》）朱子说："是以为仁必贵乎熟，而不可徒恃其种之美，又不可以仁之难熟，而甘为他道之有成也。"都说得很对。

11.20　孟子曰："羿[1]之教人射，必志于彀[2]；学者亦必志于彀。大匠[3]诲人，必以规矩[4]，学者亦必以规矩。"

孟子说："羿教人射箭，一定要求拉满弓；立志学习的人，一定也得要求自己拉满弓。工师教人必定要依照规矩，立志学习的人一定也得一步步都依照规矩来做的。"

1 **羿**（yì）：古代善射者。

2 **彀**（gòu）：满弓。

3 **大匠**：工师。

4 **规矩**：画圆与方的工具。

　　规矩是法则，做事须遵守，否则就乱了。知晓并熟练掌握规矩之后，就要全力以赴，这便是羿之教人射"必志于彀"的道理了。朱子言："事必有法，然后可成，师舍是则无以教，弟子舍是则无以学。曲艺且然，况圣人之道乎？"

12.1 任¹人有问屋庐子²曰：“礼与食孰重？”

曰：“礼重。”

“色³与礼孰重？”

曰：“礼重。”

曰：“以礼食，则饥而死；不以礼食，则得食，必以礼乎？亲迎⁴，则不得妻；不亲迎，则得妻，必亲迎乎？”

屋庐子不能对，明日之邹[5]，以告孟子。

孟子曰："于答是也何有[6]？不揣[7]其本而齐其末，方寸之木可使高于岑楼[8]。金重于羽者，岂谓一钩金[9]与一舆羽之谓哉？取食之重者，与礼之轻者而比之，奚翅[10]食重？取色之重者，与礼之轻者而比之，奚翅色重？往应之曰：'纩[11]兄之臂而夺之食，则得食；不纩，则不得食，则将纩之乎？逾东家墙而搂其处子[12]，则得妻；不搂，则不得妻，则将搂之乎？'"

任地有人问屋庐子说："礼与吃哪个重要？"

屋庐子说："礼重要。"

又问："娶妻与礼哪个重要？"

屋庐子说："礼重要。"

又问："讲礼节去找东西吃，就会饿死；不讲礼节，就会找到吃的，一定要讲礼节吗？照礼节迎亲，就得不到妻子；不照礼节迎亲，就会得到妻子，一定要照礼节迎亲吗？"

屋庐子不能回答，第二天到邹国，把这话告诉了孟子。

孟子说："回答这话有什么困难呢？不算所立的根本，只要求末端整齐，一方寸高的木头可以使它比高楼还要高。说钩金比羽毛重，难道是说钩金比一车子的羽毛更重吗？要拿吃的最重的跟礼的最轻的比较，何止于吃的重要？取色的最重的跟礼的最轻的比较，何止于色重要？去回应他说：'扭折哥哥的手臂去抢夺他食物，就会有吃的；不扭折，就没得吃。那你会去扭折吗？越过东邻的墙去抢夺其女，就能得到妻子；不去抢夺，就得不到妻子。你会去抢夺吗？'"

1　**任**：国名，应去邹不远。

2　**屋庐子**：姓屋庐，名连，孟子弟子。

3　**色**：此指娶妻。

4　**亲迎**：指男方迎亲。结婚时夫婿迎接新妇，概指婚礼。

5　**邹**：邹在今山东邹城市东南。孟子为邹人，是时孟子居乡。

6　**何有**：不难。

7　**揣**：揣度。

8　**岑**（cén）**楼**：高楼。

9　**钩金**：一种带着钩的金属制品。很轻，故喻轻。带钩，计重单位，焦循《孟子正义》："带钩金半均，才重三分两之一。"朱注："钩，带钩也。金木重而带钩小，故轻，喻礼有轻于食色者。"

10　**奚翅**：何啻。翅，同"啻"。

11　**紾**（zhěn）：扭转。

12　**搂其处子**：抢夺别人的处女。搂，强抱、抢夺，古文子、女通用。《诗经·周南·桃夭》："之子于归，宜其室家。"

朱子说："此章言义理事物，其轻重固有大分，然于其中，又各自有轻重之别。圣贤于此，错综斟酌，毫发不差，固不肯枉尺而直寻，亦未尝胶柱而调瑟，所以断之，一视于理之当然而已矣。"说的很正确。

"不揣其本而齐其末，方寸之木可使高于岑楼。金重于羽者，岂谓一钩金与一舆羽之谓哉？"说明立基不同，结论大异，此段文字析理十分透辟，可见孟子善比喻。

12.2 曹交[1]问曰："人皆可以为尧、舜，有诸？"

孟子曰："然。"

"交闻文王十尺，汤九尺，今交九尺四寸以长，食粟而已[2]，如何则可？"

曰："奚有于是[3]？亦为之而已矣。有人于此，力不能胜一匹雏[4]，则为无力人矣；今日举百钧，则为有力人矣。然则举乌获[5]之任，是亦为乌获而已矣。夫人岂以不胜为患哉？弗为耳。徐行后长者谓之弟，疾行先长者谓之不弟。夫徐行者，岂人所不能哉？所不为也。尧舜之道，孝弟而已矣。子服尧之服，诵尧之言，行尧之行，是尧而已矣。子服桀之服，诵桀之言，行桀之行，是桀而已矣。"

曰："交得见于邹君，可以假馆[6]，愿留而受业于门。"

曰："夫道若大路然，岂难知哉？人病不求耳。子归而求之，有余师[7]。"

曹交问道："人人都可以成为尧、舜，有这话吗？"

孟子说:"是的。"

曹交说:"我听说文王身高十尺,汤身高九尺,如今我九尺四寸多高,只会吃饭而已,请问该怎样才好?"

孟子说:"这有什么关系?只要去做就行了。有个人在此,力气连只小鸡都提不起来,那就是无力的人了吧;有个人力气能举重三千斤,那就是很有力气的人了吧。现在说能举起大力士孟获所举的重量,也只能算是另一个孟获罢了。人难道要为他不能胜任的事担忧吗?只是不去做罢了。慢慢走在长辈后面叫作悌,在长者前面走快了叫作不悌。慢慢走,难道人做不到吗?只是不去做罢了。尧舜之道,就只是孝悌罢了。你穿着尧的衣服,说尧说过的话,做尧做过的事,就是尧了。你穿着桀的衣服,说桀说过的话,做桀做过的事,就是桀了。"

曹交说:"我想去见邹国国君,向他借个地方住,想留下在您门下学习。"

孟子说:"道如同大路一样,难道很难了解吗?人病在不去求道。你回去自己求道,能教你的老师很多。"

---

1 曹交:赵岐认为曹交为曹国国君之弟,但看《孟子》后文言"得见于邹君,可以假馆",可见不是。

2 食粟而已:言吃饭而已,他事无成。

3 奚有于是:这有什么关系。

4 一匹雏:一只小鸡。

5 乌获:力士名。

6 假馆:借住于某处。

7 有余师:言老师很多。

孟子讲析

曹交问尧舜之道，孟子告诉他从简易处下手，不必好高骛远，所以说"尧舜之道，孝弟而已矣"。但听孟子后来的话，有点不想收此学生的样子。朱子说："言道不难知，若归而求之事亲敬长之间，则性分之内，万理皆备，随处发见，无不可师，不必留此而受业也。"又说："曹交事长之礼既不至，求道之心又不笃，故孟子教之以孝弟，而不容其受业。盖孔子余力学文之意，亦不屑之教诲也。"后面一段话，朱子推测太过，未必真的如此。

此章的重点在"人皆可以为尧、舜"，此语虽然是曹交说的，但被孟子认可，犹如孟子亲口所说。这句话非常重要，强调人只要有善端、只要有善行，不论贤愚长幼，都有成圣成贤的可能。在本质上，孟子认为人人是平等的，这种观念在人类文明史上有其不可替代的地位。《传习录》中黄以方记王阳明答人问，曰："有言童子不能格物，只教以洒扫应对。曰：'洒扫应对就是物，童子良知只到此，只教去洒扫应对，便是致他这一点良知。又如童子之畏先生长者，此亦是他良知处，故虽遨嬉，见了先生长者，便去作揖恭敬，是他能格物以致敬师长之良知。我这里格物，自童子以至圣人，皆是此等工夫。但圣人格物，便更熟得些子，不消费力。'"依阳明之理推测，童子也跟圣贤一样格物，久了也可自成圣贤，这思路也是从孟子"人皆可以为尧、舜"来的。

又从此章"得见于邹君，可以假馆"的记录看，孟子见曹交应是孟子在邹停留的时候，孟子在齐时，曾回乡处理母丧，在邹住了一段时间 (4.7)，也许就在那时。

12.3　　公孙丑问曰:"高子[1]曰:《小弁》[2],小人之诗也。'"

孟子曰:"何以言之?"

曰:"怨。"

曰:"固[3]哉,高叟之为诗也! 有人于此,越人关弓[4]而射之,则己谈笑而道之;无他,疏之也。其兄关弓而射之,则己垂涕泣而道之;无他,戚[5]之也。《小弁》之怨,亲亲也。亲亲,仁也。固矣夫,高叟之为诗也!"

曰:"《凯风》[6]何以不怨?"

曰:"《凯风》,亲之过小者[7]也;《小弁》,亲之过大者[8]也。亲之过大而不怨,是愈疏也;亲之过小而怨,是不可矶[9]也。愈疏,不孝也;不可矶,亦不孝也。孔子曰:'舜其至孝矣,五十而慕。'"

> 公孙丑问道:"高子说:'《小弁》,是小人写的诗呢。'"
>
> 孟子说:"怎么说?"
>
> 公孙丑说:"因为有怨恨在。"
>
> 孟子说:"高老先生解诗,未免太固执不通了。这里有个人,要是越国人拉弓要来射他,那他可以有说有笑地谈论此事;没别的原因,因为越国人跟他关系疏远。要是他哥哥拉弓要来射他,那他一定一把眼泪一把鼻涕地跟人说这事;没别的原因,因为哥哥是他的亲人。《小弁》的怨

恨，是亲爱亲人；亲爱亲人，是仁的表现啊。高老先生讲诗，真是太固执不通了。"

公孙丑说："《凯风》这首诗怎么没怨恨呢？"

孟子说："《凯风》这首诗，显示母亲的过错小；《小弁》这组诗，显示父亲的过错大。父亲的过错大却不怨，表示对父亲疏远；母亲的过错小却怨了，这事是不该被激起的。对父母疏远是不孝，按捺情绪不被激起也是不孝的。孔子说：'舜是最孝顺的人吧，到了五十岁还那样依恋父母。'"

1 高子：齐人，年长于孟子。

2 《小弁》：《诗经·小雅》篇名。《毛诗》以为刺幽王，是太子傅（老师）为太子所作。朱注："周幽王娶申后，生太子宜臼；又得褒姒，生伯服，而黜申后、废宜臼。于是宜臼之傅为作此诗，以叙其哀痛迫切之情也。"

3 固：执滞不通。

4 关弓：弯弓、拉弓。

5 戚：亲。

6 《凯风》：《诗经·邶风》篇名。《毛诗》言："美孝子也。卫之淫风流行，虽有七子之母，犹不能安其室，故美七子能尽其孝道以慰其母心，而成其志尔。"朱注："卫有七子之母，不能安其室，七子作此以自责也。"点出怨或不怨的问题。

7 亲之过小者：指《凯风》诗中母亲所犯的过小。

8 亲之过大者：指《小弁》诗中父亲幽王所犯的过大。

9 矶：激，怒。朱注："矶，水激石也。不可矶，言微激之而遽怒也。"

此章在分辨《诗经》里《小弁》《凯风》两诗的怨或不

怨的问题。文中两处"不可矶"有些令人费解，也许漏记了某些内容。

我们从《小弁》"何辜于天，我罪伊何，心之忧矣，云如之何"句中看是有怨的，而且怨得很深，但在《凯风》诗中，不但没有怨恨，也没写母亲有过，只在赞叹母亲抚养子女的辛劳，全诗如下："凯风自南，吹彼棘心。棘心夭夭，母氏劬劳！凯风自南，吹彼棘薪。母氏圣善，我无令人！爰有寒泉，在浚之下。有子七人，母氏劳苦！睍睆黄鸟，载好其音。有子七人，莫慰母心！"所以不知道孟子说"《凯风》，亲之过小者也"，究竟何据？也许一些解诗的人因诗末"有子七人，莫慰母心"，推测母亲或七子有怨吧。其实诗指虽育其七子，七子即使有成，也自责无法告慰抚平母亲的劬劳，强调的是母亲育子劳苦，不计毁誉，无论母子，皆无怨意。而《毛诗》却把七子不能善尽孝道之因推说"卫之淫风流行"，也有点言过其实了。

但主旨还是放在讲孝子该要终身"慕父母"的，《万章上》有"大孝终身慕父母，五十而慕者，予于大舜见之矣"。(9.1) 因为父母子女之间的天伦，是所有道德建立的基础。

12.4　宋牼[1]将之楚，孟子遇于石丘[2]。曰："先生将何之？"

曰："吾闻秦楚构兵[3]，我将见楚王说[4]而罢之。楚王不悦，我将见秦王说而罢之。二王我将有所遇焉。"

曰："轲也请无问其详，愿闻其指[5]。说之将何如？"

曰："我将言其不利也。"

曰："先生之志则大矣,先生之号[6]则不可。先生以利说秦楚之王,秦楚之王悦于利,以罢三军之师,是三军之士乐罢而悦于利也。为人臣者怀利以事其君,为人子者怀利以事其父,为人弟者怀利以事其兄。是君臣、父子、兄弟,终去仁义,怀利以相接[7],然而不亡者,未之有也。先生以仁义说秦楚之王,秦楚之王悦于仁义,而罢三军之师,是三军之士乐罢而悦于仁义也。为人臣者怀仁义以事其君,为人子者怀仁义以事其父,为人弟者怀仁义以事其兄,是君臣、父子、兄弟去利怀仁义以相接也。然而不王者,未之有也。何必曰利?"

　　宋牼将要到楚国去,孟子在石丘碰到他。孟子说:"先生要到哪儿去?"

　　宋牼说:"我听说秦楚两国要兴兵作战,我将要见楚王,说服他罢兵。如果楚王不听,我将去见秦王,说服他罢兵。两个王我都要见。"

　　孟子说:"我不问详细的,只问您主旨。要如何说服他们?"

　　宋牼说:"我将说对他们不利的地方。"

　　孟子说:"先生的志向算大了,但先生的口号却不行。先生想以利来说服秦楚之王,假如秦楚之王因为有利而喜悦,于是令军队罢兵,就是让军队将士乐于罢兵因而喜悦起利来了。做人臣的怀着利益的观念来事奉君主，做人子的怀着利益的观念来事奉父亲，做人弟的怀着利益的观念来事奉兄长，就是让君臣、父子、兄弟之间最后丢弃了仁义，而怀抱着利益相接，如此而不灭亡，是没有过的。假如先生以仁义来说服秦楚之王，秦楚之王因为仁义而喜悦，于是令军队罢兵，那么军队将士乐于罢兵而喜悦起仁义来了。做人臣的怀着仁义的观念来事奉君主，做人子的也怀着仁义的观念来事奉父亲，做人弟的怀着利益的观念来事奉兄长兄，就是让君臣、父子、兄弟之间丢弃利益的观念，而怀抱着仁义相接。如此国家而不王道坦坦，是没有过的。为什么一定要说利呢？"

1 **宋牷**（kēng）：人名。赵岐认为宋乃国名，朱子认为宋为姓。

2 **石丘**：地名。

3 **构兵**：兴兵，将作战。

4 **说**（shuì）：说服人。

5 **指**：同"旨"，意向。

6 **号**：名。以之为号召。

7 **接**：合。

只说仁义，不计利害，是孟子的一贯主张，《孟子》首篇首章，所谈即此。朱子言："此章言休兵息民，为事则一，然其心有义利之殊，而其效有兴亡之异，学者所当深察而明辨之也。"但照孟子的方式想要说服欲兴兵的秦楚之王，恐怕是难事，说服他们应用他们懂的词汇。从这点看，宋牷掌握的反而比较精准些，因为他们只懂利害所在，理想家有时免不了迂阔，这也是事实。何况计利得看大小，如为天下兴大利着想，便与孟子的理想吻合了，但谁知宋轻所指必是小利呢？

一说孟子熟知宋轻，知其言利必是小利，则又另当别论了。

12.5　孟子居邹，季任¹为任处守²，以币交，受之而不报³。处于平陆⁴，储子为相⁵，以币交，受之而不报。他日，由邹之任，见季子；由平陆之齐，不见储子。屋庐子喜曰："连得间矣⁶。"问曰："夫子之任，见季子；之齐，不见储子，为其为相与？"

曰："非也。《书》⁷曰：'享多仪⁸，仪不及物，曰不享，惟不役⁹志于享。'为其不成享¹⁰也。"

屋庐子悦。或问之，屋庐子曰："季子不得之邹¹¹，储子得之平陆¹²。"

　　孟子在邹国时，季任做任国的守国，代理国政，送礼物来与孟子相交，孟子收下礼物，并未回应酬答。孟子住在齐国的平陆，当时储子做齐相，也送来礼物与孟子相交，孟子收下礼物，并未回应酬答。他日，孟子从邹国到任地，见了季任；由平陆到齐都，不见储子。屋庐子很高兴地说："我逮到提问的机会了。"便问："老师您到任，见了季子；到齐，不见储子，是因为储子是齐国的相吗？"

孟子说："不是的。《尚书》说：'享献之礼可贵的是仪节，享献的祭物很多但礼仪不足，就等于没在享献上用心。'这是因为他没做到周全的享献啊。"

屋庐子很高兴。有人问他这件事，吾庐子说："季子不能来邹国，而储子是可以到齐国平陆的啊。"

1 **季任**：任国国君的弟弟。任，小国，地在今山东济宁。

2 **任处守**：留守任国。赵注："任君朝会与邻国，季任为之居守其国也。"

3 **受之而不报**：接受其礼物而不作酬答。

4 **平陆**：齐地名。

5 **为相**：做齐相。

6 **连得间矣**：连，屋庐子名。朱注："屋庐子知孟子之处此必有义理，故喜得其间隙而问之。"

7 **《书》**：指《尚书·周书·洛诰》。

8 **享多仪**：享献以礼仪为重。享，祭神的一种礼，又称享献之礼。多仪，礼节多重。

9 **役**：用。

10 **为其不成享**：因其不成享献之仪，故不享。朱注："言虽享而礼意不及其币，则是不享矣，以其不用志于享故也。"

11 **季子不得之邹**：季任守国，不能来见孟子。徐度言："季子为君居守，不得往他国以见孟子，则以币交而礼意已备。"

12 **储子得之平陆**：当时孟子在齐境平陆，储子可以来见。徐度言："储子为齐相，可以至齐之境内而不来见，则虽以币交，而礼意不及其物也。"

此章言交游之道，尤其指关系不深者言。

交游之道讲对待关系，你周到，我便周到；你不周到，我如周到，就有干谒之嫌了，尤其对方居有高位，这叫作"分际"。

孟子处理两者不同，正如屋庐子所说："季子不得之邹，储子得之平陆。"季任当时守国，而孟子正在邹地，只送礼而人不能来，是可原谅的；储子为齐相，孟子到了齐国，只送礼而人却不来，就显得不够周到了，孟子决定不见他的理由在此。

王夫之在《四书训义》中说得好，他说："交际亦人道之大者也。过于亢，则重拂天下之情，而失和平之度；过于逊，则屈殉天下之失，而丧志节之防。乃君子于此抑无成心焉，因人之敬怠，而酌之于所得为与不得为之势，则权衡定，而与天下以平矣。"

12.6　　淳于髡[1]曰："先名实[2]者，为人也；后名实者，自为也。夫子在三卿[3]之中，名实未加于上下[4]而去之，仁者固如此乎？"

孟子曰："居下位，不以贤事不肖者，伯夷也；五就汤，五就桀者，伊尹也；不恶污君，不辞小官者，柳下惠也。三子者不同道，其趋[5]一也。一者何也？曰：仁也。君子亦仁而已矣，何必同？"

曰："鲁缪公之时，公仪子[6]为政，子[7]柳、子思为臣，鲁之削[8]也滋甚。若是乎贤者之无益于国也！"

曰："虞[9]不用百里奚而亡，秦穆公用之而霸。不用贤则亡，削何可得与？"

曰："昔者王豹[10]处于淇[11]，而河西善讴；绵驹[12]处于高唐[13]，而齐右[14]善歌；华周[15]、杞梁[16]之妻善哭其夫，而变国俗。有诸内必形诸外。为其事而无其功者，髡未尝睹之也。是故无贤者也，有则髡必识之。"

曰："孔子为鲁司寇，不用[17]，从而祭，燔肉[18]不至，不税冕[19]而行。不知者以为为肉也，其知者以为为无礼也。乃孔子则欲以微罪行，不欲为苟去。君子之所为，众人固不识也。"

淳于髡说："重视名誉与事功的，是为了造福别人；轻视名誉与事功的，是为了独善其身。您身为齐国的三卿之一，上至辅佐君王的名誉，下至济民的事功，都未完成，就要离开了，仁人都是这样的吗？"

孟子说："情愿做平民，也不愿以自己的贤才去事奉不肖的国君的，是伯夷；五次到汤那儿去，五次到桀那儿去的，是伊尹；不厌恶坏的国君，也不辞做小官的，是柳下惠。这三人的行为是不同的，但方向是一致的。他们一致在哪里呢？应该说，就是仁吧。君子只求以仁居心罢了，何必事事跟人相同呢？"

淳于髡又说："鲁缪公时，公仪子主政，泄柳、子思在朝廷为臣，这时鲁国的土地被人侵夺得厉害。如果从这来看，贤人对国家无益啊！"

孟子说："虞国不用百里奚，因而灭亡了；秦穆公用了百里奚，因而称霸。不用贤人是会亡国的，要求只丢块地，办得到吗？"

淳于髡说："从前王豹住在淇水旁，河西的人都善于唱歌；绵驹住在高唐，齐国西部的人都善于唱歌；华周、杞梁的妻子痛哭她们的丈夫，也改变了国家的风俗。可见里面存的是什么心，外面一定会显示出来的。要说做了事却见不到功效，我淳于髡从未见过的。所以今天就是没有贤人；要是有，我一定知道的。"

孟子说："孔子当年做鲁国的司寇，没受重用，跟着鲁君去祭祀，祭祀后该送的祭肉都不送过来，所以没等到把祭祀的礼帽脱了就离开了。不知道的人还以为是为了祭肉呢，知道的人明白是因为鲁国失礼而离开。其实孔子故意以小罪名为借口，不想随便就离开。君子所做的，一般人本来是不了解的啊。"

---

1 淳于髡：齐人，以善于言辩有名。又见7.17。

2 名实：名，声誉。实，事功。朱注："言以名实为先而为之者，是有志于救民也；以名实为后而不为者，是欲独善其身者也。"

3 三卿：指司徒、司马、司空。也有说指上卿、亚卿、下卿。

4 名实未加于上下：朱注："言上未能正其君，下未能济其民也。"

5 其趋：其向。

6 公仪子：名休，为鲁相。

7 子柳：泄柳。与子思同为缪公师傅之臣。

8　削：土地被侵夺。

9　虞：国名。舜之封地，今山西平陆有虞城。

10　王豹：卫人，善歌者。

11　淇：水名。

12　绵驹：齐人，善歌者。

13　高唐：齐国都邑名。

14　齐右：齐西之地。

15　华周：齐国大夫，又名华旋，也作华舟。

16　杞梁：齐国大夫，又名杞殖。庄攻伐莒时与华周同时战死，《说苑·善说》云："昔华舟、杞梁战而死，其妻悲之，向城而哭，隅为之崩，城为之阤。"

17　不用：不见用。

18　燔肉：祭肉。

19　不税 (tuō) 冕：不脱祭祀时所戴的礼帽，形容迫不及待。税，同"脱"。冕，礼帽。

　　孔子去鲁的事《史记·孔子世家》有记："定公十四年，孔子年五十六，由大司寇行摄相事。……齐人闻而惧，曰：'孔子为政必霸，霸则吾地近焉，我之为先并矣。盍致地焉？'黎鉏曰：'请先尝沮之；沮之而不可则致地，庸迟乎！'于是选齐国中女子好者八十人，皆衣文衣而舞《康乐》，文马三十驷，遗鲁君。陈女乐文马于鲁城南高门外，季桓子微服往观再三，将受，乃语鲁君为周道游，往观终日，怠于政事。子路曰：'夫子可以行矣。'孔子曰：'鲁今且郊，如致膰乎大夫，则吾犹可以止。'桓子卒受齐女乐，三日不听政；郊，又不致膰俎于大夫。孔子遂行。"可见孔子去鲁，"不致膰俎"是一个原因，却不是主要的原因，主要原因是鲁国执政的季桓子受齐国所赠的女乐，三日不听政，而定公不加干涉，导致鲁国出现一片乱局，这事连弟子子路都看不下去，劝孔子还是早走的好。

朱子论此曰："孟子言以为为肉者，固不足道；以为为无礼，则亦未为深知孔子者。盖圣人于父母之国，不欲显其君相之失，又不欲为无故而苟去，故不以女乐去，而以膰肉行。其见几明决，而用意忠厚，固非众人所能识也。然则孟子之所为，岂髡之所能识哉？"尹焞也说："淳于髡未尝知仁，亦未尝识贤也，宜乎其言若是。"（《四书章句集注》）这证明淳于髡并不了解孔子，也更不了解孟子。

12.7　孟子曰："五霸[1]者，三王[2]之罪人也；今之诸侯，五霸之罪人也；今之大夫，今之诸侯之罪人也。天子适诸侯曰巡狩，诸侯朝于天子曰述职。春省耕[3]而补不足，秋省敛而助不给。入其疆，土地辟，田野治，养老尊贤，俊杰在位，则有庆[4]，庆以地。入其疆，土地荒芜，遗老失贤，掊克[5]在位，则有让[6]。一不朝，则贬其爵；再不朝，则削其地；三不朝，则六师移之[7]。是故天子讨而不伐，诸侯伐而不讨。五霸者，搂诸侯以伐诸侯者也，故曰：五霸者，三王之罪人也。五霸，桓公为盛。葵丘[8]之会诸侯，束牲、载书[9]而不歃血[10]。初命曰：'诛不孝，无易树子[11]，无以妾为妻。'再命曰:'尊贤育才,以彰有德。'三命曰:'敬老慈幼,无忘宾旅。'四命曰:'士无世官,官事无摄[12],取士必得,无专杀[13]大夫。'五命曰:'无曲防[14],无遏籴[15],无有封而不告[16]。'曰:'凡我同盟之人,既盟之后,言归于好。'今之诸侯,皆犯此五禁,故曰:今之诸侯,五霸之罪人也。长君之恶其罪小,逢君之恶[17]其罪大。今之大夫,皆逢君之恶,故曰:今之大夫,今之诸侯之罪人也。"

孟子说:"五霸,是三王的罪人;今天的诸侯,是五霸的罪人;今天的大夫,是今天诸侯的罪人。天子视察诸侯叫作巡狩,诸侯朝见天子叫作述职。天子巡狩,春天考察耕作,要补助农民的不足;秋天考察收获,要帮助收成不够的人。天子进入一国之境,看到该国土地开辟,田野整饬,处处赡养老者、尊敬贤者,有能力的人在位,就要给予奖赏,给诸侯加封土地。天子进入一国之境,看到该国土地荒芜,老者无人赡养,贤者无人尊敬,搜刮钱财的人在位,就要予以责罚了。同样诸侯述职也要守规矩,一次不朝,就要降低他的爵位;二次不朝,就要削减他的土地;三次不朝,就出动军队征讨他。所以天子只能叫讨而不能叫伐,而诸侯只能叫伐不能叫讨。而五霸呢,都是挟持一部分诸侯去攻伐另一部分诸侯的人,所以我说,五霸是三王的罪人。五霸之中,以齐桓公成就最高。他在葵丘与诸侯盟会，只捆绑了牺牲，上载与各国结盟的文书，不行杀牲歃血的仪式。盟誓第一条说：'诛杀不孝，不更换已立的世子，不把妾立为正妻。'盟誓第二条说：'尊敬贤人，教育人才，用以彰显有德之人。'盟誓第三条说：'尊敬老人，慈爱幼小，不要怠慢外来的宾客。'盟誓第四条说：'士不世袭，官不兼职，用士必论其才干，不得擅杀大夫。'盟誓第五条说：'不得曲设堤防，把洪水引到外国去陷害别人，不阻止发粮仓以救邻国灾民，不得有所封赏却不公开。'又说：'凡与我同盟的人，既签盟约之后，一切都归于友好。'今天的诸侯，都违反了五条禁约。所以说，今天的诸侯，都是五霸的罪人。滋长国君的过恶，罪还算小；逢迎国君的过恶，罪就大了。今天的大夫，都逢迎国君的过恶，所以我说，今天的大夫，是今天诸侯的罪人。"

1 **五霸**：指春秋五霸，即齐桓公、晋文公、楚庄王、宋襄公、秦穆公。

2 **三王**：指夏、商、周三代行王道的君王，即禹、汤、文王、武王。

3 **春省耕**：春天视察农民的耕作。省，省察。

4 **庆**：赏。

5 **掊** (póu) **克**：聚敛。

6 **让**：责。

7 **六师移之**：调动天子军队以处罚之。朱注："移之者，诛其人而变置之也。"

8 **葵丘**：春秋时宋国地名。在今河南民权。

9 **束牲载书**：束牲，指缚其牲不杀。载书，指载有结盟的文书。

10 **歃** (shà) **血**：盟誓时以所宰牛血涂口，是盟誓仪式之一。歃，亦作"喋"。

11 **无易树子**：不改已立之世子。朱注："树，立也。已立世子，不得擅易。"

12 **无摄**：不可兼摄。

13 **专杀**：擅自杀害。

14 **无曲防**：不在国内遍设堤防，以邻为壑。曲，周遍。防，堤防。

朱注："不得曲为堤防，壅泉激水，以专小利，病邻国也。"

15 **遏籴**：禁止开仓出粮以行救济。遏，止。

16 **不告**：不公开。

17 **逢君之恶**：迎合国君的过恶。

　　林之奇说："邵子（邵雍）有言：'治《春秋》者，不先治五霸之功罪，则事无统理，而不得圣人之心。春秋之间，有功者未有大于五霸，有过者亦未有大于五霸。故五霸者，功之首，罪之魁也。'《孟子》此章之义，其亦若此也与？然五霸得罪于三王，今之诸侯得罪于五霸，皆出于异世，故得以逃其罪。至于今之大夫，其得罪于今之诸侯，则同时矣；而诸侯非惟莫之罪也，乃反以为良臣而厚礼之。不以为罪而反以为功，何其谬哉！"（《四书章句集注》）

　　林氏说的不算错。孟子对古代与他所处时代的政治环境显然十分不满，希望能回到善良的"三王"时代，但三王时代真那么好吗？我们也不能不存疑。一牵涉政治现实，文中所举的大小罪过都会一一出现，因为政治是权力高度集中，其中必定发生倾轧与斗争，过恶与罪行因而产生，权力不终，罪过不停，区别只在大小而已。

　　此章有些愤疾，孟子评论春秋五霸、当今诸侯与诸侯之下的大夫所犯的罪过，都是事实，表面也很有道理，可惜只点出了部分的真相。

12.8 　鲁欲使慎子[1]为将军。孟子曰："不教民而用[2]之，谓之殃民。殃民者，不容于尧舜之世。一战胜齐，遂有南阳[3]，然且不可。"

慎子勃然不悦，曰："此则滑釐所不识也。"

曰："吾明告子：天子之地方千里，不千里，不足以待诸侯[4]。诸侯之地方百里，不百里，不足以守宗庙之典籍[5]。周公之封于鲁，为方百里也；地非不足，而俭于百里。太公[6]之封于齐也，亦为方百里也；地非不足也，而俭于百里。今鲁方百里者五，子以为有王者作[7]，则鲁在所损[8]乎？在所益乎？徒[9]取诸彼以与此，然且仁者不为，况于杀人以求之乎？君子之事君也，务引其君以当道[10]，志于仁而已。"

　　鲁国打算要任命慎子为将军。孟子说："不先教导人民作战技能，就叫他们去作战，这叫祸害人民。祸害人民的事，是尧舜时所不容许的。即使一战便胜了齐国，因而占据南阳，这样尚且是不可以的。"

　　慎子变了脸色不高兴，说："这是我慎滑釐不能理解的。"

　　孟子说："我就明白告诉你吧。天子土地纵横一千里；

没有一千里，就不够接见天下诸侯。诸侯土地纵横一百里；没有一百里，就无法守住祖先留下的典章制度。周公被封在鲁地，就该是纵横一百里的；地不是不足，其实是少于一百里的。太公被封在齐地，就该是纵横一百里的；地不是不足，其实也是少于一百方里的。今天鲁国所有的土地，是当初规定的纵横百里的五倍，你以为有圣王再起，会让鲁国的土地减少呢？还是增多呢？不用战争杀人的方法，只夺取一国的东西给另一国，仁人尚且不做，何况要用战争杀人的方式去夺取呢？君子事奉君主，一定要引导君主做合理的事，要志于仁罢了。"

1 慎子：名滑釐（gǔ lí），鲁臣，善用兵。

2 用：使之战。

3 南阳：地名。在齐鲁之间，常为两国相争之地。

4 待诸侯：接见天下诸侯。朱注："谓待其朝觐聘问之礼。"

5 宗庙之典籍：记录宗庙祭祀的书籍。

6 太公：即姜尚。

7 作：兴起。

8 损：减少。

9 徒：朱注："空也，言不杀人而取之也。"

10 当道：合理。

鲁国在春秋是小国，但比起西周周公初封国时，国土是原来的五倍，按说鲁君应安下心来好好治国，不要贪婪了。止战行仁，是孟子一贯的主张，此章便在延伸此意而已。

12.9　孟子曰:"今之事君者皆曰:'我能为君辟土地,充府库。'今之所谓良臣,古之所谓民贼也。君不乡[1]道,不志于仁,而求富之,是富桀也。'我能为君约与国[2],战必克。'今之所谓良臣,古之所谓民贼也。君不乡道,不志于仁,而求为之强战,是辅桀也。由今之道,无变今之俗,虽与之天下,不能一朝居[3]也。"

　　孟子说:"今天事奉君主的人都会说:'我会为君主开拓土地,充实府库。'今天所谓的良臣,其实是古代的民贼呀。君主不向往道,不有志于行仁,而为他求富,就是富足了夏桀。'我能为君主邀约他国与我联合,每战必胜。'今天所谓的良臣,其实是古代的民贼呀。君主不向往道,不有志于行仁,还为他求强盛,就是在辅助夏桀。照今天的道路走下去,不改变今天的风气的话,就是把整个天下都给了你,你也不能安定地在朝廷稳做天子的啊。"

1　乡:向。
2　约与国:邀约其他国家与我联合。朱注:"约,要结也。与国,和好相与之国也。"
3　朝居:居于朝,指在朝廷安稳称王。

　　此章要与前章并读,是说当代的良臣良将,一意只在帮助国君辟土地、朝秦楚,表面看是富国强兵,其实都是戕害人民的"民贼"罢了。水能载舟，亦能覆舟，君不行仁，终必灭亡，这是铁律。天下或一个国家灭亡了，当然做领导的君主逃不了责任，而为臣的"助纣为虐"也是有责任的。

12.10　白圭[1]曰："吾欲二十而取一，何如？"

孟子曰："子之道，貉[2]道也。万室之国，一人陶[3]，则可乎？"

曰："不可，器不足用也。"

曰："夫貉，五谷不生，惟黍生之。无城郭、宫室、宗庙、祭祀之礼，无诸侯币帛饔飧[4]，无百官有司，故二十取一而足也。今居中国，去人伦，无君子，如之何其可也？陶以寡，且不可以为国，况无君子[5]乎？欲轻之于尧舜之道者，大貉小貉也；欲重之于尧舜之道者，大桀小桀[6]也。"

白圭说："我想把税率改成二十抽一，怎么样？"

孟子说："你的方法是貉国用的。比如一国有万户人家，只有一人制陶，可以吗？"

白圭说："不可以，这样陶器会不够用的。"

孟子说："貉国，是不生长五谷的，只生长黍米。没有城郭、宫室、宗庙、祭祀的礼节，没有诸侯间致送币帛、饔宴宾客，没有各种官署和官员，所以征税二十抽一就够了。现在身居中国，如要去掉人际间的伦常关系，不要大小官吏，那怎么行呢？制陶的人少，尚且不可应付国用，何况没官吏了呢？要把税率订成比尧舜时更低的，只有让国家变成大貉、小貉；要把税率定得比尧舜更高的，就让天下变成大桀或小桀的时代。"

1 白圭：名丹，曾为魏相。

2 貉（mò）：北方小国。

3 陶：制陶。

4 饔飧（yōng sūn）：熟食。朝曰饔，夕曰飧。此指招待宾客的餐食。朱注："饔飧，以饮食馈客之礼也。"

5 君子：前后两君子，均指国家之大小官吏。

6 大桀小桀：桀指夏桀，夏代末年的暴君。此处指收税如比尧舜之"什一之税"更高，就是虐民，跟夏桀的暴政也不相上下，可喻为大桀、小桀了。

　　国只有貉，没有大貉、小貉；君只有桀，没有大桀、小桀。孟子只是打比方，大貉、小貉都是落后国家，大桀、小桀都是虐民的暴君。

　　朱子说："什一而税，尧舜之道也。多则桀，寡则貉。今欲轻重之，则是小貉、小桀而已。"什一之税是不是尧舜的制度，其实不可考，但征税的多寡要看国家当时实际的需要与人民可负担的程度，不能过苛，也不能太省，须找出中庸合理之道。

12.11　　白圭曰："丹之治水也愈[1]于禹。"

孟子曰："子过矣。禹之治水，水之道²也，是故禹以四海为壑³。今吾子以邻国为壑。水逆行，谓之洚水⁴。洚水者，洪水也，仁人之所恶也。吾子过矣。"

白圭说："我治水的本事比大禹要强呢。"

孟子说："你错了。大禹治水是顺着水性的，所以大禹是以四海为水的宣泄之处。今天你是以邻国为水的宣泄之处。水逆流而行叫洚水。洚水就是洪水（你让洪水去为患别人），是有仁爱之心的人所厌恶的。你错了。"

1 **愈**：胜过。

2 **水之道**：水之本性。

3 **四海为壑**：将四海作为水宣泄之处。壑，原指山谷，朱注："壑，受水处也。"

4 **洚**（jiàng）**水**：水逆行曰洚。洚水，洪水。

将洪水导向四海，是极大工程，但造福天下；将洪水导向邻国虽比较省事，但害了邻国，不合乎仁道。白圭治水以邻为壑，对自己有利，对邻国有害，当然是错了。

12.12　孟子曰："君子不亮¹，恶乎执²？"

孟子说："君子如不讲诚信，还能执守什么呢？"

1 亮：同"谅"，诚信。

2 执：执守，操守。

　　此章讲诚信之重要，《中庸》言："诚者自成也，而道自道也。诚者物之终始，不诚无物。"孟子之文，其实在发挥此义。

12.13　　鲁欲使乐正子[1]为政。孟子曰："吾闻之，喜而不寐。"

公孙丑曰："乐正子强乎？"

曰："否。"

"有知虑乎？"

曰："否。"

"多闻识乎？"

曰："否。"

"然则奚为喜而不寐？"

曰："其为人也好善[2]。"

"好善足乎？"

曰："好善优[3]于天下，而况鲁国乎？夫苟好善，则四海之内皆将轻千里而来告之以善。夫苟不好善，则人将曰：'訑訑[4]，予既已知之矣。'訑訑之声音颜色，距人于千里之外。士止于千里之外，则谗谄面谀[5]之人至矣。与谗谄面谀之人居，国欲治，可得乎？"

鲁国想请乐正子来主政。孟子说："我听了这消息，高兴得睡不着觉。"

公孙丑说："乐正子坚强吗？"

孟子说："不。"

公孙丑说："智慧谋略充足吗？"

孟子说："不。"

公孙丑说："见多识广吗？"

孟子说："不。"

公孙丑说："那为什么高兴得睡不着觉？"

孟子说："因为他为人喜好善言。"

公孙丑说："喜好善言就够了吗？"

孟子说："以喜好善言的心来治理天下，已绰绰有余，何况只是治理鲁国呢！假如在位的人喜好善言，那天下的人都会不远千里地来进善言。假如他不好善言，大家都会说：'哦哦，我早就知道了！'带着自满的声音与脸色，拒人于千里之外。士就停止在千里之外，而说人坏话、逢迎巴结又当面奉承你的人就都过来了。在位的人跟这些说坏话、逢迎巴结又当面奉承你的人住一起，国家想治理好，有可能吗？"

1 **乐正子**：鲁人，名克，孟子弟子。

2 **好善**：喜好善言。

3 **优**：朱注："优，有余裕也。言虽治天下，尚有余力也。"

4 **訑訑**（yí yí）：訑，自满。朱注："訑訑，自足其智，不嗜善言之貌。"

5 **谗谄面谀**：谗，说人坏话。谄，逢迎巴结。面谀，当面阿谀对方。

治国要集合群力，所以须居位的人以善为号召，将少数人的善变成多数人的善。朱子言："此章言为政不在于用一己之长，而贵于有以来天下之善。"即指此而言。

12.14　陈子[1]曰："古之君子，何如则仕？"

孟子曰："所就三，所去三。迎之致敬以有礼，言将行其言也，则就之；礼貌[2]未衰，言弗行也，则去之。其次，虽未行其言也，迎之致敬以有礼，则就之；礼貌衰，则去之。其下，朝不食，夕不食，饥饿不能出门户。君闻之曰：'吾大者不能行其道，又不能从其言也，使饥饿于我土地，吾耻之。'周[3]之，亦可受也，免死而已矣。"

　　陈子问："古代君子要怎样才肯出来做官？"

　　孟子说："做官有三种情况，去职有三种情况。国君迎接他恭敬有礼，对他说的话保证能做到，就去做官；国君待他的礼貌并无减退，但跟他说过的话不能做到，就要去职了。其次，国君虽没做到他建议的，而对他接待恭敬又有礼，就去做官；但等国君待他的礼貌减退了，就要去职了。最下的是，君子早上没吃的，晚上没吃的，饿着肚子连门都走不出。国君知道了，说：'我在大处不能实践他说的道理，又不听他的建言，还让他在我的土地上挨饿，我真是感到耻辱啊。'这时国君来周济他，也可接受的，只是免于一死罢了。"

1 陈子：赵岐认为是陈臻，孟子弟子。

2 礼貌：礼节。赵岐认为"礼"指礼节，"貌"指态度。

3 周：周济。

朱子称"迎之致敬以有礼，言将行其言也，则就之；礼貌未衰，言弗行也，则去之"为"见行可之仕"，并举实例："若孔子于季桓子是也。受女乐而不朝，则去之矣。"称文中"虽未行其言也，迎之致敬以有礼，则就之；礼貌衰，则去之"为"际可之仕"，并举实例："若孔子于卫灵公是也。故与公游于囿，公仰视蜚雁而后去之。"称最后的"朝不食，夕不食，饥饿不能出门户"，"君闻之""周之"为"公养之仕也"，解说道："君之于民，固有周之之义，况此又有悔过之言，所以可受。然未至于饥饿不能出门户，则犹不受也。其曰免死而已，则其所受亦有节矣。"

最后一个出仕的方式就十分不堪了，除非只图救死，而且是一时之计，则不可为之，而救死也须有理由的。王夫之认为："此三者，皆君子处乱世而不得志之为也。"他说："君子以天下为心，而酌情理以待诸侯，以立身为重，而因用舍以定去留，其道如此。古大有为之君，与君子同亮天工以成盛治，则上古之事固有道焉，而不易望之三代以下也。"（《四书训义》）

12.15 孟子曰："舜发于畎亩之中[1]，傅说[2]举于版筑[3]之间，胶鬲[4]举于鱼盐之中，管夷吾[5]举于士[6]，孙叔敖[7]举于海，百里奚[8]举于市。故天将降大任于是人也，必先苦其心志，劳其筋骨，饿其体肤，空乏其身，行拂⁹乱其所为，所以动心忍性，曾¹⁰益其所不能。人恒过，然后能改；困于心，衡于虑，而后作；征于色¹¹，发于声，而后喻。入则无法家拂士¹²，出则无敌国外患者，国恒亡。然后知生于忧患而死于安乐也。"

孟子说："舜从田野中兴起，傅说出身在建筑场地，胶鬲出身在鱼盐之市，管夷吾是从狱官那里被释放出来后被举荐，孙叔敖曾住在海滨，百里奚为秦相之前曾混迹牛市。所以上天要降下大任务给这个人，一定先要让他心志受苦，让他筋骨受劳，让他挨饿受冻，身遭空乏，并且扰乱他的行为，所以要震动他的心、坚忍他的性，增加许多他原来没有的能力。人要常犯错，才能改过；当心中困顿不畅、思虑阻塞不顺时，才会想要奋发有所作为；看了别人坏的脸色，听了别人难听的话，才明白自己所处的现实。一个国家，在国内没有守法度的大臣，没有能辅弼国君的骨髓之士，在国外没有敌国外患，这个国家常常就会灭亡了。这样便知道忧患让人生存，而安乐让人死亡。"

1 舜发于畎亩之中：传说舜躬耕历山，又见9.1。发，发迹。畎亩，农田。

2 傅说：殷武丁时相。传说曾筑于傅岩。

3 版筑：古人筑墙，以两版相夹，填土其中，以杵夯实。

4 **胶鬲**：传说商纣时之贤臣，史上徒留其名，行事不可考。文中称"举于鱼盐之中"，大约指他曾贩鱼盐，或为渔民、盐工。

5 **管夷吾**：管仲。曾为齐相。

6 **士**：士师，狱官。

7 **孙叔敖**：楚令尹。此文言其"举于海"，无法考证。

8 **百里奚**：秦相，又见9.9。

9 **拂**：逆，戾。

10 **曾**：同"增"。

11 **征于色**：在别人的脸色上印证。征，证。

12 **法家拂士**：守法的大臣与能辅弼国君的人。拂士即弼士。拂，读如弼（bì）。弼，辅助弓正确弯曲的工具。

此章是《孟子》中重要的一章，是励志书的范本，对后世影响很大。

首先的含义是"英雄不怕出身低"。出身低微，多习贱事，往往给人很多折磨，这是成为英雄之前的必要经历，所以有志之士，必须勇敢接受各种挑战与磨炼。孔子也说过："吾少也贱，故多能鄙事。"（《论语·子罕》）

但即使这样，英雄的诞生也是要有条件的，就是社会也提供舞台，允许出身低微或失败过的人在上面出现，甚至能在上面尽情表演。在中国人的观念中，舞台人人可上，只要能有所表现，春秋战国时代，出身不好而表现好的故事非常多，表现好的人可以成为人人欢迎的英雄。但这些故事在同时期的其他文化发达区域，如古埃及、古印度就没有，原因在人之初生即被注定了之后不能逾越的阶级。在古代埃及，出身奴隶便终生奴隶；在印度，如出身贱民，就一生无望显达，而印度社会的这一现象，直到二十一世纪犹未全面改善，相形之下便知，中国的平等观早就深植人心，是多么可贵的一项价值资产了。中国社会跟同时的世界各地区比较，是相对公正与公平的社会，这是中国文化的傲人之处，凡中国人，都要牢记在心，不要忘掉。

朱子在注此章"人恒过，然后能改；困于心，衡于虑，而后作；征于色，发于声，而后喻"一段时说得特别好，他说："此又言中人之性，常必有过，然后能改。盖不能谨于平日，故必事势穷蹙，以至困于心，横于虑，然后能奋发而兴起；不能烛于几微，故必事理暴著，以至验于人之色，发于人之声，然后能警悟而通晓也。"

王夫之在《四书训义》中更引申发挥说："夫能作能喻之余，念吾所以能改者于何而受益；国家既亡之后，念亡之所以不可救者因何而终误；然后知生我者忧患，死我者安乐，大较然也。心之动，而生人之理即于是而畅遂；性之忍，而生死之界即于此而攸分。心不动而心冥于觉者，生气即灭；性不忍而性随之而放者，生道即亡。忧患以发其动忍，安乐以迷其心性，不亦较然乎？过而能改者，事后而知之，知之虽晚而较切。亡国而后知，则虽知之，何益哉？故凡人之志有所拂，势有所逆，行有所失，患有所迫，正有为有守之时，在大贤以下且然，而况中人乎！在中人且然，而我岂不逮乎！学者闻过而不喜，世主偷安以忘危，皆所谓自弃者，而可委不幸于天哉？"王夫之说得真好，这段话值得反复玩味。

就是遭遇极不好的人，一个经常犯错的人，读此章后，也能兴起无穷的希望，知道世界仍有自己奋斗的机会与空间，遭遇再坏也绝不轻言放弃，最后也会因他奋力自强而一新他的人生了。

此章处处警语，又能励动人心，读者宜详读熟记。

12.16　孟子曰："教亦多术[1]矣，予不屑[2]之教诲也者，是亦教诲之而已矣。"

孟子说："教育也有很多方式，我表明不屑教诲他，对他其实也是一种教诲呀。"

1 **多术**：方式很多。
2 **不屑**：原指不洁，常指轻之、拒之。

朱子说得好："不以其人为洁而拒绝之，所谓不屑之教诲也。其人若能感此，退自修省，则是亦我教诲之也。"尹焞说得也好："言或抑或扬，或与或不与，各因其材而笃之，无非教也。"（《四书章句集注》）

孟子不屑于教诲他，当然谈不上有教无类，但盼得教诲的人要知反省，如思得孟子之所以不教的缘故，从而改善自己，也等于得到了教诲，学者应从此思考。

13.1　　孟子曰：“尽其心[1]者，知其性[2]也。知其性，则知天[3]矣。存其心，养[4]其性，所以事天也。夭寿不贰[5]，修身以俟之，所以立命[6]也。”

孟子说：“尽人心之所善，知人性之所向。知道人性之所向，就知道天理之所在了。保存人的善心，培养人的天性，用来事奉上天。不论我生命的短长，都要不断修养身心以静待天命的安排，这就是安身立命之道。”

1 **心**：内心，指人主持灵明以应万事万物的地方。

2 **性**：人心之朝向。

3 **天**：比人更超越的真理所在处。朱注："天又理之所从以出者也。"

4 **养**：培养。

5 **夭寿不贰**：不论生命长短，均奉行不二。夭，短命。寿，高寿。朱注："夭寿，命之短长也。贰，疑也。不贰者，知天之至，修身以俟死，则事天以终身也。"

6 **立命**：建立自己的生命规模，因前有"知天""事天"字样，此处有顺着天理而立命的意思。朱注："立命，谓全其天之所付，不以人为害之。"

关于心、性有许多不同的说法，宋以后心、性之学盛行，大多源于孟子的讨论，后世此学有的还带有些佛学色彩。在此方面，孟子的说法为初起，说得比较简单，心与性的定义也不是很清楚，这点是必须先知道的。

孟子所指的天，有时是指有主宰含义的天，如"尧荐舜于天，而天受之"(9.5)；有时指命运之天，如"若夫成功则天也"(2.14)；有时又指有义理的天。人之性能辨善恶，而此性乃"天之所与我者"(11.15)，此天便指有义理的天了。

孟子认为上天的意志是善的，上天赋予我们人的本质也是善的，这便是性善了。我们的内心也有天理明觉的特性，也是知善的，也就是天理在我本心中，所以要保持此心此性之善以尽此生，如此便达到圣贤的境界了。所以此章的天兼有命运与义理的含义，朱子说："尽心知性而知天，所以造其理也；存心养性以事天，所以履其事也。不知其理，固不能履其事；然徒造其理而不履其事，则亦无以有诸己矣。知天而不以夭寿贰其心，智之尽也；事天而能修身以俟死，仁之至也。智有不尽，固不知所以为仁；然智而不仁，则亦将流荡不法，而不足以为智矣。"

王阳明主张致良知，其理论的根本即在此章。《传习录》说："人心是天渊。心之本体无所不该，原是一个天。只为私欲障碍，则天之本体失了。……如今念念致良知，将此障碍窒塞一齐去尽，则本体已复，便是天渊了。"孟子说"尽其心"，"知其性"而"知天"，阳明认为我之良知本于天理，也就是说，明得良知即明得天理了。

13.2　孟子曰："莫非命[1]也，顺受其正。是故知命者，不立乎岩墙[2]之下。尽其道而死者，正命[3]也。桎梏死者[4]，非正命也。"

　　孟子说："没有不是天命所定的，顺着命理而行就算是正命了。所以懂得命运的人，是不会让自己站在即将倾倒的高墙之下的。尽力以行正道而死，是生命之正。犯罪而死，就不是生命之正了。"

1 莫非命：没有不是天命所定的。朱注："人物之生，吉凶祸福，皆天所命。"

2 岩墙：高危之墙，墙之将覆者。

3 正命：命之正者。赵注："尽修身之道以寿终者，为得正命也。"

4 桎梏死者：因犯罪而死。桎梏，刑具。

此章在谈"正命"。

朱子认为此章是上章的延续。孔子曾说"五十而知天命"，再由此二章看，可知孔、孟都认为在人之上是有命运存在的，只是不好掌握，谈起来容易落于玄虚，就不喜欢谈它。孔、孟也都认为，命运也许掌控了人的生死，但不会掌握人生的一切，在人的一生中，还是留有不少空间以让人去自由挥洒、自由创作的，所以才有"动心忍性，曾益其所不能"与将"降大任于是人"的说法，可知儒家不是宿命主义者，继续看下章，才知道答案。

13.3 孟子曰："求则得之，舍则失之，是求有益于得也，求在我者¹也。求之有道²，得之有命，是求无益于得也，求在外者³也。"

　　孟子说："仁、义、礼、智，追求就能得到，舍弃就会失去，这种追求有益于所得，追求的东西原本就在我心中啊。追求是有方法的，但能否追求得到，决定权在命运，要是我追求的是那些无益于所得的，因为那些都如富贵利达一样，是我本身之外的东西啊。"

1 **求在我者**：追求内在我心的心性成就。朱注："在我者，谓仁、义、礼、智，凡性之所有者。"

2 **有道**：有方法。朱注："有道，言不可妄求。"说得稍保守了。

3 **在外者**：指与我无关的外物。朱注："在外者，谓富贵利达，凡外物皆是。"

赵岐与朱子在解释此章末句时都说小了，赵岐说："言为仁由己，富贵在天，如不可求，从吾所好。"朱子说："有道，言不可妄求。有命，则不可必得。在外者，谓富贵利达，凡外物皆是。"二人都把外者说成是富贵利达，其实应不止。但孟子说的有点模糊，确实不好掌握，也只好遵朱子解释。

此章也可看作是延续上两章之所说，谈的是人对自己心性与命运的掌握问题。人与命运之间是有拉扯与挣扎的，儒家并不否定命运，但对主张一切都由命运决定的说法，还是不赞成的。儒家认为人虽有命运，但人仍有意志可决定的部分；正因为有这部分，所以人生值得极力争取并奋斗。天已决定的事，事发前我既不知，发生时我无从干预，发生后却要我承担，老实说，我对之是无能为力的。就像人生的贫富与个人生命的长短，不是我能掌握的，就是孟子此章说的"是求无益于得也，求在外者也"，既无法掌握，要向外去追求，便不费心去追求。我只追求并发挥得之于天的心性之美善，尽心努力便足够了，因为这纯靠自己，也是自己能掌握的，可能这才是孟子的本意。

13.4　孟子曰："万物[1]皆备于我矣。反身而诚[2]，乐莫大焉。强恕[3]而行，求仁莫近焉。"

　　孟子说："上天将万事万物都帮我具备足了。只要反过身来诚心面对，就能得到一切了，这真是莫大的快乐呀。自己要努力，并把已求得之理，推广到一切外物上面，这样来求仁，没有比这更切近的方法了。"

1 **万物**：万事万物。

2 **反身而诚**：回过头来面对自己的真心。

3 **强恕**：强，自己努力追求。恕，将已求得之理推广到一切外物上面。朱注："强，勉强也。恕，推己以及人也。"

　　乐观的人把风当成高飞的助力，把山当成跨越的对象，视阻碍为动力来源。此章乐观进取，认为大自然的天为我准备了一个大型的舞台，上面一切都有了，因而说："万物皆备于我矣。"这个舞台让我在其上尽情挥洒表演自己，所以说："反身而诚。"我淋漓尽致地演出赢得了上天的赞许，也让自己满意 (诚，就是自己最真实的一面)，所以说："乐莫大焉。"而这种表现一方面让我实践了自我，另一方面也让别人受惠，所以说："强恕而行。"因为它既是演出也是行仁，所以说："求仁莫近焉。"由于表里一致，内外兼得，所以又说："乐莫大焉。"此章表现了孟子哲学中积极进取的一面，十分重要。

　　儒家思想中，有极乐观刚健的一面，促使人努力奋进，即使面对失败打击，而志气不溃不散，孟子此章所言，便是如此。

13.5　　孟子曰："行之而不著[1]焉，习矣而不察[2]焉，终身由之而不知其道者，众也。"

　　孟子说："正在做的事而自己不明白，习惯了的行为而自己都无法察觉，像这样终生都在做事却不知为何要做的，是多数人啊。"

1 **不著**：不知。

2 **不察**：不明。

以生理为况，绝大多数人终其一生呼吸饮食，却不明呼吸饮食之道，这样的例子是不胜枚举的。孟子说这话，可能表示在知识之林中个人的渺小，也可能表示人生的愚昧与无知。其中的无知，还包括一般人受限习染，不知自反，更不能自知心性之本源。

13.6 孟子曰："人不可以无耻[1]。无耻之耻[2]，无耻矣。"

孟子说："人不可以无羞耻心。当人以无羞耻心为可耻时，耻辱就可能没了。"

1 **无耻**：无羞耻之心。

2 **无耻之耻**：以无耻为耻。也有将句中"之"字解为"至"，言由不知耻而到知耻。不取。

此章有好几种说法，还是依照赵岐说的最妥，赵岐说："人能耻己之无所耻，是能改行从善之人，终身无复有耻辱之累矣。"（《四书章句集注》）

13.7 孟子曰："耻之于人大矣。为机变之巧者[1]，无所用耻[2]焉。不耻不若人，何若人有？"

孟子说:"羞耻心对人而言真重要啊。对那些喜欢耍心眼、巧于变化的人而言,羞耻心是无用的。不如别人却不以为耻,像这样怎能赶得上别人呢?"

1 机变之巧者:犹言耍心眼、巧于变化的人。朱注:"为机械变诈之巧者,所为之事皆人所深耻,而彼方且自以为得计。"

2 无所用耻:耻于他无用。

连着两章都在说耻(繁体字为"恥")。"恥"字从耳从心,就是《荀子·劝学》说的"入乎耳,著乎心",原指当我们耳朵听到一件事后,不要立即做出反应,先要放到心中去想一想,所以"恥"字有反省、觉悟的含义。别人批评我,要想想他批评得有没有道理,有道理,我便要改正,所以在修养方面,反省是非常重要的。喜欢耍小聪明的人往往缺少反省力,所以特别要戒惕。

孟子视羞恶之心为"四端"之一,说"羞恶之心,义之端也",认定人天生就有反省、觉悟的能力。但"四端"有时会失坠了,要记得把它找回来。

13.8 孟子曰:"古之贤王好善而忘势[1],古之贤士何独不然?乐其道而忘人之势。故王公不致敬尽礼,则不得亟见之。见且由不得亟[2],而况得而臣之乎?"

孟子说:"古代贤王多好善言善行而忘了自己的权势,古代贤能之士哪个不是这样的呢?乐于从事自己的道而忘了旁人的权势。所以那些王公对他们恭敬不够、礼节不周，就不能够多次和他们相见了。连相见的次数都不能多了，何况还要他们做自己的臣下呢？"

1 **势**：权势。

2 **亟**：多次，屡次。

　　此章是对国君说的，折节向贤是国君原本该做的。朱子言："言君当屈己以下贤，士不枉道而求利。二者势若相反，而实则相成，盖亦各尽其道而已。"说得很正确。

13.9　　孟子谓宋句践[1]曰："子好游[2]乎？吾语子游。人知之亦嚣嚣[3]，人不知亦嚣嚣。"

　　曰："何如斯可以嚣嚣矣？"

　　曰："尊德乐义[4]，则可以嚣嚣矣。故士穷不失义，达不离道。穷不失义，故士得己焉；达不离道，故民不失望[5]焉。古之人，得志，泽加于民；不得志，修身见于世。穷则独善其身，达则兼善天下。"

　　孟子对宋句践说："你喜欢游说诸侯吗？我告诉你游说的道理吧。别人了解我，我表现出自得又不在乎的样子；别人不了解我，我也表现出自得又不在乎的样子。"

　　宋句践说："怎样才可以自得又不在乎呢？"

孟子说:"你崇尚道德又喜爱仁义,就会自得又不在乎别人了。所以说士穷困时不该失掉义,显达时不该离开道。穷困时不失掉义,所以能自得了;显达时不离开道,所以人民就不会失望了。古代的人,得志,会把恩泽普施于民;不得志,修养自己以此展现给世人。穷困时就独善其身,显达时就兼善天下。"

1 **宋句践**:人名,事不可考。

2 **游**:游说。

3 **嚣嚣**（xiāo xiāo）:自得而不在乎一切的神情。

4 **尊德乐义**:尊于德,乐于义。朱注:"德,谓所得之善。尊之,则有以自重,而不慕乎人爵之荣。义,谓所守之正。乐之,则有以自安,而不殉乎外物之诱矣。"

5 **民不失望**:人民不会失望。朱注:"民不失望,言人素望其兴道致治,而今果如所望也。"

初看"人知之亦嚣嚣,人不知亦嚣嚣",有点高深莫测的样子,故意做成这样也有点明哲保身的意图,老实说,这态度是否可取,是有再讨论的必要的。但文章后来转到"穷则独善其身,达则兼善天下"的语境,也就是"得志与民由之,不得志独行其道"的意思,原来是指我不要因世人对我评价的好坏而改变,这才是"人知之亦嚣嚣,人不知亦嚣嚣",是儒者的襟抱与操持之所在,不可一日或忘的。

13.10 孟子曰:"待文王而后兴[1]者,凡民也。若夫豪杰之士，虽无文王犹兴。"

　　孟子说："等待文王出来而后感动奋发的，是一般的人。至于豪杰之士，纵使没有文王也会自我感动奋发的。"

1　兴：感动奋发。

　　此孟子自许之辞。
　　一般人要依靠别人，靠大势所趋，而豪杰之士能独创，凡事由己，是不依靠别人的。朱子言："豪杰，有过人之才智者也。盖降衷秉彝，人所同得，惟上智之资无物欲之蔽，为能无待于教，而自能感发以有为也。"

13.11　　孟子曰："附¹之以韩魏之家²，如其自视欿然³，则过人远矣。"

　　孟子说："把韩、魏两家的富贵加在他身上，如果他自视有欠缺而一点都不自满，这样的人就超过常人很远了。"

1　附：附益，加之。
2　**韩魏之家**：春秋时晋国两大家族。赵注："晋六卿之富者也。"
3　欿（kǎn）然：有欠缺、不自满貌。欿，同"坎"。

　　主旨是人贵有独见，有独见使他不自满却有自信。尹焞说："言有过人之识，则不以富贵为事。"（《四书章句集注》）说得很对。

13.12　　孟子曰："以佚道[1]使民，虽劳不怨；以生道[2]杀民，虽死不怨杀者。"

　　　　孟子说："用让人民过安逸生活为理由来差使人民，人民就算劳苦也不会埋怨；用保障人民生命为理由来杀人，被杀的人虽死了也不会埋怨杀他的人的。"

1 **佚道**：安逸之道。
2 **生道**：生存之道。

　　做大事时必须有重大的理由。国家要进行基础建设才能造福人民，但需要人民服劳役；同样，人犯死罪，得让他知道罪无可逭的理由，让知情者与受死者心服口服。但一定要真正给人民以安逸、以生道，否则就是权术了，以权术治民是错的。

13.13　　孟子曰："霸者之民，驩虞[1]如也；王者之民，皞皞[2]如也。杀之而不怨，利之而不庸[3]，民日迁善而不知为之者。夫君子[4]所过者化[5]，所存者神[6]，上下与天地同流，岂曰小补之哉？"

　　　　孟子说："霸主功业浩荡，他治下的人民看起来很欢娱；

圣王德业广大，他治下的百姓看起来很自得。有人被杀了，却听不到被杀人的怨声；给人民好处，却不用人民歌功颂德；人民每日朝好的方向发展，却不知是谁让他这样做到的。像这样了不起的君子，只要让他从旁边经过，人民就能得到好的变化，而心中却像有种神明式的感悟，只觉得自己与天地混合在一起，这种可贵的经验，岂能说是小小的补益呢？"

1 **骓虞**：即欢娱。

2 **皞皞**（hào hào）：与"浩浩"通。朱注："广大自得之貌。"

3 **庸**：功。也有酬劳意。

4 **君子**：兼指有位者与有德者。

5 **化**：受影响而变化。

6 **神**：神妙，神秘莫测。

此章有些不寻常。首先，孟子从不称赞行霸道的"霸者"，而此处竟称"霸者之民，骓虞如也"，虽然后面也称赞王者，说"王者之民，皞皞如也"，两者并称好，在《孟子》中也是少见。难怪程颐说："骓虞，有所造为而然，岂能久也？耕田凿井，帝力何有于我？如天之自然，乃王者之政。"杨时也跟着说："所以致人骓虞，必有违道干誉之事；若王者则如天，亦不令人喜，亦不令人怒。"（《四书章句集注》）但解释得不够周浃。

其次，孟子在此章称道霸者与圣王之功之德，说得太"神"了。他说："夫君子所过者化，所存者神，上下与天地同流"，大有神秘主义的倾向，比较不类孟子平时的口吻，当然孟子虽也说过："大而化之之谓圣，圣而不可知之之谓神。"(14.25) 但类似的话毕竟说得少，孟子平日比较重视人的个人意志。朱子解释道："所存者神，心所存主处便神妙不测，如孔子之立斯立、道斯行、绥斯来、动斯和，莫知其所以然而然也。是其德业之盛，乃与天地之化同运并行，举一世而甄陶之，非如霸者但小小补塞其罅漏而已。此则王道之所以为大，而学者所当尽心也。"虽有些理由，但也显得勉强，主要是朱子此处所说的"神妙不测"与孔、孟平日所言的道德、自立本是两回事，强凑一起，很难完全切合，所以说此章是很特殊的一章。

13.14 　　孟子曰："仁言[1]，不如仁声[2]之入人深也。善政[3]，不如善教[4]之得民也。善政民畏之，善教民爱之；善政得民财，善教得民心。"

　　　　孟子说："说仁厚的话，不如有仁厚的名声与政绩影响人民更深；好的政令，不如好的教育能够得到人民的信服。好的政令，人民会怕它；好的教育，人民会爱它。好的政令能够得到人民的财富供应，好的教育能够得到人民的真心钦服。"

1 仁言：仁厚的言语。程颐言："仁言，谓以仁厚之言加于民。"
2 仁声：仁厚的名声。有仁厚的名声表示有好的政绩。程颐言："仁声，谓仁闻，谓有仁之实而为众所称道者也。"
3 善政：好的法令制度。
4 善教：好的教育或教化。

这才是孟子的语言方式，不说空话，句句实言。因有实际的仁政才有仁声，所以"仁声"比徒具口舌说的"仁言"要踏实多了。有仁的具体行动，人民才会深信不疑。这里的善政，是指好的法令制度。法度禁令只能制其外，内心的感格还是要靠更为根本的教育。

13.15 孟子曰："人之所不学而能者，其良能[1]也；所不虑而知者，其良知[2]也。孩提[3]之童，无不知爱其亲者；及其长也，无不知敬其兄也。亲亲，仁也；敬长，义也。无他，达之天下也。"

孟子说："人不需要学就能做到的，叫作良能；不经过思考就能感知的，叫作良知。二三岁的小孩，没有不知道爱他父母的；到他长大，没有不知道敬他兄长的。爱父母就是仁，敬兄长就是义。没有其他缘由，仁、义二者是通行于天下的。"

1 **良能**：不学而能。良者，本然之善也。

2 **良知**：仁之本然知觉。程颐言："良知良能，皆无所由；乃出于天，不系于人。"

3 **孩提**：指小孩二三岁间尚可提抱也。

此处良能良知说，是基于他的"性善"理论来的。

明代王阳明终其一生都在提倡良知说，认为良知是一切道德的起源，也是道德的根本，他说："良知是天理之昭明灵觉处，故良知即是天理。"良知无所不在，他说："心之本体，无起无不起，虽妄念之发，而良知未尝不在，但人不知存，则有时而或放耳。虽昏塞之极，而良知未尝不明，但人不知察，则有时而或蔽耳。虽有时而或放，其体实未尝不在也，存之而已耳。虽有时而或蔽，其体实未尝不明也，察之而已耳。"良知是人人所具有的，他又说："性无不善，故知无不良。良知即是未发之中，即是廓然大公寂然不动之本体，人人之所同具者也。但不能不昏蔽于物欲，故须学以去其昏蔽，然于良知之本体，初不能有加损于毫末也。"（《传习录》）阳明对良知宏博思维，其实是基于孟子此说而逐渐演化出来的，此说对后世影响很大，读者要特别注意。

13.16　孟子曰："舜之居深山之中，与木石居，与鹿豕游，其所以异于深山之野人[1]者几希。及其闻一善言，见一善行，若决江河，沛然莫之能御也。"

孟子说："舜住在深山中，四周只是树木石头，与野鹿野猪交游，跟深山的化外野人没两样。等到突然听到一句好话，见到一件善行，就立刻学习而且做起来，他的意志与毅力跟决了堤的长江黄河一样，盛大地流着，没有什么能阻止得了。"

1　野人：未受教化的人。

舜虽质朴但善于感奋，又有上进心，一受激励，便奋发有为。朱子言："盖圣人之心，至虚至明，浑然之中，万理毕具。一有感触，则其应甚速，而无所不通，非孟子造道之深，不能形容至此也。"问题是舜居深山，是一生下来就在深山的呢，还是为了"净化"自己而选择独居深山，最后又选择出山，以推行自以为是的道德的呢？这事应先弄清楚。假如舜出生即在深山，之后也未出山，那他只是个"野人"，历史也不会记载他；他如原在市井，后居深山不再出来，立志做个隐士，世间对他而言便无意义。此文说他"及其闻一善言，见一善行，若决江河"，表示他有强烈的道德感，道德产生于社会，所以舜之独居深山，无论是对他自己还是对别人而言都是有意义的，最后他选择出山，当然更有意义了。

是不是说人要做大事，必须抛开一切，让自己回到生命最原始的状态，然后才能感奋而有所为呢？不曾受过人类文明洗礼的人，不会有文明世界的感奋，因之此章言舜"与木石居，与鹿豕游"。这个故事也可能是指舜曾试图抛弃文明，让自己回归自然，在接受自然的一番考验与淘洗过后，他的生命竟得到一种全新的能量，原本已消退或迟钝的感奋力又重新获得，他借这个感奋力重新发现了人的善言与善行的价值，这使得他创造出他生命的全新的局面。因此，隔离在人生中展现了重要性。中国历史上的重要人物，很多人在成就大事业前都经历过一段贬谪流放的生涯，王阳明在阐扬良知心学之前，也经历了贬谪龙场的大难可证，而贬谪与流放也不见得全操纵在政府或他人之手，也有是自己决定的。

中国的道家思想与后来印度传来的佛教思想都有一些类似的想法，认为成大格局必先抛下之前的自我，所以此章前面所说"舜之居深山之中,与木石居,与鹿豕游",指的就可能是大感奋、大创发之前的抛掉既有。尼采描写之前祆教领袖苏鲁支即查拉图斯特拉的故事,他在《查拉图斯特拉如是说》(Friedrich Wilhelm Nietzsche, 1844—1900: Also sprach Zarathustra) 中主张人类如要创造文明,必须超越,而超越必须先扬弃之前的一切,再重新出发。这种主张不鼓励继承,反而强调扬弃,孟子此章言舜之独居深山可能有这层含义,是因为要扬弃之前在世上的习染,再重新出发,文明也应先扬弃既有,才有可能创新。

这只是说有一种可能,如能做这样推展发挥,《孟子》就可能更丰富了,但孟子是否真有此意,无法确定。

13.17 孟子曰:"无为其所不为¹,无欲其所不欲,如此而已矣。"

> 孟子说:"不做不该做的事,不想不该得的东西,这样就可以了。"

1 **不为**:不应为。

像这样简单的话,一定是有针对性的,不然说了跟没有说一样。

北宋学者李郁说:"有所不为不欲,人皆有是心也。至于私意一萌,而不能以礼义制之,则为所不为、欲所不欲者多矣。能反是心,则所谓扩充其羞恶之心者,而义不可胜用矣，故曰如此而已矣。"（《四书章句集注》）为了说明，加了很多字，但是不是孟子的原意，并不能确定。

13.18　孟子曰："人之有德慧术知[1]者，恒存乎疢疾[2]。独孤臣孽子[3]，其操心也危，其虑患也深，故达。"

孟子说："那些人有品德、智慧、道术、才干，往往是因为他们陷于忧患之中才有的。那些被疏离之臣、庶出之子，因危难而操心，他们思虑忧患也深，所以更为通达了。"

1 **德慧术知**：德行、智慧、道术、才干。
2 **疢**（chèn）**疾**：犹灾患。
3 **孤臣孽**（niè）**子**：被疏离的臣子与偏房所生的儿子，一般都是不受重视的人。

文末"故达"一词有两解：一是指这些受过疢疾之苦的人比一般人更通达；一是指他们屡遭打击，锻炼出特殊的意志与毅力，在人生道路上，反而获得更大的成功。有达于理，有达于事，都很正确，可兼而取之。
此章激励人奋斗意志，对受苦的人更有鼓舞的作用，可与前面"舜发于畎亩之中"（12.15）章并看。

13.19　孟子曰："有事君人者，事是君则为容悦[1]者也；有安社稷臣者，以安社稷为悦者也；有天民[2]者，达可行于天下而后行之者也；有大人者，正己而物正者也。"

　　孟子说："有事奉国君的人，他事奉国君是以取悦逢迎的方式来做的；有安定国家的臣子，他是以安定国家为喜悦的；有以行天理为职志的人，他是看到有机会施展天理然后就出来做事的；有大丈夫一样的人，他认为如端正了自己，天下万事万物也会跟着端正的。"

1　容悦：装出好脸色以讨好人。朱注："阿徇以为容，逢迎以为悦，此鄙夫之事、妾妇之道也。"
2　天民：能尽天理之人。朱注："民者，无位之称。以其全尽天理，乃天之民，故谓之天民。"

　　此章言四种人物。起首容悦者当然可不论，后面三种也是有高下之分的。朱子说："此章言人品不同，略有四等。容悦佞臣不足言。安社稷则忠矣，然犹一国之士也。天民则非一国之士矣，然犹有意也。无意无必，惟其所在而物无不化，惟圣者能之。"
　　文末"正己而物正也"，"物"既指万事万物，也指人，古书"物"字多兼具人义。

13.20　　孟子曰："君子有三乐，而王天下不与存[1]焉。父母俱存，兄弟无故[2]，一乐也；仰不愧于天，俯不怍[3]

于人，二乐也；得天下英才而教育之，三乐也。君子有三乐，而王天下不与存焉。"

> 孟子说："君子有三种快乐，而统治天下不包括在内。父母都健在，兄弟无变故，是第一种快乐；上无愧于天，下不愧于人，是第二种快乐；得到天下最优秀的人才来教育他们，是第三种快乐。君子有三种快乐，而统治天下不包括在内。"

1 与存：犹言包括在内。

2 无故：无变故、无事故。焦循《孟子正义》"谓兄弟相亲好也"，也通。

3 怍（zuò）：惭愧。

"君子有三乐，而王天下不与存焉"，前后再三叮咛，可见重要。君子三乐，都与高官厚爵无关，出自孟子的肺腑，平实又清亮，非常可贵，考其实，也确实"可乐"。

"三乐"中一个是上天赐予，另两个则可得之于己；可得之于己，故应努力争取。而得英才以施教化，还须得人配合，因缘际会，故更可喜。北宋学者林之奇说："其可以自致者，惟不愧不怍而已，学者可不勉哉？"《四书章句集注》说得也很好。

13.21 孟子曰："广土众民¹，君子欲之，所乐不存焉²；

中天下而立[3]，定四海之民，君子乐之，所性不存焉。君子所性，虽大行[4]不加焉，虽穷居不损[5]焉，分[6]定故也。君子所性，仁、义、礼、智根于心，其生色也睟然[7]，见于面，盎[8]于背，施于四体，四体不言而喻。"

孟子说："拥有广大土地、众多人民，是君子所期望的，但不是他快乐之所在；站在天下的正中央，安定四海之内的人民，君子会以此为乐，但不是他本性之所在。君子的本性，纵使要他统治天下，他也不觉得增加了什么；纵使要他穷困隐居，他也不觉得减少了什么，因为他心的根本早确定了啊。君子的本性，仁、义、礼、智根植于心，其表现出的容色清和润泽，显现在脸上，显现在背上，散布到手足四肢之间，手足四肢有所动作，即使不说话，别人就已知晓了。"

1 广土众民：广大土地、众多人民。

2 焉：于此。

3 中天下而立：立于天下之中央，即王天下。

4 大行：行政于天下。

5 损：减损。

6 分：天所定分量。朱注："分者，所得于天之全体，故不以穷达而有异。"

7 睟（suì）然：清和润泽之貌。

8 盎（àng）：盛貌。

君子守其本性则恒定，定则不受外力影响，不论"大行"或"穷居"，都打乱不了他的心志，正如王夫之说："可欲可乐，而处之若素；无可欲无可乐，而居之不疑。"（《四书训义》）如达此景象，其实就是孟子所言的"大丈夫"。

13.22 孟子曰："伯夷辟纣，居北海之滨，闻文王作，兴曰：'盍归乎来[1]！吾闻西伯[2]善养老者。'太公[3]辟纣，居东海之滨，闻文王作，兴曰：'盍归乎来！吾闻西伯善养老者。'天下有善养老，则仁人以为己归[4]矣。

"五亩之宅，树墙下以桑，匹妇蚕之，则老者足以衣帛矣。五母鸡，二母彘[5]，无失其时，老者足以无失肉矣。百亩之田，匹夫耕之，八口之家足以无饥矣。所谓西伯善养老者，制其田里，教之树畜，导其妻子使养其老。五十非帛不暖，七十非肉不饱。不暖不饱，谓之冻馁。文王之民无冻馁之老者，此之谓也。"

　　孟子说："伯夷躲避商纣，住在北海之滨，听说文王兴起了，便说：'何不归附他呢？我听说西伯善于奉养老人。'姜太公躲避商纣，住在东海之滨，听说文王兴起了，便说：'何不归附他呢？我听说西伯善于奉养老人。'天下要是有能善于奉养老人的君王，那仁人就会以他为归附对象了。

　　"五亩大的住宅，在墙边种些桑树，妇女养蚕，老人就有丝棉衣服可穿了。每家五只鸡、两头母猪，适时养殖，老人足以有肉可吃了。百亩的田地，男人依时耕种，八口人的家庭就不会挨饿了。称西伯善于奉养老人，就在于他会制定田地制度，教人民种植畜养，引导家中妻儿奉养老人。五十岁不穿丝棉衣服会不暖的，七十岁不吃肉会不饱的。穿不暖、吃不饱，叫作受冻挨饿。文王之民，没有受冻挨饿的老人，所说的就是如此啊。"

1 **盍归乎来**：何不归附呢。来，语助词。

2 **西伯**：指周文王。文王居西岐之地，故号西伯。

3 **太公**：姜尚，号太公望，也称姜太公。

4 **己归**：己之所归也。

5 **彘**（zhì）：猪。

这些人这些事，之前都说过了。孟子屡言之，可见他觉得重要。

13.23　孟子曰："易¹其田畴，薄其税敛，民可使富也。食之以时，用之以礼²，财不可胜用也。民非水火不生活，昏暮叩人之门户求水火，无弗与者，至足矣。圣人治天下，使有菽粟如水火。菽³粟如水火，而民焉有不仁者乎？"

孟子说："让人民好好种田，又减轻他们的税负，可使人民富足。吃当季的食物，使用合度，那财产就用不完了。
人民没水火不能生活，晚上叩别人的门以求水火，没人不
给的，是因为水火很充足啊。圣人治理天下，要让人需要
的豆、米如水火一样的供应充足。豆、米如水火一样充足，
人民怎会不相亲相爱呢？"

1 易：治，指耕种。

2 用之以礼：指使用合度。

3 菽 (shū)：豆类的总称。

此章内容，孟子常言，可见他认为这很重要。治天下，
解决民生还是首要。所谓民生问题，其实就是要让人民先有
"养生送死"之具，生存之后，再谈教养。尹焞说："言礼义
生于富足，民无常产，则无常心矣。"（《四书章句集注》）

另文中"昏暮叩人之门户求水火，无弗与者"记古人生
活，十分传神。又说"使有菽粟如水火"，可见菽、粟是当
时主要的食物。这些记录很珍贵，皆是研究古代社会史的珍
贵材料。

13.24　　孟子曰："孔子登东山[1]而小鲁，登太山而小天
下。故观于海者难为水，游于圣人之门者难为言。观
水有术，必观其澜；日月有明，容光[2]必照焉。流水
之为物也，不盈科[3]不行；君子之志于道也，不成章[4]
不达。"

孟子说："孔子登上东山，就觉得鲁国变小了；登上了泰山，就觉得整个天下也变小了。所以看过大海的人，别的水就难以入他眼了；在圣人门下学习过的人，别人的言语就难以吸引他了。观察水是有方法的，要先看它的波澜；日月有光，连小小的间隙都照得到。流水这个东西，不把洼地填满是不会往外流的；君子有志于道，如果未到可以外显的时候，是不会求通达的。"

1 东山：鲁城东之高山。

2 容光：赵注："容光，小郤也。"小郤，小空隙。小空隙也能容光之照射。

3 盈科：水将洼地填满。

4 成章：所累积深厚，文章显于外也。

孔子登泰山而小天下，唐代王之涣《登鹳雀楼》诗可呼应这种境界，诗云："欲穷千里目，更上一层楼。""千里目"包括对自己与世界的观察，想要开拓人生，人须有站在高处的经验。孟子以光与水为例，说明君子的饱满与谦虚，都说得十分允当。

13.25 孟子曰："鸡鸣而起，孳孳[1]为善者，舜之徒也；鸡鸣而起，孳孳为利者，跖[2]之徒也。欲知舜与跖之分，无他，利与善之间也。"

孟子说："鸡叫就起来，勤勉地做善事，是舜一类的人；鸡叫就起来，勤勉做有利于己的事，就是跖一类的人。要知道舜与跖的不同，无须看其他，从好善好利之间就可看出。"

1 孳孳（zī zī）：勤勉。

2 跖（zhí）：传说是春秋时的大盗，故名盗跖。《庄子》有《盗跖》篇。

此章只是原则。举两个极端为例，以做比较，一极善，一极恶，如黑白之判然，这样说话是为行文方便而简化。事实上，世上的人或事都不是如此分明的。人在舜与跖之间，事在行善与利己之间，其实还有许多幽暗不明、不好分辨之处，有些地方并不那么对错判然的，想辨明察觉还得下很大功夫。

13.26　孟子曰："杨子取为我[1]，拔一毛而利天下，不为也。墨子兼爱[2]，摩顶放踵[3]利天下，为之。子莫[4]执中，执中为近之，执中无权[5]，犹执一也。所恶执一者，为其贼[6]道也，举一而废百也。"

孟子说："杨子主张为我，就是拔我一根毛以利天下，也不愿做的。墨子提倡兼爱，就是自己劳苦到摩秃头顶的毛发，走破了脚跟，只要有利天下，也会去做的。子莫在杨、墨之间执守中道，看起来近情近理，但如不能权衡变通，仍然难免执守一偏之见的。为什么要厌恶执守一偏之见呢？因为它有害于真理的推展，总是拿起一点而废弃其余。"

1 **杨子取为我**：杨子的哲学主张为己。杨子，即杨朱，孟子前或同时的思想家，主张一切利己，生平不详。

2 **墨子兼爱**：战国鲁人，名翟，曾为宋大夫，墨家领导人。其哲学主兼爱、非攻。

3 **摩顶放踵**：摩秃了头顶的毛发，走破了脚跟，指劳苦其身。朱注："摩顶，摩突其顶也。放，至也。"

4 **子莫**：鲁国的贤人。

5 **权**：原指秤锤，可借以权衡。此处也有权变之义。

6 **贼**：害。朱注："贼，害也。为我害仁，兼爱害义，执中者害于时中，皆举一而废百者也。"

　　此章批评与孟子同时的其他派别的哲学，孟子对当时盛行的杨朱、墨子思想评论甚严，可见本书5.7、5.9等章。杨、墨一主利己，一主利他，都十分极端，又有一派叫子莫的，主张两派调和，但孟子讥他没自己的思想，不能权衡轻重对错，这种调和就是和稀泥，跟偏激执一也没什么两样。孟子主张守中道，同时主张要有权衡变通与判断的能力，所以朱子说："此章言道之所贵者中，中之所贵者权。"杨时说得有理，他说："禹稷三过其门而不入，苟不当其可，则与墨子无异。颜子在陋巷，不改其乐，苟不当其可，则与杨氏无异。子莫执为我兼爱之中而无权，乡邻有斗而不知闭户，同室有斗而不知救之，是亦犹执一耳，故孟子以为贼道。禹、稷、颜回，易地则皆然，以其有权也；不然，则是亦杨、墨而已矣。"

（《四书章句集注》）

13.27　　孟子曰："饥者甘食，渴者甘饮，是未得饮食之正也，饥渴害之也。岂惟口腹有饥渴之害？人心亦皆有害。人能无以饥渴之害为心害，则不及人不为忧¹矣。"

　　孟子说："饿的人吃什么都觉得好吃，渴的人喝什么都觉得好喝，他们都没尝到饮食真正的味道，是因为饥渴害的。难道只口腹有饥渴之害吗？人心也有这种祸害。人心要是没有饥渴之害的话，就不以不如人为忧了。"

1 **不及人不为忧**：不以不如人为忧。

　　朱子把孟子说的"以饥渴之害为心害"解释为："人心为贫贱所害，故于富贵不暇择。"又说："人能不以贫贱之故而动其心，则过人远矣。"都不能说错，但只说到富贵贫贱一方面，似乎有点说小了或太表面化了。人生的忧患与误判，其实还有其他方面，也有比贫富的忧患更为深沉的。焦循说得好，他说此章之旨是："饥不妄食，忍情抑欲；贱不失道，不为苟求。能无心害，夫将何忧？"（《孟子正义》）

13.28　　孟子曰："柳下惠不以三公¹易其介²。"

　　孟子说："柳下惠不以有高官在侧而改变他的操守。"

1 三公：周以太师、太傅、太保为三公，爵之最高者。

2 介：做人做事的界限，指操守。

　　有另一种解释也可通，将"不以三公"解作就是让柳下惠做三公之高官，他也不会改变的。不论自己要做三公或三公在侧，主要在于他是不会变的，只要是对的，一定坚持做自己。

13.29　　孟子曰："有为者辟若¹掘井，掘井九轫²而不及泉，犹为弃井也。"

　　　　孟子说："有作为的人该知道，做事如同掘井一样，就算掘到九仞却没掘到泉水，那就只是个废井而已。"

1 **辟若**：譬如。

2 **轫**（rèn）：同"仞"。古代长度单位。

　　此章说明"及泉"的重要，要是半途而废，前功尽弃，就可惜了。读此自然想到《论语·子罕》有类似的话，孔子说："譬如为山，未成一篑，止，吾止也；譬如平地，虽覆一篑，进，吾往也。"有为者是指要有所作为的人。人要有作为必须有这认识，要做成事得如掘井一样，不及泉，绝不停止。

13.30　　孟子曰："尧、舜，性之¹也；汤、武，身之²也；

五霸，假之³也。久假而不归⁴，恶知其非有也。"

孟子说："尧、舜的仁义在天性，商汤、周武王的仁义在力行，五霸是假借别人的仁义智慧以为己用。但久借不还，你怎知道这仁义智慧没有变成他自己的呢？"

1 **性之**：天性本然。

2 **身之**：身体力行。

3 **假之**：假借别人的仁义智慧以为己用。

4 **归**：归还。

最有趣的是最后的"久假不归"了，看得出是期许的话，孟子假如看到五霸能从圣贤处"借"到仁义，又能久假不归的话，一定高兴得要命，因为道德就算外来，时间长了也可能深植内心，化为己有，教育上讲夏雨雨人，而收浸润之效，其理由就在此。问题恐怕在于五霸只是一时借用，很难做到"久假而不归"。尹焞说："性之者，与道一也；身之者，履之也，及其成功则一也。五霸则假之而已，是以功烈如彼其卑也。"（《四书章句集注》）其实说错了，孟子此章，并没有认五霸为"功烈如彼其卑"的意思。

13.31 公孙丑曰："伊尹曰：'予不狎于不顺¹。'放太甲于桐²，民大悦。太甲贤，又反之，民大悦。贤者之为人臣也，其君不贤，则固可放与？"

孟子曰：“有伊尹之志，则可；无伊尹之志，则篡³也。”

公孙丑说：“伊尹说：‘我不喜欢经常见到不合道理的人或事。’后来他放逐太甲到桐地，人民很高兴。等太甲变好了，又让他回来，人民又很高兴。就算贤者做臣子，国君不好的话，可以放逐他吗？”

孟子说：“有伊尹那样心志的，就可以；没伊尹那样心志的，就是篡夺了。”

1 予不狎于不顺：我不喜欢经常见到不合道理的人或事。狎，常见，朱注：“狎，习见也。”不顺，指不顺于义理。此语出自《尚书·商书·太甲上》。

2 放太甲于桐：将太甲放逐到桐地。太甲，商汤之孙，太丁之子。

3 篡：夺取。

太甲可“放”，但得由伊尹这类人来“放”。可与不可全看居心，居心为公，当然可做；居心营私，自然不可了。

13.32 公孙丑曰：“《诗》¹曰‘不素餐兮²’，君子之不耕而食，何也？”

孟子曰：“君子居是国也，其君用之，则安富尊荣；其子弟从之，则孝弟忠信。‘不素餐兮’，孰大于是？”

公孙丑说:"《诗经》说'不要无功而食禄',可是君子不耕田种植也有饭吃,为什么呢?"

孟子说:"君子在此国,国君用了他,就得以安定、尊贵而有名誉;弟子跟他学习,都变成孝父母、敬兄长、忠心而守信的人了。'不要无功而食禄',还有比这更好的吗?

1 《诗》:指《诗经·魏风·伐檀》。
2 **不素餐兮**:不无功而食禄。素,白的,空的,此指无功。

此小大之辨。"不素餐兮"当然重要,但有比这更重要的事,何况君子所化,一般人看不出来。王夫之曰:"君子之所效于是国者,岂但一手一足之烈哉? 受其养者有涯,而君子成物之心、匡世之力也无涯。'不素餐兮',孰大于是? 区区然与老农争一日之勤苦,志益小而功益微,自养其口体而已,曾君子而屑此乎?"(《四书训义》)

13.33　王子垫[1]问曰:"士何事?"

孟子曰:"尚志。"

曰:"何谓尚志?"

曰:"仁义而已矣。杀一无罪,非仁也;非其有而取之,非义也。居恶在? 仁是也。路恶在? 义是也。居仁由义,大人之事备矣。"

王子垫问道:"士要做什么事?"

孟子说:"要崇尚志节。"

王子垫说:"什么叫作崇尚志节?"

孟子说:"就是仁义罢了。杀一个无罪的人,不是仁;拿不该是自己的东西,不是义。我们该住在什么地方呢?该住在仁的住宅。我们该走什么路呢?该走义的道路。居心为仁,行走由义,大人的事就算完备了。"

1 王子垫:齐王之子,名垫。

像"居仁由义"之类的话,孟子说得多了。仁是人的居心,义是人的道路,两者兼具,体用皆备,就可以算是孟子说的"大人"了。

13.34

孟子曰:"仲子[1],不义与之齐国而弗受[2],人皆信之,是舍箪食豆羹[3]之义也。人莫大焉亡亲戚、君臣、上下。以其小者信其大者,奚可哉?"

孟子说:"仲子,如以不合道义的方式就算把齐国送给他,他也不会接受的,别人都相信他,但这只是像舍了一篮子饭、一小碗汤同样的义罢了。人没有比失掉亲戚、君臣与上下关系更严重的事了。因为小的而相信大的,怎么可以呢?"

1 仲子:即陈仲子,齐人,以廉洁知名。

2 不义与之齐国而弗受:以不合道义的方式就算把齐国送给他,他也不会接受的。此是假设之词，非真有其事。

3 箪食豆羹：一小篮子饭，一小碗汤。喻其小。

　　陈仲子以廉洁著称齐国，但孟子有些瞧不起他，说他装模作样，《滕文公下》(6.10) 有段描写他的地方，孟子说："仲子恶能廉？充仲子之操，则蚓而后可者也。"

　　文中"亡亲戚、君臣、上下"即指陈仲子"辟兄离母，处于於陵"的事。朱子言："言仲子设若非义而与之齐国，必不肯受。齐人皆信其贤，然此但小廉耳。其辟兄离母，不食君禄，无人道之大伦，罪莫大焉。岂可以小廉信其大节，而遂以为贤哉？"

13.35　　桃应[1]问曰："舜为天子，皋陶为士[2]，瞽瞍杀人，则如之何？"

　　孟子曰："执之[3]而已矣。"

　　"然则舜不禁[4]与？"

　　曰："夫舜，恶得而禁之？夫有所受之[5]也。"

　　"然则舜如之何？"

　　曰："舜视弃天下，犹弃敝蹝[6]也。窃负而逃，遵海滨而处，终身䜣然[7]，乐而忘天下。"

　　桃应问道："舜做天子，皋陶做法官，舜的父亲瞽瞍如杀人了，那怎么办？"

孟子说："把他抓起来就是了。"

桃应说："那么，舜不会阻止他吗？"

孟子说："舜怎能阻止他呢？国家法律是几代传受而来的。"

桃应说："那么，舜怎么办？"

孟子说："舜可以把丢掉天下当成丢掉一双破草鞋一样。偷偷地背着父亲逃走，到海滨住下来，一生很愉快，快乐得把天下给忘了。"

1 **桃应**：孟子弟子。

2 **士**：士师之士，指法官或狱官。

3 **执之**：犹抓起来。指皋陶将瞽瞍抓起来。

4 **禁**：禁止。指舜禁止皋陶抓捕其父。

5 **有所受之**：国家法律是几代传受而来，故言有所受。朱注："言皋陶之法，有所传受，非所敢私，虽天子之命亦不得而废之也。"

6 **敝蹝**（xǐ）：破鞋子。蹝，同"屣"，草鞋。

7 **䜣**（xīn）**然**：愉快貌。䜣，同"欣"。

　　儒家一向主张公正，但碰到亲情，尤其是有关天伦的部分往往如遇到了个死结，就怎么解也解不开。《论语·子路》有"父为子隐，子为父隐，直在其中矣"的说法，这里的孟子则是建议舜采取逃脱的方式。舜已是天子，却把犯了罪的父亲偷偷地背着逃走，逃到哪儿都不重要，因为都是逃。他为顾全天伦，甘愿背弃对天下的责任，这责任兼具道德性与法律性。这个做法是不是可取呢？

　　传统孝道自有高贵之处，但如此章，孝与其他道德如

"忠"发生了强烈冲突，该怎么办？朱子说："此章言为士者，但知有法，而不知天子父之为尊；为子者，但知有父，而不知天下之为大。盖其所以为心者，莫非天理之极，人伦之至。"朱子这个说法看起来有理，但其实是有问题的，原因是在舜而言，他不只是瞽瞍的儿子，还是全天下的天子，"但知有父，而不知天下之为大"，在一般儿子身上，也许可以成立；就算成立，也免不了自己也犯了罪，而在舜的身上，就不是那么简单了。孟子也说过："民为贵，社稷次之，君为轻。是故得乎丘民而为天子。"(14.14) 他也许可以不视丘民为父，但对千万丘民有更大的责任，这是确然的。

王夫之也跟着紧张了一阵，最后要我们不要担心，他认为这事绝不会发生，他说："舜为天子，皋陶为士，所以感格而防闲之，自有道存焉，瞽瞍何至杀人，而劳桃应之过计哉！"(《四书训义》) 王夫之把这件事也弄混了，他说这个议题纯是假设出来的，不能以真实性存在与否来讨论，但我们必须假设这事发生了该怎么办？照孟子此章的叙述，原来只是瞽瞍一人犯罪，现在连舜也跟着犯罪了，而舜犯罪的影响要比瞽瞍犯的大千万倍，因为他是天子啊，这么做值得吗？舜作为一个上古圣君，因家事而将天下事弃之不顾，孟子竟然说他"终身䜣然，乐而忘天下"，又可能吗？

最好的办法是由皋陶公正执法，由法律公正判决，舜贵为天子，自不应干涉司法的，当然这是当代较"公正"的法治观点。舜如觉得家门出此不幸，无颜领导天下，可辞职以明志，"遵海滨而处"是他的自由，而家人"窃负而逃"便也是犯罪了，同样也要被治罪的。可惜这是近现代才形成的观念，上古之人也许并未闻及。

儒家非常重视孝道，孟子标出"五伦"的观念，说："父子有亲，君臣有义，夫妇有别，长幼有序，朋友有信。"(5.4)而父子之亲是其他四伦的基础。人居深山与鹿豕游，君臣之伦可逃。人如不婚，则无夫妇、长幼之伦。人如不群，则无朋友之伦。但若无父子，人不可能出生，自然也没有因存在而建立的任何社会关系了。没有人，便没有人的"性善"，没有人的社会，道德的行为规则（包括"仁"的具体作为）也无从产生，所以有子说："孝弟也者，其为仁之本与！"（《论语·学而》）儒家认为父子之亲超越一切，不得不尽力维护，是可以理解的，而在中国人的一般人性中，父子之情也是被特别看重的，读到像"父兮生我，母兮鞠我。拊我畜我，长我育我。顾我复我，出入腹我。欲报之德，昊天罔极"（《诗·小雅·蓼莪》）这样的句子，我们往往感动不置，情不能自已。这也是为什么当儒家碰到孝亲与一般社会道德冲突（如守法、守直）时，往往会有点惊慌失措，宁选择孝亲而有亏于其他德行的缘故。孔、孟皆如此。孔、孟都为之悉心解释，虽有些不通，但都显得极为委婉有致。

13.36　　孟子自范之齐¹，望见齐王之子，喟然叹曰："居移气²，养移体³，大哉居乎！夫非尽人之子与？"

孟子曰⁴："王子宫室、车马、衣服多与人同，而王子若彼者，其居使之然也；况居天下之广居⁵者乎？鲁君之宋，呼于垤泽之门⁶。守者曰：'此非吾君也，何其声之似我君也？'此无他，居相似也。"

　　孟子从范邑到了齐国都城，远远看见齐王之子，长长地叹了口气说："居住环境会影响个人的气质，生活方式会改变个人的体态，环境真是太重要了啊！他不是跟所有人一样是人家的儿子吗？"

　　孟子说："王子所住的房子、所乘的车马、所穿的衣服大多与一般人相同，而王子之所以像那样有气质是环境使之然吧；何况一个人所居住的是天下之广居呢？之前鲁国的国君到宋国来，在宋国垤泽之门前大呼小叫的，守城门的人说：'这个国君可不是我的国君呀，为什么他们大呼小叫的声音跟我们国君那么相像啊？'这没别的缘故，只因为国君所处的环境相似罢了。"

1 **自范之齐**：从范地到了齐都临淄。范，齐邑，今河南范县。

2 **居移气**：居住环境会影响人的气质。

3 **养移体**：生活方式会改变人的体态。

4 **孟子曰**：三字恐衍文。朱注："张、邹皆云羡文也。"张，张栻。邹，邹浩。羡，衍。

5 **广居**：大房子。孟子曾以"居天下广居"（6.2）喻君子居仁。

6 **呼于垤（dié）泽之门**：在垤泽门前大叫。呼，大声叫喊。垤泽之门，宋都城门名。

　　此章在谈环境对个人的影响。这位齐王之子，文中对他并没有直接的描述，孟子也无缘与他交谈，但我们看孟子用了"居天下之广居"来比附齐王之子，可知齐王之子在形象上应是个比较正面的人物。有趣的是文末又写鲁君至宋垤泽之门大呼小叫，守门者听了都大呼类似我君，是因为做君王的不论朝中私下，一直大呼小叫惯了，环境影响人之大，由此可见。

13.37　　孟子曰："食¹而弗爱，豕交²之也；爱而不敬，兽畜³之也。恭敬者，币之未将⁴者也。恭敬而无实，君子不可虚拘。"

　　孟子说："对人光养活却不爱，就是如同以对待猪的方式与之交往；有爱却不敬，就是如同以对待兽的方式蓄养他。恭敬之心，是要在礼物未致送之前就表现出来的。只遵守仪文的恭敬，却无恭敬的真实，君子不可仅仅虚拘于仪文。"

1 **食**：喂养。

2 **豕**（shǐ）**交**：待之如猪。交，接。

3 **兽畜**：养家畜一样。畜，养。

4 **将**：犹奉。

　　这里强调恭敬不是仪文，不是礼物，而是真实的心。朱子说："此言当时诸侯之待贤者，特以币帛为恭敬，而无其实也。"也许是，也许不是。但听这话的如是一般君子，不是诸侯，不知能发挥作用吗？

13.38 　　孟子曰：“形色¹，天性也；惟圣人，然后可以践形²。”

　　　　孟子说：“人的形体与容貌表情，是上天赋予的；只有圣人，能把上天所给的禀赋妥善地在他形体上表现出来。”

1 **形色**：形体与容貌表情。

2 **践形**：在形体上显示天所给其的禀赋。

　　此章不好解释，因为指涉稍空泛了。

　　人的形体外貌有天生的部分，也有后天可调整改变的部分，譬如教育可变化气质，就是后天改变先天的例子，但所指不在形色而言，所以“形色，天性也”中的“形色”是指上天赋予的部分。但又说“惟圣人，然后可以践形”，便不知所践的“形”是哪一种“形”了，也许是指把上天赋予人的善的部分淋漓尽致地展现出来吧。

　　孟子又说过：“君子所性，仁、义、礼、智根于心，其生色也睟然，见于面，盎于背，施于四体，四体不言而喻。”(13.21) 杨时说：“天生烝民，有物有则。物者，形色也。则者，性也。各尽其则，则可以践形矣。”程颐说：“此言圣人尽得人道而能充其形也。盖人得天地之正气而生，与万物不同。既为人，须尽得人理，然后称其名。众人有之而不知，贤人践之而未尽，能充其形，惟圣人也。”(《四书章句集注》) 说得不见得错，但是否为孟子所指，也是可讨论的。

13.39 　　齐宣王欲短丧¹。公孙丑曰：“为期²之丧，犹愈

于已³乎?"

孟子曰:"是犹或紾⁴其兄之臂,子谓之姑徐徐⁵云尔,亦教之孝弟而已矣。"

王子⁶有其母死者,其傅为之请数月之丧。公孙丑曰:"若此者,何如也?"

曰:"是欲终之而不可得也,虽加一日愈于已。谓夫莫之禁而弗为者也。"

齐宣王想把丧期改短。公孙丑说:"改成守丧一年,还是比完全停了什么丧都不守的好吧?"

孟子说:"这就像你看到一人在狠扭其兄长的手臂,你跟他说姑且慢慢地扭吧,你该教弟弟对其兄长行孝悌之道的呀。"

后来齐王之子死了母亲,他的师傅为他在齐王面前请求,让王子能守丧几个月。公孙丑说:"像这样的事,怎么样呢?"

孟子说:"这是王子想守全丧不可得啊,即使只能多一天也比全没了的好。这是对没有禁令却不想做的人说的。"

1 **短丧**:减缩服丧时间。

2 **期**:满一年。

3 **犹愈于已**:还是比完全停了的好。已,止。

4 **紾** (zhěn):扭转,反转。

5 **徐徐**:缓慢。

6 **王子**:疑为齐王的庶子。

此章讨论两个话题，一是三年之丧，一是齐王庶子为母守丧事。

三年之丧在孔子时就争议不断了，到孟子时，社会益为繁密，真要实施，恐怕难度更高。但孟子认为，三年之丧还是保留比较好，而他所持的理由确实有点牵强，举"紾其兄之臂"也有点无类。孟子在谈孝道与丧制上，总认为孝道是道德中的最高价值，因此在态度上总是比较保守，跟他其他方面的改革倾向有很大的不同。

文中"王子有其母死者"，依陈旸的说法是："王子所生之母死，厌于嫡母而不敢终丧。其傅为请于王，欲使得行数月之丧也。时又适有此事，丑问如此者，是非何如？"（《四书章句集注》）也就是王子丧母，而王子非嫡母所生，嫡母尚存，丧事就产生难题了。朱子注先引《仪礼》所载"公子为其母练冠、麻衣、縓缘，既葬除之"，而后申说："疑当时此礼已废，或既葬而未忍即除，故请之也。"

13.40　　孟子曰："君子之所以教者五：有如时雨化之[1]者，有成德[2]者，有达财[3]者，有答问者，有私淑艾[4]者。此五者，君子之所以教也。"

　　　　孟子说："君子行教的方式有五种：有像及时雨一样的化育万物，有成就他原本的德行美，有培养他的才艺让他成材，有解答疑问，还有留下流风余韵可让人私下学习的。这五种，都是君子的行教方式。"

1 **时雨化之**：及时雨可以化育万物。

2 **成德**：因固有之德，教之成人。

3 **财**：同"材"。

4 **私淑艾**：私下向之学习之谓。朱注："私，窃也。淑，善也。艾，治也。人或不能及门受业，但闻君子之道于人，而窃以善治其身，是亦君子教诲之所及，若孔、孟之于陈亢、夷之是也。"

　　此章说君子行教的五种方式，说得很明白。孟子曾说："予未得为孔子徒也，予私淑诸人也。"(8.22) 孟子虽不及孔子，但是受孔子思想教育所成就的人，他受的教是"私淑艾"。如受时空之所限，私淑是另一种参与受教的方式。

13.41　　公孙丑曰："道则高矣，美矣，宜若登天然，似不可及也。何不使彼为可几及[1]而日孳孳也？"

　　孟子曰："大匠不为拙工改废绳墨，羿不为拙射变其彀率[2]。君子引[3]而不发，跃如[4]也。中道[5]而立，能者从之。"

　　　　公孙丑问："老师您的道很高很美了，但有点像登天一样，学习的人总像跟不上的样子。老师您为何不降低些门槛，让大家都做得到而每天努力自勉呢？"

　　　　孟子说："工艺大师不会为笨学徒改变他的规矩，善射的羿不会为不会射的人变更他张弓的标准。君子教人射箭，引弓不射，让箭紧张地在满弓上作出跃跃欲出的样子。所以教人要不偏不倚地执守中道，有能力学的就跟随来学。"

1 **几及**：将及。

2 **彀**（gòu）**率**：弓可弯的限度。

3 **引**：引弓，张弓。

4 **跃如**：指射箭时紧绷将射的状况。朱注："跃如，如踊跃而出也。因上文彀率，而言君子教人，但授以学之之法，而不告以得之之妙，如射者之引弓而不发矢，然其所不告者，已如踊跃而见于前矣。"

5 **中道**：不超过也无不及的状态。

有时降低门槛之后，教育的本质就变了。朱子说："此章言道有定体，教有成法；卑不可抗，高不可贬；语不能显，默不能藏。"说得很精道。

13.42　　孟子曰："天下有道，以道殉身[1]；天下无道，以身殉道。未闻以道殉乎人者[2]也。"

孟子说："天下有道时，我随时要行道；天下无道时，我也跟道一起退场。从未听说把道拿来以逢迎当权的人的。"

1 **以道殉身**：让道随着我，指我随时要行道。殉，同"徇"，从。朱注："如殉葬之殉，以死随物之名也。"即指道不离身，随我生死，故朱子又说："身出则道在必行。"

2 **以道殉乎人者**：指把道拿来逢迎当权的人。

"殉"字有死义，但此章不尽指死。

朱子解释此章后句言："以道从人，妾妇之道。"举妾妇为例，有点轻视女性，是不可取的，但主要是说，一些小人总假借行"道"来逢迎当权人，是可耻的行为，而能把"道"拿出来力行不已，且终生以之的，往往是读过书的知识分子，所以此章是教人砥志砺行。

13.43 公都子曰："滕更[1]之在门[2]也，若在所礼[3]，而不答，何也？"

孟子曰："挟[4]贵而问，挟贤而问，挟长而问，挟有勋劳而问，挟故[5]而问，皆所不答也。滕更有二焉。"

公都子说："滕更在老师门下，似应以礼待他，但老师对他的提问往往不回答，为什么呢？"

孟子说："一个人如自恃地位高来提问，自恃贤能来提问，自恃年长来提问，自恃对国家有功劳来提问，自恃跟我有老交情来提问，我都是不回答的。滕更于其中占有两项。"

1 **滕更**：滕国国君之弟，也在孟子处学习。
2 **在门**：在门下。

3 **若在所礼**：似乎也应待之以礼的。公都子如此说，礼貌地对老师表达自己的不同意见。

4 **挟**：心有所恃。

5 **故**：旧交。

6 **二**：赵注："二，谓挟贵、挟贤也。"

读此章应会心一笑，知道孟子是个有脾气、有性格的人。

13.44　　孟子曰："于不可已[1]而已者，无所不已；于所厚[2]者薄，无所不薄也。其进锐者，其退速[3]。"

孟子说："在不该停的地方停下的人，那他没有什么不可以停止的；对该厚待的他却刻薄了，那他没有谁不可以刻薄的。进步太猛的人，退步往往是很快的。"

1 **已**：止，停。

2 **厚**：厚待。

3 **进锐者其退速**：朱注："进锐者，用心太过，其气易衰，故退速。"

这三件事都很重要，前两项，可用以察人，后一项则在励己。做事须踏实，要循序渐进，不求速达。

13.45　　孟子曰："君子之于物[1]也，爱之而弗仁[2]；于民也，仁之而弗亲[3]。亲亲而仁民，仁民而爱物。"

　　孟子说："君子对万物，爱惜它，但不是以仁待之；对人民，仁厚待他们，但不是以对父母那样亲爱的方式待之。亲爱自己的父母，然后仁爱人民；仁爱人民，然后爱惜万物。"

1　物：人之外的万物。朱注："物，谓禽兽草木。"
2　爱之而弗仁：爱他们但还不到仁的标准。朱注："爱，谓取之有时，用之有节。"程颐言："仁，推己及人，如老吾老以及人之老，于民则可，于物则不可。"
3　仁之而弗亲：对他们仁爱，但不至于像对自己双亲一样的亲爱。赵注："临民以非己族类，故不得与亲同也。"

　　此章说明仁政是要有秩序的，要先把自家安顿好了，行有余力，再做其他事。所以要先亲己之亲，才施仁政于民，最后才讲爱惜万物。
　　孟子反对墨子的兼爱主张，固然是因为墨子讲"兼相爱，交相利"（《墨子·兼爱下》），他的兼爱出发点是功利，孟子原本就是极力反对功利主义的。另外，墨子兼爱但不讲爱是有等差性的，墨子说："吾闻为高士于天下者，必为其友之身若为其身，为其友之亲若为其亲，然后可以为高士于天下。"（同上）要天下人视他人父母为自己的父母，孟子是反对的，因为根本做不到。

13.46　　孟子曰："知[1]者无不知也，当务之为急；仁者无不爱也，急亲贤之为务。尧、舜之知而不遍物²，急先务也；尧、舜之仁不遍爱人，急亲贤也。不能三年之丧，而缌、小功³之察；放饭流歠⁴，而问无齿决⁵，是之谓不知务。"

孟子说："智者无不知晓，但应急于先做立刻要办的事；仁者无人不爱，但以爱亲人贤人为首要。尧、舜的智慧不能普及万物，会先做他该做的；尧、舜也不能遍爱所有人，会急着先爱亲人贤人。不能好好完成三年之丧的大礼，却在缌麻三月、小功五月的服丧事务上体察周详；不去管在长者面前大口吃饭、大口喝汤的失礼，却去问在长者前不小心咬断了干肉的小事，这叫作不识大体。"

1 知：同"智"。

2 遍物：普遍及于一切事物。

3 缌、小功：缌，守丧三个月，穿缌麻制的孝服，是孝服中最轻的一种。小功，是穿五个月的孝服。

4 放饭流歠（chuò）：大口吃饭、大口喝汤，无礼之貌。朱注："放饭，大饭。流歠，长歠，不敬之大者也。"

5 齿决：用牙齿咬断干肉，在古代算失礼的行为，但只是轻微的失礼。朱注："齿决，齿断干肉，不敬之小者也。"

此章言事有轻重缓急。朱子说："此章言君子之于道，识其全体，则心不狭；知所先后，则事有序。"丰稷说："智不急于先务，虽遍知人之所知、遍能人之所能，徒弊精神，而无益于天下之治矣。仁不急于亲贤，虽有仁民爱物之心，小人在位，无由下达，聪明日蔽于上，而恶政日加于下，此孟子所谓不知务也。"（《四书章句集注》）说得都很对。

另"不能三年之丧，而缌、小功之察；放饭流歠，而问无齿决"，写得很细，都是很特别的生活与思考方式，是研究当时生活史与社会史的可贵材料。

14.1　孟子曰："不仁哉，梁惠王也！仁者以其所爱及其所不爱，不仁者以其所不爱及其所爱。"

公孙丑曰："何谓也？"

"梁惠王以土地之故，糜烂其民而战之，大败，将复之，恐不能胜，故驱其所爱子弟[1]以殉之，是之谓以其所不爱及其所爱也。"

孟子说："多么不仁啊，这个梁惠王！讲仁德的人是会把自己所爱的推展到不爱的身上，不讲仁德的人是会将他不爱的推展到所爱的身上。"

公孙丑说："这话是什么意思呢？"

孟子说："梁惠王为了跟邻国争夺土地的缘故，糜烂人民的血肉，要他们去作战，被打得大败了，想要再战，担心不能取胜，所以驱使自己所爱的子弟去死战，这就是我说的将他不爱的推展到所爱的身上呀。"

1　子弟：指梁太子申。

此章批评梁惠王不仁，"糜烂其民"与"驱其所爱子弟以殉之"，在《梁惠王上》已有记载了。梁惠王曾跟孟子说："晋国，天下莫强焉，叟之所知也。及寡人之身，东败于齐，长子死焉；西丧地于秦七百里；南辱于楚。寡人耻之，愿比死者一洒之。"(1.5) 此章之言，指的便是此事，只是前章因在梁惠王前，要顾全礼貌，只陈述意见，没太多批评，此章则把梁惠王骂得够彻底了。

14.2　孟子曰："《春秋》无义战¹。彼善于此²，则有之矣。征³者，上伐下也，敌国不相征也。"

孟子说："《春秋》中没有正义的战争。但那一国比这一国稍好，则是有的。征，只指上位的天子兴兵去讨伐下位犯罪的诸侯，同样等级的诸侯是不能相互征伐的。"

1 《春秋》无义战：《春秋》中没有合乎正义原则的战争。朱注："《春秋》每书诸侯战伐之事，必加讥贬，以著其擅兴之罪，无有以为合于义而许之者。"也可指春秋时代没有正义之战。

2 彼善于此：一方比一方稍好。朱注："但就中彼善于此者则有之，如召陵之师之类是也。"

3 征：上位伐下位的战争。朱注："征，所以正人也。诸侯有罪，则天子讨而正之。"

由此章后句看来，"义战"与否应专有所指。

看朱子的注，文中"春秋"应指书，当然如指时代也不是讲不通。与下章一样，都在评述古书所记，所以此章译文以《春秋》书作解说。

其实"正"字第一笔"一"，甲骨、金文都作方块形 (有虚实之分)，指敌国的城池，下"止"字，示行军的方向，所以"正"字的原义应是出征的"征"字。《说文》："正，是也。从止，一以止。"段玉裁注引江沅曰："一所以止之也。"已是引申作解了。此章朱子言"征，所以正人也。诸侯有罪，则天子讨而正之"，是将原义与引申义反过来讲的。这种讲法后世很多，也能言之成理，但以文字原理而论，都有点穿凿，参见后章 (14.4)。

14.3　　孟子曰："尽信《书》[1]，则不如无《书》。吾于《武成》[2]，取二三策[3]而已矣。仁人无敌于天下，以至仁伐至不仁[4]，而何其血之流杵[5]也？"

孟子说:"要是完全相信《尚书》说的,就不如没有《尚书》。我在《尚书》的《武成》篇里,只采信其中一两段记录罢了。行仁的人会无敌于天下的,极其仁道的武王伐极其不仁道的纣王,怎么会杀那么多的人,竟连血都流得漂起了舂米的长杵了呢?"

1 《书》:指《尚书》。

2 《武成》:《尚书》篇名。

3 策:竹简,古书以竹简写成,此指书中的小段落。

4 以至仁伐至不仁:至仁指周武王,至不仁指商纣。

5 流杵:漂浮舂杵。《尚书·武成》有"会于牧野,罔有敌于我师,前徒倒戈,攻于后以北,血流漂杵"之句。

朱子说:"《书》本意,乃谓商人自相杀,非谓武王杀之也。孟子之设是言,惧后世之惑,且长不仁之心耳。"朱子还是基于维护《尚书》的立场,为《尚书》的记录做辩护。

古代书写不便,知识极可贵,书籍多具有相当的神圣性,其中自然混合了不少神话式的描写,有时会极力夸大,距离后世"可信"程度尚远,所以孟子此章所说是对的。民初的"古史辨"运动,常根据孟子这句话,做了许多科学的考据之后,证明了许多古史中的不正确记录,因而厘清了很大一部分的"信史"。

孟子说"以至仁伐至不仁,而何其血之流杵也",基于他对"至仁者"的信任,认为周武王讨伐"至不仁者"商纣,绝不至于"血之流杵",他对周武王的高度信赖,让他怀疑书上记载的真实。其实这种怀疑应该升高到古代对周文王、周武王"至仁"的崇拜，及对商纣的"至不仁"的鄙夷。《论语·子张》篇子贡说："纣之不善，不如是之甚也。是以君子恶居下流，天下之恶皆归焉。"子贡就对这一问题提出了自己不同于一般的看法，因为"天下之恶皆归焉"，所以后来传出纣之恶有数十种之多，顾颉刚便根据此说加以推证，他在《古史辨》中有《纣恶七十事之发生次第》一文，统计古史中对商纣"恶"事的描述共有七十项，而最原始在《尚书》中的只有两项，其余六十八项均是历年所"层累造成的"(不断加油添醋所造成的)，当然不可信的程度加大了。从这里就可看出孟子此说的重要了。但孟子对《武成》的怀疑，还是基于他对周武王的高度信任。其实历史对像周武王一样的圣王，描写也往往有言过其实的夸张部分，据以判断所有也是危险的。但想要全面还原历史的真相，在孟子的时代，恐怕还做不到。

目的不是一蹴可及，所以像孟子这种怀疑与觉醒是可贵的，人具有它，才会勇敢追求真理，真理也会因你我的锲而不舍而逐渐呈现，人类文明才有进展的可能。

14.4　　孟子曰："有人曰：'我善为陈¹，我善为战。'大罪也。国君好仁，天下无敌焉。南面而征北狄怨，东面而征西夷怨。曰：'奚为后我²？'武王之伐殷也，革车³三百两，虎贲⁴三千人。王曰：'无畏！宁尔也，非敌百姓也。'若崩厥角⁵稽首。征之为言正也，各欲正己⁶也，焉用战？"

孟子说:"有人说:'我善于排阵式,我善于作战。'这是犯了大罪的。国君如果好仁,那就天下无敌了。商汤朝南征讨,北方人埋怨;东面征讨,西方人埋怨,都说:'为什么我排在后面呢?'周武王讨伐殷商的时候,只有兵车三百辆,勇士三千人。周武王对殷商的百姓说:'不要害怕,我是来安定你们的,不是来与你们为敌的。'百姓俯首在地,磕头不断。征这个字的含义是正,各人都希望端正自己,哪里用得着战争呢?"

1 **陈**:同"阵",指战阵。

2 **奚为后我**:为什么我排在后面呢。又见2.11。

3 **革车**:以皮革为帷之兵车。

4 **虎贲**:勇士之称。

5 **崩厥角**:头角顿地,指降服。崩,落。厥,其。角,指头角。

6 **正己**:端正自己。

文中说"征之为言正也"是儒家对"征"字的解释。其实从文字学的角度而言,是倒果为因。从甲骨与金文的"正"字看来,它的原义反而是出征,后来假借作"正当""正确"。

不过儒家的解释很好,让人类从充满征伐战争的未开发状态,变成讲道德、讲克制的文明世界。

14.5 孟子曰:"梓匠[1]轮舆[2],能与人规矩,不能使人巧。"

孟子说："木匠、车轮匠能告诉人使用规矩的道理，但不能够使别人具有熟练的技巧。"

1 梓匠：木匠。

2 轮舆：制造车轮的工匠。

要能巧熟地使用工具，得由自己不断练习。

佛家也有传法传心之说，类似孟子此处之言。尹焞言："规矩，法度可告者也。巧则在其人，虽大匠亦末如之何也已。盖下学可以言传，上达必由心悟，庄周所论斫轮之意盖如此。"（《四书章句集注》）说得很准确。

14.6　　孟子曰："舜之饭糗茹草[1]也，若将终身焉；及其为天子也，被袗衣[2]，鼓琴，二女果[3]，若固有之。"

孟子说："舜在山上吃干粮、吃野菜之类的粗饭，好像要一辈子如此似的；等他做了天子，穿着锦绣华服，奏着乐，还有帝尧的两个女儿来侍候他，好像这景象是他本来就有的。"

1 **饭糗**（qiǔ）**茹草**：吃干粮、草叶之类的粗食。饭、茹，吃。糗，干粮，朱注："干糒也。"

2 **袗**（zhěn）**衣**：有锦绣之衣，天子所着。

3 **果**：同"婐"，女侍。

朱子说："言圣人之心，不以贫贱而有慕于外，不以富贵而有动于中，随遇而安，无预于己，所性分定故也。"当然说得没错，但孟子也有层意思是舜的富贵本不见得是他所原有的，他的有所成在于德行才干出众，因而得到尧的赏识，做了天子；做了天子，一切都改变了，因此可能也有英雄不怕出身低的含义在。古语说"将相本无种，男儿当自强"，孟子将之升格，说是天子本无种了，但这意思到了帝王愈发独裁的后世，也成了忌讳了。

14.7 　　孟子曰："吾今而后知杀人亲之重也。杀人之父，人亦杀其父；杀人之兄，人亦杀其兄。然则非自杀之也，一间[1]耳。"

　　孟子说："我今天才知道杀害别人亲人的严重。你杀人父亲，人家也可杀你父亲；你杀人兄长，人家也可杀你兄长。那么，表面看起来，你的父亲、兄长不是被自己所杀，其实相差只一点点罢了。"

1　一间：指相距很近。

　　杀人当然很严重，但说"杀人之父，人亦杀其父"，亦有推论稍过之嫌。文明世界，杀人的事件不多，因己父被杀愤而杀人父的例子更少，但看前有"吾今而后知"，可能孟子之说有亲见之故事，非必为杜撰。讨论特殊案例自无不可，最好要点明，要是凭空说起，就有危言耸听之嫌了。

14.8 　　孟子曰：“古之为关[1]也，将以御暴；今之为关也，将以为暴。”

　　　　孟子说：“古代设边防关隘，是用来抵御强暴；今天设边防关隘，是用来对人民实施强暴。”

1 关：关口，关隘。

　　古人设边防关隘，在于防御敌国入侵；今人设边防关隘在于征税，在于阻挡行旅，实属扰民，所以说是“为暴”。

14.9 　　孟子曰：“身不行道，不行于妻子；使人不以道，不能行于妻子[1]。”

　　　　孟子说：“自己不奉行道义，那么道义在他妻子身上都行不通；用人不按照道义，那就连妻子也无法叫得动。”

1 **不能行于妻子**：朱注：“不能行者，令不行也。”赵注：“身不自履行道德，而欲使人行道德，虽妻子不肯行之，言无所则效也。使人不顺其道理，不能使妻子顺之，而况于他人者乎？”

　　此章是说，要人做什么，须自己要先做。

14.10 　　孟子曰：“周[1]于利[2]者，凶年不能杀[3]；周于德者，邪世不能乱。"

　　孟子说："在财利上准备周详的人，不好的年岁伤害不
　了他；在德行上设想周详的人，再乱的世局也不会迷惑他。"

1　周：全。

2　利：财利。

3　杀：伤害。

　　此章说的是只有积之厚，才会用之有余。

14.11　孟子曰："好名[1]之人，能让千乘之国；苟非其人，箪食豆羹见于色。"

　　孟子说："喜好浮名的人，往往能够把千辆兵车的大国
　让给别人；但如不是他想巴结讨好的对象，就是要他送一
　小篮饭、一小碗汤给别人，他脸上都会显出不高兴的神色。"

1　好名：喜好浮名。

　　此章表面看是在讽刺那些喜好浮名的人，而更重要的是
在说明观察人的方法。朱子说："好名之人，矫情干誉，是以
能让千乘之国；然若本非能轻富贵之人，则于得失之小者，
反不觉其真情之发见矣。盖观人不于其所勉，而于其所忽，
然后可以见其所安之实也。"说得真好。

14.12　　孟子曰："不信仁贤，则国空虚[1]；无礼义，则上下乱；无政事[2]，则财用不足。"

孟子说："不相信仁者与贤者，那国家就空虚了；没有礼义，那上下关系就一片混乱；没有把政治、财计做好，那国家的用度就不足了。"

1 **空虚**：治国须仁贤，无仁贤则国空虚。
2 **政事**：专指政治上与财计上的问题。

孟子仁贤并举，"仁"讲的是道德，后面的礼义属之；"贤"讲的是才干，后面的政事、财用属之。治国要有好的居心，但也须有专业才干，二者不可或缺。

14.13　　孟子曰："不仁而得国者，有之矣；不仁而得天下，未之有也。"

孟子说："以不仁的方式而能得一诸侯国，有过的；以不仁的方式而能得天下的，是从来没有过的。"

孟子说的是初得天下，这在周之前也许说得通，周之后就不见得成立了，如秦之得天下。但北宋学者邹浩说："自秦以来，不仁而得天下者有矣；然皆一再传而失之，犹不得也。所谓得天下者，必如三代而后可。"（《四书章句集注》）这说法是有问题的，因夏、商、周也都亡于他人，岂不也失了吗？

14.14　　孟子曰："民为贵，社稷¹次之，君为轻。是故得乎丘民²而为天子，得乎天子为诸侯，得乎诸侯为大夫。诸侯危社稷，则变置³。牺牲既成，粢盛⁴既洁，祭祀以时，然而旱干水溢，则变置社稷。"

　　　　孟子说："人民是最尊贵的，其次是社稷，国君是最轻的。所以得到人民的拥护才能做天子，得到天子的垂青才能做诸侯，得到诸侯的赏识才能做大夫。诸侯要是危害社稷，那就换了他。牺牲牛羊都准备妥当了，供品粟稷都装在已洁净的礼器里，按规定时间祭祀，但还是不断地以干旱或淹大水来使我们忧苦，那就把土地神、谷神换了。"

1　社稷：社，土地神稷，谷神。朱注："社，土神。稷，谷神。建国则立坛壝以祀之。盖国以民为本，社稷亦为民而立，而君之尊，又系于二者之存亡，故其轻重如此。"
2　丘民：人民。朱注："丘民，田野之民，至微贱也。"
3　变置：改变位置，即更立之。
4　粢盛：供祭祀用的粟稷。盛，装粟稷的用具。

　　"民为贵，社稷次之，君为轻"，在中国政治思想史上是个大突破，是个大惊奇，极近西方启蒙运动后民主思想中对人民地位的认定。要晓得孟子说这话是在两千多年之前，而西方的启蒙运动发生在十七、十八世纪，可见孟子之敏锐与敢言。

孟子首先提出"变置"这一观念。所谓"变置"，就是诸侯做得不像样，就换掉诸侯；神明做得不像样，就换了神明；当然，也可推理到天子。在孟子的时代，天子对人民的重要性不如当国的诸侯，他虽然没说天子也可"变置"，但语气已够强了，孟子之言令人震惊之余也令人不敢逼视。

欧洲启蒙运动的健将孟德斯鸠 (Charles Louis de Secondat, Baron de Montesquieu，1689—1755)、卢梭 (Jean-Jacques Rousseau，1712—1778)，在他们有关民主、民约的论述中，都有跟孟子这个思想极接近的言论，差别是孟子说的简约，二人说的条理井然之外又开辟了新说。

在西方，公元前没听有人说过这类似话，在中国，公元五世纪前的孟子就说了，可见先进，但也有可讳言之处，就是十七、十八世纪后的中国人没有人再说了。十八世纪的孟德斯鸠在他的著作中屡说中国是个专制的国家，皇帝以恐惧作为统治人民的原则，当时的中国与西方已相去迥然。当然孟德斯鸠所了解的中国不见得尽是真相，但"民为贵，社稷次之，君为轻"的观念在后代的中国没人再大力提倡了，确也是事实。读孟子此语，我们真要愧对我们的祖先。

14.15　　孟子曰："圣人，百世¹之师也，伯夷、柳下惠是也。故闻伯夷之风者，顽夫²廉，懦夫有立志；闻柳下惠之风者，薄夫敦，鄙夫³宽。奋乎百世之上⁴，百世之下⁵，闻者莫不兴起也。非圣人而能若是乎，而况于亲炙⁶之者乎？"

孟子说："圣人，是百代的老师，伯夷、柳下惠就是。所以听闻伯夷风范的人，贪婪的人会变得廉洁，胆小的人会立下志向；听说柳下惠风范的人，浅薄的人会变得敦厚，心胸狭窄的人会变得宽大了。圣人在他们的时代势力奋发，百代之后，我们没有不受到他们影响而跟着奋起的。不是圣人才能够像这样的吗，何况亲身受过圣人教化的人呢？"

1 **百世**：百代。

2 **顽夫**：贪婪的人。

3 **鄙夫**：心胸狭窄的人。

4 **百世之上**：伯夷、柳下惠的时代。

5 **百世之下**：指孟子所处的时代。

6 **亲炙**：指亲受教于圣人。

此章说圣贤对世界、对后世的正面影响。前段言伯夷与柳下惠事，在前面都说过了 (10.1)，不断重说，可见孟子以为重要。

重点在最后一句："非圣人而能若是乎，而况于亲炙之者乎？"前句是指圣人"奋乎百世之上"，百世之后的人闻之"莫不兴起"，假如一般人都可因而兴起高昂的意志，那"亲炙"于圣人的人就该感奋尤烈，而所承担的责任就更重了，此两句是强调后起的责任。孟子并未"亲炙"于孔子，但受学于孔子的后人并以孔子继承者自居，是孟子一向的认知与态度。此章等于在说圣人孔子之伟大，而后起如我责任之大之重，故须兢兢业业，不可一日稍懈。

14.16　　　孟子曰：“仁也者，人也¹。合²而言之，道也。”

　　　　孟子说：“仁，就是人。将仁与人结合起来说，就是道。”

1 仁也者，人也：朱注：“仁者，人之所以为人之理也。”
2 合：将仁与人的意义结合。

　　　将仁与人结合类比以做诠释，在文字学上也是成立的，仁从人，自有人义。《中庸》也有“仁者人也”的说法。儒家视仁为道德的最高境界，故曰仁者道也，也是合理的。

14.17　　　孟子曰：“孔子之去鲁，曰：‘迟迟吾行也。’去父母国之道也。去齐，接淅而行，去他国之道也。”

　　　　孟子说：“孔子离开鲁国时，说：‘我慢慢走吧。’这是离开祖国的态度。离开齐国时，还没等米淘完，捞起米就走了，这是离开他国的态度。”

　　　此章重出 (10.1)，但次序颠倒，《万章下》曰：“孔子之去齐，接淅而行。去鲁，曰：‘迟迟吾行也。’去父母国之道也。”但无“去他国之道也”之句。也许是孟子重说了，或许只说了一次，由不同弟子记载所致。

14.18　　孟子曰：“君子之戹于陈蔡之间¹，无上下之交²也。”

　　　　孟子说：“孔子被困于陈、蔡之间，是因为两国不论上下都跟孔子没交情，不肯伸出援手吧。”

1 **君子之戹**（è）**于陈蔡之间**：指孔子困于陈、蔡之间事。戹，同“厄”。
2 **上下之交**：无论上下皆无援手。朱注：“君臣皆恶，无所与交也。”

　　　　此章谈孔子困于陈、蔡事，有点突然，也许漏了些文字。
　　　　朱子说的“君臣皆恶，无所与交”，责任在所在国的君臣，当然是事实，但孔子耿介正直，不愿同流合污，陈、蔡君臣愿与之交往而为孔子所拒也有可能。

14.19　　貉稽¹曰：“稽大不理于口²。”

　　　　孟子曰：“无伤也。士憎兹多口³。《诗》⁴云：‘忧心悄悄⁵，愠于群小⁶。’孔子也。‘肆不殄厥愠，亦不陨厥问⁷。’文王也。”

　　　　貉稽说：“我貉稽不大利于众口。”
　　　　孟子说：“没关系的。士常会被人讥讪的。《诗经》说：‘我总是很忧心啊，因为那些爱批评人的小人太多了。’孔子可以说就是这样啊。《诗经》说：‘我不能消灭别人心中的怨恨，也不会减损自己的名声。’说的就是文王啊。”

1 **貉**（mò）**稽**：人名。

2 **不理于口**：不利于众口，毁多于誉。理，赖，利。

3 **士憎兹多口**：士常会被许多人讪谤。赵注："为士者，益多为众口所讪。"朱注："按此则憎当从土，今本皆从心，盖传写之误。"

4 **《诗》**：指《诗经·邶风·柏舟》。

5 **悄悄**：忧心貌。

6 **愠于群小**：怨恨四周的小人。愠，怨。

7 **肆不殄**（tiǎn）**厥愠，亦不陨厥问**：出自《诗经·大雅·绵》，指不能减去别人心中的怨恨，也不会减损自己的名声。肆，发语词。殄，灭。陨，失。问，同"闻"，声闻。

　　貉稽不见经传，不知为何人，但看孟子所言，大约是个行为方正但不很讨喜的人。所举的两段《诗经》上的文字，原本另有所指，前段朱子说："本言卫之仁人见怒于群小。孟子以为孔子之事，可以当之。"后段朱子说："本言太王事昆夷，虽不能殄绝其愠怒，亦不自坠其声问之美。孟子以为文王之事，可以当之。"

　　借着之前发生的故事，说明小人爱议论人是非，是普遍现象。应对的态度该如何？前面说过："自反而不缩，虽褐宽博吾不惴焉；自反而缩，虽千万人吾往矣。"(3.2) 君子要自反，确定自己无馁于义之后，便要有勇气面对所有无理的非难。

14.20　　孟子曰："贤者以其昭昭[1]，使人昭昭；今以其昏昏[2]，使人昭昭。"

孟子说："贤者站在光明处，让人得到光明；今人站在昏暗处，却妄图让人得到光明。"

1 昭昭：大明。
2 昏昏：昏暗。

"昭昭"与"昏昏"既可指施政，也可指教学。无论如何，要感格别人、拯救别人，先要让自己站在高朗之处。

14.21 孟子谓高子[1]曰："山径之蹊间[2]，介然[3]用之而成路。为间[4]不用，则茅塞之矣。今茅塞子之心矣。"

孟子对高子说："山上那些狭窄的小径，因为有人走，不久就成了小路了。假如一段时间没人走，路就被茅草塞满了。现在茅草已塞满你的内心了呀。"

1 高子：赵注："齐人也，尝学于孟子，乡道而未明，去而学于他术。"
2 蹊 (xī) 间：狭窄的小路。
3 介然：赵注上读"蹊间介然"；介，界。朱注下读"介然用之而成路"，采朱注读法。朱注："介然，倏然之顷也。"突然，短时间，引申为不久。
4 间：间隔，指时间。

求学之心，向道之心，不可稍有间断。孟子之言，大约在指责高子向学不勤，心多旁骛吧！

14.22　　高子曰：“禹之声¹，尚²文王之声。”

孟子曰：“何以言之？”

曰：“以追蠡³。”

曰：“是奚足哉？城门之轨，两马之力⁴与？”

　　高子说：“禹时的音乐，高于文王的音乐。”

　　孟子说：“怎么这样说呢？”

　　高子说：“由禹留下的钟看出，钟纽好像被虫蛀蚀过将要断了的样子。”

　　孟子说：“这怎么足以证明呢？你看城门下的轨迹，难道是一两辆车子辗压出来的吗？”

1　禹之声：禹的音乐。

2　尚：高过。

3　追蠡（duī lǐ）：钟纽好像被虫蛀蚀过一样。蠡，虫所蚀。追，乐器钟上的系纽，铜制。

4　两马之力：马车经过所形成的车痕。马车有独马所拉，有两马与四马或多马所拉，此处言两马，为方便行走，多马也可能是两马相并。

　　看来高子确实不很聪明，看到禹钟的钟纽有损，以为禹乐常被演出，受人喜爱，因而判断禹之声高于文王之声，其实是因为禹去孟子时久远，钟纽有损是长期侵蚀所造成的。孟子举城门车轮痕迹为例以作说明。

　　最后一段“城门之轨，两马之力与”，朱子《四书章句集注》引丰稷言曰："轨，车辙迹也。两马，一车所驾也。城中之涂容九轨，车可散行，故其辙迹浅；城门惟容一车，车皆由之，故其辙迹深。盖日久车多所致，非一车两马之力，能使之然也。言禹在文王前千余年，故钟久而纽绝；文王之钟，则未久而纽全，不可以此而议优劣也。"但举"两马之力"之说，意义有点含糊，故朱子又说："此章文义本不可晓，旧说相承如此，而丰氏差明白，故今存之，亦未知其是否也。"可见丰稷所说尚有讨论余地。

14.23　齐饥。陈臻曰："国人皆以夫子将复为发棠[1]，殆不可复。"

孟子曰："是为冯妇[2]也。晋人有冯妇者，善搏虎，卒为善，士则之。野有众逐虎，虎负嵎[3]，莫之敢撄[4]。望见冯妇，趋而迎之。冯妇攘臂下车。众皆悦之，其为士者笑之。"

　　齐国闹饥荒。陈臻说："国人都认为老师您会再请齐王打开棠地的粮仓来赈灾，但我想您大概不会再这样做了吧。"

　　孟子说："我再做就成了冯妇了。晋国有个人叫冯妇，善于跟老虎搏斗，后来行善，很多人以他为榜样。一天在野外有许多人在追逐老虎，老虎背对着山曲，没人敢去碰它。人们远远看见冯妇，快步走上前去迎接他。冯妇捋起袖子，高举着手臂下车，大家都高兴得不得了，然而那些读书明理的人却嘲笑他呢。"

1 **发棠**：开启棠地的粮仓以赈灾。棠，齐地名。

2 **冯妇**：晋猛士名。

3 **负嵎**（yú）：背对着山曲。

4 **撄**（yīng）：触。

冯妇搏虎不被虎伤，一方面是自己有本事，另一方面也是靠运气。孟子以之喻己，是说自己在齐王面前，已没有可凭的运气，再提建议，就只有让人嘲笑的份儿了。朱子说："疑此时齐王已不能用孟子，而孟子亦将去矣，故其言如此。"焦循《孟子正义》说："言可为则从，不可则凶；言善见用，得其时也；非时逆指，犹若冯妇，暴虎无已，必有害也。"所以君子只好洁身自爱，不去蹚这个浑水了。

14.24　　孟子曰："口之于味也，目之于色也，耳之于声也，鼻之于臭也，四肢之于安佚¹也，性也，有命焉，君子不谓性也。仁之于父子也，义之于君臣也，礼之于宾主也，智之于贤者也，圣人之于天道也，命也，有性焉，君子不谓命也。"

　　孟子说："嘴巴爱吃美味，眼睛爱看美色，耳朵爱听美妙的声音，鼻子爱闻香气，四肢爱享安逸，这是人的本性，但能否得到却由命运决定，所以君子不称之为天性之必然。

仁对父子而言，义对君臣而言，礼对宾主而言，智对贤者而言，圣人对天道而言，能否实现当然有命运的成分，但也是人天性之必然，所以君子不仅仅把它视为命运。"

1 安佚：同"安逸"。

此章不甚好解，后面纠缠在命与性之间，容易形成混淆。大概说来，性是上天给我的本质，在孟子而言，本质都是好的，所以他说性善，性的善是人可以把握的。而命不掌握在人的手上，是由天来决定的。所以身体五官的喜好，所谓的"五欲"是天生既有的，但能否有机会把"五欲"都享受到，则靠命运，譬如聋人不能听好音，盲人不能赏美色。人的性善（仁、义、礼、智）虽是上天赋予的本质，而此善之能否充分实践，人是有决定权的。问题出在此章既说圣人之于天道，既是"命"，又是"性"，而最后竟又说"君子不谓命也"，前后有些不一致，译文只能采取其中一种说法。

朱子对此也没有办法。朱子《四书章句集注》在解释前面"五欲"时，引了程颐之言："五者之欲，性也。然有分，不能皆如其愿，则是命也。不可谓我性之所有，而求必得之也。"自己又加按语，说："不能皆如其愿，不止为贫贱。盖虽富贵之极，亦有品节限制，则是亦有命也。"而后言仁、义、礼、智时又引程颐之言曰："仁、义、礼、智天道，在人则赋于命者，所禀有厚薄清浊，然而性善可学而尽，故不谓之命也。"且引其师李侗的说法："此二条者，皆性之所有而命于天者也。然世之人，以前五者为性，虽有不得，而必欲求之；以后五者为命，一有不至，则不复致力，故孟子各就其重处言之，以伸此而抑彼也。张子所谓'养则付命于天，道则责成于己'。其言约而尽矣。"大约也只能如此讲了。

其实《孟子》此章并未言及此，但这种天、己、理、欲之说在宋朝非常盛行，明儒也往往承之。清儒戴震对此章的"五欲"说有不同的观点，他认为孟子既主性善，则欲也是性，故"五欲"与后面所说的仁、义、礼、智是互通甚至一体的。他在《孟子字义疏证》中说："欲根于血气，故曰性也，而有所限而不可逾，则命之谓也。仁、义、礼、智之懿，不能尽人如一者，限于生初，所谓命也，而皆可以扩而充之，则人之性也。……由此言之，孟子之所谓性，即口之于味，目之于色，耳之于声，鼻之于臭，四肢于安佚之为性；所谓人无有不善，即能知其限而不逾之为善，即血气心知能底于无失之为善；所谓仁、义、礼、智，即以名其血气心知，所谓原于天地之化者之能协于天地之德也。"戴震试着以他"理者，存乎欲者也"的观点来解释孟子的这段文字，又说："凡事为皆有于欲，无欲则无为矣。有欲而后有为，有为而归于至当不可易之谓理。无欲无为又焉有理？"又说："道德之盛，使人之欲无不遂，人之情无不达，斯已矣。"皆有异于宋儒之说，也可参酌。

14.25 浩生不害[1]问曰："乐正子，何人也？"

孟子曰："善人也，信人[2]也。"

"何谓善？何谓信？"

曰："可欲[3]之谓善，有诸己之谓信。充实之谓

美，充实而有光辉之谓大，大而化之之谓圣，圣而不可知之之谓神。乐正子，二之中，四之下也。"

　　浩生不害问道："乐正子是怎样的人呢？"

　　孟子说："是个善人，是个踏实又诚信的人。"

　　浩生不害说："什么叫作善？什么叫作踏实又诚信？"

　　孟子说："人人见他都亲爱他，便叫作善；那些好事自己都先做到了，便叫作踏实又诚信。一个人人格充实了，就叫作美；充实又有光辉，便叫作大；充实、有光辉又能融会贯通，便叫作圣；圣德到了神妙不可测度的境界，便叫作神。乐正子居于善与信之间，要跟后面美、大、圣、神做比较，就在四者之下了。"

1　浩生不害：齐人名。

2　信人：踏实又诚信的人。

3　可欲：可以令人喜欢。朱注："天下之理，其善者必可欲，其恶者必可恶。"

　　孟子赞许乐正子的善与信，并为成德的四种境界各下了定义。原来善与信是成德的最初一级，张载说："志仁无恶之谓善，诚善于身之谓信。"（《四书章句集注》）做到后要往前，以达美与大，达此朱子以为"和顺积中，而英华发外；美在其中，而畅于四支，发于事业，则德业至盛而不可加矣"。至于圣与神，就不是人人必可达的了，朱子说："大而能化，使其大者泯然无复可见之迹，则不思不勉、从容中道，而非人力之所能为矣。"张载也说："大可为也，化不可为也，在熟之而已矣。"（《四书章句集注》）可见圣也难以做到，至于神，则为人力所莫测，虽孔子亦罕言之。尹焞说："自可欲之善，至于圣而不可知之神，上下一理。扩充之至于神，则不可得而名矣。"（《四书章句集注》）

14.26　　孟子曰："逃墨¹必归于杨²，逃杨必归于儒。归，斯受之而已矣。今之与杨、墨辩者，如追放豚，既入其苙³，又从而招之⁴。"

> 孟子说："逃离墨家的一定会归于杨朱一派，逃离杨朱一派的一定会归于儒家。他们要归附我们，我们就接受吧。今天跟这些来归的杨、墨两家辩论的人，就跟追逐逃掉的猪一样，已捉回猪栏中了，何必再捆绑它们的脚呢。"

1 逃墨：逃离墨家。

2 杨：指杨朱一派，主张自利。

3 苙（lì）：猪栏。

4 招之：将其四足捆绑住。招，捆绑。朱注："羁其足也。"

　　孟子时学风是自由的，从儒家归于杨、墨或农家的也是有的，所以章首所言"逃墨必归于杨，逃杨必归于儒"，"必"不见得必然能成立。

　　大约当时有许多回归儒家的杨、墨"叛徒"，弟子对他们有许多不客气的追责的言行，孟子阻止他们，以示儒门的宽大，不过以"放豚"喻来归者，也有点不够厚道。朱子说："此章见圣贤之于异端，距之甚严，而于其来归，待之甚恕。距之严，故人知彼说之为邪；待之恕，故人知此道之可反，仁之至，义之尽也。"

14.27 孟子曰："有布缕之征[1]，粟米之征，力役之征。君子用其一，缓其二[2]。用其二而民有殍[3]，用其三而父子离。"

　　孟子说："国家征赋之法，规定有布帛之税、粟米之税，还要征人民服劳役。君子治国，假如征其一的话，其他两项要缓一缓。要是两项并征的话，人民就有饿死的了；要是三项一起征的话，那就要父子离散了。"

1　布缕之征：征收布帛之税。征，赋。
2　君子用其一，缓其二：征了一个，其他两个缓一下再征。朱注："征赋之法，岁有常数，然布缕取之于夏，粟米取之于秋，力役取之于冬，当各以其时；若并取之，则民力有所不堪矣。"
3　殍（piǎo）：饿死的人。

　　国家要存在，征税征力恐怕是无可避免的；但不能征之太过，要适时，也不能几项一起开征，让人民无从应付。尹焞说："言民为邦本，取之无度，则其国危矣。"（《四书章句集注》）

14.28　孟子曰：“诸侯之宝三：土地、人民、政事。宝珠玉者[1]，殃必及身。”

　　孟子说：“诸侯的宝贝有三样：土地、人民、政事。以珠玉为宝，灾祸一定会降于其身了。”

1　宝珠玉者：以珠玉为宝者。

　　赵岐《孟子注》说得好：“诸侯正其封疆，不侵邻国，邻国不犯，宝土地也；使民以时，民不离散，宝人民也；修其德教，布其惠政，宝政事也。若宝珠玉，求索和氏之璧、隋侯之珠，与强国争之，强国加害，殃及身也。”

14.29　盆成括[1]仕于齐。孟子曰：“死矣盆成括！”盆成括见杀[2]。

　　门人问曰：“夫子何以知其将见杀？”

　　曰：“其为人也小有才，未闻君子之大道也，则足以杀其躯而已矣。”

　　盆成括在齐国做官。孟子说：“盆成括死定了！”盆成括果然被杀了。

　　门人问道：“老师您怎么知道他会被杀呢？”

　　孟子说：“他为人有点小聪明，并不知道君子的大道，这一点就足以招来杀身之祸了。”

孟子说的理由只可证明盆成括不是个大人物，不知大道之所在，但由此判断他会被杀，而且果然被杀，条件就显然不足了，一定有真正被杀的原因，可能记录的人也不知道或漏记了。

得闻大道的君子，也许被杀的机会少些，但也不保证绝不出事。孔曰成仁，孟曰取义，所言的受死者，岂不都是对大道了然于胸的君子吗？

14.30　孟子之[1]滕，馆于上宫[2]。有业屦[3]于牖上[4]，馆人求之弗得。或问之曰："若是乎从者之廋[5]也？"

曰："子以是为窃屦来与？"

曰："殆非也。夫子[6]之设科[7]也，往者不追，来者不拒。苟以是心[8]至，斯受之而已矣。"

孟子到滕国，住在上宫。有双还未编好的草鞋原本晾在窗台上，上宫管理人员找不到了。有人来问孟子，说："是不是您的手下将它藏起来了呢？"

孟子说："你以为我的手下是为了偷你们的草鞋而来的吗？"

来人回答说："不是啦。您老人家设帐招徒，走的从不追回，来的从不拒绝。只要有求道之心，您都接受他们来上课的。"

1 **之**：至。

2 **上宫**：宫名，滕国礼宾之所。

3 **业屦**：尚未编成的草鞋。朱注："织之有次业而未成者，盖馆人
所作。"

4 **于牖**（yǒu）**上**：放在窗台上。牖，墙上的窗户。

5 **廋**（sōu）：藏。

6 **夫子**：有版本子作"予"者，以下诸语便成了孟子自道了。本书
不取。

7 **设科**：即设教。设置科条以待学者。

8 **是心**：指向道之心。

　　此章有趣。一方面滕国上宫不如传闻中"高级"，如果
高级的话就不可能在窗台晾草鞋。另一方面，孟子之道虽深
切，若学者有心向道，孟子便也不加选择地诲之不倦，"往
者不追，来者不拒"，自由自在，这是孔子的家传遗风，此
处经他人之口更是证明了这一点。虽惹了点"窃屦"的小误
会，也很值得。

14.31　　孟子曰："人皆有所不忍，达之于其所忍，仁也；
人皆有所不为，达之于其所为，义也[1]。人能充[2]无
欲害人之心，而仁不可胜用也；人能充无穿逾[3]之心，
而义不可胜用也。人能充无受尔汝之实[4]，无所往而

不为义也。士未可以言而言，是以言餂[5]之也；可以言而不言，是以不言餂之也，是皆穿逾之类也。"

孟子说："人都有不忍心做的事，把它扩充到忍心做的事上，就是仁了；人都有不愿做的事，把它扩展到愿做的事上，就是义了。人能够把不害人的心扩充起来，仁就用不完了；人能够把不愿当小偷的心扩充起来，义就用不尽了。要是不接受别人以轻贱方式称呼我，能把这心扩充起来，那我所往都无不合乎义了。作为一个士必须知道，不该说话时说了话，就是有心以言语讨好别人；该说却不说，就是以沉默来讨好别人，这些都是跟小偷同类的呀。"

1 **达之于其所为，义也**：达，推此心以通于彼。朱注："恻隐羞恶之心，人皆有之，故莫不有所不忍不为，此仁义之端也。然以气质之偏、物欲之蔽，则于他事或有不能者。但推所能，达之于所不能，则无非仁义矣。"

2 **充**：扩充。

3 **穿逾**：穿，在墙上打洞。逾，也作"窬"，越墙而过。二者都是小偷所做的事。

4 **尔汝之实**：有让人轻贱的事实。尔汝，原是轻贱别人的称呼。

5 **餂**（tiǎn）：同"舔"，以舌取物。引申为探取。

不忍是仁，不为是义，人原有不忍与不为之心，固仁义为人之本有，存养锻炼之后，将不可胜用。文末以穿逾形容一心讨好别人的人，可为立志者所深戒。朱子言："便佞隐默，皆有意探取于人，是亦穿逾之类。然其事隐微，人所易忽，故特举以见例。明必推无穿逾之心，以达于此而悉去之，然后为能充其无穿逾之心也。"

14.32　孟子曰："言近而指远[1]者，善言也；守约而施博[2]者，善道也。君子之言也，不下带而道存[3]焉。君子之守，修其身而天下平。人病舍其田而芸[4]人之田，所求于人者重，而所以自任者轻。"

　　孟子说："言语浅近但含义深远的，就是好的语言；操持简便却能施展广大的，便是好的道理。君子所说的话，讲的是寻常可见的事物，但都存有至德要道。君子的操守是从修养自己开始，再往外推展，从而使全天下都得到太平。人的毛病在于舍弃自家田作，却去耕耘别人的田地，要求别人的重，却要求自己的轻。"

1　**指远**：含义深远。指，同"旨"。
2　**守约而施博**：赵注："约守仁义，大可以施德于天下也。"约，简。
3　**不下带而道存**：指道在一般可见之物上。带，腰带。古人相见，为表敬重，视线不下对方腰带，故"不下带"喻寻常可见之物。朱注："古人视不下于带，则带之上，乃目前常见至近之处也。举目前之近事，而至理存焉，所以为言近而指远也。"
4　**芸**：同"耘"。

　　此章前面在说言近而旨远，守约而施博。后面所说是君子应先求已再责人，要先修其身，才能终至天下平，跟《大学》"八目"的主张遥相呼应了。

14.33　孟子曰："尧、舜，性[1]者也；汤、武，反[2]之也。动容周旋中礼[3]者，盛德之至也；哭死而哀，非为生者也；经德不回[4]，非以干禄[5]也；言语必信，非以正行[6]也。君子行法[7]，以俟命而已矣。"

　　孟子说："尧、舜的行仁，是出自天性；汤、武的行仁，是由修身而回到天性。一切行为容色都合乎礼节，盛德达到了极至；为死人痛哭，不是哭给活着的人看的；常守道德而不违，不是用来求官的；言语必守诚信，不是故意要做正确的事给人看。君子依法度行事，至于遭遇如何，就由命运来决定吧。"

1　**性**：得之于天者。

2　**反**：天性或失，但修为以复其性者。反，复。

3　**动容周旋中礼**：一切行为都合乎礼。朱注："细微曲折，无不中礼，乃其盛德之至。自然而中，而非有意于中也。"

4　**不回**：不曲，不违。

5　**干禄**：求官。

6　**非以正行**：非刻意行正以邀誉。朱注："皆自然而然，非有意而为之也。"

7　**行法**：依法度而行。

此章最重要在最后一句："君子行法，以俟命而已矣。"

朱子说："法者，天理之当然者也。君子行之，而吉凶祸福有所不计，盖虽未至于自然，而已非有所为而为矣。此反之之事，董子所谓'正其义不谋其利，明其道不计其功'，正此意也。"程颢说："动容周旋中礼者，盛德之至。行法以俟命者，'朝闻道夕死可矣'之意也。"吕大临说："法由此立，命由此出，圣人也；行法以俟命，君子也。圣人性之，君子所以复其性也。"（《四书章句集注》）都说得很好。

要知道，"俟命"不是被动认命，而是主动说自己不在乎命运的好坏，把君子堂堂的生命气势写出来了。

另外，我之所为是为自己的理想，我所做之事只问恰当与否，既不干誉，也不求利，所以说"哭死而哀，非为生者也；经德不回，非以干禄也；言语必信，非以正行也"，我只是做君子该做的（"行法"）罢了，其余则如他所说："以俟命而已矣。"所谓"俟命"是指其他由天来决定，孟子曾说过："若夫成功，则天也。君如彼何哉？强为善而已矣。"(2.14) 天有决定人成败的权力，人没有，而我所掌握的是为善与否的能力罢了，只要我尽力了，成败便无须也无从计较了。这两段话把个人的意志与自信都充分显示出来了，是《孟子》中重要的部分，读者须留意。

14.34 孟子曰："说大人¹，则藐²之，勿视其巍巍然。堂高数仞³，榱题数尺⁴，我得志弗为也；食前方丈⁵，侍妾数百人，我得志弗为也；般乐⁶饮酒，驱骋田

猎，后车千乘，我得志弗为也。在彼者，皆我所不
为也；在我者，皆古之制也，吾何畏彼哉？"

　　孟子说："游说达官贵人，就要先轻贱他，不要看他
位置很高而不敢。他有好几仞高的房子，光是屋檐的椽头
就有好几尺长，我得志时不这样做；吃饭时珍馐满桌，侍
候的女人几百人，我得志时不这样做；享乐饮酒，驰骋打
猎，后面跟随的车子有上千辆，我得志时不这样做。他所
拥有的那些东西，都是我不想要的；我所要的只是推行古
圣先贤留下的制度而已，既如此，我为什么要怕他呢？"

1　说大人：向大人物进言。赵注："大人，当时尊贵者也。"

2　藐：轻贱。

3　堂高数仞：好几仞高的厅堂。一说堂高指堂的基础，焦循《孟子正
　　义》认为堂高指的是堂阶。

4　榱（cuī）题数尺：屋檐的椽头就有好几尺，指大屋。朱注："榱，桷
　　也。题，头也。"

5　食前方丈：桌前罗列食物，面积有一丈见方，极言肴馔之丰盛。

6　般乐：大享娱乐。般，大。

　　此章很有趣，把孟子有时过于逞"意气"的一面写出来
了，其实"说大人"的方式不止一途，"藐"也许是其中一
种，而绝大多数是无须使用"藐"的。但也要知道，孟子游
走在诸国之间，不见得都是以这种态度来面对"大人"的。
自己尽力谦逊，有时却也遭到诸侯或大人物的轻视甚至侮
辱，这在孔子也曾有过，恐怕是在这样的情况下，孟子才说

了这样的话。

面对某些令人难受的凌辱，心中自然也会产生这种瞧不起对方的想法，而那些人也确实有让自己瞧不起的地方，此章的语言就出现了。此章很珍贵，是把孟子真实的一面展现出来了，有意气的人比没意气的人好，不痛不痒地随世沉浮，能算什么人物呢？

朱子有点说偏了，他在《朱子语类》中说："《论语》说'畏大人'，此却说'藐大人'。大人固当畏，而所谓'藐'者，乃不是藐他，只是藐他许多'堂高数仞，榱题数尺'之类。"似乎在对孟子作曲意维护。但宋儒对孟子的这种行为一般都有些不满，认为孟子城府不够深，喜欢跟人较量，是不值得取法的。杨时说："《孟子》此章，以己之长，方人之短，犹有此等气象，在孔子则无此矣。"（《四书章句集注》）孔子也许没有"以己之长，方人之短"的行为，但孟子所处的时代应比孔子所处的时代更为险恶，逼得孟子说出如此急切的话，要知道孔子在道德的取舍上绝不乡愿，讲起是非对错也是极为分明严峻的。

14.35　　孟子曰："养心莫善于寡欲[1]。其为人也寡欲，虽有不存焉[2]者，寡矣；其为人也多欲，虽有存焉者，寡矣。"

　　　孟子说："修养心性没有比减少欲望更好的了。一个人的口体之欲不多，纵使善性会丧失，也是很少的；当他的口体之欲多了，纵使善性有所存留，也是很少的。"

1 **寡欲**：减少欲望。朱注："欲，如口鼻耳目四支之欲。"

2 **不存**：谓失其本心。

　　人有欲望其实是生存的条件，人如无欲的话，恐怕是活不下去的。此章的寡欲是指节制不当的欲望，不当欲望多了，会影响人的道德涵养，也扰乱人的心志方向。荀子说："性者，天之就也；情者，性之质也；欲者，情之应也。以所欲为可得而求之，情之所必不免也。以为可而道之，知所必出也。故虽为守门，欲不可去，性之具也。虽为天子，欲不可尽。欲虽不可尽，可以近尽也。欲虽不可去，求可节也。所欲虽不可尽，求者犹近尽；欲虽不可去，所求不得，虑者欲节求也。道者、进则近尽，退则节求，天下莫之若也。"（《荀子·正名》）荀子说人有情欲，又有心，欲不必去，只以心节之可也，这跟《孟子》此章所言"寡欲"是同样的意思。朱子说："欲，口鼻耳目四支之欲，虽人之所不能无，然多而不节，未有不失其本心者，学者所当深戒也。"《朱子语类》说："'养心莫善于寡欲。'欲是好欲，不是不好底欲，不好底欲不当言寡。"

　　后儒对孟子此语，多有推崇者。北宋周敦颐在《通书》中有段话："'圣可学乎？'曰：'可。''有要乎？'曰：'有。'请问焉。曰：'一为要。一者，无欲也。无欲则静虚动直。静虚则明，明则通；动直则公，公则溥。明通公溥，庶矣乎。'"但周敦颐说的是无欲，孟子说的是寡欲，终究是不同的。像周敦颐这类说法，宋代十分流行，如王应麟在《困学纪闻》中也说："道家者流，谓'丹经万卷，不如守一'。愚谓不如《孟子》之七字。"但到了清代，戴震就提出反对之

　　　　　　　　　　　　　　　　　　　　孟子讲析

说，认为周敦颐所说的是老、庄、释氏之说。戴震认为理与欲是分不开的，甚至认为"理者，存乎欲者也"。欲是不能分好坏的。他在《孟子字义疏证》中说："圣人治天下，体民之情，遂民之欲，而王道备。"又说："圣人以通天下之情，遂天下之欲，权之而分理不爽，是谓理。"照戴震的说法，欲与理互通，但欲生于血气，不宜放纵，须要适度节制，防其过当，于此则孟子的"寡欲"说也有道理了。

14.36　曾皙嗜羊枣[1]，而曾子不忍食[2]羊枣。公孙丑问曰："脍炙[3]与羊枣孰美？"

孟子曰："脍炙哉！"

公孙丑曰："然则曾子何为食脍炙而不食羊枣？"

曰："脍炙所同也，羊枣所独也。讳名不讳姓，姓所同也，名所独也。"

曾皙喜欢吃羊枣，曾子因而不忍吃羊枣。公孙丑问道："切细的烤肉跟羊枣比，哪种更好吃？"

孟子说："烤肉啊！"

公孙丑说："既然这样，曾子为什么吃烤肉却不吃羊枣呢？"

孟子说："烤肉是人人喜欢吃的，羊枣只是个人的喜爱。好比我们要避尊亲的名讳，但不避姓的讳，因为姓是许多人相同的，名却是个人独有的啊。"

1 **羊枣**：一种枣，实小黑而圆，又名羊屎枣。

2 **不忍食**：朱注："曾子以父嗜之，父殁之后，食必思亲，故不忍食也。"

3 **脍炙**（kuài zhì）：脍，细切的肉。炙，烤肉。

　　这个提问与回答很有趣。照道理曾晳喜食羊枣，曾子应多食羊枣，以纪念乃父，想不到却"不忍"食之，也许其中另有故事，而《孟子》中未提及。孟子答弟子的话，也有点可笑，搬出"讳名不讳姓"的大道理，其实是不相干的。也许叙述中隐藏了什么，我们也不好作无谓的猜测了。

　　虽不甚可解，而这类文献留下甚好，可以见出大师门下，也有一些奇怪的事与奇怪的问答。

14.37　　万章问曰："孔子在陈曰[1]：'盍归乎来！吾党之士狂简，进取，不忘其初。'孔子在陈，何思鲁之狂士？"

　　孟子曰："孔子'不得中道而与之，必也狂狷乎[2]！狂者进取，狷者有所不为也'。孔子岂不欲中道哉？不可必得，故思其次也。"

　　"敢问何如斯可谓狂矣？"

　　曰："如琴张、曾晳、牧皮[3]者，孔子之所谓狂矣。"

　　"何以谓之狂也？"

　　曰："其志嘐嘐然[4]，曰'古之人，古之人[5]'。夷[6]

考其行而不掩[7]焉者也。狂者又不可得，欲得不屑不洁[8]之士而与之，是狷也，是又其次也。孔子曰：'过我门而不入我室，我不憾焉者，其惟乡原[9]乎！乡原，德之贼也。'"

曰："何如斯可谓之乡原矣？"

曰："'何以是嘐嘐也？言不顾行，行不顾言，则曰："古之人，古之人。"行何为踽踽凉凉[10]？生斯世也，为斯世也，善斯可矣。'阉然媚于世[11]也者，是乡原也。"

万子曰："一乡皆称原人[12]焉，无所往而不为原人，孔子以为德之贼，何哉？"

曰："非之无举[13]也，刺之无刺[14]也；同乎流俗，合乎污世；居之似忠信，行之似廉洁；众皆悦之，自以为是，而不可与入尧舜之道，故曰德之贼也。孔子曰：'恶似而非者：恶莠[15]，恐其乱苗也；恶佞[16]，恐其乱义也；恶利口，恐其乱信也；恶郑声[17]，恐其乱乐也；恶紫，恐其乱朱[18]也；恶乡原，恐其乱德也。'君子反经[19]而已矣。经正，则庶民兴；庶民兴，斯无邪慝[20]矣。"

万章问道："孔子在陈国时说：'我何不回家去呀！我家乡

的弟子有大志但狂放，处事疏阔但积极进取，没忘了当年的志向。'孔子在陈国，为什么想念鲁国的那些狂放的人呢？"

孟子说："孔子曾经感叹说，'找不到行中道的人，真要找的话，只有找狂狷的人吧！'狂者进取，狷者有所不为。孔子难道不想找合于中道的人吗？不一定找得到，所以想找次一等的人了。"

万章说："请问怎样的人才叫狂者呢？"

孟子说："像琴张、曾晳、牧皮这类人，便是孔子说的狂者了。"

万章说："为什么说他们是狂者呢？"

孟子说："这些人志大又言大，嘴上常说：'古人啊！古人啊！'考察他们的行为，却也有些与他们嘴上说的不合的地方。假如这些狂者又不可得，便想找些不屑于做坏事的人与其交往，这便是狷者，比起狂者来又更次一等了。孔子说：'从我门前经过却不进门来拜访我，我一点都不遗憾，恐怕只有乡愿那种人吧！乡愿，是道德的危害者呀。'"

万章说："要怎样才叫作乡愿呢？"

孟子说："他们老是批评狂者与狷者说：'狂者何必要志大言大呢？一个人说出来的话本来就不要顾到能否实行，而做了也不要顾到是否这样说过嘛，但他们老是说："古人啊！古人啊！"而狷者又何必踽踽独行，一生凄凉呢？活在世间，与世俯仰，不出纰漏就行了嘛。'这种像阉宦般地取媚于当世的人，就是乡愿呀。"

万章说："一乡的人都说他是个老好人，他无论走到哪里确是个老好人，孔子却认定他是道德的危害者，为什么呢？"

孟子说:"这种人要批评,却没有特殊的例子可举;要骂他,却没什么特别可骂的。他们只是与世沉浮,同流合污;平常看起来忠诚信实,行为看起来廉洁;大家都喜欢他,他自以为是,而他是不能归于尧舜之正道的,所以说他是道德的危害者了。孔子说:'讨厌一切似是而非的东西:讨厌莠草,是担心它扰乱了禾苗;厌恶不正当的才智,是担心它扰乱了义理;讨厌伶牙俐齿,是担心它扰乱了真实;厌恶郑国的歌曲,是担心它扰乱了雅乐;厌恶紫色,是担心它扰乱了大红色;厌恶乡愿,是担心它混乱了道德。'君子一心所想,只是让这些回到正道而已。正道不被扭曲,百姓就会积极奋起;百姓积极奋起,那就没有邪恶了。"

1 **孔子在陈曰**:这段话来自《论语·公冶长》,但与原文略有出入。

2 **子不得中道而与之,必也狂狷**(juàn)**乎**:《论语·子路》有:"子曰:'不得中行而与之,必也狂狷乎!狂者进取,狷者有所不为也。'"

3 **琴张、曾皙、牧皮**:皆孔门弟子。琴张,一说即子张。曾皙,字点,曾参父。牧皮,未详。

4 **嘐嘐**(xiāo xiāo)**然**:志大言大之貌。

5 **古之人,古之人**:连说两次,表示对古人的倾心。朱注:"重言古之人,见其动辄称之,不一称而已也。"

6 **夷**:发语词。

7 **不掩**:不能覆其言。

8 **不屑不洁**:不屑其污秽之行。

9 **乡原**:乡里中看起来谨言慎行的老好人。这种老好人往往和稀泥,不能主持公道。原，同"愿"。《说文》："愿，谨也。"

10　**踽踽**（jǔ jǔ）**凉凉**：朱注："踽踽，独行不进之貌。凉凉，薄也，不见亲厚于人也。"

11　**阉然媚于世**：如阉宦一样地在世间取媚于人。朱注："阉，如奄人之奄，闭藏之意也。媚，求悦于人也。"

12　**原人**：原指看起来谨厚之人，此指俗话说的老好人。

13　**无举**：无可例举。

14　**无刺**：无可指责。

15　**莠**（yǒu）：似苗之草。

16　**佞**：善于语言的才智之士。朱注："才智之称，其言似义而非义也。"

17　**郑声**：指《诗经·郑风》，古人以为多淫乱之音，故戒之。

18　**乱朱**：扰乱了朱在色彩上的正色地位。古人以朱为正色。紫虽华美，然非正色。

19　**反经**：复其常道。

20　**邪慝**（tè）：邪恶之行。

此章从孔子在陈思念鲁之狂者、狷者，因而言及乡愿者之恶。

孔子说："不得中行而与之，必也狂狷乎！狂者进取，狷者有所不为也。"（《论语·子路》）狂与狷虽不及"中行"，但孔子是把狂与狷等量齐观、不分轩轾的，而孟子此处说"狂者又不可得，欲得不屑不洁之士而与之，是狷也，是又其次也"，是将狷者视为狂者之更次，恐怕不是孔子的原意，还好这个说法并未影响大局。

乡愿不是罪大恶极，外表看让人以为是个老好人，但因他们没有正义感，不知守经，只知权变，毫无原则，许多坏事因而产生。此章举孔子"恶似而非者",说明别善恶的重要,也可与自己力主正道不屑假借的行为做个对照呼应。尹焞说得很好,他说:"君子取夫狂狷者,盖以狂者志大而可与进道,狷者有所不为,而可与有为也。所恶于乡原,而欲痛绝之者,为其似是而非,惑人之深也。绝之之术无他焉,亦曰反经而已矣。"(《四书章句集注》)

14.38 孟子曰:"由尧、舜至于汤,五百有余岁[1];若禹、皋陶,则见而知之[2];若汤,则闻而知之[3]。由汤至于文王,五百有余岁,若伊尹、莱朱[4]则见而知之;若文王,则闻而知之。由文王至于孔子,五百有余岁,若太公望、散宜生[5],则见而知之;若孔子,则闻而知之。由孔子而来至于今,百有余岁,去圣人之世若此其未远也,近圣人之居[6]若此其甚也,然而无有乎尔[7],则亦无有乎尔。"

孟子说:"从尧、舜到商汤,其间经过了五百多年;像禹与皋陶,是亲见尧、舜而知尧、舜的;像商汤,就只能从传闻中知道尧、舜。由商汤到文王,又经过了五百多年,像伊尹、莱朱,是亲见而知商汤的,文王就只能从传闻中知道商汤。由文王到孔子,又经过了五百多年,像太公望、散宜生,是亲见而知道文王;像孔子,就只能从传闻中知道了。由孔子到如今,一百多年了,离孔子圣人的时代不算远啊，离圣人所居之地也如此近，而举世却已无亲见亲闻过圣人的人了，真的是没有亲见亲闻过圣人的人了呀！"

1 五百有余岁：赵注："五百岁而圣人出，天道之常；然亦有迟速，不能正五百年，故言有余岁。"其实指庸常时日久了，总会出个领袖群伦的人物。说五百岁必有圣人出，是期许，而并非必然。

2 见而知之：由亲见而知之。

3 闻而知之：不及见，由传闻而得知。

4 莱朱：商汤的贤臣。

5 散宜生：周文王的贤臣。

6 近圣人之居：接近圣人所居之处。此指孟子所在的邹地，

7 无有乎尔：无有与见与闻圣人之士。

　　林之奇说："孟子言孔子至今时未远，邹鲁相去又近，然而已无有见而知之者矣；则五百余岁之后，又岂复有闻而知之者乎？"（《四书章句集注》）说得有点黯淡。

　　朱子也说："此言，虽若不敢自谓已得其传，而忧后世遂失其传，然乃所以自见其有不得辞者，而又以见夫天理民彝不可泯灭，百世之下，必将有神会而心得之者耳。故于篇终，历序群圣之统，而终之以此，所以明其传之有在，而又以俟后圣于无穷也，其指深哉！"

　　孟子以继孔自任，韩愈认为孟子之功不在禹下，曰："孟子虽圣贤，不得位，空言无施，虽切何补？然赖其言，而今学者尚知宗孔氏，崇仁义，贵王贱霸而已。其大经大法皆亡灭而不救，坏烂而不收，所谓存十一于千百，安在其能廓如也？然向无孟氏，则皆服左衽而言侏离矣。故愈尝推尊孟

氏，以为功不在禹下者，为此也。"（《与孟尚书书》）

记得孟子之前说过："昔者禹抑洪水而天下平，周公兼夷狄、驱猛兽而百姓宁，孔子成《春秋》而乱臣贼子惧。"又说："我亦欲正人心，息邪说，距诐行，放淫辞，以承三圣者。"（6.9）孟子说到自己要继承三位往圣的决心，而三圣中以孔子为最重要，因为孔子是文化上的"集大成"者。而孟子时时透露自己有责无旁贷的勇气与责任。

王应麟《困学纪闻》言："《论语》终于《尧曰篇》，《孟子》终于尧、舜、汤、文、孔子，而《荀子》亦终于《尧问》，其意一也。"王应麟将三书类比，很有意思。《孟子》以此章做殿后，也透露出孟子或编书的弟子对儒学发展的隐忧。孟子之时，天地昏暗，杂说四起，孔子之学看似要断了。然而从另一角度看，正道之存亡续绝，岂不是我们后起者的责任吗？孟子此时的心境可以想象。可以安慰他的可能是曾子说过的："士不可以不弘毅，任重而道远。仁以为己任，不亦重乎？死而后已，不亦远乎？"（《论语·泰伯》）孟子也曾言："如欲平治天下，当今之世，舍我其谁也？"（4.13）像孟子一样，虽然风雨如晦，却有一种人始终以孔子之道自期，一代又一代，继踵前贤，不断淬砺奋发，以图发扬光大，这便是儒家思想终不坠于世的重要原因。

·后记·

写这本书时，我有很长一段时间在思考"入世"与"出世"的问题。

孔子不语怪力乱神，他的关怀极致是"老者安之，朋友信之，少者怀之"（《论语·公冶长》），他的哲学是入世的；孟子道性善，言必称尧、舜，他主张凭借自己高明的道德积极参与世上的活动，他的哲学也是入世的。只要是儒家，几乎没有不主张入世的，入世是承认自己存在的世界哪怕苦难连连，也绝不逃离。

孔子时代还没有道家之名，但有很多主张遁世的人，其生活态度跟孔子很不相同，与后来的道家有点近似。遁世就是出世，是指逃离一般人所在的世界。《论语·微子》篇写了不少遁世型的人物，譬如楚狂接舆，走过孔子的座车，口里唱着："凤兮！凤兮！何德之衰？往者不可谏，来者犹可追。已而！已而！今之从政者殆而！"可见楚狂对现实政治极端看不起。同篇另章又写有长沮、桀溺两人并首在田里耕作，孔子经过，使子路去问渡口在何处，长沮懒得回答，桀溺竟说："且而与其从辟人之士也，岂若从辟世之士哉？""辟人"，躲避人的灾祸，指孔子这类人。"辟世"，避开整个世界，指长沮、桀溺这类人。他对子路说你不该跟着孔子，该跟着我们才对，说完继续耕作，不再搭理子路。

《微子》篇记载，又一次，子路与孔子走失了，遇到一个挑着竹器的老人（《史记·孔子世家》直接称他"荷蓧丈人"），老人起初对子路很冷淡，骂子路"四体不勤，五谷不分"，但后来或许自觉失礼，招待子路在他家过夜。第二天，孔子听说后跟子路说，此人乃"隐者也"。《宪问》篇还有一章，写子路晚上宿于石门，第二天早上司城门的人问子路从何而来，子路答以"自孔氏"，晨门说："是知其不可而为之者与？"听他口气似乎也是个"隐者"。这些人与孔子同时，对孔子的看法不见得一致。总体而言，他们对儒家汲汲营营的态度都很不以为然，对世界也绝望得很，因而逃遁了；有的逃到人迹罕至之处，有的隐于田园，有的隐于市，都是逃遁，也都是出世。

成熟的道家思想要到战国时代才逐渐形成，在孔子时代还没有。这牵涉另一桩学术公案，是孔子跟老子之间的事。韩愈《师说》说"圣人无常师，孔子师郯子、苌弘、师襄、老聃",孔子师老聃这话是根据《史记》来的,《史记·老子韩非列传》中说:"孔子适周,将问礼于老子。"所说的老子就是老聃,因为《史记》前文说过:"老子者,楚苦县厉乡曲仁里人也,姓李氏,名耳,字聃。"但为何又蹦出一个叫李耳的人来呢,这事看起来有点乱。

《史记》之前并没有关于孔子问礼于老子事的记载,这故事能否成立呢?细考孔子一生,从未"适"过周（到周朝的首都,也就是洛阳）。要是老子又不来鲁国,孔子何从问礼于他呢?所以孔子问礼于老子的事恐怕是靠不住的。《史记》后面更记老子跟孔子说了一段话之后,孔子对他敬佩得五体投地,出来跟弟子说:"吾今日见老子,其犹龙邪!"问礼的事不足信,后面的这段叙述就更有问题了。

如果从学术源流的角度来看,问题就更不止于此了。孔子说:"求仁而得仁,又何怨?"（《论语·述而》）又说:"无求生以害仁,有杀身以成仁。"（《论语·卫灵公》）可见"仁"的含义有多高崇,而这个字的道德意义是孔子建立的,在孔子之前,从未见过这种说法。到孟子时,又在"仁"字后面加了一个"义"字,强调道德不是空言,必须力行,如孟子说"王亦曰仁义而已矣,何必曰利"（1.1）,又说"由仁义行,非行仁义也"（8.19）,皆可证。而《老子》中却说"大道废,有仁义"（第十八章）,又说"绝仁弃义,民复孝慈"（第十九章）,《老子》坚决反对孔、孟的仁义,当然是在孔、孟仁义理论建立之后,像这样的例子,《老子》中非常多,证明《老子》一书应晚于孔子,甚至晚于《孟子》。假如真如传闻所言,孔子跟老子问过礼,则孔子问礼的老子也绝不是写《老子》一书的人,这应是可确定的。

证明《老子》一书写成时间较晚的证据很多，之前有许多人都讨论了，此处就不再赘言，钱穆认为《老子》一书晚于《庄子》，便更是余论了。我想在孔孟时期，有一些在生活哲学上反对儒家之学的人，这些人的想法与理论逐渐演化，到后来就汇集成为道家思想，成书以《老子》与《庄子》为主。司马迁说老子是"无为自化，清静自正"，他强调无为，便是反对儒家的积极有为，而说庄子是"散道德，放论，要亦归之自然"，主旨是人要超越人所建立的社会，让一切恢复自然。

再来讨论"归之自然"的问题。依司马迁的看法，老子与庄子的宗旨是有些差距的，而相同的是他们都强烈主张人应摆脱人为的樊篱，以恢复自然。这个主张不见得没道理，然而主张"归之自然"，就得谈该"归"到何种程度？假如是指人要扬弃物欲而过质朴的生活，这是没有问题的。孔子嘉许颜渊生活上的质朴，说颜渊"一箪食，一瓢饮，在陋巷。人不堪其忧，回也不改其乐"（《论语·雍也》），孔子也形容过自己，说"饭疏食饮水，曲肱而枕之，乐亦在其中矣。不义而富且贵，于我如浮云"（《论语·述而》）。所有高明的哲学家绝不会将自己的生活沉湎于奢华与虚文之中，所以主张要过简单或质朴的生活，没人会反对。但要说老、庄的"无为"理想是要人类抛弃所建立的所有文明，完全回到生命起始时的生活状态，那就不再只是孟子形容的"与鹿豕游"(13.16)，而是让自己变成鹿豕了，这可能吗？

主张接受自然，就得接受自然的全部而非只选择一部分。什么是"自然"呢？自然是包含着"弱肉强食"这一定义的，非洲塞伦盖蒂大草原是这个定义的标准实验场。草食动物是肉食动物的食物，这是命（也是"自然"）定的，好在草食动物以数量取胜，总也吃不完。肉食动物比较少，它们高高在上，看起来左右逢源。但也得知道，能高高在上只有很短的时候，年老猎不动了就得挨饿，病了或是受伤了，自己就成了别的肉食动物的食物，所以塞伦盖蒂大草原上的动物都极精壮，不精壮的都被精壮的猎食者给吃了。

在塞伦盖蒂大草原，是没有孝顺的儿子衔肉来喂你吃的，更没有如《孟子》书中曾子不忍食羊枣一样的故事(14.36)；脚跛了，没有健保帮你医疗，更没有"鳏寡孤独废疾者皆有所养"（《礼记·礼运》）的社会福利，达尔文说优胜劣败，又说适者生存，不适者淘汰，这是大自然的铁律，提倡摒弃所有回归大自然的人，必须一体接受，不能回避。

所以老、庄说的，"鸣琴垂拱"，"无为而治"，听听就罢，要是全照他们说的，天下就乱了，真遇到天灾人祸，责任由谁来扛啊。想要"绝仁弃义"，大约只鲁滨逊才做得到，他独居荒岛，横竖只他一人，没人碍着他，他也不碍着别人。但后来救下一个野人（取名"星期五"），他的生活就要变了，当人考虑到要与他人共处的时候，起码的道德与规则都成为必须，要"绝仁""弃义"，就不太可能了。

孔、孟都知道现实世界我们是逃不掉的，既然逃不掉，就该正视它，碰到问题就去解决。孟子的"不忍人之心"(3.6)，起源于他的性善说。所谓"不忍人之心"，就是说任何一个正常人，都不忍见他人受苦受难，而这善性全来自天然，所以称为"性"，因此孟子所主张的性善说，也有恢复自然的含义，只是孟子的自然是指人类天性中相善相爱的自然，不是塞伦盖蒂大草原有弱肉强食的自然。还有一点是，当灾难来时，不论是自己的或是别人的，儒家主张我们都不该作壁上观，更不可有缥缈之思，应尽力出手以谋拯救，对象可能是自己，也可能是别人，这是孔、孟精神之所在，后人称为"淑世精神"。

儒家非常喜欢家庭，最喜欢看到父母子女相亲的画面，又认为个人可以把对家人的情爱推及国人甚至天下人的身上，这叫作推己及人。在他们眼中，家与天下虽有亲疏远近之别，但永远是一个整体，儒家用温馨和煦之眼看世界，整个世界也跟着变成温馨和煦的了。这跟主张出世的道家与佛家所见到的世界是完全不同的。道家轻视人间社会的一切，包括道德中属于家庭的孝悌；佛家则指出我们看到的世界其实完全是个假相，主张将假相全然舍弃，当然也包括家庭，所以有"出世""出家"之说。在佛家眼中，这"臭皮囊"所居的世界，几乎没有任何可留恋之处，这是他们与儒家最大的差别。

如果肯定人所存在的世界，儒家当然有价值。但不可讳言，儒家也有弱点在，儒家太过肯定人间有情，每当谈到父子之情（简言之，就是父母子女间的关系），有时会变得迷糊甚至思辨不清起来。譬如孔子借"攘羊"的事解释"直躬"（《论语·子路》），从法律的层面看是有点说不通的，他在回答宰我"三年之丧"之问（《论语·阳货》）时，理由也有点牵强。

这方面孟子跟孔子很相像，孟子说起尧、舜治天下的公事时堂正又有力，但在谈论如舜孝亲较为"私"的事时，往往理由就不是那么充足，语言也不是那么顺畅了。一次弟子桃应问孟子说："舜为天子，皋陶为士（法官），瞽瞍杀人，则如之何？"(13.35) 孟子的回答非常奇怪，说皋陶可按法律定瞽瞍之罪，但做儿子的舜如不忍，可将父亲"窃负而逃"，我认为这是《孟子》中少有的词穷之处。儒家面对父子之亲时，总是有些情绪化，也会不够冷静。在理论上，这是儒家的缺点之一。但影响不算大，因为与家庭有关的人与事毕竟不算太多。

儒家跟其他比较"冷"的哲学比，最大的不同在于乐观与热情，所以儒家比较容易冲动。儒家主张"后乐"，要人"进亦忧，退亦忧"，表面看有点悲调，其实儒家对世界的整体看法是乐观又积极的。在面对困境的时候，儒家不主张放弃，他们不善于推卸责任，也不善于在理亏时自圆其说，这点跟道家、佛家确实很不同。儒家没有天堂一词，也认为天堂是不可期的，但只要我们愿意改善，再坏的世界也会变得更好，也许会如天堂一般。

一般论思想，孔、孟总连在一起说，其实两人还是有差异的。跟孔子比较，孟子更善于辩论，这是两人所处的时代不同的缘故。孟子时代有很多新起的事物，是孔子所见不到的。孟子时代各派言论四起，正面来说是百花齐放，负面来说处处是陷阱，孟子为了维护自己的崇高理想，必须使用强势的语言，以击倒他四周的敌人，所以他的语言要更加有力且具有攻击性。孟子善于运用语言，他的语言自信饱满，又充满了美学的力量。

《孟子》善排比，常用骈俪的文字，如"居天下之广居，立天下之正位，行天下之大道""富贵不能淫，贫贱不能移，威武不能屈"(6.2) 等，书中类似的语言极多。还有孟子极善比喻，譬如他以射箭比喻智与圣，说："智，譬则巧也。圣，譬则力也。由射于百步之外也。其至，尔力也；其中，非尔力也。”(10.1) 又以“缘木求鱼”比喻齐宣王无法实现其“大欲”，说：“缘木求鱼，虽不得鱼，无后灾。以若所为，求若所欲，尽心力而为之，后必有灾。”(1.7) 多么鲜活的例证，这类有些夸张的语言，在《孟子》中可谓不胜枚举。《孟子》不仅是哲学思想上的明灯，在文学上的贡献也极为广大，书中磅礴气盛的文字极多，大家都耳熟能详，譬如：

> 故天将降大任于是人也，必先苦其心志，劳其筋骨，饿其体肤，空乏其身，行拂乱其所为，所以动心忍性，曾益其所不能。人恒过，然后能改；困于心，衡于虑，而后作；征于色，发于声，而后喻。入则无法家拂士，出则无敌国外患者，国恒亡。然后知生于忧患而死于安乐也。(12.15)

请注意孟子用“苦其心志，劳其筋骨，饿其体肤，空乏其身，行拂乱其所为”“动心忍性，曾益其所不能”，这层层进逼的方式，让听者不得不屏气凝神。他使语言的张力达到了极致，而含义则更为堂正。这段话之所以淋漓磅礴，不在对外造成的摧枯拉朽的破坏力，而在对自己所作的深层剖析与检验，孟子最后告诉我们：“生于忧患而死于安乐。”

苦难来时，避世的人多主张能逃就逃吧，但要是灾难太大了，令我无处可逃，又该怎么办？有人说，苦难虽大，也有空隙在，只要懂得要聪明，总也躲得过的，这是投机派。还有些人主张，既无所逃，就不如正面承受苦难，我们可以团结一些共同命运的人，用我们的意志、能力与之抗衡周旋，直到最后一刻，也许会有克服的机会的。万一没有别人与我联合，我个人也得坚持到底，这叫作"得志，与民由之；不得志，独行其道"(6.2)。儒家面对苦难都有点类似宗教家的精神，基督教《圣经》有言："为义受逼迫的人有福了，因为天国是他们的。"基督教徒都相信上帝站在自己的一边，他们总有神的恩典可兹仰仗，而儒家是没神灵可靠的，四周也一无援手，面对苦难靠的是自己的堂堂意志，这状况跟尼采 (Friedrich Nietzsche, 1844—1900) 说得很像，尼采说过："只要你有生活的目的，再大的苦难就不是回事。"儒家总是孤家寡人，一无凭借，我反而觉得他的抗争与奋斗越发有力且可敬。

孟子追随孔子的精神，这是毋庸置疑的。他们都有高岸的理想，虽然待人亲和，但性格中总保留着某些抗拒的成分，所以也有孤高的一面，也会动气，这一点孔子与孟子高度相同。孔子对不合道理的事总会生气，他对鲁国当时当权的季氏批评得非常严厉，原因是他不遵守礼节，孔子指责他说："八佾舞于庭，是可忍，孰不可忍也。"《论语·八佾》他又对弟子冉求为季氏聚敛极为不满，因而说："非吾徒也。小子鸣鼓而攻之，可也。"《论语·先进》这些话都带有很大的火气，不似圣人所该说的话。鲁定公十四年 (前496)，孔子为鲁司寇，当时鲁君被季桓子挟持，《论语·微子》有记："齐人归女乐，季桓子受之。三日不朝，孔子行。"据《史记》载，当时孔子是"由大司寇行摄相事"，正在做平生最高的官，但他看鲁政败坏，自己匡正无由，就毅然离开鲁国。请注意"孔子行"三字多简捷，一点都不吞吐含糊，而透露出的意志是何等的决绝，可知孔子在某些地方并不刻意压抑自己的情绪。儒家不主张仙、佛，一直把人当人来看，而人是有情绪的，所以表露情绪没有什么该不该的。孟子这一点与孔子很相像，他对位高权重的人更不客气，有次他竟然说：

> 说大人，则藐之，勿视其巍巍然。堂高数仞，榱题数尺，我得志弗为也；食前方丈，侍妾数百人，我得志弗为也；般乐饮酒，驱骋田猎，后车千乘，我得志弗为也。在彼者，皆我所不为也；在我者，皆古之制也，吾何畏彼哉？（14.34）

连指出几个"皆我所不为也"的事，以区别我与此"大人"的差异。孔、孟对世事有一定的看法，"中行"如不可得，退而求其次，狂、狷是可以的，但无论如何，绝不做和稀泥的人，这叫作有"意气"。有意气的人，往往是有生命力的人。孔、孟都讨厌乡愿，说他们是"乱德"(14.37)，面对乱德的人，须义正词严，对他们绝不模棱两可。孟子之后，这种态度就成了儒家的传统了，"读圣贤书，所学何事？"表明无论处境如何，自己都要坚守正义，在正义面前，绝不做调人。顾炎武处在明清之际，四周有太多人格卑琐令他瞧不起的人，记得他在《与人书》中说："顷过里第，见家道小康，诸郎成立，甚慰。然自此少游之计多，而伏波之志减矣。况局守一城，无豪杰之士可与共论，如此则志不能帅气，而衰钝随之。敢以一得之愚献诸执事，某虽学问浅陋，而胸中磊磊，绝无阉然媚世之习，贵郡之人见之，得无适适然惊也?"在他文集中还有《与友人论学书》,此处却写的是"与人书",连"友人"两字都不肯用,可见其不屑,也可见其意气之所在,而文学上的跌宕之姿,也因而展现。顾炎武所作刚健之言,岂不是全从孟子来的吗?可见《孟子》一书影响深远。

另外,我想谈谈热情。《金刚经》有首偈语式的诗:"一切有为法,如梦幻泡影,如露亦如电,应作如是观。"这四句话最能代表佛教对真相的看法。什么是"有为法"?有为法是指一般人执着世上万事万物的形相,因而迷失了,佛教称为"取相""着相"。要知道我们所感受的形相是不可靠的,因为它们如梦幻、泡影一般。这些形相只在我心头闪过,去如朝露,快如闪电,一下子就没了,等这些"相"消失之后,剩下的大千世界原是空无一片,在佛教看来,空无一片,才是"真相"。

这说法不是没有证据的,佛教看透了世上的一切,知道所有事都有终结,人生在世,不论如何轰轰烈烈,死了,他所创的一切就归零了。不只如此,如人会死去一样,地球也有一天会消亡的,我们无论建筑了多少丰功伟绩于其上,到时也会一并销毁澌灭,留下的是空无一场。在佛教看来,人在世上做任何有意义的事,其实都无意,结论是我们要放下,不要执着于眼前的一切。

但我们不得不提出疑问,虽然一切都会消失,消失之前,那些人与人、人与物的牵连,道德心、荣誉感,还有你我之间的感情(包括家国之情与男女间的爱情),都是真实存在过啊?那些存在跟宇宙相比也许真的很短很小,但"存在过"是很重要的概念。《庄子·逍遥游》说过"鹏之徙于南冥也,水击三千里，抟扶摇而上者九万里，去以六月息者也"，而蜩与学鸠笑之曰："我决起而飞，抢榆、枋，时则不至而控于地而已矣，奚以之九万里而南为？"郭象注这段话说："苟足于其性，则虽大鹏无以自贵于小鸟，小鸟无羡于天池，而荣愿有余矣。故小大虽殊，逍遥一也。"可见"存在"是意义之所在，而"存在"之长短大小无须讨论。回过头来说，为什么只讨论人之将亡，却不讨论他曾怀着热情的"存在"呢？谁能确定消亡是所有的必然结局？转个方向来问吧！人类借着热情，创造了极高明的哲学、文学、艺术和科学，要是放弃了热情，那些创造必也随之荡然无存，请问这个结果，你能接受吗？

假如没了哥白尼、伽利略乃至爱因斯坦在科学上的坚持，你很难想象今天的科学世界会是什么样子？没有范宽、李唐、塞尚、梵高，我们现今的审美活动会是什么样子？没有《高山流水》曲、巴赫的《G弦之歌》、舒伯特的《你是安宁》(*Du bist die Ruh*)，没有布鲁克纳与斯特拉文斯基，声音的世界该是什么样子？更不要说中国少了孔、孟、老、庄，少了朱子、阳明，西方少了康德、斯宾诺莎，少了罗素，哲学会成了什么样子？少了屈原、陶渊明、杜甫、吴敬梓、曹雪芹、莎士比亚、塞万提斯、托尔斯泰，中国与世界的文学又会是什么样子？假如我们早就以为世界将成为灰烬，放弃了生的意志与创造，随之也抛弃了我们的热情，世上还会有开启智慧、包罗万象又波澜壮阔的作品被创造出来吗？

与宇宙比较，人的生命是短的，甚至连瞬息都算不上，何况宇宙最后也会毁灭。苏轼说："盖将自其变者而观之，则天地曾不能以一瞬；自其不变者而观之，则物与我皆无尽也。"（《赤壁赋》）所说还是同样的道理。生命虽短，如让之发光发热，也就不短了。而爱与热情，是让世界发光发热的主要原因。假如说世界本是空白，而且最终也将成为空白，那就要请问上苍，何须让我们辛苦来世界走这一回呢？

我们不能否定空白的重要，中国绘画喜论留白，草书喜论"飞白"，所谓白，就是没有字画痕迹的部分，因空白可衬托有迹，是艺术上很讲究的事。一次听指挥家阿巴多(Claudio Abbado, 1933—2014) 演讲，讲题是 *Hearing the Silence*，强调音乐欣赏的最高点在能"聆听无声"，这个观念与《老子》的"大音希声"之说是相呼应的，原来所有有声也都靠宁静或无声来衬托。值得注意的是，空与无都不能自存，要是没有绘画与书法，画布或纸上的空白就没有意义了；无声也是，假如一无声音，谁又会来听这场音乐会呢。所以虽强调"无"，也绝不能忽视"有"，"无"是显示"有"的条件，而"无"的意义与价值是有"有"了之后才存有的。

再想，什么是开始？什么是结束？如从生死循环（佛教说的轮回）的角度来看，展开在我们面前的，该又是另一种风景了。说死亡是终结，是说对了，但不全对，因为死亡也"会"终结的，死亡的终结是另一个全新生命的开始，《庄子·齐物论》"方生方死，方死方生"，说的就是这个意思。

我在以上用了些佛、道的例子，用的是一面而非全部。佛、道也有踔厉奋发的主张与人物的，他们对世界空无一片的认识并不影响他们的承担，佛、道之中也有遇事绝不乡愿、绝不逃避的人，他们的生命情调也是极为刚健的，值得我们景仰。

从这一角度言，入世的精神是有价值的，关怀自己也关怀他人，自有一定的意义，而热情也是必须的，因为它是爱与一切创造的根源。孔子"知天命"，知道人上面还有个更大的力量叫"天命"的在左右着我，我明知是无法超越上天的。上天可以决定我怎么死，但我却可以决定自己要怎么活，我可以让我的生命充满意义。孔子是入世思想最重要的人物，孔子所本的是他对生命的热情，后面的儒家都承继了这个思想，其间，《孟子》的贡献与作用很大。

当然《孟子》的贡献不仅在此，还有更多的内涵值得探讨，我在这本《孟子讲析》中，大致都谈到了，便不再多说。

二〇一九年我出版了本《论语讲析》，其中写了一些我读《论语》时的特殊感受，一些朋友看了，也因热情的缘故，给了我不少的批评与指教，当然更多的是鼓励，令我感怀莫名。我曾教过的两个学生孔令谨、牛晓伟一次问我，是否还会继续写《孟子》呢？他们早年上初中，国文课是我教的，课本之外，我会夹着些《孟子》来教他们，他们说少时的心胸曾被孟子鼓动过。这件事北师大的王宁教授也提过，她仔细看过我的《论语讲析》，并且写了一长篇评论，后来刊载于《文史知识》杂志。她说，你的《论语讲析》恐怕还有没说尽的话吧，可以留到写《孟子》时写进去，我答以写这类"讲析"的书太累了。当时一身疲惫，其实没预期自己会再写这本书的。

二〇二〇年之后，新冠肺炎袭击全球，很多学术活动都停止了，学校采取远程教学，学校空空荡荡的，没了师生正常的活动，也等于半停顿状态。到二〇二一年春天，情况一度好转，我服务过的台大中文系要我在研究所开了门"中国近代思潮研究"的课，我非常兴奋，因为又能与十几个学生会合，在古老的文学院教室讨论起学问来。不料到五月中，疫情又转烈，规定又要上网课了，与学生又不能见面了，所幸我的课大致讲授完毕，已是进入学生轮流上台报告的阶段，便请他们把报告寄我，我也以书面文字跟他们讨论。

外在的世界纷扰不断，这是我们无法控制的，比较起来，人确实极为渺小。其实人的内在，能自控的部分也不多，譬如疾病，有了病就受病的摆布，自己做不了主，特别是世界性的疫疾。这段时间，我有点像写《鼠疫》(La Peste)时的法国作家加缪 (Albert Camus, 1913—1960)，身陷鼠疫为患而被封锁在阿尔及利亚滨海的Oran城，四周危机重重。人在绝对孤独时，反而更会思考人的尊严与生存之道来。一天我想到，当时的加缪跟刚贬谪到贵州龙场的王阳明是何其相像，阳明初到龙场，心中感到无比孤寂与恐慌，跟随他来的同伴与学生都病倒了，自己也气息奄奄，只是一天他问自己："圣人处此，更有何道？"一思及此，阳明便坚强起来了。阳明想问的圣人，指的该是孟子吧。孟子面对灾难，从不逃避，看到有人要落井了，必会援手以救，是绝不会在一旁袖手说风凉话的，这是冷热心肠之别，也是入世者与出世者的相异之处。我随着阳明想到孟子与他的许多言语，如"居天下之广居""生于忧患而死于安乐"之类，心中不觉也凛凛起来，知道在疫疾的灾祸之下，孤寂的自己更须踔厉奋发，便决心写这本《孟子讲析》了。

大约用了半年多，每天伏案七八个小时，终于把书写完，之后不断修改，花的时间更久。注释、解析的部分主要根据赵岐的《孟子注》、朱熹的《四书章句集注》与焦循的

《孟子正义》，也参考了不少古代或时贤的注本与专书，跟我写《论语讲析》时一样，也加入了不少自己的阅读体验在其中，当然也有些"断以己意"的地方。在珠海联合国际学院任教的吴炳钊先生一直很关怀我的写作，他对传统经典的造诣很深，书成后商请他帮我校正了一次，他提出不少意见，经讨论后，很多我都采用了，所以这本书完成，首先是要感谢他的。当然在动机上，王宁教授与我早年的学生孔令谨、牛晓伟也得致谢，不是他们的提醒与建议，恐怕不会有这本书。

壬寅年（2022）末　写于台北市永昌里诏安街旧寓

甲辰年（2024）末　改定